Jahrbuch für Pädagogik 2015
Inklusion als Ideologie

JAHRBUCH FÜR PÄDAGOGIK

Begründet von:
Kurt Beutler, Ulla Bracht, Hans-Jochen Gamm,
Klaus Himmelstein, Wolfgang Keim, Gernot Koneffke,
Karl-Christoph Lingelbach, Gerd Radde,
Ulrich Wiegmann, Hasko Zimmer

HerausgeberInnen:
Martin Dust, Hannover
Sven Kluge, Münster
Andrea Liesner, Hamburg
Ingrid Lohmann, Hamburg
David Salomon, Hildesheim
Jürgen-Matthias Springer, Essen
Gerd Steffens, Kassel
Edgar Weiß, Siegen

JAHRBUCH FÜR PÄDAGOGIK 2015

Inklusion als Ideologie

Redaktion:
Sven Kluge – Andrea Liesner – Edgar Weiß

Bibliografische Information der Deutschen Nationalbibliothek Die
Deutsche Nationalbibliothek verzeichnet diese Publikation
in der Deutschen Nationalbibliografie; detaillierte bibliografische Daten
sind im Internet über http://dnb.d-nb.de abrufbar.

Gedruckt auf alterungsbeständigem,
säurefreiem Papier.

ISSN 0941-1461
ISBN 978-3-631-67059-0 (Print)
E-ISBN 978-3-653-06326-4 (E-Book)
DOI 10.3726/978-3-653-06326-4

© Peter Lang GmbH
Internationaler Verlag der Wissenschaften
Frankfurt am Main 2015
Alle Rechte vorbehalten.

Peter Lang Edition ist ein Imprint der Peter Lang GmbH.
Peter Lang – Frankfurt am Main · Bern · Bruxelles ·
New York · Oxford · Warszawa · Wien

Das Werk einschließlich aller seiner Teile ist urheberrechtlich
geschützt. Jede Verwertung außerhalb der engen Grenzen des
Urheberrechtsgesetzes ist ohne Zustimmung des Verlages
unzulässig und strafbar. Das gilt insbesondere für
Vervielfältigungen, Übersetzungen, Mikroverfilmungen und die
Einspeicherung und Verarbeitung in elektronischen Systemen.
Diese Publikation wurde begutachtet.

www.peterlang.com

Inhalt

Sven Kluge, Andrea Liesner & Edgar Weiß
Editorial 9

I Inklusion im Neoliberalismus: Ansatzpunkte und Perspektiven von Kritik

Karl-Heinz Dammer
Gegensätze ziehen sich an. Gemeinsamkeiten und Synergieeffekte
zwischen Inklusion und Neoliberalismus 21

Eva Groß/Andreas Hövermann
Die Gefährdung des Sozialen im hoch entwickelten Kapitalismus.
Inklusion, Abwertung und Ausgrenzung im Namen neoliberaler
Leitbilder 41

Birgit Herz
Inklusionssemantik und Risikoverschärfung 59

Sabine Schäper
Vom Verschwinden der Inklusionsverlierer.
Gouvernementalitätstheoretische Einblicke in die unsichtbaren
Hinterhöfe eines Diskurses 77

Edgar Weiß
Inklusionsideologie und pädagogische Realität – Das Beispiel ADHS 91

II Inklusion und Exklusion – Systematisches zur hegemonialen Debatte in der Pädagogik

Armin Bernhard
Inklusion – Ein importiertes erziehungswissenschaftliches
Zauberwort und seine Tücken 109

Markus Dederich
„Nature Loves Variety – Unfortunately Society Hates it". Emotionale
Resonanzen auf Behinderung und ihre Bedeutung für die Inklusion 121

Georg Feuser
Inklusion – eine Herausforderung der Pädagogik? 133

Martin Kronauer
Wer Inklusion möchte, darf über Exklusion nicht schweigen.
Plädoyer für eine Erweiterung der Debatte 147

Willehad Lanwer
Exklusion und Inklusion. Anmerkungen zu einer
gegensätzlichen Einheit 159

Marianne Rychner
Inklusion als Gegenbewegung zu Exklusion oder als Einschluss in
Max Webers „stahlhartes Gehäuse"? 175

III Inklusion und Differenz – Lokales, Empirisches, Praktisches

Eike Marten
Fish out of Water: Figuren von Differenz als Eigenschaftlichkeit.
Eine narratologisch inspirierte Betrachtung bildlicher Analogien aus
der Tierwelt zum Topos Inklusion 189

Pamela von Rymon Lipinski
Lost in Translation, oder: Inklusion in der Praxis der Behindertenhilfe 205

Stefan Romey/Sven Quiring
Hamburg weiter vorn? Zwischen Anspruch und Wirklichkeit bei
der Umsetzung der schulischen Inklusion 217

Anke Wischmann
Fragwürdige Gründe: Exklusion durch Inklusion?
Eine intersektional-empirische Kritik 229

IV Inklusion als Menschenrecht: Wie weiter?

Wolfgang Jantzen
Inklusion und Kolonialität – Gegenrede zu einer unpolitischen
Inklusionsdebatte 241

Bernd Schulte
Die Umsetzung der UN-Behindertenrechtskonvention in
Deutschland – aktuelle Bestandsaufnahme und weiterer
Handlungsbedarf 255

Carsten Rensinghoff
Inklusion als gesellschaftliche Herausforderung – Paradoxien und
Perspektiven 285

Jahresrückblick

Wolfgang Keim
Hundert Jahre Erster Weltkrieg und die Pädagogik – Diskurse,
Kontroversen und Fehlanzeigen im „Jubiläumsjahr" 303

Nachruf

Wolfgang Keim
Nachruf auf Karl Christoph Lingelbach 321

Rezensionen

Klaus Himmelstein
Wolfgang Hinrichs, Markus Porsche-Ludwig & Jürgen Bellers (Hg.):
Eduard Spranger. Verstehende Kulturphilosophie der Politik –
Ökonomie – Pädagogik. Originaltexte & Interpretationen.
Eduard Spranger zum 50. Todesjahr. 329

Patrick Pahner
Wolfgang Keim/Ulrich Schwerdt (Hg.): Handbuch der
Reformpädagogik in Deutschland (1890-1933) 333

Gerd Steffens
Dave Eggers: Der Circle. 335

Gerd Steffens
Michael Brie (Hg.): Futuring. Perspektiven der Transformation im
Kapitalismus über ihn hinaus. 341

Edgar Weiß
Armin Bernhard (unter Mitwirkung von Sandra Schillings):
Bewusstseinsbildung. Einführung in die kritische Bildungstheorie und
Befreiungspädagogik Heinz-Joachim Heydorns.. 345

Edgar Weiß
Klaus Hurrelmann/Erik Albrecht: Die heimlichen Revolutionäre.
Wie die Generation Y unsere Welt verändert. 347

Autorenspiegel 349

Sven Kluge, Andrea Liesner & Edgar Weiß

Editorial

Im 19. Jahrhundert wurde der – gewiss sehr vage – Begriff der „Sozialen Frage" bei Sozialtheoretikern verschiedener politischer Couleur zum „geflügelten Wort" (Büchmann 1957, S. 224; Fischer 1972, S. 224 ff.). Bezeichnet werden sollten damit die massiven sozialen Folgeprobleme des Industrialisierungsprozesses, vor allem das Problem der wachsenden Verelendung der proletarischen Klasse, die „Arbeiterfrage" (Lange 1909), bei deren Beantwortung sich die Geister freilich grundlegend schieden: Konservative, die in ihr ein systemgefährdendes Revolutionspotential argwöhnten, sannen auf gewisse sozialpolitische Zugeständnisse, um die sozialen Spannungen zu entschärfen und so die Strukturen der Klassengesellschaft zu stabilisieren, der „utopische Sozialismus" hoffte auf den schließlichen Erfolg humanitärer Appelle und die reformerische Breitenwirkung beispielgebender Experimente wie Owens „New Lanark" oder „New Harmony", die von Marx inspirierte Arbeiterbewegung begriff, dass eine wirkliche Lösung des sozialen Problems nicht ohne Überwindung der kapitalistischen Strukturen gelingen und die Beseitigung des Klassengegensatzes erfordern würde.

Die zeitgenössische Pädagogik nahm sich ihrerseits immer wieder der „Sozialen Frage" an, was sich nicht zuletzt in der Konstituierung der Sozialpädagogik[1] als spezifisch pädagogischer Krisen-Reaktion – sie wurde geradezu zur „Pädagogik der Sozialen Frage" (Dollinger 2006) – sedimentierte. Auch Pädagogen forderten nachdrücklich sozialpolitische Maßnahmen zugunsten verbesserter Lebensbedingungen der proletarischen Massen, gleichwohl aber blieben sie mit ihren Postulaten im Rahmen der bestehenden Ordnung, – zumeist positionierten sie sich deutlich konservativ, monarchistisch, antidemokratisch und gezielt antimarxistisch (exemplarisch: Dörpfeld 1867); selbst Diesterweg, der zu den wenigen Pädagogen gehörte, die seinerzeit mit dem „utopischen Sozialismus" sympathisierten und der die Klassengegensätze immerhin als „Krebsschaden der Menschheit" betrachtete (Diesterweg 1836, S. 119), stellte sich aus Angst, andernfalls „in Pöbelherrschaft zu Grunde zu gehen" (Diesterweg 1850, S. 129), letztlich entschieden in den Dienst strukturerhaltender Bestrebungen.

In der Gegenwartssoziologie steht der Begriff „Exklusion" für eine „Neue Soziale Frage" (Castel 2000; 2011; Kronauer 2010).[2] Diese hängt zwar mit der „alten" „Sozialen Frage" insofern zusammen, als deren Wurzeln – die Struktureigentümlichkeiten des (mittlerweile globalisierten) kapitalistischen Systems – unangetastet blieben, nichtsdestoweniger aber repräsentiert sie in mancher Hinsicht neue Problemlagen, die insbesondere seit der neoliberalen Auflösung der (an den Möglichkeiten gemessen freilich nur recht bescheidenen) wohlfahrtsstaatlichen Errungenschaften der fordistischen Phase zum Durchbruch gelangt sind. Deren Hauptbetroffene sind u.a. Flüchtlinge, Heimatlose, Asylsuchende, Verarmte, Ghettoisierte, Langzeitarbeitslose, prekär Beschäftigte, – Menschen, die von der Teilhabe am ökonomischen und soziokulturellen Leben in dem Maße ausgeschlossen werden, dass ihnen ein menschenwürdiges Dasein verwehrt ist. Ihre Kennzeichnung als „Entbehrliche", „Überzählige" oder „Überflüssige" (Bauman 2005; Bude/Willisch 2006; Bude 2008) verweist auf die sozialdarwinistischen Konsequenzen eines bereits im Ansatz inhumanen Systems, das vom Interesse an ökonomisch nutzbarem „Humankapital" bestimmt ist und die in dieser Hinsicht „Unbrauchbaren" oder „Ungebrauchten" prinzipiell dem Existenzverlust überlässt, – mit der bewusst zuspitzenden Formulierung Budes: „Für die Exkludierten gilt der meritokratische Grundsatz ‚Leistung gegen Teilhabe' nicht mehr. Was sie können, braucht keiner, was sie denken, schätzt keiner, und was sie fühlen, kümmert keinen" (Bude 2008, S. 14 f.).

Die Pädagogik reagiert unterdessen auf die „Neue Soziale Frage" im wesentlichen nach jenem Muster, das bereits für ihre Reaktion auf die „alte" „Soziale Frage" charakteristisch war: Sie will der exkludierenden Gesellschaft mit pädagogischen Mitteln begegnen, die die Situation der Benachteiligten aufbessern, die strukturellen gesellschaftlichen Bedingungen einschließlich ihrer Selektionsprinzipien aber unangetastet lassen sollen; sie wendet sich idealistisch-appellativ gegen exkludierende Praktiken einer vom ökonomischen Nutzenkalkül beherrschten Gesellschaft, arbeitet dieser faktisch jedoch zu, indem sie die Möglichkeit einer pädagogischen Problemlösung im Rahmen der gegebenen sozialstrukturellen Verhältnisse suggeriert.

In diesem Sinne hat Inklusionspädagogik – bildungspolitisch gezielt unterstützt – Hochkonjunktur. Parolen wie „Pädagogik der Vielfalt", „Heterogenität als Chance", „Inklusion statt Exklusion", „Es ist normal, verschieden zu sein" und dergleichen mehr stehen für einen massiven pädagogischen Einsatz gegen tradierte Ausgrenzungspraktiken im pädagogischen Bereich (Sonderbeschulungen, Rückstellungen, Sitzenbleiben, frühe schulische Selektion, Jahrgangsklassen, gleichschrittigen Frontalunterricht, Ziffernbenotung), für den humanitäre Ambitionen und das Interesse an Chancengleichheit beansprucht werden.[3] Seitdem die Salamanca-Erklärung der UNESCO 1994 eine „inklusive" Beschulung *aller* Kinder gefordert hat und aus den Reihen der Behindertenpädagogik etwa seit 2000 der Inklusionsbegriff als Substitionsformel für den zuvor favorisierten Integrationsbegriff vorgeschlagen wurde, die zugleich einen jegliche Defizitorientierung überwindenden förderpädagogischen Paradigmenwechsel signalisieren sollte (vgl. Hinz/Körner/Niehoff 2012), hat sich der Begriff, obgleich die semantischen und sachlichen Vorzüge des Inklusionskonzepts keineswegs unbestritten blieben (vgl. z.B. Feuser 2002), zunehmend zur Bezeichnung einer gemeinsamen Beschulung und Unterrichtung mehr oder weniger heterogener Schülerinnen und Schüler durchgesetzt. Dabei blieb er schon bald nicht mehr auf den Einbezug Behinderter beschränkt, vielmehr wurde er rasch auch auf Kinder mit Migrationshintergrund – die, wie die vergleichende Bildungsforschung immer wieder gezeigt hat, hinsichtlich ihrer Bildungschancen überproportional benachteiligt sind – bezogen, und längst steht er für eine gemeinsame, dem Anspruch nach heterogenitätssensible und je individualitätsgerechte „Schule für alle".

Mit der 2009 erfolgten bundesdeutschen Ratifizierung des UN-Übereinkommens über die Rechte von Menschen mit Behinderungen, das die Vertragsstaaten auf die Gewährleistung eines inklusiven Bildungssystems verpflichtet, ist dessen Realisierung auch hierzulande zum offiziellen bildungspolitischen Prinzip und Programm geworden, das seither in den einzelnen Bundesländern auf unterschiedliche Weise, allemal aber zugunsten einer Reduktion oder gar Abschaffung spezieller Fördereinrichtungen umgesetzt wurde und inzwischen diverse ungelöste Probleme erkennen lässt (vgl. Ahrbeck 2014).

Nun sind „inklusionspädagogische" Forderungen gewiss vollauf berechtigt, soweit sie ein würdevolles Leben aller, die Überwindung jeglicher Stigmatisierung individuell und sozial Benachteiligter und die Gewähr gleicher Chancen auf Bildung und Teilhabe am gesellschaftlichen Leben intendieren. Und gewiss sind die derzeitigen inklusionspädagogischen Forderungen *auch* ein Reflex auf die Unterstützung verdienenden Forderungen und Anstrengungen sozialer Bewegungen und emanzipatorisch ambitionierter Interessensvertretungen, wie sie in der Interkulturellen, Feministischen und Integrativen Pädagogik (vgl. Prengel 1995) sowie den einschlägigen UN-Beschlüssen Niederschlag gefunden haben.

Nichtsdestoweniger lässt die aktuelle Inklusionsrhetorik vermuten, dass durch sie die Umsetzung emanzipatorischer Anliegen de facto eher erschwert wird, dass sie – jenseits naiv-unreflektierter, aber durchaus wohlmeinender Appelle, die es in der Debatte zweifellos auch gibt – humanitäre Ansprüche zur Durchsetzung ganz anders gerichteter Interessen instrumentalisiert und insoweit gezielten Manipulationsversuchen entspricht und dass sie entgegen ihren Verheißungen letztlich im Dienst der Stabilisierung der gegebenen Verhältnisse steht. Zumindest folgende Eigentümlichkeiten sind für die gegenwärtige bildungspolitische und pädagogische Inklusionsdebatte weithin charakteristisch:

– Die Diskussion wird weitgehend ohne systematische gesellschaftstheoretische Reflexion idealistisch-appellativ geführt (vgl. dazu Dammer 2011; Bernhard 2012). Schlagwörter, pathetische Formeln und suggestive, der Sache nach wenig plausible Zweckprognosen nach dem Muster „Inklusion sichert Bildungschancen für alle" (Münch 2013, S. 19) ersetzen kritische Analyse und signalisieren die massive Abwehr nahe liegender und überprüfungswerter Bedenken. Die Konjunktur plakativer Slogans, Rezepte und Appelle setzt offenkundig auf die suggestive Wirkungskraft von Simplifizierungen und populistischen Floskeln und wird entsprechend instrumentalistisch inszeniert.[4]

– Die inklusionspädagogischen Konzepte weisen Widersprüche auf, die durch die offizielle Inklusionsrhetorik allenfalls vernebelt werden. Die für die Inklusionspädagogik charakteristischen Forderungen nach „Individualisierung" und „Heterogenitätssensibilität" werden vor dem Hintergrund gleichzeitiger Standardisierung und der uneingeschränkt perpetuierten Akzeptanz der Selektionsfunktion der Schule faktisch zur Farce. „Individualisierung" erweist sich in diesem Kontext als instrumentalistisch gebrauchte Bezeichnung, die eine standardisierungsgemäße Kategorisierung von Individuen – etwa vermittelst „förderdiagnostischer" Etikettierungen oder der Zuweisung von Schülerinnen und Schülern zu bestimmten Niveaus in jeweiligen Leistungs-Rankings – legitimieren soll. Auf diese Weise kann inklusionspädagogische „Individualisierung" bzw. „Heterogenitätssensibilität" Selektion begünstigen und Chancenungleichheiten stabilisieren sowie permanenten Anpassungsdruck im Dienste einer in Wirklichkeit gerade antiindividualistischen Zwangsvergemeinschaftung ausüben.

– Die Inklusionsdebatte wird auffällig geschichtsvergessen geführt. Großangelegte Versuche, Chancengerechtigkeit jenseits gesellschaftlicher Strukturveränderungen allein durch bildungspolitische und pädagogische Maßnahmen zu bewirken, hat es historisch immer wieder gegeben, vor allem in den diversen Vorstößen der „klassischen" Reformpädagogik (vgl. Keim/Schwerdt 2013), sodann, von ihr beeinflusst, in den Bemühungen um kompensatorische Erziehung, Differenzierung, Individualisierung und offene Unterrichtsformen sowie um die Ersetzung des dreigliedrigen Schulsystems durch die Integrierte Gesamtschule, wie sie vor allem für die 1970er Jahre kennzeichnend waren. Diese Bemühungen blieben letztlich erfolglos oder wurden umfunktioniert, – die faktische Chancenungleichheit im Bildungssystem konnte jedenfalls, wie auch die PISA-Untersuchungen festzustellen nicht umhin gekommen sind, nicht nachhaltig überwunden werden, was die Inklusionspädagogik im Hinblick auf ihre abermalige Erfolgsgewissheit doch zumindest irritieren und skeptisch stimmen müsste.

– Die Tatsache, dass sich „Inklusion" hervorragend zum neoliberalen Sparmodell eignet bzw. die Einebnung spezifischer Fördereinrichtungen und die umstandslose Überantwortung deren vormaliger Aufgaben an die Regelschulen kostensparend ist, ist geeignet, die humanitären Ansprüche der Inklusionspädagogik als fragwürdig erscheinen zu lassen. Dass faktischer Förderbedarf künftig wirklich angemessen gedeckt werden kann, dürfte überaus zweifelhaft sein; die Frage, ob Kinder und Jugendliche mit besonderem Förderbedarf unter den gegebenen Umständen von inklusiven Schulen wirklich profitieren oder aber die

Inklusionsmaßnahmen gerade zu verstärkten Benachteiligungen führen, ist keineswegs definitiv entschieden und wohl auch jeweils nur im konkreten Einzelfall und unter Beteiligung der Betroffenen zu klären.
– Die Inklusionsdebatte dichotomisiert simplifizierend im Sinne eines schlechthinnigen, mithin normativ aufgeladenen Gegensatzes von Inklusion und Exklusion. Dies ist schon begriffsgeschichtlich problematisch, ist den betreffenden Ausdrücken doch offenbar etwas vom „Gegensinn der Urworte" (Freud 1910) zueigen: die „inclusio" meinte ursprünglich soviel wie eine „Einschließung" und „Einmauerung", also eine Ausgrenzungsprozedur, wie sie zum Traditionsbestand religiöser Asketsepraktiken gehörte (vgl. Bernhard 2012, S. 342). Überhaupt handelt es sich bei den Begriffen „Exklusion" und „Inklusion" nicht um einen totalen Gegensatz, sondern um ein Begriffspaar, dessen Pole allemal dialektisch aufeinander zu beziehen sind. Exklusion bedeutet keinen Totalausschluss aus gesellschaftlichen Zusammenhängen, vielmehr bleiben die Ausgegrenzten letztlich allemal in irgendeiner Hinsicht „Teil der Gesellschaft, auch wenn sie nicht an ihr *teilhaben*" (Kronauer 2006, S. 29). Seit jeher inkludieren Gesellschaften „anome" Mitglieder durch die Schaffung spezifischer Exklusionsräume (Irrenanstalten, Asyle, Gefängnisse usw.). Inklusion und Exklusion schließen einander somit keineswegs zwingend aus, sondern sind jeweils aufeinander bezogene Phänomene, die einander u.U. durchaus auch bedingen können. Die bildungspolitische und pädagogische Inklusionsdebatte täuscht unterdessen darüber hinweg und stilisiert Inklusion unproblematisiert im Sinne einer Allumfassungs-Illusion und zum vermeintlichen Wert an sich.
– Der Sozialethiker Uwe Becker hat in diesem Kontext im Rahmen seiner jüngst erschienenen und bemerkenswerten Studie *Die Inklusionslüge – Behinderung im flexiblen Kapitalismus* (2015), welche viele der zuvor genannten Aspekte aufgreift und diskutiert, die stark ausgeprägten Affinitäten zwischen den vorherrschenden Inklusionsdiskursen und den Grundlinien der neoliberalen bzw. neosozialen Aktivierungspolitik (vgl. Lessenich 2008) in prägnanter Weise herausgearbeitet. Becker wirft hierbei unumwunden die Frage „nach der Attraktivität der ‚Inklusionsräume', nach dem Innenleben der Gesellschaft" auf, „von dessen Qualität die Politik offensichtlich so überzeugt zu sein scheint" (Becker 2015, S. 16). Er kommt letztlich zu dem Ergebnis, dass die Debatte über Inklusion im Mainstream auf wenig mehr hinauszulaufen scheint als „die ‚Einpassung' in das bestehende System bis an die Grenze der Zumutbarkeit für alle Beteiligten" (ebd., S. 151). Die dominanten Inklusionsmodelle blenden dabei Becker zufolge nicht nur „jene Behinderungsdynamik [aus], die aktiv durch die Imperative der Arbeitswelt und die Institutionen der Bildungspräparation genau von jenen ökonomischen Mechanismen produziert wird, die ihre inklusive Aufnahmekapazität anpreisen" (ebd., S. 187). Vielmehr sind jene darüber hinaus von einer pseudoemanzipativ

verbrämten und bei genauerem Hinsehen höchst repressiven Aktivierungsrhetorik erfüllt, die gänzlich innerhalb des Gehäuses der etablierten, von den ökonomistischen Kriterien ‚Nützlichkeit', ‚Konkurrenz' und ‚Leistung' bestimmten Anerkennungsordnung gefangen bleibt. So gesehen repräsentiert die Vision der ‚Inklusion' primär ein im Kern auf ideologischer Arbeit, Zwang und moralischem Druck beruhendes Negativszenario getreu dem vielerorts bereits hegemonialen Leitsatz: „Die Moral der Selbstaktivierung ist inklusiv" (ebd., S. 64).[5]

Vor diesem Hintergrund dürfte die den vorliegenden Band leitende Kennzeichnung der aktuellen Inklusionsrhetorik als einer „ideologischen" berechtigt sein, wobei diese Charakterisierung für das gesamte Bedeutungsspektrum von „Ideologie" offen bleiben kann. Unter einer solchen kann bekanntlich sehr verschiedenes verstanden werden, etwa ein bestimmter Korpus von Ideen überhaupt, die theoretische Ausgestaltung interessengeleiteter und handlungsbestimmender Überzeugungen oder ein mit Herrschaftsambitionen liiertes Konglomerat realitätsverzerrender Theoreme; mithin kann der Begriff in deskriptiver wie in pejorativer Absicht gebraucht werden (vgl. Eagleton 1993).

Über das in den einzelnen Beiträgen dieses Jahrbuchs zugrunde gelegte „Ideologie"-Verständnis ist keine Vorentscheidung vereinbart worden, so dass der jeweils konkrete Begriffsbezug aus den Texten selbst erschlossen werden muss. Nichtsdestoweniger geht es dem Jahrbuch um einen ideologiekritischen Vorstoß, der die viel umworbenen Inklusionsvorstellungen mit den faktischen sozialen Gegebenheiten konfrontiert und den mit der aktuellen Inklusionsrhetorik verbundenen Interessen systematisch nachfragt. Die daraus resultierenden Fragen sollen entlang der Schwerpunktthemen „Inklusion im Neoliberalismus: Ansatzpunkte und Perspektiven von Kritik", „Inklusion und Exklusion – Systematisches zur hegemonialen Debatte in der Pädagogik", „Inklusion und Differenz – Lokales, Empirisches, Praktisches" sowie „Inklusion und Menschenrecht: Wie weiter?" diskutiert werden, vermittelst derer die einzelnen Beiträge gemäß der in ihnen jeweils fokussierten Aspekte gebündelt werden.

Der Jahrbuch-Kreis trauert um Karl Christoph Lingelbach, der am 5. Dezember 2014 kurz vor seinem 84. Geburtstag verstarb. Er war Mitbegründer des Jahrbuchs für Pädagogik und gehörte dessen Herausgeberinnen und Herausgebern von 1992 bis 2001 an. Dass seiner in vorliegendem Band gedacht wird, ist uns selbstverständlich.

Zudem trauert der Jahrbuch-Kreis um Bernd Schulte. Er sagte uns im Dezember 2014 seinen angefragten rechtswissenschaftlichen Beitrag gern und mit großem Interesse am geplanten Jahrbuch zu. Nur wenige Wochen später erreichte uns seitens des Sohnes leider die traurige Nachricht, dass er plötzlich und unerwartet verstorben ist. Unser Mitgefühl gilt seiner Familie und seinen persönlichen wie beruflichen Freunden. Und wir publizieren daher zu seinem Gedenken mit der freundlichen Genehmigung des Richard Boorberg Verlags einen älteren Beitrag von Bernd Schulte aus der Zeitschrift für Behindertenpädagogik, der bis heute nicht an Aktualität verloren hat und hoffentlich noch lange von der wissenschaftlichen community rezipiert werden wird.

Anmerkungen

1 Der Begriff findet sich erstmals bei Mager (1844, S. 171), wenig später bei Diesterweg (1850, S. 124).
2 Die Rede von einer solchen ist freilich an sich nicht neu. 1976 wurde die Wendung bereits von Geißler benutzt, um auf seinerzeitige soziale Verelendungsphänomene hinzuweisen, vor allem aber, um deren Zusammenhang mit verbliebenen Klassengegensätzen zu verschleiern und die konstatierten Missstände parteipolitisch zur Diskreditierung der damaligen sozial-liberalen Regierung zu instrumentalisieren (Geißler 1976).
3 Vgl. dazu z.b. Prengel (1995); Bräu/Schwerdt (2005); Klippert (2010); Faulstich-Wieland (2011); Trautmann/Wischer (2011); Hinz/Körner/Niehoff (2012); Banse/Meier (2013); Ahrbeck (2014).
4 Die immer wieder bemühte Parole, dass „es normal ist, verschieden zu sein" (vgl. z.b. Münch 2013, S. 18), spricht z.b. nicht nur eine Trivialität aus, sondern simplifiziert auch durch die Aufblähung einer Halbwahrheit zur missionarischen Botschaft, wobei die Parallelberechtigung der Feststellung, dass es auch normal ist, gleich zu sein (wir alle stammen gleichermaßen von menschlichen Vorfahren ab, haben strukturell gleiche körperliche und geistige Anlagen, gleiche Ansprüche auf Menschenwürde, wir alle haben Grundbedürfnisse, das Potential zu emotionalen Regungen usw.) als solche offenkundig gar nicht mehr zu Bewusstsein gelangt.
5 Chancen auf einen Richtungswechsel hin zu Konzepten, die sich vermehrt an dem Prinzip der Menschenwürde orientieren, könnten sich nach Becker derweil allein aus der (allerdings durchaus zu erwartenden) Kollision dieser eindimensionalen Inklusionslogik mit derjenigen des „Menschenrechtsprojekts der Inklusion" (Becker 2015, S. 184), welcher ein „revolutionierendes Potential" (ebd., S. 184) innewohne, ergeben.

Literatur

Ahrbeck, Bernd (2014), Inklusion. Eine Kritik, Stuttgart.
Banse, Gerhard/Meier, Bernd (Hg.) (2013), Inklusion und Integration. Theoretische Grundfragen und Fragen der praktischen Umsetzung im Bildungsbereich, Frankfurt a. M.
Bauman, Zygmunt (2005), Verworfenes Leben. Die Ausgegrenzten der Moderne, Hamburg.
Becker, Uwe (2015): Die Inklusionslüge. Behinderung im flexiblen Kapitalismus, Bielefeld.
Bernhard, Armin (2012), Inklusion – Ein importiertes erziehungswissenschaftliches Zauberwort und seine Tücken, in: Behindertenpädagogik, 51. Jg., S. 342-351.

Bräu, Karin/Schwerdt, Ulrich (Hg.) (2005), Heterogenität als Chance. Vom produktiven Umgang mit Gleichheit und Differenz in der Schule, Münster.
Bude, Heinz (2008), Die Ausgeschlossenen. Das Ende vom Traum einer gerechten Gesellschaft, Bonn.
–/Willisch, Andreas (Hg.) (2006), Das Problem der Exklusion. Ausgegrenzte, Entbehrliche, Überflüssige, Hamburg.
Büchmann, Georg (1957), Geflügelte Worte, Frankfurt a. M./Hamburg.
Castel, Robert (2000), Die Metamorphosen der sozialen Frage. Eine Chronik der Lohnarbeit, Konstanz.
– (2011), Die Krise der Arbeit. Neue Unsicherheiten und die Zukunft des Individuums, Hamburg.
Dammer, Karl-Heinz (2011), All inclusive? Oder: Dabei sein ist alles? Ein Versuch, die Konjunktur des Inklusionsbegriffs in der Pädagogik zu verstehen, in: Pädagogische Korrespondenz, Heft 43, S. 5-30.
Diesterweg, Adolph (1836), Die Lebensfragen der Zivilisation, in: ders., Schriften und Reden in zwei Bänden, Berlin/Leipzig 1950, Bd. I, S. 107-273.
– (1850), Wegweiser zur Bildung für deutsche Lehrer, Essen, 4. Aufl.
Dörpfeld, Friedrich Wilhelm (1867), Die soziale Frage, in: K.-H. Beeck, Friedrich Wilhelm Dörpfeld – Anpassung im Zwiespalt. Seine politisch-sozialen Auffassungen, Neuwied/ Berlin 1975, Anhang.
Dollinger, Bernd (2006), Die Pädagogik der Sozialen Frage. (Sozial-) Pädagogische Theorie vom Beginn des 19. Jahrhunderts bis zum Ende der Weimarer Republik, Wiesbaden.
Eagleton, Terry (1993), Ideologie. Eine Einführung, Stuttgart/Weimar.
Faulstich-Wieland, Hannelore (Hg.) (2011), Umgang mit Heterogenität und Differenz, Baltmannsweiler.
Feuser, Georg (2002), Integration – eine conditio sine qua non im Sinne kultureller Notwendigkeit und ethischer Verpflichtung, in: H. Greving/D. Gröschke (Hg.), Das Sisyphos-Prinzip. Gesellschaftsanalytische und gesellschaftskritische Dimensionen der Heilpädagogik, Bad Heilbrunn, S. 221-236.
Fischer, Wolfram (1972), Wirtschaft und Gesellschaft im Zeitalter der Industrialisierung, Göttingen.
Freud, Sigmund (1910), Über den Gegensinn der Urworte, in: ders., Studienausgabe, Frankfurt a.M. 1969 ff., Bd. IV, S. 227-234.
Geißler, Heiner (1976), Die Neue Soziale Frage. Analysen und Dokumente, Freiburg/ Basel/Wien.
Hinz, Andreas/Körner, Ingrid/Niehoff, Ulrich (Hg.) (2012), Von der Integration zur Inklusion. Grundlagen – Perspektiven – Praxis, Marburg.
Keim, Wolfgang/Schwerdt, Ulrich (Hg.) (2013), Handbuch der Reformpädagogik in Deutschland (1890-1933), Frankfurt a. M., 2 Bde.
Klippert, Heinz (2010), Heterogenität im Klassenzimmer. Wie Lehrkräfte effektiv und zeitsparend damit umgehen können, Bad Heilbrunn.
Kronauer, Martin (2006), „Exklusion" als Kategorie einer kritischen Gesellschaftsanalyse. Vorschläge für eine anstehende Debatte, in: Bude/Willisch (2006), S. 27-45.
– (2010), Exklusion. Die Gefährdung des Sozialen im hoch entwickelten Kapitalismus, Frankfurt a. M./New York, 2. Aufl.
Lange, Friedrich Albert (1909), Die Arbeiterfrage. Ihre Bedeutung für Gegenwart und Zukunft, Winterthur.

Lessenich, Stephan (2008): Die Neuerfindung des Sozialen. Der Sozialstaat im flexiblen Kapitalismus, Bielefeld.

Mager, Karl W. E. (1844), Schule und Leben. Rez. Curtmann, in: ders., Gesammelte Werke, Bd. 8, Baltmannsweiler 1989, S. 144-184.

Münch, Martina (2013), Inklusion wird unsere Gesellschaft verändern, in: Banse/Meier (2013), S. 17-24.

Prengel, Annedore (1995), Pädagogik der Vielfalt. Verschiedenheit und Gleichberechtigung in Interkultureller, Feministischer und Integrativer Pädagogik, Opladen, 2. Aufl.

Trautmann, Matthias/Wischer, Beate (2011), Heterogenität in der Schule. Eine kritische Einführung, Wiesbaden.

I Inklusion im Neoliberalismus: Ansatzpunkte und Perspektiven von Kritik

Karl-Heinz Dammer

Gegensätze ziehen sich an. Gemeinsamkeiten und Synergieeffekte zwischen Inklusion und Neoliberalismus

Zusammenfassung: Der Beitrag geht von der merkwürdigen Koinzidenz zweier anscheinend entgegengesetzter Reformversuche des gegenwärtigen Bildungswesens aus: Auf der einen Seite die neoliberale Bildungsreform mit ihrem Fokus auf ökonomischer Funktionalität, standardisierter Leistungsmessung und Monitoring, auf der anderen Seite Inklusion mit ihrem emphatischen Individualisierungsdiskurs und der Betonung schulischer Gemeinschaft. Gezeigt werden soll, welche Gemeinsamkeiten sich hinter den Gegensätzen verbergen und welche synergetischen Machteffekte damit erzielt werden.

Abstract: The current reform of school-systems seems to be contradictory. The neo-liberal reform, on the one hand, is based on a utilitarian idea of education, standardization and monitoring; inclusion, on the other hand, emphasises heterogeneity, individualization and social community in the classroom. The paper tries to point out that, despite the differences, there are some significant communalities to be discussed under an educational and political point of view.

Keywords: Inklusion, Neoliberalismus, Heterogenität, Neue Lernkultur, Individualisierung

Den Anlass für diesen Beitrag lieferte eine Podiumsdiskussion zum Thema Inklusion, zu der ein namhafter Verfechter radikaler Inklusion geladen war, der von deren praktischen Erfolgen in seinem Bundesland berichtete und seine positive Darstellung mit passenden Evaluationsergebnissen unterfütterte. Bei der Aussprache meldete sich eine Förderschullehrerin mit der Frage zu Wort, ob denn Inklusion in allen Fällen die richtige Lösung sei oder ob nicht unter bestimmten Voraussetzungen die Förderschule die bessere Wahl für das betreffende Kind sein könne – ein Einwand, der sich ebenfalls empirisch untermauern ließe. Erstaunlich barsch wurde ihr daraufhin sinngemäß beschieden, dass dieser Einwand von bedenkenträgerischer Reformmüdigkeit zeuge und auch völlig müßig sei, da die Umstellung des Schulsystems auf Inklusion in dem fraglichen Bundesland längst politisch beschlossene Sache sei und daher nicht mehr zur Debatte stehe.

„In seinem Willen zum Guten kennt der Bildungsexperte kein Pardon" konstatiert Liessmann mit Bezug auf vorgeblich kinderfreundliche Reformansätze (Liessmann 2014, S. 35); „Roma locuta, cuasa finita" hieß es früher, wenn der katholischen Kirche die Argumente zur Begründung ihrer Beschlüsse ausgingen – wissenschaftliche und generell demokratische Debattenkultur stellt man sich anders vor. Was hier jedoch noch mehr irritiert, ist der Selbstwiderspruch unseres Inklusionsexperten, fordert doch der Inklusionsdiskurs ansonsten mit Nachdruck die „Wertschätzung" von Heterogenität und Pluralität in Opposition zu „monistischen" und „totalitären" Tendenzen (vgl. Prengel 1995, S. 184). Die nicht nur individuelle Irritation[1] wächst, wenn man sich die politisch befremdlich erscheinende Übereinstimmung dieses rhetorischen Gestus mit der neoliberalen Devise „There is no Alternative" (TINA) vor Augen führt. Diese Losung Margret Thatchers brachte nur autoritär auf den Punkt, was an ideologischer Polarisierung bereits in den theoretischen Gründungsakten des Neoliberalismus zu finden ist, der zunächst aus antikommunistischen Motiven heraus entstand und sich als einziges Modell zur Rettung der Zivilisation vor dem Bolschewismus stilisierte (vgl. Ötsch 2009, S. 20ff. und 37f.). Dieses ursprüngliche Motiv ist inzwischen entfallen, der monopolistische Anspruch aber geblieben, aus dem heraus Skeptiker als „Blockierer" oder Reformfeinde stigmatisiert werden.[2]

Die beide Diskurse kennzeichnende Tendenz zur Polarisierung und Monopolisierung ihrer jeweiligen Wahrheiten begründet das politische Motiv der folgenden Ausführungen, nämlich die Beunruhigung über dogmatische Tendenzen in der (nicht nur) wissenschaftlichen Gesprächskultur, die eigentlich vom kritischen Einspruch lebt. Im Vordergrund stehen soll jedoch das theoretische Motiv, nämlich die Entfaltung der manche(n) Leser(in) vielleicht überraschenden These, dass die scheinbar so entgegengesetzten Wahrheiten des Inklusions- und des neoliberalen Diskurses fundamentale Gemeinsamkeiten aufweisen bzw. synergetische Machteffekte erzielen. Betrachtet man das Menschenbild, die politischen Grundorientierung und das Verhältnis zur Bildung bzw. Schule, so spricht auf den ersten Blick wenig für diese These, könnten die beiden Positionen doch kaum entgegengesetzter sein.

Der Neoliberalismus hat das wirtschaftstheoretische – und bereits in diesem begrenzten Anwendungsbereich wenig realitätsgerechte – Konstrukt des *homo oeconomicus* zu einem reduktionistischen Menschenbild verallgemeinert, durch das jedes Individuum zu einem „Selbstmanager" erklärt wird, der seine sämtlichen Potenziale stets den Markterfordernissen entsprechend zu optimieren hat. Der Inklusionsdiskurs beruft sich demgegenüber auf die Menschenrechte, betont emphatisch die unverwechselbare Einzigartigkeit jedes Einzelnen und leitet daraus die prinzipielle Wertschätzung von Individuen in ihren jeweiligen Besonderheiten ab. Es stehen sich also ein extrem funktionalistisches und ein moralisch-normativ begründetes Menschenbild gegenüber bzw., historisch ausgedrückt, in den beiden Diskursen tritt der von Rousseau pointierte Widerspruch zwischen Bürger und Mensch mit auch nach rund 250 Jahren noch unverminderter Schärfe zutage. Entsprechend scharf ist auch der politische Gegensatz, den Brodkorb mit dem Aperçu auf den Punkt bringt, Inklusion sei „Kommunismus für die Schule" (Brodkorb 2013, S. 28) und der auch zumindest seitens der Inklusionsverfechter deutlich betont wird: Prengel fordert, der Inklusionsdiskurs müsse sich gegenüber „leistungsbezogener Hierarchiebildung" positionieren (Prengel 2014, S. 7) und andere sehen in der Leistungsorthodoxie einen Sozialdarwinismus am Werke, durch den „Versagende verachtet und zu ‚Untermenschen' entwertet" würden (Eckhardt, zitiert nach Ahrbeck 2014, S. 70). Am deutlichsten bringt es Wocken auf den Punkt, wenn er feststellt: „Die Ideologien des Kapitalismus und des Neo-Liberalismus sind mit der Philosophie der Inklusion nicht vereinbar" (Wocken 2011, S. 122). In der Gegenüberstellung von Ideologie und Philosophie wird deutlich, wem hier aus Sicht der Inklusionsverfechter theoretische Dignität gebührt und wem nicht.

Diese grundlegenden Differenzen spiegeln sich erwartbar auch in den bildungspolitischen Orientierungen wider. Die neoliberale Position fordert eine exakte Bestimmung und Messung von Kompetenzen, an denen sich die Leistungsfähigkeit von Schülern und letztlich Schulsystemen ablesen lässt und zielt damit auf die von Prengel monierte „leistungsbezogene Hierarchiebildung", deren Maßstab in Bildungsstandards festgelegt wird. Demgegenüber wenden sich Inklusionsvertreter dezidiert gegen Bildungsstandards, v. a. wegen der damit verbundenen Selektionseffekte (vgl. Ahrbeck 2014, S. 70ff.) und plädieren stattdessen für individuelle Lehrpläne, die sich an den Potenzialen und Fortschritten der einzelnen Schüler und Schülerinnen orientieren.

Die folgenden Ausführungen zielen darauf, hinter der oppositionellen Fassade die Gemeinsamkeiten zwischen beiden Diskursen bezogen auf ihr utopisches Selbstverständnis, ihre Haltung zur Individualität, zur Bildung und zur Gesellschaft herauszuarbeiten sowie die blinden Flecke und die kontrollgesellschaftlichen Synergieeffekte aufzudecken, die dabei entstehen. Um Missverständnissen vorzubeugen, sei dabei vorab zweierlei angemerkt. Zum einen geht es hier ausschließlich um eine Diskursanalyse, nicht um die mehr oder weniger gelingende oder misslingende Praxis, was zumindest im Falle der Inklusion müßig wäre, da deren Praxis in den verschiedenen Bundesländern und Schulen wie auch deren jeweilige Ausgangsbedingungen viel zu heterogen sind, um pauschal beurteilt werden zu können. Zum anderen sei angesichts der absoluten Dominanz sonderpädagogischer Beiträge im Inklusionsdiskurs betont, dass hier dessen Anspruch ernst genommen wird, *jegliche* Differenz (also nicht nur sonderpädagogisch definierte) zu berücksichtigen. Daher werden neben der Inklusion auch ihre Voraussetzungen, nämlich der allgemeine theoretische Diskurs um Heterogenität sowie zentrale Elemente der „Neuen Lernkultur" mit in die Analyse einbezogen, da Inklusion ohne diese Grundlagen weder denkbar, noch praktizierbar wäre. Analog wird auch nicht nur vom Neoliberalismus als politisch-ökonomischer Doktrin, sondern ebenso von der damit verbundenen Bildungsreform im Anschluss an die PISA-Studie die Rede sein, da sie beide derselben politischen Logik folgen.

Utopischer Monismus

Eine wesentliche Gemeinsamkeit der beiden Diskurse ist zunächst ihr – der Art und Herkunft nach allerdings sehr unterschiedlicher gesellschaftstheoretischer Monismus. Er besteht, in aller Kürze gesagt, beim Neoliberalismus darin, einen *homo oeconomicus* zugrundezulegen, dessen gesellschaftliche Sinnsuche sich nach dem Rational-choice-Modell auf zweckrationale Kosten-Nutzen-Abwägungen beschränkt, so dass er als Humankapital ökonomisch umfassend taxiert werden kann und dank seiner Berechenbarkeit auch steuerbar ist bzw. zur Selbststeuerung im Sinne ökonomischer Effizienz angehalten wird. Es liegt hier also eine Art utilitaristischer Platonismus zugrunde, dessen Zweck nicht die Wahrheitssuche, sondern optimierte Menschenverwertung ist.

Ungeachtet seiner bereits erwähnten Distanz zu diesem Menschenbild ist der Inklusionsdiskurs der Form nach vergleichbar monistisch angelegt mit seiner Prämisse, dass Gesellschaft primär unter dem Begriff der Heterogenität zu fassen sei. Aus dieser Prämisse wird die ebenso monistische normative Forderung nach Wertschätzung von Heterogenität abgeleitet, was nicht nur ein naturalistischer Fehlschluss ist, sondern den immanenten Widerspruch hervorbringt, dass der Appell an eine Norm einen allgemeingültigen Konsens und damit, zumindest in diesem Punkt, gesellschaftliche Homogenität voraussetzt, die aus der Warte radikaler Heterogenität nicht gedacht werden kann.

In beiden Ansätze verschwindet also die Gesellschaft hinter einer absolut gesetzten Individualität, was im Folgenden genauer auszuführen bleibt. Der Monismus gründet bei beiden Diskursen unter anderem darin, dass sie sich als utopisch verstehen. Die säkular-religiöse Dynamik der Utopie in Umbruchzeiten, wenn nicht gar grundsätzlich ihre Inspiration für das Streben nach einer besseren Welt (Bloch), soll hier keineswegs diskreditiert werden, der Begriff wird in der historischen Praxis jedoch problematisch, wenn man ihn nicht mehr wörtlich als „Nicht-Ort" auslegt, sondern diesen Ort mit allen Mitteln in der unvollkommenen Welt zu schaffen versucht, wofür die Geschichte von Robespierre bis zum Staatssozialismus genügend Beispiele bietet.

Dass der Neoliberalismus ursprünglich einen utopischen Anspruch hatte, mag seinem heutigen Diskurs nicht mehr anzumerken sein, geht aber aus den Worten seines Vordenkers v. Hayek klar hervor, für den der Neoliberalismus „a truly liberal radicalism" ist „which does not confine itself to what appears today politically possible" (Hayek 1960, zitiert nach: Ötsch 2009, S. 344). Expliziter kommt das utopische Selbstverständnis im Inklusionsdiskurs zum Ausdruck, wenn Hinz, als einer seiner Hauptexponenten, von Inklusion als einem „Nordstern" spricht, an dem man sich pädagogisch zu orientieren habe, ohne dass das Ziel jemals vollkommen erreicht werden könne (Hinz 2010, S. 34). In ähnlichem Tenor spricht Dreher von der UN-Behindertenrechtskonvention, auf der die Inklusionsidee normativ fußt, als einem „Grenzstein [...] zum Übergang in eine neue Welt", und Wocken sieht in der Inklusion den „Olymp der Entwicklung, danach kommt nichts mehr" (zitiert nach Ahrbeck 2014, S. 61).

Der utopische Überschuss mag manche dogmatischen Polarisierungen erklären wie im eingangs berichteten Beispiel oder wenn Zweifel am Sinn der Inklusion für bestimmte Gruppen mit „Menschenfeindlichkeit" identifiziert wird bzw. wenn von der „unverdünnte[n] Hölle" des deutschen Sonderschulwesens die Rede ist (zitiert nach ebd., S. 125 und 67). Umgekehrt stößt man allenthalben auf Hochwertwörter wie „Menschenrechte", „human", „Vielfalt", „Gemeinschaft" etc., die spontane Zustimmung erheischen und es erlauben, sich ohne weitere Begründungsnotwendigkeiten auf der moralisch richtigen Seite zu platzieren bzw. skeptische Gegner zu stigmatisieren.

Das Hochamt des Individuums

Wenn oben von Verabsolutierung der Individualität die Rede war, so ist diese These für beide Ansätze zu präzisieren, denn die Gemeinsamkeit kommt hier auf sehr unterschiedlichen Wegen zustande. Wie man sich den Bildungsprozess des *homo oeconomicus* vorzustellen hat, wurde bereits auf der OECD-Konferenz von 1961 erkennbar, die die Grundlagen für einen ökonomisch orientierten Umbau des Bildungswesens legte. Schüler werden dort als „Begabungsreservoir" bezeichnet, das es auszuschöpfen gelte (Wirtschaftswachstum 1966, S. 46.), denn jeder könne „der Gesellschaft dann am besten dienen, wenn er seine eigenen Fähigkeiten und Neigungen frei und voll entwickeln kann" (ebd., S. 27). Die Interessen des Individuums an der Entfaltung seiner Potenziale und das gesellschaftliche Interesse an seiner Nützlichkeit scheinen in dieser Formulierung gleichermaßen berücksichtigt zu werden, der Zweck dieser Entfaltung ist indes klar vorgegeben:

„Das Ziel muss sein, mit der Allgemeinbildung die Befähigung zu immer neuer Anpassung, zum rationalen Verarbeiten von neuen Situationen zu schaffen und flexible Denkschemata für alle großen Wissenschaftsrichtungen zu stiften. Im Hintergrund eines möglichst umfassenden, aber noch in zumutbarer Zeit zu erwerbenden Wissens soll Allgemeinbildung vor allem zum eigenen Denken, also zum Umdenken und Verarbeiten fremder und neuer Ideen (Teamarbeit) befähigen" (ebd., S. 37).

Die Entfaltung dient also der gesteigerten Anpassungsfähigkeit an äußere Umstände, wobei hier die Bestimmung des „eigenen Denkens" als „Umdenken und Verarbeiten fremder und neuer Ideen" ins Auge sticht. Dass sich eigenes Denken immer in Auseinandersetzung mit bereits Gedachtem entwickelt, ist evident und bräuchte daher nicht gesondert betont zu werden. Wenn dies hier geschieht, so wird der Akzent auf das Fremde und nicht auf das in dieser Auseinandersetzung entstehende Eigene gelegt und zugleich beiläufig auch der Zweck bestimmt, dem Denken zu dienen hat, nämlich produktionsorientierten Synergieeffekten („Teamarbeit"). Allgemeiner und in traditionellen Theorien gesprochen: In dieser Kampfansage an Fichte und Humboldt erschöpft der Zweck des Eigenen sich im Anderen; das Subjekt wird gleichsam auf eine Form reduziert, deren Substanz der Sache nach beliebig modellierbar ist und dies der neoliberalen Norm nach auch sein soll. Ein wesentliches Moment des traditionellen Subjektbegriffs muss jedoch erhalten bleiben, denn die Modellierung bedarf weiterhin eines selbstverantwortlich handelnden Subjekts, so dass hier das paradoxe Konstrukt einer autonomen Produktion von Heteronomie entsteht.

Dieses Paradox lässt sich auch 40 Jahre später noch hinter der Kompetenzdefinition von Weinert entdecken, die aus dem Geiste der OECD heraus entwickelt wurde. Kompetenzen sind demnach „die bei Individuen verfügbaren oder durch sie erlernbaren kognitiven Fähigkeiten und Fertigkeiten", die dazu dienen „bestimmte Probleme zu lösen sowie die damit verbundenen motivationalen, volitionalen und sozialen Bereitschaften und Fähigkeiten, die Problemlösungen in variablen Situationen erfolgreich und verantwortungsvoll nutzen zu können" (Weinert 2001, S. 27f.).

Auch diese – inzwischen wohl nicht grundlos kanonisch gewordene – Definition lässt erkennen, dass es einerseits darum geht, sich des Individuums in möglichst allen Facetten seiner Persönlichkeit zu bemächtigen, andererseits aber die Entwicklung dieser Fähigkeiten – was auch gar nicht anders denkbar ist - dem Individuum zu überantworten und es folglich auch selbst verantwortlich dafür zu erklären, dass die Kompetenzen im Sinne des Erfinders entwickelt werden. Das Subjekt wird also in Kompetenzen fragmentiert, die es disponibel machen, und zugleich als eine diese Kompetenzen generierende Einheit gedacht.

Von der klassischen Idee autonomer Subjektivität, wie sie dem traditionellen Bildungsbegriff zugrunde liegt, wird also das politisch Opportune bzw. Notwendige beibehalten, der Zweck entspricht indes eher dem, was Bröckling auf den inzwischen bekannten Begriff des „unternehmerischen Selbst" gebracht hat, eines Individuums, das sein Leben als Selbstmanagement-Projekt zur permanenten Remodellierung von Kompetenzen begreift.

Das Individualitätskonzept des Inklusions- bzw. Heterogenitätsdiskurses ähnelt dem neoliberalen insofern, als es im Sinne des Konstruktivismus den

Menschen zu einem sich selbst steuernden Lerner erklärt, verbindet dies aber zunächst nicht mit äußeren Zwecken, sondern betont im Gegenteil emphatisch die Unverwechselbarkeit jeder Person: „In der Schule wird man mich erkennen und schätzen als jemanden, der einmalig ist auf dieser Welt, unverwechselbar. Ich werde den anderen etwas sein, was es ohne mich nicht gäbe" (Andresen 2002, S. 54), oder ähnlich bei Prengel: „Wie können wir, die verschiedenen Pädagoginnen und Pädagogen, die verschiedenen Kinder und Jugendlichen, die Weisheit des alten chassidischen Satzes ‚In jedermann ist etwas Kostbares, das in keinem anderen ist'? verstehen lernen?" (Prengel 1995, S. 196).

Auch hinter diesen Proklamationen gegen die schon von Ellen Key emphatisch gegeißelten „Seelenmorde in den Schulen" verbirgt sich jedoch eine Nützlichkeitserwägung, die dann zum Vorschein kommt, wenn von der „Vielfalt als Ressource" die Rede ist. So preist Schmidt die „Verschiedenheit der Menschen" als ein „enormes und meist verkanntes Potential für die Gesellschaft"[3] und versteigt sich zu der kühnen Auslegung, Adornos Forderung, man müsse „ohne Angst verschieden sein können", sei mit „Vielfalt wertschätzen" gleichzusetzen bzw. damit, „Unterschiedlichkeit als Ressource wahr[zu]nehmen" (Schmidt o. J., S. 1). Zwar ist die Verwendung des Begriffs „Ressource" nicht auf den ökonomischen Bereich beschränkt, wird momentan aber vor allem dort verwendet, so dass eine Nähe zum neoliberalen Diskurs gegeben ist, vor allem, wenn es um „human ressources" geht, die zu fördern im Zentrum der Inklusion steht.

In jedem Fall – und das ist das Entscheidende – begreifen beide Diskurse das Subjekt nicht als Selbstzweck, sondern als Mittel zur Erfüllung eines ihm äußerlich bleibenden Zwecks, sei es als ökonomische Ressource oder als letztlich beliebiger Repräsentant einer grenzenlosen Vielfalt, der man damit zu gesellschaftlicher Legitimation zu verhelfen versucht, dass man sie prinzipiell und ohne Präzisierung der Kriterien zur wertvollen Ressource erklärt. „Wertgeschätzt" wird im Inklusionsdiskurs allerdings, wenn man genau auf die Formulierungen schaut, meist die Vielfalt an sich, also lediglich die These, auf der dieses Konstrukt selbst fußt. So kann Ahrbeck mit gutem Grund vermuten, dass die radikale Dekategorisierung dazu dient, sich das Fremde und Widerständige im Anderen vom Leib zu halten, womit zugleich aber auch die Grundbedingung für die Anerkennung des Anderen zerstört wird (vgl. Ahrbeck 2014, S. 57f.). Die realen Unterschiede, die Individuen als solche auszeichnen, verschwinden hinter der deklarierten universellen Unterschiedlichkeit (vgl. Winkler 2014, S. 31), das Postulat des „unverwechselbar einmaligen" Individuums aber muss aufrecht erhalten werden, „da wir doch im globalen Wettbewerb nur noch mit dem Außergewöhnlichen punkten können" (Liessmann 2014, S. 36). Maximal individualisiert und zugleich subjektiv entkernt können die Einzelnen auf diese Weise grenzenlos disponibel werden.

Diese Konstruktion funktioniert indes nur, wenn die maximale Individualisierung zugleich mit einer umfassenden Kontrolle der Selbstmodellierung verbunden wird, denn die Erfüllung der Zwecke ist ja nicht ins Belieben der Einzelnen gestellt. Deswegen verwundert es nicht, dass in beiden Diskursen (und in diesem Fall auch Praktiken) Vorkehrungen getroffen werden, um den erwünschten Output der Ressource zu kontrollieren.

Im Fall des Neoliberalismus sorgt dafür die systematisierte Messindustrie, bezogen auf den Bildungsbereich sind dies PISA und andere internationale Monitoring-Programme, von denen es weltweit gut zwei Dutzend gibt (vgl. Flitner 2006, S. 248ff.). Die Messinstrumente produzieren eine Empirie, die ihrerseits normativ auf die Gestaltung von Bildungsprozessen zurückwirkt (vgl. Koch 2004), mit anderen Worten: Nur noch das, was in dieser Weise messbar ist, gilt faktisch als Bildung, also, im Falle der PISA-Studie, die Kompetenzen, die „so konkret" zu beschreiben sind, „dass sie in Aufgabenstellungen umgesetzt und prinzipiell mit Hilfe von Testverfahren erfasst werden können", wie Klieme fordert (Klieme u. a. 2007, S. 9).

Im Inklusionsdiskurs selbst ist von Kontrolle nicht die Rede, da dies zu offensichtlich seinem emphatischen Bild von individueller Entfaltung widerspräche; zutage tritt sie erst im Rahmen der „Neuen Lernkultur", ohne die Inklusion nicht funktionieren würde. Im Zentrum der „Neuen Lernkultur" steht, knapp gesagt, der sich selbst steuernde Lerner, der keinen Lehrer im traditionellen Sinne mehr braucht, sondern nur noch einen „Coach", der seinen autonomen Lernprozess begleitet. Der Coach entwirft für ihn ein möglichst individuelles Programm, dessen Erfüllung dann in „Lernkontrakten" festgelegt und regelmäßig überprüft wird.[4] Inklusion muss in der Praxis auf dieses Modell zurückgreifen, weil das Ziel der möglichst weitgehenden Individualisierung von Lernprozessen mit den herkömmlichen, auf Homogenität der Lerngruppe und des Stoffs aufbauenden Methoden nicht zu erreichen wäre.

Für unseren Zusammenhang von zentraler Bedeutung ist der Begriff „Selbststeuerung"[5], der hier nicht nur formal als Kompetenz zu verstehen ist, die man grundsätzlich braucht, um sich Lernstoff anzueignen, sondern zugleich auch als wesentliches Lernziel. In einer Handreichung des baden-württembergischen Landesinstituts zur „Neuen Lernkultur" heißt es dazu, nachdem der „individuellen ganzheitlichen Persönlichkeit" Reverenz erwiesen wurde: „Die Aktivitäten und unterrichtlichen Arrangements führen immer auch zu Haltungen und Einstellungen, wie beispielsweise Motivation und Leistungsbereitschaft und Verantwortungsbewusstsein für eigene Lernprozesse. Damit wird der individuell geförderte Schüler bzw. die Schülerin als lernendes Subjekt in weitaus stärkerem Maße Verantwortung für seinen/ihren individuellen Lernprozess zu übernehmen haben" (Landesinstitut 2009, S. 19). Der Grund dafür wird bereits in der Einleitung genannt: „Lernende müssen kompetent gemacht werden, ihr Lernen selbst zu steuern und zu verantworten [...] Schulische Bildung bereitet auf lebenslanges Lernen vor und entscheidet über berufliche und gesellschaftliche Teilhabemöglichkeiten" (ebd., S. 6).

Überprüft wird der Erfolg der Selbststeuerung auf der Basis von Lernkontrakten (vgl. ebd., S. 41), was, juristisch gesprochen, gleichrangige Rechtssubjekte voraussetzt, die frei sind, einen Vertrag einzugehen. Man darf zwar bezweifeln, dass diese Voraussetzung im Lehrer(in)-Schüler(in)-Verhältnis gilt, die pädagogische Absicht des Kontrakts, das emphatisch frei gesetzte Individuum möglichst früh durch die Entwicklung entsprechender Einstellungen unter Kontrolle zu bringen, erscheint aber ebenso eindeutig wie die durch Verwendung des Begriffs „Kontrakt" verschleierte Asymmetrie: „Die Inhalte des Lernprozesses liegen jedoch nach wie vor nicht in der Verfügungsgewalt der Lernenden. Insofern wird die Einführung der Vereinbarungskultur als ein Ermächtigungsinstrumentarium für Lerngruppen konzipiert, ,de facto aber macht sie Ungleiche zu ohnmächtigen Gleichen'" (Dzierzbicka zitiert nach Klingovsky 2009, S. 196). Wer sich über das potenzielle Ausmaß dieses Kontrollsystems ein Bild verschaffen will, dem sei ein Blick auf die Kompetenzraster und anderen Kontrollinstrumente empfohlen, die das Schweizer Institut Beatenberg, ein Vorreiter in Sachen „Neue Lernkultur", erdacht hat.[6]

Dass diese Erziehungsversuche – sei es schulisch oder durch flächendeckende Propaganda – Früchte tragen, belegt u. a. die „Optimized-Self"-Bewegung derer, die ihren Lebenswandel in möglichst jeder Hinsicht selbst digital kontrollieren, um „optimal aufgestellt" zu sein. Unabhängig davon, wie bunt Inklusion ihre rhetorischen Girlanden um das Individuum flechten mag, ist sie im Rahmen „neuer Lernkultur", vorsichtig formuliert, dazu angetan, eben dieses Individuum neoliberal auf Linie zu bringen. Sie leistet damit für die Formierung des „unternehmerischen Selbst" mindestens genauso viel, wenn nicht mehr, als die standardisierte Kompetenzmessung, denn diese kann nur den Grad der Erfüllung bestimmter Vorgaben zu Protokoll geben, während die „neue Lernkultur" bei der Veränderung der Individuen selbst ansetzt. PISA dient dazu, von außen künstliche Wettbewerbe (vgl. Binswanger 2010) zu inszenieren und damit das Bildungssystem als Ganzes im Sinne neoliberaler Dauerreform zu mobilisieren, dies kann aber langfristig nur dann gelingen, wenn gleichzeitig auch die einzelnen Menschen durch Erziehung zur Selbststeuerung mobilisiert werden. Knapp gesagt: Die von Foucault vorgedachte und von Deleuze so bezeichnete „Kontrollgesellschaft", in der Fremdbestimmung sich als Selbstbestimmung artikuliert, braucht Inklusion, was vielleicht auch erklären mag, warum ein theoretisch so schwach begründeter Begriff wie „Inklusion" in, verglichen mit früheren Bildungsreformprozessen, atemberaubender Geschwindigkeit und Betriebsamkeit in die Praxis umgesetzt wird.

Synergien der neoliberal-inklusiven Bildungsreform

Will man sprichwörtlich einen Esel auf Trab halten, so hält man ihm an einer Angelroute eine Möhre vor die Nase. Ähnlich lässt sich die Bildungsreform-Strategie sowohl des Neoliberalismus als auch der Inklusion beschreiben, die sich beide erstaunlich einhellig in die lange Geschichte des schulischen Defizit-Diskurses einfügen. Da Bildung seit Ende des 18. Jahrhunderts als säkulare Religion fungiert (vgl. Harten 1989, Winkler 2014, S. 30 und Liessmann 2014, S. 43), wird die Schule seit ihrer flächendeckenden Einführung an einem Maßstab gemessen, dem sie nicht gerecht werden kann und der es daher stets erlaubt, sie für defizitär zu erklären. Wer also die Schule kritisiert, kann stets mit Zuspruch rechnen — umso mehr, je fundamentaler die Kritik ausfällt.[7] Mit diesem Kalkül sichern sich sowohl der neoliberale als auch der inklusive Reformdiskurs ihre öffentliche Aufmerksamkeit, wenn auch jeder auf seine Weise.

Die neoliberale Reformpropaganda speist sich im Wortsinn maßgeblich aus den regelmäßig vergebenen PISA-Punkten, die es erlauben, Minderleister „objektiv" zu identifizieren, woraus sich, solange nicht der erste Platz erreicht ist, grenzenloser Reformbedarf ableiten lässt, dessen Erfolge dann drei Jahre später erneut gemessen werden. Dass ein System in so kurzer Zeit nicht grundlegend reformiert werden kann, bei der nächsten Evaluation also keine einschneidend besseren Ergebnisse zu erwarten sind, verfängt dabei als Gegenargument kaum, da solche Einwände von den medial bereitwillig aufgegriffenen und verstärkten Hiobsbotschaften übertönt werden (vgl. Anmk. 7).

Auch der Inklusionsdiskurs folgt einer Steigerungslogik, die jedoch nicht auf Arithmetik fußt, sondern auf Moral, nämlich den Menschenrechten, die eine vollkommene Reform des Bildungswesens erfordern würden (vgl. exemplarisch Feuser 2013, S. 28). Thematisch wird also nicht die Outputeffizienz fokussiert, sondern das Zurückbleiben der Schule hinter dem humanistischen Anspruch der Inklusion. Ein menschenrechtliches Defizit wurde dem deutschen Schulsystem bereits 2006 von dem UN-Beobachter Munoz bescheinigt und so findet sich dieser Vorwurf auch vielfach im Inklusionsdiskurs wieder.

Unterstützt wird die Steigerungslogik durch entsprechendes Monitoring, das erst kürzlich (April 2015) dem in diesem Punkt allemal umtriebigen deutschen Bildungssystem weiterhin großen Handlungsbedarf attestierte.[8] Man mag zwar darüber streiten, wie legitim es ist, in einer auf öffentliche Empörung zielenden Rede von Menschenrechtsverletzung nicht mehr zwischen Folter und mangelnder Verwirklichung von Inklusion zu unterscheiden (vgl. Ahrbeck 2014, S. 102), oder man mag auf die kategorielle Differenz hinweisen, die zwischen Menschenrechten und den politisch-institutionellen Maßnahmen zu ihrer Verwirklichung in einzelnen Ländern besteht (vgl. Kastl 2012, S. 7ff.), solche Überlegungen sind aber müßig, da hier weniger die Auseinandersetzung um den Sachverhalt im Vordergrund steht, sondern dessen Zweck als Instrument zur System-Mobilisierung, wie sie analog auch in vielen anderen gesellschaftlichen Bereichen inszeniert wird.

Dass der faktische Zustand des Systems und die schulische Wirklichkeit hier nicht primär interessieren, geht daraus hervor, dass beide Diskurse, jeder auf seine Weise, ihre eigene Empirie produzieren. Bei PISA geschieht dies durch die bereits erwähnte Normativität der Messprozedur, die den Gegenstand, den sie zu messen beansprucht, selbst erst hervorbringt, um seine Messung dann als objektive Bestandaufnahme auszugeben. Den Produzenten der Daten wie auch ihren medialen Sprachrohren scheint dabei kaum aufzufallen, dass sich die Messergebnisse (wie auch die Reformforderungen) seit einem halben Jahrhundert auffällig ähneln, ungeachtet der Reformen, die tatsächlich in diesem Zeitraum stattgefunden haben (vgl. Ladenthin 2014, S. 98ff.). Der Inklusionsdiskurs produziert seine Empirie nicht in der gleichen systematischen Weise selbst, sondern greift eher auf die einfachere Strategie zurück, sich in der sehr heterogenen und zum Teil widersprüchlichen Forschungslage, die kaum eindeutige Schlüsse auf richtige Handlungsstrategien zulässt, die Studien herauszugreifen, die seine Absichten bestärken (vgl. Ahrbeck 2013, S. 7 und 125ff. und Dollase 2014, S. 22).

Ein zweiter Bereich, in dem sich ein Synergieeffekt zwischen Neoliberalismus und Inklusion ergibt, ist die (schulische) Bildung. Der Effekt resultiert aus den jeweiligen programmatischen Vereinseitigungen beider Diskurse, die eine Leerstelle hinterlassen, nämlich die offene Frage nach der wahren gesellschaftlichen Allgemeinheit von Bildung.

Der Bildungsbegriff zeichnet sich durch die immer wieder (überflüssig) beklagte Eigenschaft aus, dass er nicht klar definierbar ist hinsichtlich des Könnens und Wissens, auf das er sich erstrecken soll, und – bezogen auf die Schule – hinsichtlich der Inhalte dessen, was als sozial allgemeine Bildung gelten soll (vgl. Tenorth 1994 und Heinrich 2001). Außerdem kristallisiert sich in ihm beispielhaft der Widerspruch der bürgerlichen Gesellschaft, gleichermaßen auf die Entfaltung der individuellen Persönlichkeit wie auf deren Anpassung an die Erfordernisse sozioökonomischer Nützlichkeit angewiesen zu sein. Im Bildungsbereich bleibt er seit der Auseinandersetzung zwischen Aufklärungspädagogik und Neuhumanismus virulent, weil er durch das Bildungssystem allein nicht zu lösen ist und in der Regel mit vermittelnden Formulierungen verschleiert wird. Gerade diese Offenheit und Widersprüchlichkeit machen ihn allerdings zu einer semantischen Arena für politische und weltanschauliche Auseinandersetzungen wie auch letztlich für Debatten um unterschiedliche Menschenbilder. In dieser Arena müssen Positionen offengelegt und begründet werden, so dass Konfliktlinien, unterschiedliche politische Interessen und normative Orientierungen zumindest erkennbar und kritisierbar werden, mögen die daran sich anschließenden Lösungsversuche auch unvollkommen und vorläufig bleiben.

Es ist offensichtlich, dass die beiden Diskurse des Neoliberalismus und der Inklusion von diesem Grundwiderspruch gekennzeichnet sind, er wird in ihnen aber abgesehen von der Kritik mancher Inklusionsverfechter am Neoliberalismus – nicht dialektisch ausgetragen, sondern spaltet sich monistisch in zwei Heilskonzepte mit eindeutigen Lösungsstrategien auf.

Die Frage, worin die Allgemeinheit der Bildung besteht, wird vom Neoliberalismus in verkürzter aufklärerischer Tradition utilitaristisch mit dem Kompetenzkonzept und dessen angeblicher Bedeutsamkeit für die Integration künftiger Generationen in die „Wissensgesellschaft" beantwortet. Der Gültigkeitsanspruch dieses Konzepts kommt in dem Begriff „Bildungsstandards" zum Ausdruck, der an die Stelle des traditionellen Begriffs „Lehrplan" getreten ist. Mit beiden soll allgemeine Bildung normiert werden, der Begriff „Standard" jedoch stammt ursprünglich aus der technischen Sphäre und bezeichnet ein kriterial definiertes Qualitätsniveau, dem alle unter den Standard fallenden Produkte zu genügen haben. Die Kriterien ergeben sich aus dem jeweiligen Stand des technisch Möglichen und sind diesem entsprechend veränderbar, stehen dann aber nicht mehr zur Diskussion. Die Festlegung von Bildungsinhalten und –zielen kann sich jedoch nur aus gesellschaftlichen und kulturellen Normen ergeben, die als Sinnentwürfe zu begründen sind und deren Konflikthaftigkeit damit zutage tritt. Für Standards als quasi-technische gilt dies nicht. Der Begriff entzieht sich also der Diskussion und suggeriert zugleich die Möglichkeit, Bildungsziele technisch umsetzen und überprüfen zu können.[9]

Der Inklusionsdiskurs hegt demgegenüber keine technischen Phantasien und entwickelt auch keine Vorstellung von der Allgemeinheit der Bildung, es sei denn in Form normativer Einstellungs- bzw. Verhaltenserwartungen, wie beispielsweise Wocken, der Allgemeinbildung als „Fähigkeit und Bereitschaft, sich mit schwachen, marginalisierten […] Menschen zu solidarisieren" versteht (zitiert nach Ahrbeck 2014, S. 74). Dass dies ein wichtiges Bildungsziel ist, steht außer Zweifel, ebenso sicher ist aber auch, dass auf der Basis dieser Vorstellung weder Enkulturation stattfinden kann, noch die Individuen mit den intellektuellen Mitteln ausgestattet werden, die sie zur Selbstbestimmung und Kritik befähigen würden.

Jenseits solcher vereinzelten Vorstellungen setzt Inklusion auf die möglichst vollständige Individualisierung von Lehrplänen, sucht ihr Heil also gerade im dezidierten Verzicht auf Allgemeinheit, der sich aus dem diffusen Heterogenitätskonzept zwangsläufig ergibt. Die technikförmige Fest- und Durchsetzung eines utilitaristisch verkürzten Bildungskonzepts steht also unvermittelt dem Verzicht auf jegliche Festlegung des Allgemeinen gegenüber, das die Individuen der neoliberalen Verwertungslogik ohne die Möglichkeit einer durch Bildung zu entwickelnden Gegenwehr überlässt. Indem sie die Grundeinsicht traditioneller Bildungsphilosophie seit Humboldt und Hegel ignoriert, dass das Subjekt nicht in seiner Subjektivität verharren kann, sondern das Allgemeine in sich aufnehmen und verarbeiten muss, um sich zu bilden, verspielt der Inklusionsdiskurs die Wahrheit, die in seinem humanistischen Pathos verborgen ist und wird damit zum Erfüllungsgehilfen dessen, was er kritisiert.

Die Gesellschaft als blinder Fleck

Da oben bereits vom utopischen Anspruch unserer Diskurse die Rede war, braucht hier nicht noch einmal ausgeführt zu werden, dass für beide die Gesellschaft als ganze auf dem Prüfstand steht, sei es wegen des Mangels an humanistischer oder an marktkonformer Orientierung.

Der umfassende Reformanspruch manifestiert sich in einem gemeinsamen Anliegen, dessen Bedeutsamkeit nicht zu leugnen ist, nämlich der Herstellung von Chancengleichheit bzw. Chancengerechtigkeit.[10] Die Inklusion ist diesem Postulat aus normativen Gründen verpflichtet, da sie auf der Basis der Menschenrechte argumentiert; der Neoliberalismus muss sie aus funktionalen Gründen fordern, da ohne die Ermöglichung von Chancengleichheit das Menschenbild des unternehmerischen Selbst weder allgemeingesellschaftlich durchgesetzt noch legitimiert werden kann: Wenn alle zu fremdbestimmt Mündigen gemacht werden sollen, müssen sie eine reale Chance bekommen, die entsprechenden Selbststeuerungskompetenzen erwerben und verinnerlichen zu können. Entsprechend unisono ist daher auch hier Kritik an dem notorisch defizitären deutschen Bildungssystem zu vernehmen.

Auch diese Kritik wird schon seit Jahrzehnten artikuliert und wissenschaftlich untermauert, obwohl bereits eine klare Definition des Problems schwerfällt und man über die Kriterien, an denen Chancengleichheit gemessen und wie sie gemessen wird, streiten kann (vgl. Ahrbeck 2014, S. 90ff.). Ebenso alt wie die Kritik – deren grundsätzliche Berechtigung hier nicht bestritten werden soll – ist indes seit den frühen Studien von Jencks und Bourdieu/Passeron die Einsicht, dass die Schule aufgrund ihres Eingebundenseins in gesellschaftliche Herrschaftsstrukturen nur bedingt zum Abbau von Ungleichheit beitragen kann, wenn sie nicht sogar zur Verfestigung sozialer Hierarchien beiträgt. Daher empfiehlt Tenorth den Pädagogen, sie mögen „sich endgültig von der Fiktion verabschieden, sie wären für die Egalisierung der Lebenschancen verantwortlich" (Tenorth 1994, S. 192). Natürlich sollen die Schule bzw. das Schulsystem alles ihnen Mögliche tun, um gleiche soziale Chancen zu gewährleisten, das Resultat wird aber allemal relativ bleiben und damit aus der Perspektive radikaler Diskurse ungenügend, die stattdessen nicht minder radikale Lösungen anbieten.

Für die neoliberale Reformvariante ist die in der Kritik häufig fokussierte Struktur des deutschen Bildungssystems nicht das Hauptproblem, sondern die innere Einstellung, die bei allen Menschen in gleicher Weise reformiert werden muss, nämlich der Mangel an selbst-unternehmerischer Initiative, der eine „tiefgreifende Veränderung der individuellen Sicht- und Verhaltensweisen" erfordere (Kommission für Zukunftsfragen 1997, S. 35), wie sie in Weinerts Kompetenzdefinition durchschimmert.

Auch dem Inklusionsdiskurs geht es um eine „tiefgreifende Veränderung" von Einstellungen, nämlich um die Entwicklung der Bereitschaft, unter dem Dach der Heterogenität jegliche Partikularität, die ein Individuum auszeichnen kann, zu akzeptieren und wertzuschätzen. Der Wertschätzung scheint dabei eine zentrale Rolle zuzukommen, denn „erst in Verbindung mit der Wertschätzung für Heterogenität wird Gleichheit wirklich uneingeschränkt gültig. Erst so kann sie ihre befreiende Wirkung entfalten" (Prengel 1995, S. 50).[11]

Die Frage, wie Gleichheit angesichts des systematischen gesellschaftlichen Widerspruchs eine „befreiende Wirkung" haben kann, soll hier ebenso außen vor bleiben das Problem der pädagogischen Legitimation und der psychologischen Möglichkeiten von Einstellungsveränderungen;[12] entscheidend ist, dass in beiden Diskursen die radikale Veränderungsabsicht beim Individuum ansetzt und damit die Gesellschaft als hierarchisches und funktionales Gefüge, in dem die Ursachen für Ungleichheit primär zu suchen wären, ausgeblendet wird.

Flagrant ist dieser blinde Fleck insbesondere im Inklusionsdiskurs, bei dem die Gesellschaftsstruktur und ihre normalisierende wie normative Wirkung hinter einem zur Selbstauflösung tendierenden Heterogenitätsbegriff verschwindet, wie ihn exemplarisch Prengel entwickelt hat, die Heterogenität in vierfacher Weise ausdifferenziert als

- „Verschiedenheit" (Differenzierung sozialer Gruppen nach bestimmten Kriterien),
- „Vielschichtigkeit" / „Intersektionalität" (die gleichzeitige Zugehörigkeit einer Person oder Gruppe zu verschiedenen Kategorien),
- „Veränderlichkeit" (die aus möglichen oder faktischen Entwicklungsprozessen sich ergebende Heterogenität von Individuen oder Gruppen) und als
- „Unbestimmtheit" (spezifische Merkmale, die jenseits begrifflicher und damit wissenschaftlicher Erfassbarkeit bleiben) (vgl. Prengel 2010, S. 2ff.).

Mit dieser Differenzierung wird der Heterogenitätsbegriff hinsichtlich der Differenzkriterien, ihrer möglichen Interferenzen und bezogen auf die zeitliche Dimension an die Grenze der Definierbarkeit getrieben bzw. so weit ausgedehnt, dass er für die politisch-praktische Umsetzung wie auch für die soziologische

Theoriediskussion kaum mehr brauchbar erscheint.[13] Die Gesellschaft wird damit ebenso unsoziologisch wie unhistorisch zu einer Art tabula rasa der Vielfalt erklärt (vgl. Esslinger-Hinz 2014, S. 145), die es nicht mehr erlaubt, sie als ein normatives und zugleich normierendes Ganzes, als ein Geflecht von Machstrukturen und Hierarchien zu denken oder zu beschreiben. Vielmehr wird Ungleichheit bereits im Ansatz geleugnet: Wenn es, der gängigen Phrase nach, normal ist, dass wir alle verschieden sind, ist Ungleichheit kein politisches Thema mehr, da wir vom Heterogenitätsdiskurs von vorneherein zu Ungleichen erklärt werden und dies als wertzuschätzender Sachverhalt ausgegeben wird: „In der Inklusion sind einfach alle unterschiedslos und namenlos verschieden", heißt es bei Wocken (Wocken 2011, S. 20f.) und so wird in einem Zuge mit dem Ungleichheitsproblem auch die Identität des einmaligen Individuums aus der Welt geschafft.

Mit diesem schlechten Idealismus als Gegner hat der Neoliberalismus auch hier leichtes Spiel bei der Durchsetzung seines Herrschaftsmodells. Beide Ansätze leugnen oder ignorieren, dass es eine Gesellschaft jenseits des Marktes bzw. jenseits der Heterogenität gibt, mit dem allerdings entscheidenden Unterschied, dass der neoliberale Diskurs über Machtmittel zur Durchsetzung seiner Interessen verfügt, die dem Inklusionsdiskurs nicht zu Gebote stehen; dieser affichiert zwar seine Opposition gegen die Verwertungslogik der Marktapologeten, gibt aber zugleich die gesellschaftstheoretischen Mittel aus der Hand, die ihn zu überzeugender Kritik befähigen würden. Die allein schulische Inklusion mit der üblichen pädagogischen Emphase zu beschwören, reicht dafür nicht aus. Dennoch hat der Inklusionsdiskurs eine doppelte politische Legitimationsfunktion, die ihn unerlässlich erscheinen lässt und die auch seine bisweilen dogmatischen Erscheinungsformen erklären mag.

Der Inklusionsdiskurs füllt die normative Lücke, die die vom Neoliberalismus produzierten gesellschaftlichen Verfallstendenzen hinterlassen (vgl. Winkler 2014, S. 29). Die Gefahr der gesellschaftlichen Exklusion, also das Herausfallen aus den wesentlichen Bezugssystemen, von denen gesellschaftliche Integration abhängt, ist für viele Menschen real und wird von der neoliberalen Selbstoptimierungslogik, die systematisch Verlierer produziert, verstärkt, weswegen Exklusion in der Soziologie – anders als in der Pädagogik – ein viel diskutiertes Thema ist (vgl. exemplarisch Heitmeyer 1992, Bourdieu 1993 und Kronauer 2002). In dieser Situation bietet Inklusion, allein schon als offensichtlicher, Lösungen suggerierender Gegenbegriff, eine Projektionsfläche für die Hoffnung, dass die Marktlogik und ihre Folgen sich doch noch sozial beherrschen ließen und Menschen auch jenseits des unternehmerischen Selbst noch ein soziales Existenzrecht zugesprochen wird. Genährt wird diese Hoffnung durch den traditionellen Glauben bzw. die gesellschaftliche Erwartung an die Schule, die institutionalisierte Pädagogik sei in der Lage, gesellschaftliche Widersprüche zu kitten, womit zugleich die zweite Legitimationsfunktion des Inklusionsdiskurses angesprochen ist.

Bei aller Kritik an schulisch nicht ausreichend kompensierter sozialer Ungerechtigkeit bestand bis vor kurzem kein Zweifel daran, dass die Schule ihre grundsätzliche Integrationsfunktion erfüllt und zwar gerade dadurch, dass sie für die Allokation in eine vertikal arbeitsteilige Gesellschaft sorgte. Nun zeichnet sich aber ab, dass das gegliederte System an seinem unteren Rand zum Teil Menschen ins soziale Leben entlässt, die von Exklusion bedroht sind. Damit steht die Legitimation des gesamten Systems auf dem Prüfstand: Ein allgemeinbildendes Schulsystem, das die Integration seiner Absolventen nicht mehr vollständig gewährleisten kann, verspielt seine basale gesellschaftliche Legitimation. In diesem Dilemma bietet die Inklusion einen zumindest programmatischen Ausweg, der allerdings an den Gründen der Exklusion wenig ändern wird, da die allein schulische Inklusion in die häufig beschworene (Klassen-)Gemeinschaft nicht mit gesellschaftlicher Integration verwechselt werden darf. Eher bringt sie das Risiko mit sich, zum moralischen Feigenblatt für eine gesellschaftliche Entwicklung zu verkommen, der sie meint, Widerstand entgegenzusetzen.

Anmerkungen

1 Brodkorb bemerkt ebenfalls den „performativen Widerspruch" der Inklusionspropagandisten, die im Gegensatz zu ihren Verlautbarungen keine anderen Positionen gelten ließen (Brodkorb 2013, S. 32); Winkler konstatiert analog ein Lagerdenken (Winkler 2014, S. 25) und Ahrbeck nimmt im Inklusionsdiskurs einen religiösen Grundton und die manichäistische Tendenz wahr, die Welt klar in Gut und Böse bzw. Richtig und Falsch zu unterteilen, mit der Skeptiker in die Rolle derjenigen gedrängt würden, „die das Rad der Geschichte zurückdrehen wollen" (Ahrbeck 2014, S. 120).
2 Vgl. dazu exemplarisch aus dem Kontext der aktuellen Bildungsreform: Wuttke 2007, S. 6, Münch 2009, S. 33, Meyerhöfer 2006, S. 73ff. und Weiler 2003. „Längst", so Liessmann, sei PISA „zu einer säkularen Religion geworden, die nur mehr Rechtgläubige und Ketzer kennt" (Liessmann 2014, S. 13).
3 Inwiefern diese Einsicht in einer seit Jahrhunderten nur durch zunehmende Arbeitsteilung funktionstüchtigen Gesellschaft bisher verkannt worden sein soll, bleibt Schmidts Geheimnis.
4 Vgl. dazu ausführlicher Dammer 2013.
5 Der Begriff stammt aus der Kybernetik und zeugt damit von einem technischen Menschenbild, das nicht so recht zum humanistischen Pathos der Inklusion passt.
6 http://www.institut-beatenberg.ch/wie-wir-lernen/instruments/kompetenzraster.html. Vgl. dazu auch Dammer 2013.
7 Dabei entstehen bemerkenswerte Welleneffekte. Gab man Ende April 2015 bei Google den Suchbegriff „Deutsches Bildungssystem" ein, so bot die Suchmaschine als häufigste ergänzende Stichworte „Kritik" und „schlecht" an. Auf diese Weise entsteht Wahrheit als Ergebnis sich multiplizierender Wiederholungen.
8 Die Rede ist vom UN-Fachausschuss für die Rechte von Menschen mit Behinderungen, der sich auf seiner Tagung Ende März 2015 u. a. auch mit dem Thema „Inklusion"

befasste. Auch hier wird die Rolle der Medien und ihrer begrifflichen Zuspitzungen für den erwünschten Mobilisierungseffekt deutlich: Unter http://bildungsklick.de/pm/93463/un-fachausschuss-in-genf-prueft-fortschritte-bei-inklusion las man: „Diese Woche muss Deutschland zur Staatenberichts-Prüfung" und der ZEIT-Blog meldete im Untertitel zu seinem diesbezüglichen Bericht: „UN-Ausschuss: Inklusion ist in Deutschland mangelhaft" (http://blog.zeit.de/stufenlos/2015/04/20/un-ausschuss-inklusion-deutschland-magelhaft). Zur Erinnerung: Bereits 1973, also während der Hochzeit der Bildungsreformplanungen, erschien eine Zusammenfassung der OECD-Länderexamen unter dem Titel: „Bildungswesen mangelhaft" (Hüfner (Hrsg.): 1973). Nichts Neues also an der Mobilisierungsfront.

9 Vgl. zur Begründung des Unterschieds ausführlicher Dammer 2014.
10 Dass es zwischen den beiden Begriffen einen vor allem für die Inklusion bedeutsamen Unterschied gibt, wird hier nicht verkannt, in unserem Zusammenhang ist aber nur von Belang, dass beide Begriffe das gleiche Ziel verfolgen, nämlich die Eröffnung gleicher Möglichkeiten zur gesellschaftlichen Integration und Partizipation.
11 Dass inzwischen auch der im öffentlichen Diskurs erstaunlich oft zu hörende Begriff „Wertschätzung", ähnlich wie der der „Vielfalt" oder der „Diversity" als Ressource ökonomisch überformt ist, sei hier nur am Rande vermerkt. Näheres dazu findet man auf der Website des Urenkels von Knigge, der ein Institut für Unternehmensberatung betreibt und den umsatzfördernden Effekt der Wertschätzung bei der Mitarbeiterführung preist (vgl. https://www.mainova.de/static/de-mainova/downloads/Vortrag-Wertschaetzung_Moritz-Freiherr-Knigge.pdf).
12 Vgl. dazu ausführlicher Harant/Dammer 2013.
13 Der Hinweis auf die rasanten kategoriellen Erweiterungen, die in den letzten Jahren Essgewohnheiten, v. a. aber sexuelle Orientierungen im öffentlichen Diskurs erfahren haben, mag hier als Illustration genügen.

Literatur

Ahrbeck, Bernd (2014): Inklusion – Eine Kritik. Stuttgart.
Andresen, Ute (2002): So dumm sind sie nicht: Von der Würde der Kinder in der Schule. Weinheim und Basel.
Binswanger, Mathias (2010): Sinnlose Wettbewerbe. Freiburg.
Bourdieu, Pierre (Hrsg.) (1993): La misère du monde. Paris.
Brodkorb, Mathias (2013): Warum Inklusion unmöglich ist. Über schulische Paradoxien zwischen Liebe und Leistung. In: Profil, April 2013, S. 25-34.
Dammer, Karl-Heinz (2013): Mythos neue Lernkultur. In: Pädagogische Korrespondenz, Heft 48, Herbst 2013, S. 27-57.
Dammer, Karl-Heinz (2014): Bildungsstandards: Cui bono? In: Leser, Christoph u.a. (Hrsg.): Zueignung. Pädagogik und Widerspruch. Opladen / Berlin / Toronto, S. 113-134.
Deutsches PISA-Konsortium (Hrsg.) (2001): PISA 2000. Basiskompetenzen von Schülerinnen und Schülern im internationalen Vergleich. Opladen.
Esslinger-Hinz, Ilona (2014): Inklusion und Leistung – Paradigmata im Widerspruch? In: Franz, Eva-Kristina / Trumpa, Silke / Esslinger-Hinz, Ilona (Hrsg.): Inklusion: Eine Herausforderung für die Grundschulpädagogik. Baltmannsweiler, S. 142-154.

Feuser, Georg (2013): Inklusive Bildung – ein pädagogisches Paradoxon. In: Banser, Gerhard / Meier, Bernd (Hrsg.): Inklusion und Integration. Theoretische Grundfragen und Fragen der praktischen Umsetzung im Bildungsbereich. Frankfurt / M. et al., S. 25-41.

Flitner, Elisabeth (2006): Pädagogische Wertschöpfung. Zur Rationalisierung von Schulsystemen durch *public-private-partnerships* am Beispiel von PISA. In: Oelkers, Jürgen / Casale, Rita / Horlacher, Rebekka / Klee, Sabina Larcher (Hrsg.): Rationalisierung und Bildung bei Max Weber. Beiträge zur Historischen Bildungsforschung. Bad Heilbrunn, S. 245-266.

Harant, Martin / Dammer, Karl-Heinz (2013): Affirmative Erziehungspraxis als neue Lernkultur. Der Bildungsplan 2015 für Baden-Württemberg. Ein Schritt zurück in die Zukunft. In: Vierteljahresschrift für Wissenschaftliche Pädagogik, 89. Jhrg., Heft 4/2013, S. 607-626.

Harten, Hans-Christian (1989): Pädagogische Eschatologie und Utopie in der Französischen Revolution. In: U. Herrmann / J. Oelkers (Hrsg.): Französische Revolution und Pädagogik der Moderne. Aufklärung, Revolution und Menschenbildung im Übergang vom Ancien Régime zur bürgerlichen Gesellschaft. Weinheim und Basel (= Zeitschrift für Pädagogik, 24. Beiheft), S. 117-132.

Heinrich, Martin (2001): Alle, alles, allseitig. Studien über die Desensibilisierung gegenüber dem Widerspruch zwischen Sein und Sollen der Allgemeinbildung. Wetzlar.

Heitmeyer, Wilhelm (1992): Auf dem Weg in eine desintegrierte Gesellschaft. Einleitung. In: Ders. (Hrsg.): Was treibt die Gesellschaft auseinander? Bundesrepublik Deutschland: Auf dem Weg von der Konsens- zur Konfliktgesellschaft. Band I. Frankfurt, S. 9-26.

Hinz, Andreas (2010): Inklusion – historische Entwicklungslinien und internationale Kontexte. In: Hinz, Andreas / Körner, Ingrid / Niehoff, Ulrich (Hrsg.): Von der Integration zur Inklusion. Grundlagen – Perspektiven – Praxis. Marburg, S. 33-52.

Hüfner, Klaus (Hrsg.) (1973): Bildungswesen: mangelhaft. BRD-Bildungspolitik im OECD-Länderexamen. Frankfurt/M.

Kastl, Jörg Michael: Inklusion und Integration. Ist „Inklusion" Menschenrecht oder eine pädagogische Ideologie? Soziologische Thesen. In: Lernen & Lehren 12, 2012, S. 4-9.

Klieme, Eckhard u. a. (2007): Zur Entwicklung nationaler Bildungsstandards. Eine Expertise. Berlin.

Klingovsky, Ulla (2009). Schöne neue Lernkultur. Transformationen der Macht in der Weiterbildung. Eine gouvernementalitätstheoretische Analyse. Bielefeld.

Koch, Lutz (2004): Normative Empirie. In: Heitger, Marian et al.: Kritik der Evaluation von Schulen und Universitäten. Würzburg, S. 39-55.

Kommission für Zukunftsfragen der Freistaaten Bayern und Sachsen (1997): Erwerbstätigkeit und Arbeitslosigkeit in Deutschland. Entwicklung, Ursachen und Maßnahmen. Teil III: Maßnahmen zur Verbesserung der Beschäftigungslage. Bonn.

Kronauer, Martin (2002): Exklusion. Die Gefährdung des Sozialen im hoch entwickelten Kapitalismus. Frankfurt/M. / New York.

Ladenthin, Volker (2014): Zur Praxis pädagogischer empirischer Forschung. Eine Studie. In: COINCIDENTIA. Zeitschrift für europäische Geistesgeschichte. Beiheft 4: Zum theoretischen Rahmen der empirischen Bildungsforschung. Bernkastel Kues, S. 77-126.

Landesinstitut für Schulentwicklung Baden-Württemberg (2009): Neue Lernkultur. Lernen im Fokus der Kompetenzorientierung. Individuelles Fördern in der Schule durch Beobachten – Beschreiben – Bewerten – Begleiten. Stuttgart.

Liessmann, Konrad Paul (2014): Geisterstunde. Die Praxis der Unbildung. Wien.

Meyerhöfer, Wolfram (2006): PISA & Co. als kulturindustrielles Phänomen. In: Jahnke, Thomas / Meyerhöfer, Wolfram (Hrsg.): Pisa & Co.. Kritik eines Programms. Hildesheim / Berlin, S. 63-99.
Ötsch, Walter Otto (2009): Mythos Markt. Marktradikale Propaganda und ökonomische Theorie. Marburg.
Prengel, Annedore (1995): Pädagogik der Vielfalt. Opladen.
Prengel, Annedore (2010): Wie viel Unterschiedlichkeit passt in eine Kita? Theoretische Grundlagen einer inklusiven Praxis in der Frühpädagogik.
Prengel, Annedore (2010): http://www.weiterbildungsinitiative.de/uploads/media/WiFF_ Fachforum_Inklusion_Impulsreferat_Prof._Dr._Prengel.pdf (zuletzt aufgerufen am 26.4.15).
Prengel, Annedore (2014): Inklusion in der Frühpädagogik. Bildungstheoretische, empirische und pädagogische Grundlagen. Eine Expertise der Weiterbildungsinitiative Frühpädagogische Fachkräfte. Frankfurt/M.
Schmidt, Katharina (o. J.): Pädagogik der Vielfalt. http://www.zukunftsschule.sh/fileadmin/content/mitbestimmen-mitgestalten/Bilder/paedVielfalt.doc (zuletzt aufgerufen am 26.2.15).
Tenorth, Heinz-Elmar (1994): „Alle alles zu lehren". Möglichkeiten und Perspektiven Allgemeiner Bildung. Darmstadt.
Weiler, Hans N. (2003): Bildungsforschung und Bildungsreform: Von den Defiziten der deutschen Erziehungswissenschaft. http://www.stanford.edu/~weiler/DGfE_Weiler_ rev.pdf (In Buchform veröffentlicht in: Gogolin, Ingrid / Tippelt, Rudolf (Hrsg): Innovation durch Bildung. Beiträge zum 18. Kongress der Deutschen Gesellschaft für Erziehungswissenschaft. Opladen, S. 181-203.
Weinert, Franz E. (2001): Leistungsmessung in Schulen – eine umstrittene Selbstverständlichkeit. In: Ders. (Hrsg.): Leistungsmessungen in Schulen. Weinheim und Basel, S. 17-31.
Winkler, Michael (2014): Kritik der Inklusion – oder: Über die Unvermeidlichkeit der Dialektik in der Pädagogik. Ein Essay. In: Widersprüche, 34. Jahrgang, Nr. 133, S. 25-39.
Wirtschaftswachstum und Bildungsaufwand (1966). Wien.
Wocken, Hans (2011)[2]: Das Haus der inklusiven Schule. Hamburg.
Wuttke, Joachim (2006): Fehler, Verzerrungen, Unsicherheiten in der PISA-Auswertung. In: Jahnke, Thomas / Meyerhöfer, Wolfram (Hrsg.): Pisa & Co.. Kritik eines Programms. Hildesheim / Berlin, S. 101-156.

Eva Groß/Andreas Hövermann

Die Gefährdung des Sozialen im hoch entwickelten Kapitalismus. Inklusion, Abwertung und Ausgrenzung im Namen neoliberaler Leitbilder

Zusammenfassung: Der Beitrag problematisiert und prüft empirisch die Verbreitung neoliberaler Ideologien in Form von Wettbewerbsideologien und Anpassungen an das Leitbild des unternehmerischen Selbst in der deutschen Bevölkerung anhand einer für Deutschland repräsentativen Bevölkerungsumfrage. Diese Normen und Mythen werden mit gezieltem Blick in das ‚Innen' der Gesellschaft kritisch mit gegenwärtigen Inklusionsanforderungen in Verbindung gebracht, die letztlich die Exklusion von vermeintlich wenig effizienten und angepassten Gruppen legitimieren. Inklusion wird in ihrer gegenwärtigen neoliberalen Form als Paradox entziffert: Vorurteile, Abwertung und Ausgrenzung wenig unternehmerischer und effizienter Gruppen im Namen von Inklusion und Eigenverantwortung.

Abstract: In this article the dissemination of neoliberal ideologies in terms of competition ideologies and the adherence to the general orientation of the enterprising self are critically discussed and investigated empirically using representative data for the German population. With reference to dominant present discourses on and perceptions of inclusion, that transport neoliberal ideologies, these ideologies are shown to be empirically in close connection to prejudices against allegedly unprofitable groups, eventually legitimating their exclusion. Inclusion in the present, neoliberal version is thus identified as a paradox: Prejudices, devaluation and exclusion in the name of inclusion and entrepreneurial, empowering self-reliance.

Keywords: Inclusion, neoliberal society, marketization, enterprising self, prejudices

1. Inklusion in eine durchökonomisierte Gesellschaft

Die Qualität einer Gesellschaft bemisst sich am Umgang mit ihren schwachen Gruppen (Heitmeyer 2002). Das Soziale als Raum für Inklusions- und Teilhabemöglichkeiten, wie auch für politische Einflussnahme und soziale Anerkennung aller Gesellschaftsmitglieder, und damit der Sicherung der sozialen Grundlagen von Demokratie (vgl. Kronauer 2010), ist dann gefährdet, wenn schwache Gruppen systematischen Abwertungen ausgesetzt sind, die ihre Ausgrenzung legitimieren und Inklusion unwahrscheinlich machen. Abwertungen und Vorurteile gegen soziale Gruppen auf Einstellungsebene werden im vorliegenden Beitrag als Dreh- und Angelpunkt von Inklusion, wie auch Ausgrenzung verstanden. Dominante Abwertungsideologien in der Mehrheitsgesellschaft sind sowohl historisch variabel als auch von Gesellschaft zu Gesellschaft verschieden. Inklusion hängt neben dominanten Abwertungsideologien auch von der Anpassung der Gruppen an das ‚Innen', also an die Mehrheitsgesellschaft ab, in die sie inkludiert werden sollen. Insofern lohnt der Blick nach ‚Innen', wenn es um die Frage der Inklusion vermeintlicher Außenseiter geht. Dies in besonderem Maße dann, wenn wir dominant vertretene Abwertungsideologien innerhalb der Mehrheitsgesellschaft als ausschlaggebende Faktoren für Exklusion, Inklusion und die Gefährdung des Sozialen betrachten. Eine strikte Gegenüberstellung eines Innen und Außen der Gesellschaft und die Fokussierung auf das ‚Außen', wenn es um Fragen der Inklusion geht, suggeriert allzu vorschnell eine Mehrheitsgesellschaft als unproblematische Einheit, wohingegen die Außenseiter die problembehafteten Gruppen zu sein scheinen. Beginnt Ausgrenzung nicht im Inneren der Gesellschaft?[1] Dann stellt sich zunächst die grundsätzliche Frage, in welcher Gesellschaft wir heute in Deutschland leben.

In der Sozial- und Wirtschaftspolitik Deutschlands ist seit Mitte der 1980er-Jahre eine neoliberale Wende zu beobachten, die sich in der Wirtschaftspolitik durch einen angebotsorientierten Grundkonsens auszeichnet, der der keynesianischen Idee einer staatlichen Nachfragesteuerung, bspw. zur Verhinderung von Massenarbeitslosigkeit, entgegensteht (Beckert 2009). Auch in der Sozialpolitik ist diese Wende sichtbar, indem vermehrt ‚aktivierend' vom Einzelnen, insbesondere von den bislang weniger erfolgreichen mehr Flexibilität, Selbstverantwortung, Aktivität und unternehmerische Initiative gefordert wird (Lemke/Krasmann/Bröckling 2000; Neckel/Dröge 2002; Lessenich 2009). Klassische Aufgaben des Sozialstaates, wie die soziale Absicherung der Bürger, werden sukzessive vom Staat auf die Individuen übertragen und damit die Verantwortung dem Einzelnen zugeschrieben (Lessenich 2008). Ähnlich beschreibt es Bröckling (2007), indem er ein neoliberales, politisch inszeniertes und dominantes gesellschaftliches Leitbild als *unternehmerisches Selbst* beschreibt, welches Individuen dazu anhält, ihre Lebenswege in einer ökonomisch effizienten – eben unternehmerischen Weise – zu führen. Eigenverantwortlich und flexibel sollen die Individuen Kosten und Nutzen von Lebensentscheidungen für zukünftige Gewinne – also ihre ökonomische Verwertbarkeit als Humankapital – abwägen. So werden Studiengänge, Fortbildungsmaßnahmen, Regulierungen und eine umfangreiche Lebenshilfe-Ratgeberliteratur, die dem Ziel dienen sollen, individuell unternehmerische Initiative von Menschen in allen auch noch so privaten Lebensbereichen zu fördern und fordern, zur Normalität (vgl. Han 2014). Diese Entwicklungen werden auch als „Ausweitung ökonomischer Formen auf das Soziale" (Lemke/Krasmann/Bröckling 2000, S. 16) beschrieben, bei der die Ökonomie prinzipiell alle Formen menschlichen Verhaltens beeinflusse. Neben individuellen Lebenswegen unterwerfen sich bspw. auch originär soziale Einrichtungen wie Krankenhäuser, Schulen, Universitäten und Kindergärten mittlerweile einer unternehmerischen Verwertungslogik (Peters 2001; Opitz 2004; Prinz/Wuggenig 2007).

Inklusion in eine solch sozial-ökonomisierte Gesellschaft setzt voraus, dass sich die Individuen entsprechend dieses (arbeits-)marktkonformen Leitbildes verhalten und formen. Lessenich (2014) beschreibt die gegenwärtige Bedeutung von Inklusion in Deutschland als Marktinklusion. Sie bedeute ausschließlich eines: „Die Einbeziehung der bislang vom Marktgeschehen Ausgeschlossenen in die Strukturen, Prozesse und Mechanismen von Arbeits- und Dienstleistungs-, Produkt- und Konsummärkten" (ebd., S. 218). Inklusion stünde damit „[...] in ihrem vom Sozialfirnis befreiten funktionslogischen Kern, für die gesellschaftspolitische Programmatik einer verallgemeinerten, radikalisierten Vermarktlichung" und entspräche eher einem „individualisierten Marktgängigkeitsverlangen" als eines sozialen Teilhabeversprechens (ebd., S. 218). Bedeutet Inklusion dann nicht mehr als sich diesen Forderungen anzupassen, besteht die Gefahr, dass Inklusion zu einer Leerformel verkommt, die letztlich Legitimationen liefert, diejenigen, die sich dem neoliberalen Leitbild nicht anpassen können oder wollen, im Namen (arbeits-)marktkonformer unternehmerischer Tugenden mitten unter uns auszugrenzen. Die „Überflüssigen" (vgl. Bude 1998) und wenig selbst-unternehmerischen, als parasitär und leistungsschwach gebrandmarkt (vgl. Bohrer 2009; Sarrazin 2009), werden dann über marktkonforme Inklusionsbestrebungen in Form einer heute normalen gesellschaftlichen Forderung, sich selbst-unternehmerisch zu verhalten, in die Zonen der Verwundbarkeit und Entkoppelung (vgl. Castel 2000) inmitten der Mehrheitsgesellschaft gedrängt.

Im Folgenden wird empirisch analysiert, ob und wie stark dieses Leitbild des unternehmerischen Selbst Verbreitung in der deutschen Mehrheitsbevölkerung findet (2.), inwieweit Verbindungen zu rabiateren Bewertungen von Personen nach reinen Kosten-Nutzen-Kriterien bestehen (3.), und ob innerhalb der Mehrheitsbevölkerung offene Abwertungen im Namen dieses Leitbildes gegen diejenigen Gruppen geäußert werden, die dem ökonomischen Imperativ des unternehmerischen Selbst nicht folgen können und somit als vermeintlich ökonomisch unprofitabel, bzw. überflüssig abgewertet werden (4.). Sollte solch eine Norm in der Mehrheitsbevölkerung vorhanden sein, die der Abwertung und dem Ausschluss von ‚Überflüssigen' und wenig passgenauen Personen den Weg bereitet, wären das Soziale und Inklusion in Form der Schaffung von systematischen Ungleichheitsverhältnissen von innen heraus gefährdet.[2]

2. Unternehmerisches Selbst – neoliberale Normalität in der Mehrheitsgesellschaft?

Im Folgenden verwenden wir Daten einer repräsentativen Meinungsumfrage aus dem Frühjahr/Sommer 2014 (siehe ausführlicher Groß 2014), die durch das Sozialwissenschaftliche Umfragezentrum Duisburg (SUZ) erhoben und von der Friedrich-Ebert-Stiftung finanziert wurden. Mittels telefonischer Befragung (CATI-Verfahren) der deutschen Wohnbevölkerung ab 16 Jahren konnten insgesamt 2.008 BürgerInnen anhand einer Zufallsauswahl befragt werden. Die Daten wurden anschließend anhand des höchsten erreichten Bildungsstandes sowie des Alters der Befragten gewichtet, so dass die Stichprobe hinsichtlich dieser Merkmale der deutschen Gesamtbevölkerung entspricht.

Das unternehmerische Selbst haben wir empirisch erhoben, indem wir über Einstellungsmessungen die individuelle Anlehnung an dieses Leitbild – in Form des *unternehmerischen Universalismus* und der *Wettbewerbsideologie* – erfragt haben. Unter dem Konzept *unternehmerischer Universalismus* verstehen wir eine verallgemeinerte neoliberale Norm der Selbstoptimierung, welche von allen Personen unternehmerische Tugenden wie Kreativität, Flexibilität, Risikofreude, Innovativität, Aktivität und Eigenverantwortung als Charaktereigenschaften fordert und auf einen Abbau der Solidarität zielt. Bei fehlender Selbstoptimierung fällt die Schuld auf den einzelnen zurück – ganz nach dem Motto „jeder ist seines eigenen Glückes Schmied" (für eine detaillierte Beschreibung zur empirischen Messung dieser Norm siehe Groß/Gundlach/Heitmeyer 2010). Die *Wettbewerbsideologie* verstehen wir als die Forderung allgegenwärtigen Wettbewerbs, um Fortschritt und Erfolg zu erzielen. Ihre Übernahme ist ein ebenso wichtiger Baustein, um das eigene Leben entsprechend des Leibildes des unternehmerischen Selbst ausrichten zu können (vgl. Bröckling 2007). In Tabelle 1 wird ersichtlich, mit welchen Aussagen wir die Zustimmung zu diesen beiden Facetten gemessen haben. Zudem ist dort abgetragen, wie von der deutschen Bevölkerung auf die Aussagen geantwortet wurde. Generell konnten die Befragten den Aussagen auf einer fünfstufigen Skala zustimmen, bei der die Extremkategorien „1" als „stimme überhaupt nicht zu" und „5" als „stimme voll und ganz zu" definiert wurden.

Tabelle 1: Prozentuale Ablehnung und Zustimmung zu unternehmerischem Universalismus und Wettbewerbsideologie

		Gesamtverteilung		
		Anteil Ablehnung („1" & „2")	Anteil Mittelkategorie („3")	Anteil Zustimmung („4" & „5")
Unternehmerischer Universalismus	Wer nicht bereit ist, was Neues zu wagen, der ist selber schuld, wenn er scheitert.	14,7%	23,3%	62,1%
	Wer keine Ideen hat, wie er sich gut verkaufen kann, der ist selber schuld wenn er scheitert.	28,5%	34,0%	37,5%
	Wer sich nicht selbst motivieren kann, der ist selber schuld, wenn er scheitert.	21,0%	23,0%	56,0%
Wettbewerbsideologie	Der Schlüssel zum Erfolg ist, besser als die Anderen zu sein.	19,2%	24,0%	56,8%
	Fortschritt gibt es nur durch Wettbewerb.	14,8%	23,4%	61,8%

Der ersten Aussage zum unternehmerischen Universalismus, „wer nicht bereit ist, was Neues zu wagen, der ist selber schuld, wenn er scheitert", stimmen knapp zwei Drittel der Deutschen zu. Die Zustimmung zur zweiten Aussage („Wer keine Ideen hat, wie er sich gut verkaufen kann, der ist selber schuld, wenn er scheitert.") fällt mit knapp 38% jedoch etwas geringer aus. Wiederum mehr als die Hälfte der Deutschen (56%) sieht eine eigene Schuld für das Scheitern, wenn es an Eigenmotivation mangelt. Der Aussage zur Wettbewerbsideologie, dass das Rezept zum Erfolg darin bestünde, besser als andere zu sein, stimmen knapp 57% der Deutschen zu. Den Glauben daran, dass Fortschritt lediglich durch Wettbewerb möglich sei, teilen knapp 62% der deutschen Bevölkerung.

Die neoliberale Norm der Selbstoptimierung erweist sich mit durchschnittlichen Zustimmungswerten von über 50% als fest verankert in den Mentalitäten der Mehrheitsgesellschaft in Deutschland. Ähnliches gilt für die Wettbewerbsideologie. Auch für diese Komponente der individuellen Anlehnung an das neoliberale Leitbild lässt sich mit Zustimmungsraten zwischen 50% und 60% in der deutschen Bevölkerung von einer fest verankerten Norm sprechen.

Inwieweit sich diese neoliberalen Normalitäten mit drastischeren, ökonomisch motivierten Bewertungen von Personen verbinden und damit das Soziale, bzw. Inklusion und Partizipation von Gruppen, die bei diesen Bewertungen schlecht abschneiden, gefährden, wird im Folgenden betrachtet.

3. Marktförmiger Extremismus – eine gefährliche Verbindung aus neoliberaler Norm und Kosten-Nutzen-Bewertungen von Menschen

Es wird in diesem Abschnitt empirisch getestet, inwiefern mit den unternehmerischen Selbstoptimierungsnormen rabiatere Bewertungen von Menschen nach reinen Kosten-Nutzen- Maßstäben einhergehen und zu einem Phänomen verschmelzen, das wir an anderer Stelle als *marktförmigen Extremismus* bezeichnet haben (vgl. Groß/Hövermann 2014a).[3] Im Zentrum steht hier also zunächst die Frage, ob und inwiefern die neoliberale Normalität allgegenwärtigen unternehmerischen Denkens und Forderns inmitten der deutschen Mehrheitsgesellschaft Türen öffnet für eine Bewertung von Menschen nach den Maßstäben reiner Kosten-Nutzen-Kalküle. Die ökonomisch motivierte Bewertung von Menschen haben wir in Form von *ökonomistischen Werthaltungen* erfasst, bei denen ökonomische Kriterien auf die Bewertung ganzer Bevölkerungsgruppen angewendet werden (für detailliertere Informationen zur Messung siehe Mansel/Endrikat 2007). Die Zustimmungsraten zu den einzelnen Aussagen sind in Tabelle 2 aufgelistet.

Tabelle 2: Prozentuale Ablehnung und Zustimmung zu ökonomistischen Werthaltungen

		Gesamtverteilung		
		Anteil Ablehnung („1" & „2")	Anteil Mittelkategorie („3")	Anteil Zustimmung („4" & „5")
Ökonomistische Werthaltungen	Menschen, die wenig nützlich sind, kann sich keine Gesellschaft leisten.	71,6%	17,5%	10,9%
	Menschliche Fehler können wir uns nicht mehr leisten.	59,2%	23,4%	17,5%

Der Aussage, dass sich keine Gesellschaft Menschen, die wenig nützlich sind, leisten könne, wird von knapp 11% zugestimmt. Mehr als jeder Sechste (knapp 18%) glaubt, dass wir uns menschliche Fehler nicht mehr erlauben können. Damit zeigt sich diese rabiate Bewertung von Menschen und Bevölkerungsgruppen nach reinen Nützlichkeitskriterien als weniger fest in den Mentalitäten der deutschen Mehrheitsbevölkerung verankert als die anderen beiden Facetten. Wie oben beschrieben, interessiert in diesem Abschnitt aber die Frage, inwiefern die weit verbreiteten neoliberalen Normen in der Mehrheitsgesellschaft mit diesen radikaleren Bewertungen von Personen einhergehen und somit einen Türöffner für Ungleichwertigkeit aus der Mitte der deutschen Bevölkerung heraus darstellen können. Es wird also getestet, inwiefern diejenigen, die der unternehmerischen Selbstoptimierungsnorm zustimmen, auch dazu tendieren, den rabiateren ökonomistischen Bewertungen zuzustimmen und ob die drei Einstellungsmuster als Gesamtphänomen *marktförmiger Extremismus* angesehen werden können. In Abbildung 1 sind die empirischen Zusammenhänge zwischen den drei Facetten des *marktförmigen Extremismus* in Form eines latenten Faktors zweiter Ordnung[4] dargestellt.

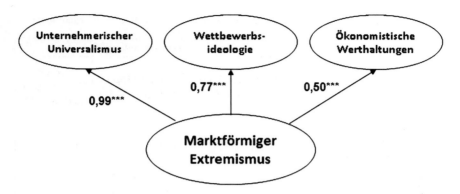

Abbildung 1: Vereinfachte Darstellung des Faktors für marktförmigen Extremismus; marktförmiger Extremismus ist als latenter Faktor zweiter Ordnung modelliert; er besteht aus den eingezeichneten Elementen, die als latente Faktoren erster Ordnung modelliert sind, sich also direkt aus den jeweiligen Erhebungsaussagen ergeben; angegeben sind Faktorladungen in Form standardisierter Koeffizienten; *** bedeutet, dass die Faktorladung auf 1%-igem Niveau signifikant ist (p<0.001); Modell Fit: Chi^2=113, df=11, RMSEA=.07, PClose=.002, CFI=.97, SRMR=.03; die Berechnung erfolgte mit mplus7.

Die guten Faktorladungen und Modell-Fit Werte für das messfehlerbereinigte Faktormodell bedeuten, dass es einerseits starke empirische Zusammenhänge zwischen unternehmerischem Universalismus, Wettbewerbsideologie und der Bewertung von Menschen nach reinen Kosten-Nutzen Kriterien gibt. Andererseits lassen sich die drei Einzelphänomene empirisch gut begründet als Gesamtphänomen zusammenfassen, da die Faktorladungen starke Zusammenhänge aller drei Einzelkonstrukte mit dem latenten Faktor *marktförmiger Extremismus* anzeigen. Die sehr hohe Faktorladung des unternehmerischen Universalismus bedeutet darüber hinaus, dass die weit verbreitete, neoliberale Selbstoptimierungsnorm im Zusammenspiel mit den beiden anderen Facetten die ausschlaggebendste Komponente bei der Verschmelzung zum Gesamtphänomen markförmiger Extremismus darstellt. Die Norm in der Mehrheitsgesellschaft geht mit den stärksten Anteilen in das Gesamtphänomen ein und ist mit diesem fast eins. Wir beobachten hier also ein signifikantes Einfallstor für ökonomistische Ungleichheitssemantiken in der Mehrheitsbevölkerung. Auch wenn die rabiate Bewertung von Menschen in Form ökonomischer Werthaltungen insgesamt nur von 11 bis 18% der Deutschen geteilt wird, so tendieren Menschen, die die weit verbreiteten Selbstoptimierungsnormen des unternehmerischen Universalismus und der Wettbewerbsideologie teilen (etwa jeder zweite Deutsche) stark dazu, Menschen auch nach reinen Kosten-Nutzen Kriterien zu bewerten. Diese Ergebnisse untermauern unsere Vermutung, dass sich in der deutschen Mehrheitsgesellschaft ökonomistische Ideologien verankert haben, die die Bewertung von Menschen auf Basis von Kosten-Nutzen-Kalkülen sagbar werden lässt. Bei der Frage nach gegenwärtiger Abwertung und Ausgrenzung, aber auch nach Inklusion muss also der Blick kritisch auf die Mehrheitsgesellschaft gerichtet werden. Im nächsten Schritt untersuchen wir daher, ob der *marktförmige Extremismus* als Gesamtphänomen auch Verbindungen zu offenen Abwertungen gegen Bevölkerungsgruppen aufweist, die als überflüssig und ineffizient etikettiert werden können.

4. Abwertung im Namen radikalisierter Vermarktlichung

Aufgrund mittlerweile auch in nicht-ökonomische Bereiche vordringender Kosten-Nutzen-Kalkulationen kommt es zu verallgemeinernden Bewertungen der gesellschaftlichen Nützlichkeit und Rentabilität von Gruppen. Bei der Abwertung schwacher Gruppen fokussieren wir im Folgenden auf diejenigen Gruppen in der Gesellschaft, von denen anzunehmen ist, dass sie insbesondere deshalb abgewertet werden, weil man ihnen eine wirtschaftliche Unprofitabilität (vgl. Groß/Hövermann 2014b), mangelhafte Lebensführung im Sinne des unternehmerischen Selbst oder aber mangelnde Marktkonformität vorwirft, die allesamt für gelungene Inklusion heute ausschlaggebend sind (vgl. Lessenich 2014). Speziell Langzeitarbeitslose, Wohnungslose oder auch Menschen mit Behinderung können anhand dieser Logik als primär unprofitabel, wirtschaftlich nutzlos und finanziell belastend stigmatisiert werden. Die Abwertungen gegenüber diesen Gruppen stellen den Fokus der folgenden Analysen dar, da sie besonders gefährdet sind, auf Basis marktförmiger Inklusionsbestrebungen abgewertet zu werden. Sie sind als Elemente des Syndroms Gruppenbezogener Menschenfeindlichkeit (Heitmeyer 2002; Klein/Groß/Zick 2014) erfasst und wurden mit den folgenden Aussagen in den Daten erhoben. Generell konnten die Befragten den Aussagen auf einer vierstufigen Skala zustimmen, bei der die Extremkategorien „1" als „stimme überhaupt nicht zu" und „4" als „stimme voll und ganz zu" definiert wurden.

Tabelle 3: Prozentuale Ablehnung und Zustimmung zur Abwertung langzeitarbeitsloser und wohnungsloser Menschen sowie von Menschen mit Behinderung

		Anteil Ablehnung („1" & „2")	Anteil Zustimmung („3" & „4")
Abwertung langzeitarbeitsloser Menschen	Die meisten Langzeitarbeitslosen sind nicht wirklich daran interessiert einen Job zu finden.	55,3%	44,8%
	Ich finde es empörend, wenn sich die Langzeitarbeitslosen auf Kosten der Gesellschaft ein bequemes Leben machen.	38,2%	61,8%
Abwertung wohnungsloser Menschen	Die meisten Obdachlosen sind arbeitsscheu.	79,1%	20,9%
	Bettelnde Obdachlose sollten aus den Fußgängerzonen entfernt werden.	69,3%	30,7%
Abwertung von Menschen mit Behinderung	Behinderte erhalten zu viele Vergünstigungen.	92,7%	7,2%
	Für Behinderte wird in Deutschland zu viel Aufwand betrieben.	93,7%	6,3%

Den Aussagen zur Messung der Abwertung langzeitarbeitsloser Menschen wird von einer großen Anzahl an Befragten zugestimmt. Rund 45% bezweifeln, dass Langzeitarbeitslose tatsächlich daran interessiert seien eine Arbeit zu finden und 62% empören sich darüber, wenn Langzeitarbeitslose „sich auf Kosten der Gesellschaft ein bequemes Leben machen".

Wohnungslose Menschen werden von mehr als jedem Fünften mit dem Stereotyp „arbeitsscheu" beschrieben. Knapp jeder Dritte stimmt der drastischen Forderung zu, bettelnde Obdachlose aus den Fußgängerzonen „entfernen" zu lassen.

Den Aussagen zur Abwertung von Menschen mit Behinderung wird in deutlich geringerem Maße zugestimmt.[5] Zwar werden von einer großen Mehrheit der

Befragten die abwertenden Einstellungen bezüglich Menschen mit Behinderung abgelehnt, dennoch glauben 7% der Befragten, dass Menschen mit Behinderung zu viele Vergünstigungen erhalten und 6%, dass für diese in Deutschland zu viel Aufwand betrieben wird.

Im Folgenden wird die Abwertung langzeitarbeitsloser und wohnungsloser Menschen sowie von Menschen mit Behinderung als *Abwertung „Unprofitabler"* zusammengefasst berücksichtigt.[6]

Inwiefern nun ein solch extrem marktförmiges Denken, wie es in dem Konzept des *marktförmigen Extremismus* erfasst ist, damit einhergeht, dass die beschriebenen Gruppen in der Gesellschaft im Zuge zugeschriebener Unprofitabilität offen abgewertet werden, testen wir im Folgenden. Um die entsprechenden Zusammenhänge zu ermitteln, wurden die relevanten Konstrukte in Form eines Strukturgleichungsmodells zueinander in Relation gesetzt (Abbildung 2).[7] In dem Modell wurde zum einen um die demographischen Variablen Alter, Geschlecht, Bildungsstand, Einkommen, subjektive Schichteinstufung sowie Ost-/Westdeutsche Herkunft kontrolliert, so dass Zusammenhänge nicht auf diese Merkmale zurückzuführen sind. Zum anderen wurden in dem Modell auch die bedeutenden Erklärungsfaktoren für Abwertungen *Soziale Dominanzorientierung*[8] sowie *Autoritarismus*[9] berücksichtigt und die Effekte um diese Erklärungskonstrukte kontrolliert. Dadurch kann getestet werden, ob die Abwertungen unabhängig und zusätzlich zu bislang etablierten Erklärungsfaktoren auch mit *marktförmigem Extremismus* zusammenhängen.

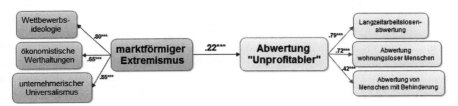

Abbildung 2: Vereinfachte Darstellung des Strukturgleichungsmodells; die Abwertung „Unprofitabler" sowie marktförmiger Extremismus sind als latente Faktoren zweiter Ordnung modelliert, und bestehen aus den eingezeichneten Elementen, die als latente Faktoren erster Ordnung modelliert sind, sich also direkt aus den jeweiligen Erhebungsaussagen ergeben; angegeben sind standardisierte Koeffizienten; *** bedeutet, dass der Zusammenhang signifikant ist (p<0.001); Modell Fit: Chi^2=821, df=193, RMSEA=.047, PClose=.95, CFI=.91, SRMR=.048; Berechnung erfolgt in mplus7.

Wie in Abbildung 2 ersichtlich, zeigt sich in dem Modell ein mittlerer signifikanter Effekt von *marktförmigem Extremismus* auf die *Abwertung „Unprofitabler"* (β=.22***). Befragte, die eine extreme Form marktförmigen Denkens vertreten, indem sie neoliberale Inklusionsanforderungen mit Kosten-Nutzen-Bewertungen von Menschen verbinden, tendieren dazu, die aufgeführten Gruppen aufgrund fehlender Nützlichkeit abzuwerten. Wie zu erwarten, weisen auch die Soziale Dominanzorientierung (β=.47***) und der Autoritarismus (β=.46***) hohe Zusammenhänge mit den Abwertungen auf, sodass auch Befragte, die die gegenwärtigen Gruppenhierarchien unterstützen oder eine aggressive Law-and-Order-Mentalität gegenüber vermeintlichen Abweichlern fordern, auch dazu tendieren langzeitarbeitslose, wohnungslose oder Menschen mit Behinderung abzuwerten.

Betrachtet man zudem die Einflüsse der weiteren demographischen Kontrollvariablen, so fällt auf, dass in besonderem Maße jüngere Befragte sowie Befragte mit höherem Einkommen die Abwertungen teilen. Beide Befunde sind eher ungewöhnlich bei der Analyse von Vorurteilen und Abwertungen, da meist erhöhte Zustimmung in unteren sozialen Einkommenslagen (Küpper/Zick 2010) und bei älteren Befragten (Endrikat 2006) festzustellen ist. Dennoch sind diese demographischen Befunde nicht ganz überraschend, da bereits in vorherigen Studien insbesondere bezüglich der Abwertung von langzeitarbeitslosen Menschen junge sowie einkommensstärkere Befragte mit hohen Zustimmungen auffielen (Klein/Groß/ Zick 2014; Zick, Hövermann/Krause 2011, Groß/Gundlach/Heitmeyer 2010).

5. Resümee und Diskussion

Der gegenwärtige Diskurs, der die westlichen Demokratien zusammenhalten soll, ist durch neoliberale Ideen und Leitbilder dominiert. Das Leitbild der Zukunft sei der Mensch als Unternehmer seiner Arbeitskraft und Daseinsvorsorge (vgl. bspw. Kommission für Zukunftsfragen Bayern und Sachsen: Maßnahmen zur Verbesserung der Beschäftigungslage 1998). Allzu selbstverständlich scheint die Forderung an die Individuen, sich im Dienste der Wettbewerbsfähigkeit ganzer Nationen eigeninitiativ selbst zu helfen, und sich mehr anzustrengen, primär um dem Staat nicht „auf der Tasche zu liegen". Die hohen Zustimmungswerte zu den entsprechenden Aussagen, die wir in unseren empirischen Analysen in der deutschen Mehrheitsbevölkerung fanden, unterstreichen diese Annahme. Mangelnde Erfüllung dieser Forderungen wird gesellschaftlich sanktioniert. Die signifikanten Zusammenhänge der weit verbreiteten neoliberalen Normen, die wir mit scharfen ökonomistischen Kosten-Nutzen Bewertungen von Menschen wie auch mit offener Abwertung von vermeintlich unprofitablen Gruppen fanden, untermauern auch diese Vermutung. Gleichzeitig erleben wir gegenwärtig eine strukturell verankerte Grundmenge an Arbeitslosigkeit und prekären Lebensverhältnissen wie auch steigende soziale Ungleichheit (vgl. Dörre et al. 2014). Auch ganz ohne eigenes Verschulden können diese Entwicklungen individuelle Lebenslagen prekarisieren und zerrütten. Nicht Solidarität und Unterstützung bestimmen dann den dominanten Diskurs um den Umgang mit vermeintlich wenig profitablen, bzw. wenig marktkonformen Gruppen, sondern das Motto der eigenen Verschuldung. Mit diesem Bewusstsein in der Mehrheitsbevölkerung, dass die, die es nicht schaffen, selbst Schuld sind, funktioniert die neoliberale Gesellschaft (vgl. Han 2014). Dabei kann die falsche Berufswahl zeitweise schon ausreichen, um zu den Verlierern zu gehören. Wir erleben massive Entwertungen von Tätigkeitsbereichen, die nicht schnell zum individuellen (monetären) Erfolg führen (vgl. Neckel 2008). Darunter ist auch eine große Zahl von Erwerbstätigen, vor allem gering Qualifizierte und Arbeiter im industriellen Sektor (ebd., S. 171). Ganz unten in der Hierarchie befinden sich diejenigen, die kaum noch Aussichten haben, in reguläre Erwerbsarbeit einzutreten oder zurückzukehren (ebd., S. 172). Im Rahmen dieses Denkens sind Abwertung und Ausgrenzung von behinderten oder psychisch kranken Menschen wie auch von anderen Gruppen wie Menschen in Altersheimen oder prekären Lebenslagen (z.B. Langzeitarbeitslose oder wohnungssuchende Menschen), die oft ohne eigenes Verschulden auf solidarische Hilfe angewiesen sind, „[...] mehr oder weniger unvermeidbare Nebenfolgen der Naturgesetze des Marktes" (Jantzen 2014, S. 4). Ausgrenzung von Verlierern im Glücksspiel um Lebenschancen ist aus der Mitte heraus sagbar, was sich in unseren empirischen Analysen widerspiegelt. Für die betroffenen Bevölkerungsgruppen wird Inklusion dann zur Paradoxie[10]: Abwertung und Ausgrenzung im Namen von Inklusion.

Der Mensch, das Subjekt soll heute also Unternehmer seines Selbst sein. Wäre es für erfolgreiche und weniger scharf ausgrenzende Prozesse von Inklusion nicht von zentraler Bedeutung, die Subjekte auch als humanistische und solidarische Wesen anzurufen[11] und damit „kontrahegemoniales Handeln" (Jantzen 2014, S. 3 ff.) gegen die von Lessenich (2014) beschriebene, ausschließlich marktkonforme Bedeutung von Inklusion heute zu erleichtern? Nur dann kann u.E. Inklusion auch eine weitreichendere Bedeutung als die Anpassung an (arbeits-)marktkonforme Leitbilder haben, die in dieser exklusiven Form die gnadenlose Abwertung von wenig Angepassten aus der Mitte heraus legitimiert. Dies bedeutet aber nicht weniger als einen Paradigmenwechsel im Umgang mit schwachen, insbesondere ökonomisch wenig passgenauen Gruppen, wie auch ein kritisches Bewusstwerden und Hinterfragen von dominanten Leitbildern, die unser Alltagsleben in der Mehrheitsgesellschaft steuern. Santos (2012) formuliert im Rahmen sogenannter Ökologien politischer Partizipation und sozialer Inklusion gegen die Prozesse der Unsichtbarmachung der Ausgegrenzten Ansatzpunkte für einen solchen Paradigmenwechsel. Auf die einzelnen Ökologien näher einzugehen sprengt den Rahmen dieses Aufsatzes. Jantzen (2014) formuliert aber als Folgerungen aus Santos Ökologien, dass soziale Inklusion eine damit einhergehende Transformation der Gesellschaft verlange. „Die Ausgeschlossenen sollen nicht ins alte System eingeschlossen werden [...], sondern als Gleiche in einem neuen institutionellen Moment [...] partizipieren." (Dussel 2013 [2006], These 14.13., zitiert in Jantzen 2014, S. 9). Man kämpfe also nicht für Inklusion, sondern für Transformation.

Anmerkungen

1   Der Soziologe Simmel (1983) spricht in diesem Zusammenhang von einer Gleichzeitigkeit des Drinnen und Draußen. Abwertungsideologien innerhalb der Mehrheitsgesellschaft erzeugen in dieser Vorstellung dann ein inneres Ungleichheits- und somit Spannungsverhältnis, das eine Gefährdung des Sozialen unabhängig von der Dichotomie Drinnen-Draußen darstellen.
2   Wir weisen ausdrücklich darauf hin, dass sich die in diesem Beitrag verwendeten abwertenden Begriffe ‚überflüssig', ‚unprofitabel' oder ‚nutzlos' ausschließlich auf die Sicht der Befragten und deren Abwertungsideologien in Bezug auf Kosten-Nutzen-Rechnungen beziehen. In keiner Weise spiegeln die impliziten Urteile subjektive Meinungen der AutorInnen wider, noch sind die Begriffe dazu gedacht, eine objektive Beschreibung der jeweiligen Gruppen darzustellen.
3   Von Extremismus sprechen wir, da es sich in dieser Kombination um eine extreme Form marktförmigen Denkens handelt, die neben der unternehmerischen Selbstoptimierungsnorm und dem Glauben an den Wettbewerb als Motor gesamtgesellschaftlichen Fortschritts auch eine direkte Bewertung anderer Menschen nach reinen Kosten-Nutzen Kalkülen beinhaltet.
4   Die Berechnung eines komplexeren Faktors zweiter Ordnung statt einfacher Korrelationen bietet den Vorteil, dass auch der Messfehler in den Einstellungsmessungen berücksichtigt wird. Die Ergebnisse zur Stärke der Faktorladungen (Zusammenhänge der Einzelkonstrukte mit dem latenten Faktor marktförmiger Extremismus) sind also netto des Messfehlers, der bei Einstellungsmessungen stets vorhanden ist.
5   Da die Aussagen bezüglich der drei Gruppen jedoch thematisch sowie in ihrer Direktheit variieren sind vergleichende Schlussfolgerungen über die generelle Verbreitung von Abwertungen bezüglich der drei Gruppen unzulässig.
6   Auch hier bestätigt eine konfirmatorische Faktorenanalyse, dass sich die drei Vorurteilsdimensionen auch empirisch zusammenfassen lassen anhand der hohen Faktorladungen und dem hervorragenden Modell-Fit (Chi^2=9,4, df=6, p=.15, RMSEA=.02, PClose=.998, CFI=.998, SRMR=.01). Die Abwertungen wurden hierfür als latente Konstrukte ohne Messfehler modelliert, um die Zusammenhänge präziser ermitteln zu können. Die drei Vorurteile hängen statistisch eng miteinander zusammen, so dass gilt, dass Befragte, die eine Gruppe abwerten, tendenziell auch die anderen Gruppen abwerten.
7   Die Berechnung eines komplexeren Strukturgleichungsmodells bietet, ähnlich wie das Faktormodell, den Vorteil gegenüber einfachen Korrelationen oder Regressionen, dass auch der Messfehler in den Einstellungsmessungen berücksichtigt wird. Die Ergebnisse zur Stärke der Zusammenhänge sind also netto des Messfehlers, der bei Einstellungsmessungen stets vorhanden ist.
8   Die *Soziale Dominanzorientierung* (Sidanius/Pratto 1999) misst, inwieweit individuell zugestimmt wird, ob die Gruppen in der Bevölkerung einen unterschiedlichen Wert haben. Die beiden Aussagen lauten: „Es gibt Gruppen in der Bevölkerung, die weniger

wert sind als andere" und „Die Gruppen, die in unserer Gesellschaft unten sind, sollen auch unten bleiben" und werden als latentes Konstrukt erster Ordnung modelliert.
9 Der Autoritarismus (Altemeyer 1981) wird durch die Dimension der *autoritären Aggression* gemessen, die ein hartes Durchgreifen in Form einer Law-and-Order-Mentalität gegenüber „Außenseitern" fordert. Die Aussagen lauten: „Verbrechen sollten härter bestraft werden" und „Um Recht und Ordnung zu bewahren, sollte man härter gegen Außenseiter und Unruhestifter vorgehen" und werden als latentes Konstrukt erster Ordnung modelliert.
10 Zum Begriff der Paradoxie siehe Honneth 2002.
11 Zum Prozess der Anrufung und Subjektivierung mit Bezug auf Foucault und Althusser siehe Bröckling 2007, S. 19 ff.; siehe auch Butler 1997.

Literatur

Altemeyer, Bob: Right-Wing Authoritarianism. Winnipeg 1981.
Beckert, Jens: Die Anspruchsinflation des Wirtschaftssystems. In: Max-Planck-Institut für Gesellschaftsforschung (Hrsg.): MPIfG Working Paper 09/10. Köln 2009.
Bohrer, Karl-Heinz: Lobhudeleien der Gleichheit. In: Frankfurter Allgemeine FAZ.NET. 21. Oktober 2009.
Bröckling, Ulrich: Das unternehmerische Selbst. Soziologie einer Subjektivierungsform. Frankfurt/M. 2007.
Bude, Heinz: Die Überflüssigen als transversale Kategorie. In: Berger, Peter A./Vester, Michael (Hrsg.): Alte Ungleichheiten – neue Spaltungen. Wiesbaden 1998, S. 363-382.
Butler, Judith: The Psychic Life of Power. Theories of Subjection. Palo Alto, CA 1997.
Castel, Robert: Die Metamorphosen der sozialen Frage. Eine Chronik der Lohnarbeit. Konstanz 2000.
Dörre, Klaus / Jürgens, Kerstin / Matuschek, Ingo: Arbeit in Europa: Marktfundamentalismus als Zerreißprobe. Frankfurt/M./New York 2014.
Dussel, Enrique: 20 Thesen zu Politik. Reihe: Philosophische Plädoyers. Bd. 19, 2013 (Original in Spanisch 2006).
Endrikat, Kirsten: Jüngere Menschen. Größere Ängste, geringere Feindseligkeit. In: Heitmeyer, Wilhelm (Hrsg.): Deutsche Zustände, Folge 4. Suhrkamp: Frankfurt/M. 2006, S. 101-114.
Groß, Eva: Untersuchungsanlage, Methodik und Stichprobe der Analysen. In: Zick, Andreas, Klein, Anna (Hrsg.): Fragile Mitte – feindselige Zustände, rechtsextreme Einstellungen in Deutschland 2014. Bonn 2014, S. 24-29.
Groß, Eva / Gundlach, Julia / Heitmeyer, Wilhelm: Die Ökonomisierung der Gesellschaft. Ein Nährboden für Menschenfeindlichkeit in oberen Status- und Einkommensgruppen. In: Heitmeyer, Wilhelm (Hrsg.): Deutsche Zustände, Folge 9. Suhrkamp: Berlin 2010. S. 138-157.
Groß, Eva / Hövermann, Andreas: Marktförmiger Extremismus – ein Phänomen der Mitte? In: Zick, Andreas, Klein, Anna (Hrsg.): Fragile Mitte – feindselige Zustände, rechtsextreme Einstellungen in Deutschland 2014. Bonn 2014a, S. 102-118.
Groß, Eva / Hövermann, Andreas: Die Abwertung von Menschen mit Behinderung. Ein Element der Gruppenbezogenen Menschenfeindlichkeit im Fokus von Effizienzkalkülen. In: *Behindertenpädagogik,* 2 (2014b), S. 117-129.

Han, Byung-Chul: Neoliberalismus und die neuen Machttechniken. Frankfurt/M. 2014.
Heitmeyer, Wilhelm: Gruppenbezogene Menschenfeindlichkeit. Die theoretische Konzeption und erste empirische Ergebnisse. In: Heitmeyer, Wilhelm (Hrsg.): Deutsche Zustände, Folge 1. Frankfurt/M. 2002.
Honneth, Axel: Befreiung aus der Mündigkeit. Paradoxien des gegenwärtigen Kapitalismus. Frankfurt/M. 2002.
Jantzen, Wolfgang: Das behinderte Ding wird Mensch. Inklusion verträgt keine Ausgrenzung. In: Behinderte Menschen Nr. 1 (2014) 37. Jahrgang.
Klein, Anna / Groß, Eva / Zick, Andreas: Menschenfeindliche Zustände. In: Zick, Andreas / Klein, Anna (Hrsg.): Fragile Mitte – feindselige Zustände, rechtsextreme Einstellungen in Deutschland 2014. Bonn 2014, S. 61-83.
Kommission für Zukunftsfragen der Freistaaten Bayern und Sachsen: Dokumente zum Zeitgeschehen. Maßnahmen zur Verbesserung der Beschäftigungslage (Dritter und letzter Teilbericht, Auszüge). In: Blätter für deutsche und internationale Politik 8 (2) (1998), S. 247-256.
Kronauer, Martin: Exklusion. Die Gefährdung des Sozialen im hoch entwickelten Kapitalismus. Frankfurt/M./New York 2010.
Küpper, Beate / Zick, Andreas: Macht Armut menschenfeindlich? Zusammenhänge in acht Ländern. In: Heitmeyer, Wilhelm (Hrsg.): Deutsche Zustände, Folge 9. Berlin 2010.
Lemke, Thomas / Krasmann, Susanne / Bröckling, Ulrich: Gouvernementalität, Neoliberalismus und Selbsttechnologie. Eine Einleitung. In: Bröckling, Ulrich/ Krasmann, Susanne / Lemke, Thomas (Hrsg.): Gouvernementalität der Gegenwart. Studien zur Ökonomisierung des Sozialen. Frankfurt/M. 2000. S. 7-40.
Lessenich, Stephan: Die Neuerfindung des Sozialen. Der Sozialstaat im flexiblen Kapitalismus. Bielefeld 2008.
Lessenich, Stephan: Mobilität und Kontrolle. Zur Dialektik der Aktivgesellschaft. In: Dörre, Klaus / Lessenich, Stephan / Rosa, Hartmut (Hrsg.): Soziologie – Kapitalismus – Kritik. Eine Debatte, Frankfurt/M. 2009. S. 126-177.
Lessenich, Stephan: Inklusion – Eine neue gesellschaftspolitisch Glücksformel?. In: Ezli, Özkan / Staupe, Gisela (Hrsg.): Das neue Deutschland. Von Migration und Vielfalt. Konstanz 2014, S. 217-219.
Mansel, Jürgen / Endrikat, Kirsten: Die Abwertung von „Überflüssigen" und Nutzlosen als Folge der Ökonomisierung der Lebenswelt. Langzeitarbeitslose, Behinderte und Obdachlose als Störfaktor. In: *Soziale Probleme*, 18 (2007), S. 163-185.
Neckel, Sighard / Dröge, Kai: Die Verdienste und ihr Preis: Leistung in der Marktgesellschaft". In: Honneth, Axel (Hrsg.): Befreiung aus der Mündigkeit. Paradoxien des gegenwärtigen Kapitalismus. Frankfurt/M./New York 2002, S. 93-116.
Opitz, Sven: Gouvernementalität im Postfordismus: Macht, Wissen und Techniken des Selbst im Feld unternehmerischer Rationalität. Hamburg 2004.
Peters, Michael: Education, Enterprise Culture and the Entrepreneurial Self: A Foucauldian Perspective. In: *Journal of Educational Enquiry*, Vol. 2, No. 2 (2001), S. 58-71.
Prinz, Sophia / Wuggenig Ulf: Das unternehmerische Selbst? Zur Realpolitik der Humankapitalproduktion. In: Krasmann, Susanne / Volkmer, Michael (Hrsg.): Michel Foucaults Geschichte der Gouvernementalität in den Sozialwissenschaften. Bielefeld 2007, S. 239-265.
Santos, B. de Sousa: Die Soziologie der Abwesenheit und die Soziologie der Emergenzen: Für eine Ökologie der Wissensformen. In: Jahrbuch der Luria-Gesellschaft. Bd. 3. 2012, S. 29-46.

Sarrazin, Thilo: Klasse statt Masse. Von der Hauptstadt der Transferleistungen zur Metropole der Eliten. Thilo Sarrazin im Gespräch. In: Lettre International, Heft 86 (2009), S. 197-201.
Sidanius, James / Pratto, Felicia: Social Dominance: An Intergroup Theory of Social Hierarchy and Oppression, New York 1999.
Simmel, Georg: Soziologie. Untersuchungen über die Formen der Vergesellschaftung. Berlin 1983.
Zick, Andreas / Hövermann, Andreas / Krause, Daniela: Die Abwertung von Ungleichwertigen. Erklärung und Prüfung eines erweiterten Syndroms der Gruppenbezogenen Menschenfeindlichkeit. In: Heitmeyer, Wilhelm (Hrsg.): Deutsche Zustände, Folge 10. Berlin 2011, S. 64-86.

Birgit Herz

Inklusionssemantik und Risikoverschärfung

Zusammenfassung: Konflikte, Krisen, Widersprüche und Ambivalenzen in Bildung und Erziehung im derzeitigen Ökonomisierungsstress verdichten sich in einer politisch forcierten Gestaltung inklusiver Schulentwicklung. Das Spannungsfeld zwischen einer auf schulstrukturelle Fragen verkürzten Inklusionspropaganda und der Inklusionsrealität in der pädagogischen Praxis verstärkt Exklusionsrisiken vor allem bei Schülerinnen und Schüler in schwierigen Lebenslagen, mit Beeinträchtigungen in der emotionalen und sozialen Entwicklung, oder einer Sozialisation unter der Lebenslage Armut. Der Beitrag analysiert Motive, Interessen und Rücksichtslosigkeit einer bildungspolitischen Ideologie mit ihren realen Konsequenzen für die Adressatinnen und Adressaten.

Abstract: In the current stress of economization, conflicts, crises, contradictions and ambivalences are concentrate in a politically forced strategy of the development of an inclusive school system. The tension between an inclusion propaganda, reduced on school structural questions, and the reality of inclusion in educational practice forces more and more processes of exclusion - especially amongst students in insecure positions, with emotional and social difficulties, or a socialization in poverty. The article analyzes motives, interests and inhumaneness of educational ideology with their real consequences for addressees.

Keywords: Ökonomisierung von Bildung und Erziehung, Inklusionsrhetorik und -realität, graue Exklusion; Economization of education, rhetoric and reality of inclusion, grey exclusion

1. Einleitung

Auf dem Kongress der Deutschen Gesellschaft für Erziehungswissenschaft an der Universität Halle 1996 stellte Peter Vogel als Zeitdiagnose fest, dass die Ökonomie über die Politik siege, „indem Fragen des Gemeinwohls – und Fragen des Bildungssystems sind immer ein Teil davon – in zunehmendem Maße dominant mit Denkfiguren wie Wettbewerb/Leistungsfähigkeit/Rentabilität usw. behandelt werden; und dies gilt eben nicht nur für den Bildungsbereich, sondern z.B. auch und – was die Folgen betrifft, vermutlich weit schwerwiegender – für den Sozialbereich" (Vogel 1997, S. 365).

Der sozialstaatliche Konsens ist durch den ‚Erfolg' neoliberaler Politik heute weitgehend erodiert: *Leistungsprinzip, Wettbewerb, Rentabilitätsmaximen* und *Output-Orientierung* spreizen sich auf alle Lebensbereiche aus – mit weit reichenden Konsequenzen.

Dieser globalisierte, neoliberale Umbau, der vor allem in den westlichen Industrienationen auf Wettbewerbs- und Leistungssteigerung einer ‚exklusiv' auf Kapitalverwertung ausgerichteten Dominanzkultur basiert, schließt zunehmend größere Teile der Bevölkerung von der Teilhabe an symbolischem, kulturellem, sozialem und materiellem Reichtum der Sozialwelt aus (vgl. Herz 2010b). Im kontinuierlichen Abbau sozialstaatlicher Leistungen und wohlfahrtsstaatlicher Unterstützung („schlanker Staat") vollzieht sich zugleich eine Neubestimmung des Staates (vgl. Baumann 2005; Bude/Willisch 2006; Bude 2008).

Ferner werden mit dem wirtschaftspolitischen Argument der Standortsicherung bzw. des Standortvorteils (d.h. letztlich: vermittels einer Politik der Angst) sowohl Lohn- und Leistungskürzungen als auch ein Abbau und/oder die Privatisierung ehemals staatlicher Aufgabenbereiche begründet. Die Verschärfung des Leistungsprinzips, die effiziente Erhöhung der Produktivität und Rentabilität sowie das Prinzip der Gewinnmaximierung stehen im Vordergrund der Interessen (vgl. Herz 2012a, S. 38).

Von Euphemismen wie *Flexibilisierung, Liberalisierung oder Deregulierung* begleitet, beschleunigt sich die Prekarisierung breiter Bevölkerungsgruppen. Der Markt „wird im Sinne der Humankapitaltheoretiker [...] als universales Modell der Vergesellschaftung etabliert" (Groß/Hövermann 2013, S. 344). Mit aufwendig designten Kommunikationsformen und Bezeichnungen wie bspw. ‚Ich-AG' soll sich der arbeitssuchende Bürger als ‚unternehmerisches Selbst' in eigener Verantwortung selbstaktivierend auf dem Kapitalmarkt „verkaufen" (vgl. Negt 2010) – in Konkurrenz zu allen anderen ‚Ich-AGen'.

In den *Minima Moralia* von Theodor W. Adorno heißt es bereits: „Unterm Apriori der Verkäuflichkeit hat das Lebendige als Lebendiges sich selber zum Ding gemacht, zur Equipierung" (Adorno 1970, S. 309). Diese ‚verordnete Konkurrenz' auf dem Arbeitsmarkt beinhaltet in sich selbst eine eigene Dialektik: Karl Marx und Friedrich Engels sprechen in *Die* deutsche Ideologie davon, dass in der Konkurrenz die Persönlichkeit selbst eine Zufälligkeit und die Zufälligkeit eine Persönlichkeit ist (vgl. Marx/Engels: Die deutsche Ideologie. In: Werke, Bd. 3, S. 360, in: Sève 1972, S. 243). Vor diesem Hintergrund soll in diesem Beitrag über *Inklusionssemantik und Risikoverschärfung* eine beschreibende Analyse einiger Aspekte derzeitiger gesellschaftlicher Prozesse im Kontext der Dialektik von Inklusion und Exklusion vorgenommen werden, die alle Bildungssubjekte auf unterschiedlichen Niveaus und Systemebenen involviert.

Faktizität und Narrativ verbinden Klassen, Schichten und Generationen – vom arbeitssuchenden Schulabgänger über den Azubi, der um Anschlussbeschäftigung bangt, bis zu Rentnerinnen und Rentnern, die ohne Neben-, Zweit- und Dritt-Job nicht über die Runden kommen. Zunehmend ist auch die breite Mittelschicht betroffen. „Die arbeitende Bevölkerung lebt in ständiger Angst vor sozialem Abstieg und davor, zukünftig selbst zur Gruppe der Überflüssigen zu gehören" (Benkmann 2011, S. 57).

Die wachsende ökonomische Angst „wird instrumentalisiert und dient im Diktum einer wachsenden Nachfrage nach Sicherheit dazu, repressive Dispositive wie Videoüberwachung, ausweisgesicherte Zugänge zu bestimmten Territorien und so weiter auszubauen und den Anpassungsdruck auf die sogenannte gesellschaftliche Mitte aufrecht zu erhalten" (Graf 2013, S. 9).

Subjektive Verarbeitungs- und Aneignungsformen dieser umfassenden Wechselwirkungsprozesse zwischen Individuum und Ökonomisierung generieren einen „l'homme neuroéconomique" (Gori/del Volgo 2008, S. 17) mit u.a. ökonomistischen Werthaltungen (Kosten-Nutzen Kalkulationen) und damit einhergehenden Abwertungen bestimmter Bevölkerungsgruppen, die als finanziell belastend stigmatisiert werden (vgl. Groß/Hövermann 2013).

Da Bildungsinstitutionen zugleich Akteure und Transformateure solcher Dynamiken sind, gleichsam Filter eines Zugangs zum sozialen, kulturellen und symbolischen Kapital (vgl. Graf 2013, S. 13ff), sollen im Folgenden die spezifischen Konsequenzen für Bildung und Erziehung skizziert werden.

2. Bildung und Erziehung im Ökonomisierungsstress

Mit der betriebswirtschaftlichen Durchstrukturierung und Neuordnung staatlicher Bildungs- und Erziehungsinstitutionen im Prozess der Ökonomisierung (vgl. Lohmann 2010) sind vor allem folgende Effekte verbunden:

1. Senkung der Staatsausgaben;
2. Anstieg sozialer Ungleichheit im Zugang zu Bildung;
3. Verschärfung des Selektionsprinzips;
4. Arbeitsintensivierung und
5. Erhöhung des Leistungsdrucks.

Volker Bank stellt fest: „Es wird nicht mehr erzogen, um die gesellschaftliche Reproduktion sicher zu stellen, sondern um die ökonomische Reproduktion zu garantieren oder deren Effizienz zu steigern" (Bank o.J., S. 5).

Im Bildungssektor „findet eine rigide Selektion zwischen potentiell für die Ökonomie – bzw. die Auserwählten, denen sie derzeit zugute kommt – verwertbaren und den in diesem Sinne eher als nutzlos erachteten Individuen statt"

(Pasuchin 2012, S. 349). Die damit verbundene „Zementierung der Hegemonie finanzieller Eliten" (ebd., S. 250) verschärft die legitimen und wirkmächtigen Zugangsvoraussetzungen für den Erwerb kulturellen, sozialen und symbolischen Kapitals.

Hier sei beispielhaft auf jene 43% der Absolventinnen und Absolventen von Hauptschulen hingewiesen, die nach ihrem Schulabschluss keine Berufsausbildung aufnehmen können, sondern im sogenannten Übergangssystem verbleiben (vgl. Hasselhorn/Füssel 2014, S. 6). Horst Biermann spricht hier von massiver Benachteiligung einer sozioökonomisch deklassierten Bevölkerungsgruppe von jungen Menschen (vgl. Biermann 2013), an der die derzeitige staatliche Förderpraxis wenig ändert. Denn das Durchlaufen der Übergangssysteme „stellt für viele dieser Jugendlichen vielmehr eine Verlängerung der institutionell organisierten Aussonderung dar" (Storz/Griesinger 2004, S. 136).

Gering bewertete oder keine Bildungstitel sind wiederum ursächlich für unterschiedliche Formen gesellschaftlicher Ausgrenzung: Bildungsmängel erschweren die Teilhabe am Arbeitsmarkt (vgl. Bittlingmayer/Hastaoglu/Osipov/Sahrai/ Tuncer 2011; vgl. Sahrai u.a. 2015) – was infolgedessen das Risiko erhöht, vom legitimen Zugang zum Wohnungsmarkt, Heiratsmarkt, Freizeitmarkt etc. ausgeschlossen zu werden.

Frank Olaf Radtke fasste diese Entwicklung 2004 in den Worten zusammen: „Begreift man die empirisch vorgefundene Verteilung der Schüler unterschiedlicher sozialer und ethnischer Herkunft auf die verschiedenen Schulformen als Effekt von langen Ketten von Selektions- und Allokationsentscheidungen, an denen verschiedene Akteure und Organisationen beteiligt sind, so lässt sich die Produktion dieser Verteilung soziologisch als Ordnungsbildung oder als Hervorbringung einer Struktur der sozialen Ungleichheit auffassen" (Radtke 2004, S. 152).

Nun ist die Abschaffung sozialer Ungleichheit erklärtermaßen nicht das Ziel marktwirtschaftlich organisierter Gesellschaften, sondern lediglich die Rechtfertigung ihrer sozialen Ungleichheit (vgl. Katzenbach 2009, S. 55).

Der Institution Schule fällt dabei die zentrale Aufgabe zu, über ihre Allokations-, Zertifizierungs- und Statuszuweisungsfunktion die Ungleichheitsproduktion zu legitimieren und zugleich ihre eigene (politisch nur fragil abgesicherte) Legitimität, nämlich ausschließlich meritokratischen Maßstäben in der Leistungsbeurteilung verpflichtet zu sein, kontinuierlich zu verstetigen und zu verstärken. Ungleichheitsgenerierende Effekte, bspw. durch Standardisierung, vergleichende Leistungsbemessungen und Schulrankings etc. entstehen in einer operativen Geschäftigkeit, die zunehmend die Instrumentalisierung von Bildung und Erziehung im Dienste der tief greifenden Ökonomisierungsprozesse durchsetzt. So reproduziert die Institution Schule erfolgreich ihre Funktion als

„Ungleichheitsproduktions- und Chancenverteilungsmaschine" (Sahrei/Bittlingmayer/Gerdes/Sahrai 2015) und „stabilisiert soziale Ungleichheit, was Eliten und mächtige Lobbygruppen unterstützen" (Benkmann 2014, S. 76).

3. Inklusionssemantik und Inklusionsrhetorik

Vor allem internationale Entwicklungen, vorangetrieben durch supranationale Organisationen wie die UN oder UNESCO, werden auch in der Bundesrepublik Deutschland adaptiert; jüngstes Beispiel ist die UN-Konvention über die Rechte von Menschen mit einer Behinderung (vgl. United Nations 2006).

Die UN-Konvention weckt Assoziationen, Wünsche und Hoffnungen, wie sie – hier stellvertretend für viele – bspw. von Kurt Jacobs, dem Behindertenbeauftragten der Stadt Hofheim im Taunus, ausgesprochen werden: „Mit der Umsetzung der UN-Behindertenkonvention wird unsere Gesellschaft aktuell zum ersten Mal die Chance erhalten, sich tatsächlich zu einer menschenwürdigen Gesellschaft zu entwickeln, in der niemand von der in ihr gelebten Menschenwürde ausgenommen ist. Die in der UN-BRK festgeschriebene Anerkennung der Würde und des Wertes, die allen Mitgliedern der menschlichen Gesellschaft innewohnen, sowie ihre gleichen und unveräußerlichen Rechte bilden die Grundlage von Freiheit, Gerechtigkeit und Frieden in der Welt, die als garantierte Werte der individuellen Lebensführung nicht zu steigern sind" (Jacobs 2014, S. 150).

Faktisch fordert die UN-Konvention ein Menschenrecht ein, das Inklusion als umfassende *Partizipation* an allen gesellschaftlichen Bereichen und Prozessen versteht (vgl. Lindmeier/Lindmeier 2012, S. 181). Dieses Menschenrecht bezieht sich auf weitgehend alle menschenrechtsrelevanten Lebensbereiche; dazu zählen:

das Recht auf Leben,
das Recht auf gleiche Anerkennung vor dem Recht und Schutz der Rechts- und Handlungsfähigkeit,
das Recht auf Zugang zur Justiz,
das Recht auf Freiheit und Sicherheit,
Freiheit von Folter oder grausamer, unmenschlicher oder erniedrigender Behandlung oder Strafe,
Freiheit vor Ausbeutung, Gewalt und Missbrauch,
das Recht auf körperliche und seelische Unversehrtheit,
das Recht auf unabhängige Lebensführung und Einbeziehung in die Gesellschaft,
das Recht auf persönliche Mobilität,
das Recht auf freie Meinungsäußerung,
das Recht auf Informationen,
Achtung der Privatsphäre, Achtung der Wohnung, Familie und Familiengründung,
das Recht auf Bildung,
das Recht auf Arbeit und Beschäftigung,

das Recht auf einen angemessenen Lebensstandard,
Teilhabe am politischen und öffentlichen Leben,
Teilhabe am kulturellen Leben sowie auf Erholung, Freizeit und Sport (vgl. Netzwerk Artikel 3, in Lanwer 2013, S. 183).

In der Bundesrepublik Deutschland wird dieses Menschenrecht primär schulbezogen wahrgenommen und bildungspolitisch kommuniziert (vgl. Herz 2014a).

Der derzeitig von Bund und Ländern propagierte Ausbau einer inklusiven Schullandschaft nutzt eine ideologische Semantik von Inklusion mit dem entsprechenden Reformvokabular – Empowerment, Selbstorganisation, Ressourcen- statt Defizitorientierung – in scheinbar emanzipatorischem Gewand, das reale Exklusionsprozesse zu übertünchen bestrebt ist. So wird allenthalben die vermeintliche Befreiung des mit sozialen Diensten belagerten behinderten Konkurrenzsubjekts aus den Zwängen von Sondersystemen und Sondermaßnahmen propagiert (vgl. Dahme/Wohlfahrt 2015, S. 86); dies generiert ein neues kulturelles Leitbild, dem zwangsläufig entsprechende Schul-,reformen' folgen.

Diese Reformen „orientieren sich weniger an erziehungs- und bildungstheoretischen Wissensbeständen, sondern vielmehr an Effizienz- und Effektivitätssteigerung von Schule und weisen ein reduktionistisches wie funktionalistisches Bildungsverständnis (Stichwort ‚Bildungsstandards') auf" (Silkenbeumer 2015).

Unabhängig von solchen schulischen Veränderungen ist die Realisierung dieses Menschenrechts auf Inklusion mehr denn je mit politischen Zielkonflikten verbunden: „Denn es geht nun nicht nur um ein individuell einklagbares Recht, es geht um soziale und politische Strukturen, es geht im Kern um Verteilungsfragen in der Gesellschaft" (Huster 2014, S. 345). Die Begleiteffekte bedienen dabei projektive Assoziationen, als ob sich der Staat einer radikalen Selbstkritik unterziehe, wenn er neuerdings das Leitbild der Inklusion in Institutionen von Bildung und Erziehung einführt, und dabei von sozialen Gegensätzen der Gesellschaft abstrahiert und einen noch nicht verwirklichten Sollzustand für seine Bürgerinnen und Bürger proklamiert. So werden bspw. weder die Sozialisationsbedingungen unter der Lebenslage Armut mit ihren desaströsen Konsequenzen für Bildungsbiographien (vgl. Herz 2010c) durch staatliche Veränderungen in der Familienpolitik einer Korrektur unterzogen noch sozialräumlichen Ghettoisierungseffekten systematisch gegengesteuert (vgl. Wacquandt 2009, 2011; Fischer 2011).

Stattdessen avanciert Inklusion zu einer „automatisierten Generalformel" (Maykus/Hensen/Küstermann/Riecken/Schinnenberg/Wiedebusch 2014, S. 15), die die realen Exklusionsprozesse – Stichworte: Armut, Prekarisierung, sozialräumliche Ghettoisierung, Flüchtlingsnot – durch eine Workfare Politik übertönt (vgl. Dahme/Wohlfahrt 2015, S. 169ff). Mehr noch, die Vokabel „Inklusion" gerät „zur Rechtfertigung gesellschaftlicher Macht- und Herrschaftsinteressen" (Bernhard 2012, S. 346). Udo Sierck spricht hier sogar vom „Budenzauber Inklusion" (Sierck 2012).

Im historischen Kontext der Integrationsbewegung der 1970er Jahre wurde durchaus auch die Frage formuliert, inwiefern Integration (als Vorläufer der Inklusionssemantik, B.H.) einerseits eine Alibifunktion übernimmt, um politisches Konfliktpotential zu binden und zu kanalisieren (vgl. Deppe-Wolfinger 1985, S. 392ff) und andererseits im Kontrast zu gesellschaftlichen Leitnormen steht (vgl. dies. 1988).

Derartige Systemfragen werden gegenwärtig kaum noch gestellt. Die Forschungsinstitutionen, allen voran die Universitäten, befinden sich selbst in einem tief greifenden, nach ökonomischen Steuerungsprinzipien ausgerichteten Transformations- und Veränderungsprozess (vgl. Stapelfeld 2007; Radtke 2008; Liesner 2010). Ihre Verbetriebswirtschaftlichung ist verbunden mit einem grundlegenden Mentalitätswandel bei Wissenschaftlerinnen und Wissenschaftlern. Friedmar Apel beschreibt den neuen Typus der ProfessorInnenschaft glossarisch als „Projekt-Professor" (vgl. Apel 2014, S. 873). Das Diktat der Drittmittelaquise dominiert Forschungsaktivitäten, Theorieentwicklungen und akademische Lehre. So bietet derzeit vor allem die akademische Auftragsforschung die Legitimationsgrundlage zur – empirisch abgesicherten – Durchsetzung einer inklusiven Schule (als Pseudo-Prototyp einer inklusiven Gesellschaft); deren Ergebnisse „das Funktionieren des Bestehenden zu gewährleisten oder zu legitimieren haben. Auftraggeber-Auftragnehmer-Beziehungen werden zum konstitutiven Merkmal von Forschung schlechthin und die Produktion von Normativitäten zum Zweck" (Dahme/Wohlfahrt 2014, S. 224).

Diese Drittmittel generierende Auftragsforschung gewährleisten private und öffentliche Geldgeber gleichermaßen, bspw. ist die Bertelsmann Stiftung ein mittlerweile bedeutsamer Finanzier unterschiedlicher bildungsbezogener Auftragsforschung, die die politisch durchsetzbaren Argumente zum Ausbau eines inklusiven Schulsystems liefert, wie bspw. das Gutachten zu den Ausgaben und zur Wirksamkeit von Förderschulen aus dem Jahr 2009 (vgl. Klemm 2009).

Das BMWF, einer der bundesweit bedeutsamen Finanziers von Auftragsforschung, hat gerade aktuell eine Ausschreibung veröffentlicht zur „Qualitätsoffensive Lehrerbildung" mit einem Gesamtvolumen von 500 Millionen Euro. Länderspezifische Evaluationsforschungen flankieren derartige Drittmittelprojekte (vgl. Preuss-Lausitz 2014).

Dieses „Vermessen von Bildung" (Hopmann 2007) nutzt der Legitimierung einer neoliberalen Bildungspolitik, bspw. konkretisiert in *Bildungsmonitoring* und *Bildungscontrolling* im nationalen und internationalen Vergleich (vgl. Böttcher/Bos/Dobert/Holtappels 2008). Die politische Erwartung scheint dabei zu sein,

„dass Bildungsforschung nicht nur Befunde (Informationen über das System), sondern innerhalb der daraus resultierenden Multikomplexität des Phänomens fundiertes *Steuerungswissen* für konkret-operationalisierbare Maßnahmen bereitstellen soll, die kostenneutral, landespolitisch ‚verträglich' und ohne transintentionale Nebeneffekte bleiben" (Heinrich 2010, S. 125).

Richard Münch stellt hierzu fest, dass dieses Regieren mit Zahlen der Kern einer fortgeschrittenen ‚Gouvernementalität' ist, „jenseits der staatlichen Kontrolle über ein Territorium mittels Gesetzen und jenseits der direkten Ausübung von Disziplinarmacht über die Bevölkerung, vom Kindergarten über Schule, Hochschule, Fortbildung und Gesundheitsvorsorge bis zur Administration der Wohlfahrt" (Mücke 2011, S. 279). Über Normativitätszwänge soll Normalität gesichert werden (vgl. Herz 2014c).

Die Inklusionssemantik wird obendrein durch Preisgelder befeuert. Auch hier zählt die Bertelsmannstiftung zu den *leading agents*, bspw. mit ihrem „Jakob Muth Preis für inklusive Schulen", der seit 2009 jährlich vergeben und – über Auftragsforschung – evaluiert wird.

Die so – vor allem auch medial gestützte – einseitig effizienzbezogene Propagierung von Qualitätsstandards in inklusiven Schulen bei genereller Beibehaltung ihrer Allokations- und Leistungsbewertungsfunktion zeigt in mancher Hinsicht dramatische Konsequenzen für die pädagogische Praxis.

4. Konsequenzen für die Praxisentwicklung

„Nachdrücklich stützen und fordern die Administrationen des Sozial- und Bildungswesens und die hieran adressierten politischen Interventionen die stärkere Beachtung diagnostischer Verfahren, um über standardisierte Bildungsstanderhebungen und vordergründig plausiblere soziale Steuerungsverfahren Reformfähigkeit zu dokumentieren, aber auch, um subjektbezogene Entscheidungen in den Institutionen des Bildungs- und Sozialsystems effizienter und effektiver anzulegen" (Thole/Schröder/Prengel/Schuck 2007, S. 316).

Diagnostik wird einerseits vereinnahmt von den konkreten politischen Verwertungsinteressen (vgl. Schuck 2003, S. 41ff) und andererseits im Kontext der Entwicklung eines inklusiven Schulsystems instrumentalisiert, bspw. für Statusentscheidungen, die in der Bundesrepublik Deutschland vor allem im Übergang von der vierjährigen Grundschule die früh einsetzende Selektion rechtfertigen soll oder zur Gewährung – und damit Finanzierung – eines sonderpädagogischen Förderbedarfs (vgl. Wocken 2012).

Für die Praxisentwicklung von inklusiven Schulen hat diese politische Instrumentalisierung von Diagnostik in der inklusiven Schule weit reichende

Konsequenzen. Sie entstehen einerseits durch das Vorenthalten einer fachlich begründeten Ressourcenausstattung (vgl. Katzenbach 2012, S. 92); andererseits werden sie auf der personalen Ebene aller an Schule beteiligten Personen deutlich spürbar. „Differenzen, die bisher zwischen im Leistungsniveau separierenden Klassen derselben Schule (wie in der amerikanischen ‚High-School') waren oder Differenzen zwischen Schultypen, die Behinderungen und Vorteilen Rechnung trugen, werden jetzt als Differenzen in die integrative Regelschule importiert" (Stichweh 2013, S. 5).

Die vermeintlich wertschätzende Konnotation von Heterogenität in der Schule bei stringentem Beibehalten ihrer Allokationsfunktion führt zu einer Praxisrealität, die Rainer Benkmann folgendermaßen zusammenfasst: „In der inklusiven Schule, die sich in einem ökonomisch geprägten gesellschaftlichen Kontext befindet, sind Kinder und Jugendliche mit sehr unterschiedlichen sozio-kulturellen Erfahrungen einem ständig wachsenden Leistungsdruck und verschärftem Wettbewerb ausgesetzt" (Benkmann 2011, S. 67). Gleichwohl behaupten Bildungspolitiker hierzulande gerne, das deutsche Schulsystem sei ja bereits inklusiv, u.a. auch um die Kritik an der sozialen Selektivität des deutschen Schulsystems zurückzuweisen. „Die der Inklusion zugeschriebenen menschenfreundlichen Absichten und Wirkungen werden so zur Absicherung der schulischen Segregation missbraucht." (Reiser 2013, S. 321)

Jenseits dieser Inklusionsrhetorik, in der schulischen Wirklichkeit, werden Lehrkräfte in auswegslose Schulentwicklungsprozesse geschickt, die viel Kraft kosten, Ressourcen binden, aber für keinen tief greifenden Wandel sorgen und somit auch nicht zu einer Optimierung der Lernsituation aller SchülerInnen beitragen können (vgl. Amrhein 2011, S. 245).

Die neuen Aufgaben können unter den jetzigen Bedingungen nur durch vielfach erhöhten persönlichen Arbeitsaufwand bewältigt werden (vgl. Böttcher/Maykus/Altermann /Liesegang 2014, S. 171). Diese Aufgabe, eine inklusive Schulentwicklung voranzutreiben, steht nämlich unter erheblichem fiskalischen Druck; Deckelungen und Budgetierungen von Ressourcen werden als Kostenbremse genutzt (vgl. Mettlau 2013, S. 118). Reale Hindernisse der geforderten individuellen Förderung in inklusiven Schulen sind „insbesondere fehlende Ressourcen – Zeiten, Räume, Personal – und unsichere Kompetenzen" (Böttcher/Maykus/Altermann/Liesegang 2014, S. 170).

Ein Blick auf die Schullandschaft zeigt ein separierendes Schulsystem und eine prekäre Homogenität als Strukturprinzip deutscher Schulen (vgl. Gomolla 2009). In diesem Szenario verschärft sich derzeit eine *inkludierende Exklusion* in den Sonderschulen und eine *exkludierende Inklusion* in den Regelschulen.

Die bisherige Umsetzung von Inklusion in den Schulen führt bundesweit zu Komplexitätsreduktionen der konkreten praktischen und fachlichen Bedarfe, und hier vor allem in Bezug auf Ressourcen, Qualifizierung, Vernetzung, Kooperation und Ausstattung. Eine solche „*inclusion light*" produziert neue Exklusionsformen, ausgrenzende Stigmatisierungen und den Ausbau nicht-pädagogischer Disziplinarinstitutionen (vgl. Herz 2012b).

In allen pädagogischen Arbeitsfeldern breiten sich im Zuge ihrer *Ökonomisierung* Formen von Deprofessionalisierung, Arbeitsverdichtung und Komplexitätssteigerung aus: „Das ökonomische System gibt den Takt und hat auch das Bildungs- und Sozialsystem, die Kinder- und Jugendhilfe – und vor allem die Schule – erreicht. Dieser Takt mit seinem andauernden Druck und seiner Beschleunigung, seiner Leistungsverdichtung und Kontrolle, von Präsenz auch bei Krankheit oder andauernden Überstunden folgt einem neoliberalen Arbeitsethos. Er führt wie in vielen Berufen auch in den pädagogischen und sozialen Berufen zu belastenden Arbeitsbedingungen, die gesundheitliche Folgen haben, zur emotionalen Erschöpfung und Überforderung führen, die krank machen und als Burnout – als psychische Erkrankung – diagnostiziert werden" (Hafeneger 2013, S. 110).

Die damit verbundenen Belastungen und Überforderungen berühren ein Tabu bei den Betroffenen, weil der funktionierende und sozial angepasste Bürger, das *unternehmerische Selbst,* zur gesellschaftlich vorgegebenen Leitnorm geworden ist. „Schwierigkeiten und Selbstzweifel – und erst recht die Scham, in den gegebenen Aufgaben nicht mithalten zu können und zu versagen – dürfen nicht gezeigt werden. Man hat effektiv zu sein und zu funktionieren" (Thiersch 2007, S. 27).

Die hieraus entstehenden Konflikte für die Lehrpersonen und PädagogInnen potenzieren sich vor allem im Unterricht mit SchülerInnen mit Verhaltensstörungen, deren Prävalenzrate bei durchschnittlich 12-18 % pro Klasse liegt (vgl. Stein/ Müller 2015).

In einer aktuellen Untersuchung in Bremen und Nordrhein-Westfalen stellen Wolfgang Böttcher u.a. fest, dass es insbesondere die externalisierenden, aggressiv-ausagierenden Verhaltensformen sind, „die von den befragten Lehrkräften und außerunterrichtlichen Mitarbeiter/inne/n in diesem Kontext geschildert und als Belastung empfunden werden. Neben einer oftmals erheblichen Destruktivität gegenüber schulischem Eigentum und dem der Mitschüler/innen wird vor allem von massiven körperlichen und verbalen Aggressionen berichtet" (Böttcher/ Maykus/Altermann/Liesegang 2014, S. 143). Aufgrund der damit verbundenen vielfältigen Belastungen werden unterschiedliche Bewältigungsstrategien entwickelt; Razer, Friedmann und Washofski stellen fest, dass das Kernthema dieser LehrerInnen „was their own survival rather than academic skills" (Razer et al. 2013, S. 1154). Sie schreiben: „ […] this work confronts school staff with feelings of constant failure, low self-efficacy, injury to their professional self-image […]" (ebd., S. 1157).

5. Risikoverschärfung für schwierige Kinder und Jugendliche

Über scheinbar rationale Argumentationsketten führt dieser "Überlebenskampf" zu irrationalen, subjektiv aber bedeutsamen Exlusionsmechanismen. Kinder und Jugendliche erfahren über einfache bis hoch komplexe Ausgrenzungsprozesse die potenzierte Stigmatisierung ihrer depravierten Lebenslagen. In der veränderten Grammatik wohlfahrtsstaatlicher Diskurse sind die Pole „Normalität" und „Abweichung" von enormer Bedeutung für die Entwicklung von Kindern und Jugendlichen. Standard wird das DIN-genormte Schulkind, das die betriebswirtschaftlichen Durch- und Umstrukturierungen der Bildungsinstitutionen dank *New Public Management* erfolgreich absolviert (vgl. Herz 2010a, S. 178).

Schulversagen und Scheitern wird – wie bei den Erwachsenen im Prekariat – individualisiert; Beeinträchtigungen in der kognitiven, sozialen und emotionalen Entwicklung werden überdies zunehmend biologisiert, Lernschwierigkeiten und Verhaltensstörungen werden zu „mental health problems" umdeklariert (vgl. Graham/Jahnukainen 2011, S. 263 ff.): „In the neoliberal transformation of the school system a lot of efforts have been made to reduce the costs of remedial and special support by using new, narrow definitions of the "needy", preferable based on a medical/clinical model" (Arnesen/Lundahl 2006, S. 293).

Die Pathologisierung normabweichenden Verhaltens hat eine lange Tradition (vgl. Jantzen 2006; Herz 2014c); sie erfährt neuerdings einen unerhörten Aufschwung durch marktorientierte Leistungsideologien. Aber auch die Biologisierung sozialstrukturell verursachter Desintegrationsprozesse hat enorm an Bedeutung für die Legitimierung sozialer Ungleichheit gewonnen (vgl. Themenheft Widersprüche 1999).

Für komplexe Problemlagen zählen augenscheinlich nur noch schnelle, scheinbar effektive und kurzfristig kostengünstige Lösungen (vgl. Kessl 2011; Müller 2014). Verhaltensstörungen bei Kindern und Jugendlichen zählen seit jeher zu einem Brennpunktthema in den Schulen. Internationale Studien zeigen, dass vor allem Schülerinnen und Schüler mit sozialen und/oder emotionalen Anpassungsproblemen an die schulischen Verhaltensnormen zu der Risikogruppe einer verdeckten Exklusion zählen. Natascha McNab, John Visser und Harry Daniels sprechen hier von „grey exclusion" (vgl. McNab/Visser/Daniels 2007).

Da der hohe Bedarf an spezifischen Förder- und Unterstützungsangeboten im Kontext einer Inklusionssemantik, zu der ja auch die neue Wortschöpfung „crosskategoriale Sonderpädagogik" zählt, geleugnet bzw. ignoriert wird, findet sich diese Klientel zunehmend im Gesundheitssystem oder im Fürsorgesystem der Kinder- und Jugendhilfe (vgl. Stein/Müller 2015).

Über solche verdeckte interinstitutionelle Exklusion hinaus haben Disziplinierungs- und Strafrituale als Verhaltenskorrektur im Unterricht mittlerweile ebenso

Hochkonjunktur (vgl. Herz/Heuer 2014) wie Methoden des rituellen Ein- und Wegsperrens in geschlossene Unterbringungen, Jugendstrafanstalten oder die Unterwerfung unter den militärischen Drill in sogenannten Erziehungscamps (vgl. Herz 2010a). Sven Heuer und Fabian Kessl sprechen hier von „der funktionalistischen Umformatierung von Erziehung auf Menschentraining" (vgl. Heuer/Kessl 2014). „Dass die Etikettierungen von Jugendlichen als abweichend, auffällig, gewalttätig und kriminell auf vielfältigen Konstitutionsleistungen unterschiedlicher Grenzziehungsinstitutionen beruhen, wird nicht mehr erkennbar: die Etikette sind so beschaffen, dass die Institutionen als Karriere produzierende Organisationen – und damit als gesellschaftliche Platzierungsagenturen nicht mehr sichtbar werden" (Stehr 2014, S. 44).

6. Ausblick

Eine „Repolitisierung der Integrationsbewegung" (vgl. Feuser/Eberwein 2007, 2010) ist derzeit ebenso wenig in Sicht wie eine materialistische Erziehungswissenschaft (vgl. Jantzen 2010). Gleichwohl sei hier ein Befund von Dagmar Hänsel aus dem Jahr 1975 zitiert. Sie schreibt: „[...] die Wirklichkeit der Sozialisationsfunktion von Schule und Lehrer im Kapitalismus muß unter einem Schleier ideologischer Ansprüche verborgen bleiben" (Hänsel 1975, S. 74).

Die – 40 Jahre nach dieser Erkenntnis – in unterschiedlichen Praxisfeldern von Bildung und Erziehung dominierende inklusionssemantische Ideologie verschärft in einer kapitalistisch durchgesetzten Konkurrenz- und Angstkultur (vgl. Bauman 2005) Risikolagen, wie sie hier nur andeutungsweise und exemplarisch für Kinder und Jugendliche mit Beeinträchtigungen in der emotionalen und sozialen Entwicklung aufgezeigt wurden (vgl. Hattow 2013; Herz 2014a).

In der Erziehungswissenschaft selbst entwickeln sich derzeit kaum noch zu überblickende neue fachbezogene Wettbewerbsdomänen, etwa zwischen und innerhalb der Schulpädagogik, der Sonderpädagogik und der Sozialpädagogik (vgl. ex. Hinz 2013; Ahrbeck 2014; Jantzen 2013; Themenheft Widersprüche 2014). Der auf rationale und empirisch abgesicherte Argumente basierende Diskurs wird zunehmend zurückgedrängt im Kampf um drittmittelbeförderte ‚Markt'-segmente in Forschung (und Lehre).

Nicht nur auf der Ebene der konkreten pädagogischen Praxis finden sich unterschiedliche Formen der Instrumentalisierung von Inklusion für ökonomische Interessen, sondern auch im Hinblick auf Forschungs- und Innovationsförderung.

Es wird Aufgabe einer kritischen Erziehungswissenschaft sein, in historischem Rückblick auf die derzeitige *Schulreformagenda Inklusion in der BRD* die Wirkmächtigkeit der auf spezifischen Partikularinteressen beruhenden Inklusionssemantik zu untersuchen, vor allem im Hinblick auf Professionskonflikte durch Deprofessionalisierung, Scheitern von Bildungs- und Erziehungsprozessen bei schwierigen Kindern und Jugendlichen und damit verbundener Etablierung neuer Segregationsspiralen und Disziplinarkulturen – jenseits der Inklusionssemantik.

Solche Forschungsbefunde liegen bspw. nach über 20 Jahren politisch proklamierter – und real durchgesetzter – inklusiver Schulentwicklung aus Großbritannien vor, die Alan Hodkinson folgendermaßen zusammenfasst:

„Fom the Salamanca Statement onwards, the terms inclusion and inclusive education became part of the governmental rhetoric, gaining status in schools and the mass media. ... In addition, the emergent inclusion agenda was forced to compete in areas where New Labour accepted that the ‚invisible hand of the market' with its competition, commodification and league tables would lead to better schools [...]" [...] „Inclusion in this guise became to some just utopian rhetoric, a flag for inclusionary zealots and those who professed to be, to rally their cries of ‚all will be included', ‚we are a fully inclusive society' and that ‚we can fully participate'" [...] „inclusion became a market product, a brand, a simple package commodity" (Hodkinson 2012, S. 5ff).

Für unsere eigene Gegenwart bleibt mit Böttcher/Maykus/Altermann/Liesegang abschließend festzuhalten: „Bildungspolitik und -verwaltung machen es sich zu einfach, wenn sie plakative und emotional aufgeladene Ideen als Konzept ausgeben, das andere – die Pädagog/inn/en an den Schulen – umsetzen müssen. Aber die Ungleichheit oder Ungerechtigkeit im deutschen Bildungswesen, die sich besonders bei den ‚schwierigen' Kindern und Jugendlichen manifestiert, ist zu groß, um diese Art der politischen Strategie zu tolerieren" (Böttcher/Maykus/Altermann/Liesegang 2014, S. 195).

Oder, mit Lucien Sève: „Aus diesem Teufelskreis muß man herauskommen" (Sève 1972, S. 83).

Literatur

Ahrbeck, Bernd (2014): Inklusion. Eine Kritik. Stuttgart.
Albrecht, H.-J. (2011): Bestrafung der Armen? Zu Zusammenhängen zwischen Armut, Kriminalität und Strafrechtsstaat. In: Dollinger, B./Schmidt-Semisch, H. (Hrsg.): Gerechte Ausgrenzung? Wohlfahrtsproduktion und die neue Lust am Strafen. Wiesbaden, S. 11-130.
Amrhein, B. (2011): Inklusion in der Sekundarstufe – eine empirische Analyse. Bad Heilbrunn.
Apel, F. (2014): Projekt-Professor. In: Forschung & Lehre, 21 (11), S. 873.
Arnesen, A.L./Lundahl, L. (2006): Still social and democratic? Inclusive Education Policies in the Nordic Welfare States. In: Scandinavian Journal of Educational Research, 50 (3), S. 285-300.

Bank, V. (o.J.): Bildung und Effizienz. Norderstedt.
Bauman, Z. (2005): Verworfenes Leben. Die Ausgegrenzten der Moderne. Hamburg.
Benkmann, R. (2012): Inklusive Schule in einer desintegrierten Gesellschaft? In: Benkmann, R., Chilla, S./Stapf, E. (Hrsg.): Inklusive Schule – Einblicke und Ausblicke. Immenhausen, S. 54-70.
Benkmann, R. (2014): Inklusive Bildung in Zeiten roher Bürgerlichkeit. In: gemeinsam leben, 22 (2), S. 68-77.
Bernhard, A. (2012): Inklusion – Ein importiertes erziehungswissenschaftliches Zauberwort und seine Tücken. In: Behindertenpädagogik, 51 (4), S. 342-351.
Biermann, H. (2013): Inklusiver Ausbildungs- und Arbeitsmarkt oder: Benachteiligung durch Förderung. In: Thielen, Marc/Katzenbach, D./Schnell, I. (Hrsg.): Prekäre Übergänge? Erwachsenwerden unter den Bedingungen von Behinderung und Benachteiligung. Bad Heilbrunn, S. 13-36.
Bittlingmayer, U./Hastaoglu, T.,/Osipov, I./Sahrai, D./Tuncer, H. (2011): Schülerinnen und Schüler am unteren Rand der Bildungshierarchie – Zur Dialektik von Integration und Ausgrenzung durch Bildung. In: Dollinger, B./Schmidt-Semisch, H. (Hrsg.): Gerechte Ausgrenzung? Wohlfahrtsproduktion und die neue Lust am Strafen. Wiesbaden, S. 337-370.
Böttcher, W./Bos, W./Dobert, H./Holtappels, H. G. (2008) (Hrsg.): Bildungsmonitoring und Bildungscontrolling in nationaler und internationaler Perspektive. Münster/New York/ München/Berlin.
Böttcher, W./Maykus, S./Altermann, A./Liesegang, T. (2014): Individuelle Förderung in der Ganztagsschule. Münster/New York.
Bude, H./Willisch; A. (2006) (Hrsg.): Das Problem der Exklusion. Ausgegrenzte, Entbehrliche, Überflüssige. Hamburg.
Bude, H. (2008): Die Ausgeschlossenen. Das Ende vom Traum einer gerechten Gesellschaft. München.
Dahme, H.-J./Wohlfahrt, N. (2015): Soziale Dienstleistungspolitik. Wiesbaden.
Deppe-Wolfinger, H. (1985): Die gemeinsame Erziehung von behinderten und nichtbehinderten Kindern – Überlegungen zur bildungsökonomischen und bildungspolitischen Funktion integrativer Schulversuche. In: Behindertenpädagogik, 24 (4), S. 392-406.
Deppe-Wolfinger, H. (1988): Integration im gesellschaftlichen Widerspruch. In: Eberwein, H. (Hrsg.): Handbuch Integrationspädagogik. Weinheim, Basel, S. 25-32.
Eberwein, H./Feuser, G. (2007): Manifest zur Gründung einer ‚Initiative für integrative Pädagogik und Politik'. In: Behindertenpädagogik, 46 (1), S. 80-83.
Eberwein, H./Feuser, G. (2010): Manifest zur Gründung einer ‚Initiative für integrative Pädagogik und Politik'. In: Behindertenpädagogik, 49 (1), S. 11-14.
Ellinger, S./Stein, R. (2012): Effekte inklusiver Beschulung im Förderschwerpunkt emotionale und soziale Entwicklung. In: Empirische Sonderpädagogik, 3 (2), S. 85-109.
Gomolla, M. (2009): Heterogenität, Unterrichtsqualität und Inklusion. In: Fürstenau, S. & Gomolla, M. (Hrsg.): Migration und schulischer Wandel. Wiesbaden, S. 21-44.
Gori, R./del Volgo, M.-J. (2011): Les exilés de l'intimité: La médicine et la psychiatrie au service du nouvel ordre économique. Paris.
Graham, L./Jahnukainen, M. (2011): Wherefore art thou, inclusion? Analysing the development of inclusive education in New South Wales, Alberta and Finland. In: Journal of Education Policy, 26, S. 263-288.

Graf, O. E. (2013): Inklusion – vom Gewinn des Scheiterns. In: Behindertenpädagogik, 52 (1), S. 7-22.

Groß, E./Hövermann, A. (2013): Die Abwehr von Menschen mit Behinderung in Deutschland. Ein Element der gruppenbezogenen Menschenfeindlichkeit im Fokus von Effizienzkalkülen. In: Behindertenpädagogik, 52 (4), S. 341-352.

Hänsel, D. (1975): Die Anpassung des Lehrers. Zur Sozialisation in der Berufspraxis. Weinheim/Basel.

Hafeneger, B. (2013): Beschimpfen, bloßstellen, erniedrigen. Beschämung in der Pädagogik. Frankfurt/M.

Hasselborn, M./Füssel, H.-P. (2014): Bildung in Deutschland – Dynamiken und Herausforderungen. In: DJI Impulse: Bildung in Deutschland, 3, S. 4-6.

Hattow, L.-A. (2013): Disciplinary exclusion: the influence of school ethos. In: Emotional and Behavioural Difficulties, 18(2), S. 155-178.

Heinrich, M. (2010): Bildungsgerechtigkeit. In: Aufenanger, S., Hamburger, F./Tippelt R. (Hrsg.): Bildung in der Demokratie. Opladen/Farmington Hills, S. 125-144.

Herz, B. (2010a): Neoliberaler Zeitgeist in der Pädagogik: Zur aktuellen Disziplinarkultur, in: Dörr, M./Herz, B. (Hrsg.): ‚Unkulturen' in Bildung und Erziehung. Wiesbaden, S. 171-190.

Herz, B. (2010b): Soziale Benachteiligung und Desintegrationsprozesse. In: Ahrbeck, B./Willmann, M. (Hrsg.): Pädagogik bei Verhaltensstörungen. Stuttgart, S. 333-342.

Herz, B. (2010c): Armut und Bildungsbenachteiligung. In: Liesner, A./Lohmann, I. (Hrsg.): Gesellschaftliche Bedingungen von Bildung und Erziehung. Stuttgart, S. 75-85.

Herz, B. (2012a): Inklusion: Realität und Rhetorik. In: Benkmann, R./Solveig, C./Stapf, E. (Hrsg.): Inklusive Schule – Einblicke und Ausblicke. Immenhausen, S. 36-53.

Herz, B. (2012b): Punitive Trends in Germany: New Solutions for deviant behaviour or old wine in new bottles? In: Visser, J./Daniels, H./Cole, T. (Eds.): Transforming trubled lifes: Strategies and interventions for Children with social, emotional and behavioural difficulties. Bingley, S. 389-404.

Herz, B. (2014a): Pädagogik bei Verhaltensstörungen: An den Rand gedrängt? In: Zeitschrift für Heilpädagogik, 65 (1), S. 4-14.

Herz, B. (2014b): Inklusion: Barrierefreiheit außer für Kinder und Jugendliche mit Verhaltensstörungen? In: VHN, 83 (4), S. 185-190.

Herz, B. (2014c): Normalität und Abweichung. In: Feuser, G., Herz, B./Jantzen, W. (Hrsg.): Emotion und Persönlichkeit. Stuttgart, S. 171-177.

Herz, B./Heuer, S. (4014): Eine Pädagogik der Beschämung. Emotionale Gewalt als Disziplinartechnik, In: VHN, 83 (3), S. 246-249.

Hinz, A. (2013). Inklusion – von der Unkenntnis zur Unkenntlichkeit!? – Kritische Anmerkungen zu einem Jahrzehnt Diskurs über schulische Inklusion in Deutschland. Zeitschrift für Inklusion, 1. Verfügbar unter http://www.inklusion-online.net/index.php/inklusion/article/viewArticle/201/182 [04.07.2013]

Heuer, S./Kessl, F. (2014): Von der funktionalistischen Umformatierung von Erziehung auf Menschentraining. In: Sozial Extra, 1, S. 46-49.

Hodkinson, A. (2012). Illusionary inclusion – what went wrong with New Labour's landmark educational policy? British Journal of Special Education, 39, S. 4-11.

Hopmann, S. (2008): Keine Ausnahmen für Hottentotten! Methoden der vergleichenden Bildungswissenschaft für die heilpädagogische Forschung. In: Biewer, G./Luciak, M./

Schwinge, M. (Hrsg.): Begegnung und Differenz: Menschen – Länder – Kulturen. Bad Heilbrunn, S. 76-98.
Huster, E.-U. (2014): Inklusion light? Zum Wert sozialer Teilhabe in unserer Gesellschaft. In: Behindertenpädagogik, 53 (4), S. 343-356.
Jacobs, K. (2014): Respektvolle Begegnungen gemäß Artikel 8, Bewusstseinsbildung, BRK. Berlin.
Jantzen, W. (2006): Marxismus und Behinderung. Perspektiven einer synthetischen Humanwissenschaft. In: Behindertenpädagogik, 45 (4), S. 347-380.
Jantzen, W. (2010): Integration und Exklusion. In: Kaiser, A./Schmetz, D./Wachtel, P./ Werner, B. (Hrsg.): Bildung und Erziehung. Stuttgart, S. 96-104.
Jantzen, W. (2013): Reelle Subsumption und Empowerment. In: Behindertenpädagogik, 52 (1), S. 44-67.
Katzenbach, D. (2009): Sortierung und Schulerfolg. In: Deutscher Verein für Rehabilitation e.V. (Hrsg.): Welche Bordmittel braucht die inklusive Schule? Heidelberg, S. 53-70.
Katzenbach, D. (2012): Die innere Seite von Inklusion und Exklusion. In: Heilmann, J., Krebs, H./Eggert-Schmidt-Noerr, D. (Hrsg.): Außenseiter integrieren. Perspektiven auf gesellschaftliche, institutionelle und individuelle Ausgrenzung. Gießen, S. 81-111.
Kessl, F. (2011): Punitivität in der Sozialen Arbeit – von der Normalisierungs- zur Kontrollgesellschaft, in: Dollinger, B./Schmidt-Semisch, H. (Hrsg.): Gerechte Ausgrenzung? Wohlfahrtsproduktion und die neue Lust am Strafen. Wiesbaden, S. 131-145.
Klemm, K. (2009): Sonderweg Förderschulen: Hoher Einsatz, wenig Perspektiven. Eine Studie zu den Ausgaben und zur Wirksamkeit von Förderschulen in Deutschland. Gütersloh.
Lanwer, W. (2013): Menschenrechtserklärungen sind keine Gleichgültigkeitserklärungen. Anmerkungen zur normativen Begründung von Inklusion. In: Behindertenpädagogik, 52 (2), S. 176-187.
Liesner, A. (2010): Universitäre Bildung und wirtschaftlicher Strukturwandel. In: Liesner, A./Lohmann, I. (Hrsg.): Gesellschaftliche Bedingungen von Bildung und Erziehung. Stuttgart, S. 245-258.
Lindmeier, C. & Lindmeier, B. (2012): Pädagogik bei Behinderung und Benachteiligung. Bad Heilbrunn.
Lohmann, I. (2010): Schule im Prozess der Ökonomisierung. In: Liesner, A./Lohmann, I. (Hrsg.): Gesellschaftliche Bedingungen von Bildung und Erziehung. Stuttgart, S. 231-244
Maykus, S./Hensen, G./Küstermann, B./Riecken, A./Schinnenberg, H./Wiedebusch, S. (2014): Inklusive Bildung – Teilhabe als Handlungs- und Organisationsprinzip. Eine Matrix zur Analyse von Implementierungsprozessen inklusiver Praxis. In: Heusen, G./ Küstermann, B./Maykus, S./Riecken, A./Schinnengerg, H./Wiedebusch, S. (Hrsg.): Inklusive Bildung. Organisations- und professionsbezogene Aspekte eines sozialen Programms. Weinheim/Basel, S. 9-45.
Macnab, N./Visser, J./Daniels, H. (2008): Provision in further education colleges for 14- to 16-year olds with social, emotional and behavioural difficulties. In: British Journal of Special Education, 35 (4), S. 241-246, published online 18. November
Mettlau, C. (2013): Mittendrin und doch daneben. ‚Ausschluss inklusive' für Kinder und Jugendliche mit Verhaltensstörungen? In: Herz, B. (Hrsg.): Schulische und außerschulische Erziehungshilfe. Bad Heilbrunn, S. 116-127.
Münch, Richard (2011): Mit PISA-Punkten zu mehr Wahrheit? In: Ludwig. L./Luckas, H./ Hamburger, Franz/Aufenanger, S. (Hrsg.): ‚Bildung in der Demokratie II'. Tendenzen – Diskurse – Praktiken. Opladen/Farmington Hills, S. 277-288.

Müller, C. (2014): Emotionale Gewalt als Methode. Zur Kritik des Programms ‚Bei Stopp ist Schluss!'. In: Behindertenpädagogik, 53 (4), S. 391-399.

Negt, O. (2010): Was heißt Schaffung eines ‚friedensfähigen Gemeinwesens'? In: Behindertenpädagogik, 49 (1), S. 41-52.

Pasuchin, I. (2012): Bankrott der Bildungsgesellschaft. Pädagogik in politökonomischen Kontexten. Wiesbaden.

Preuss-Lausitz, U. (2014): Wissenschaftliche Begleitung der Wege zur inklusiven Schulentwicklung in den Bundesländern - Versuch einer Übersicht. https://www.ewi.tu-berlin.de/fileadmin/i49/dokumente/Preuss-Lausitz/Wiss._Begleitung_Inklusion.pdf. (Zugriff: 22. September. 2014)

Radtke, F.-O. (2004): Die Illusion der meritokratischen Schule. Lokale Konstellationen der Produktion von Ungleichheit im Erziehungssystem. In: Bade, K. J./Bommes, M. (Hrsg.): Migration-Integration-Bildung. Grundfragen und Problembereiche. IMIS-Beiträge 23, Osnabrück, S. 143-178.

Radtke, F.-O. (2008): Die außengeleitete Universität. In: WestEnd. Neue Zeitschrift für Sozialforschung, 5 (1), S. 117-133.

Razer, M., Friedmann, V./Warshofski, B. (2013): Schools as agents of social exclusion an inclusion. In: International Journal of Inclusive Education, 17 (11), S. 1152-1170.

Reiser, H. (2013): Inklusion und Verhaltensstörungen – Ideologien, Visionen, Perspektiven. In: Herz, B. (Hrsg.): Schulische und außerschulische Erziehungshilfe. Ein Werkbuch zu Arbeitsfeldern und Lösungsansätzen.. Bad Heilbrunn, S. 319-330.

Schuck, K. D. (2003): Wertschätzung der Heterogenität oder Ende der Solidarität. Zur Funktion der pädagogischen Diagnostik im Schulwesen. In: Warzecha, B. (Hrsg.): Heterogenität macht Schule. Beiträge aus sonderpädagogischer und interkultureller Perspektive. Münster/New York/München/Berlin, S. 41-60.

Sahrai, D./Bittlingmayer/U. H., Gerdes, J./Sahrai, F. (2015): Schule zwischen Exklusion und Empowerment: Inklusive politische Bildung an exklusiven Schulen. In: Herz, B./ Zimmermann, D./Meyer, M. (Hrsg.): ‚[…] und raus bist Du!' Pädagogische und institutionelle Herausforderungen in der schulischen und außerschulischen Erziehungshilfe. Bad Heilbrunn (in Druck).

Sève, L. (1972): Marxismus und Theorie der Persönlichkeit. Frankfurt/M.

Sierck, U. (2012): Budenzauber Inklusion. In: Behindertenpädagogik, 51 (3), S. 230-235.

Silkenbeumer, M. (2015): Förderrhetorik: Steigerungsdiskurse, pädagogische Pragmatik und routinierte Handlungspraxis. In: Herz, B., Zimmermann, D./Meyer, M. (Hrsg.): ‚[…] und raus bist Du!' Pädagogische und institutionelle Herausforderungen in der schulischen und außerschulischen Erziehungshilfe. Bad Heilbrunn (in Druck).

Stapelfeld, G. (2007): Der Aufbruch des konformistischen Geistes. Thesen zur Kritik der neoliberalen Universität. Hamburg.

Stein, R./Müller, T: (2015): Verhaltensstörungen und emotional-soziale Entwicklung: zum Gegenstand. In: Stein, R./Müller, T. (Hrsg.): Inklusion im Förderschwerpunkt emotionale und soziale Entwicklung. Stuttgart, S. 19-41.

Stichweh, R. (2013): Inklusion und Exklusion in der Weltgesellschaft – am Beispiel der Schule und des Erziehungssystems. In: inclusion-online, 1, S. 1-7.

Stehr, J. (2014): Repressionsunternehmen ‚Konfrontative Pädagogik'. In: Sozial Extra, 5, S. 43-45.

Storz, M. & Griesinger, T. (2004): ‚Sonst verdampft dein Recht auf Arbeit'. Nicht nur eine Polemik über Maßnahmen zur Vorbereitung von FörderschülerInnen auf den

Arbeitsmarkt. In: Baur, W./Mack, W. /Schroeder, J. (Hrsg.): Bildung von unten denken. Bad Heilbrunn, S. 129-144.

Thiersch, H. (2007): Rigide Verkürzungen. Zur Attraktivität von Bernhard Buebs ‚Lob der Disziplin'. In: Brumlik, M. (Hrsg.): Vom Missbrauch der Disziplin. Antworten der Wissenschaft auf Bernhard Bueb. Weinheim/Basel, S. 12-32.

Thole, W./Schröder, M./Prengel, A./Schuck, K. D. (2007): Die ‚Macht' der Diagnostik – Chancen und Grenzen diagnostischer Rahmungen pädagogischen Denkens und Handelns. In: Brumlik, M. & Merkens, H. (Hrsg.): bildung macht gesellschaft. Opladen/ Farmington Hills, S. 315-328.

United Nations (2006): Convention on the rights of people with disabilities. Verfügbar unter: http://www.un.org/disabilities/convention/conventionfull.shtml. (Zugriff: 03. Juli 2013).

Vogel, P. (1997): Ökonomische Denkformen und pädagogischer Diskurs. In: Krüger, H. H. /Olbertz, H. (Hrsg.): Bildung zwischen Staat und Markt. Opladen, S. 351-366.

Wacquant, L. (2009): Punishing the Poor: The neoliberal Government of Social Insecurity. Durham, London.

Wacquant, L. (2011): Die neoliberale Staatskunst: Workfare, Prisonfare und soziale Unsicherheit. In: Dollinger, B./Schmidt-Semisch, H. (Hrsg.): Gerechte Ausgrenzung? Wohlfahrtsproduktion und die neue Lust am Strafen. Wiesbaden, S. 77-110.

Widersprüche (2009): Biologisierung des Sozialen?, 19 (71).

Widersprüche (2014): Inklusion – Versprechungen vom Ende der Ausgrenzung, 34 (9).

Wocken, H. (2012): Restauration der Stigmatisierung! Kritik der ‚diagnosegeleiteten Integration'. In: Behindertenpädagogik, 49 (2), S. 117-134.

Sabine Schäper

Vom Verschwinden der Inklusionsverlierer. Gouvernementalitätstheoretische Einblicke in die unsichtbaren Hinterhöfe eines Diskurses

Zusammenfassung: Der Diskurs um die Leitidee Inklusion erzeugt eine unsichtbare Rückseite: Menschen mit komplexen Behinderungen werden in gängigen Inklusionspolitiken nicht mitbedacht oder explizit ausgeschlossen. Das Theorem der Gouvernementalität bei Michel Foucault eröffnet eine hilfreiche Analyseperspektive auf diesen Befund. Der Weg aus dem Dilemma führt über eine Grundhaltung der (Selbst-) Kritik. Der Artikel zeigt anhand der Erfahrungen aus einem Forschungsprojekt zur inklusiven Sozialplanung, wie es gelingen kann, Teilhabechancen im Sinne von Handlungsspielräumen für mehr Eigensinn zu stärken und schwach vertretene Interesse auch in (kommunal-) politischen Diskursen sichtbar zu machen.

Abstract: The discourse of inclusion induces a non-visible back-side: Persons with multiple and profound disabilities are widely excluded in current strategies to realize inclusion. The Foucauldian theorem of ‚governmentality' opens the analytic perspective on the entanglement of knowledge, power, and the subjectivity of persons involved. Overcoming this dilemma means to develop an attitude of (self-) criticism. The article reports some experience from a research project on social planning. It shows, how the scope of action can be expanded for persons with disabilities and how their weak interests can become visible in local politics and planing procedures.

Keywords: Inklusionsdiskurs, Gouvernementalität, Teilhabe, Handlungsspielräume, politische Partizipation, Eigensinn, Sozialplanung, schwache Interessen; Inclusion, governmentality, participation, scope of action, political participation, self-will, social planning, weak interests

1. Von der Sehnsucht nach Eindeutigkeit – oder: Inklusion als Mythos

Spätestens seit Inkrafttreten der UN-Behindertenrechtskonvention gilt die Leitidee Inklusion auch politisch als nicht mehr hintergehbar. Dabei ist ihr universeller Geltungsanspruch für alle Menschen mit Behinderungen keineswegs unumstritten. „Halbierte" Inklusionsstrategien (vgl. Schäper 2007) sind es, die auf ihrer Rückseite neue Exklusionsrisiken schaffen: Nicht nur im schulischen Bereich werden inklusive Settings zunächst einmal für diejenigen geöffnet, deren Inklusion bestenfalls umsonst, allenfalls aber mit überschaubaren Investitionen zu haben ist. Menschen mit komplexen Behinderungen, Menschen mit sog. herausfordernden Verhaltensweisen, älterwerdende Menschen mit Behinderungen kommen nicht als erste in den Blick, wenn es um die politische Umsetzung geht. Schon dieser knapp skizzierte Befund macht deutlich, dass der Inklusionsdiskurs von einer Reihe von Widersprüchen und Ambivalenzen gekennzeichnet ist, die sich bei näherem Hinsehen als exklusionsverschärfend darstellen: Diejenigen, deren Inklusion im bestehenden System an Grenzen stößt, werden nun umso deutlicher und unumkehrbarer ausgeschlossen, zusätzlich wird ihnen die Verantwortung für die Grenzen zugeschrieben. Diese Ambivalenz des Inklusionsdiskurses resultiert – so die These dieses Beitrags – u.a. aus einer die Komplexität menschlichen Zusammenlebens ignorierenden einfachen Dichotomisierung von Inklusion und Exklusion: Es wird nur im Entweder-Oder diskutiert, ob inklusive Schulen *oder* Förderschulen sinnvoll sind, ob Menschen „vollstationär" betreut werden sollen *oder* ob diese Institutionen nicht vollständig aufgelöst werden sollten. Tatsächlich zeigen sich in den Umsetzungspolitiken der Leitidee Inklusion vor allem die Hindernisse und Schwierigkeiten auf politischer Ebene, die nicht durch einen irgendwie gearteten Mangel an Kompetenz bei Menschen mit Behinderungen, sondern durch die Verweigerung der nötigen Handlungsspielräume und Ressourcen und durch Hindernisse auf gesellschaftlicher oder sozialrechtlicher Ebene bedingt sind. Dazu nur zwei Beispiele:

- Der Mehrkostenvorbehalt im §13 SGB XII Satz 3 hindert Menschen mit komplexen Behinderungen daran, sich für ein ambulantes Wohnsetting zu entscheiden, sofern die bei ambulanter Leistungserbringung entstehenden Mehrkosten für „unverhältnismäßig" und eine Unterbringung in einer stationären Einrichtung für „zumutbar" erklärt werden. Münning (2013) betont in seiner Stellungnahme zum Mehrkostenvorbehalt, dass er auch vor dem Hintergrund des Art. 19 der Behindertenrechtskonvention weiterhin gelte.
- Das persönliche Budget wird bislang von Menschen mit geistiger Behinderung nur sehr begrenzt in Anspruch genommen, da sie für die Nutzung dieses Finanzierungsmodus zusätzliche Assistenzleistungen benötigen (Budgetassistenz), die bislang nicht refinanziert werden. Die mit dem persönlichen Budget verbundenen Chancen eines auf die individuellen Bedürfnisse zugeschnittenen Hilfe-Mix bleiben Menschen mit geistiger oder komplexer Behinderung dadurch weitgehend verwehrt.

Diese sozialrechtlichen Hindernisse korrespondieren mit Haltungen und Mentalitäten in der Gesellschaft, die Inklusion als Zumutung erleben und entweder gänzlich abwehren oder aber die Angemessenheit der Inklusionsforderung auf Personen begrenzen, deren Störpotential für die „Regelsysteme" gering ist.

Die „Halbierung" der Leitidee scheint theoretisch begründbar, wenn Inklusion/Exklusion im Rekurs auf das systemtheoretische Begriffspaar als eine jeder funktional differenzierten Gesellschaften inhärente Dynamik verstanden wird: Die Inklusion in bestimmte gesellschaftliche Funktionssysteme ist immer zugleich die Exklusion aus anderen. Luhmann selbst löst den Widerspruch zwischen der Leugnung des Exklusionsproblems und der Betonung ihrer logischen Notwendigkeit nicht auf (vgl. Kronauer 1999), wenn er einerseits betont: „Die Logik der funktionalen Differenzierung schließt gesellschaftliche Exklusionen aus" (1995, S. 142), weshalb die Gesellschaft Exklusion erst gar nicht als sozialstrukturelles Phänomen wahrnehme (vgl. Luhmann 1997, S. 625), die Existenz von Exklusion dann aber im Angesicht der Lebensbedingungen in lateinamerikanischen Favelas bestätigt: „Zur Überraschung aller Wohlgesinnten muss man feststellen, dass es doch Exklusionen gibt, und zwar massenhaft und in einer Art von Elend, die sich der Beschreibung entzieht" (Luhmann 1995, S. 147). Bei genauerem Hinsehen lassen sich innerhalb des systemtheoretischen Verständnisses diese zwei Varianten unterscheiden (vgl. Kronauer 1998): In der einen ist Exklusion ein logisches Resultat funktionaler Differenzierung. Eine moralische Wertung geht mit dieser Feststellung nicht einher. In der anderen ist die funktional differenzierte Gesellschaft auf die Inklusion aller (in je verschiedene) Funktionssysteme angelegt. Ein wichtiger Einwand gegen beide Varianten besteht darin, dass sie „den Einfluss von Macht und sozialer Ungleichheit, die sich quer durch die Funktionssysteme hindurchziehen, unterschätzt, wenn nicht gar unberücksichtigt lässt" (Kronauer 2002, S. 137). Eine solche Leugnung von Macht und sozialstrukturell geschuldeter Ungleichheit findet sich allerdings auch innerhalb eines normativen Verständnisses von Inklusion/Exklusion (vgl. Schäper 2006, S. 44f.). Normativ wird dabei das Begriffspaar sowohl in der Armutsforschung genutzt und hier insbesondere als verweigerte Teil*habe* verstanden, als auch in einem neoliberalen Konzept, das Inklusion/Exklusion zwar auch normativ versteht, die Verantwortung für Exklusion aber dem Individuum im Sinne verweigerter Teil*nahme* am gesellschaftlichen Leben und mangelnder Anpassung an deren Erfordernisse zugeschrieben wird (vgl. Schäper 2006, S. 44f.; Kronauer 2002, S. 133-137).

Das Verständnis von Inklusion, wie es die UN-Behindertenrechtskonvention adaptiert hat, entspricht dem normativ-gesellschaftskritischen Begriffsverständnis: Inklusion ist hier kein theoretisch-deskriptives Konstrukt, sondern ein normatives Prinzip, das auf der menschenrechtlich begründeten Zusage gleicher Chancen für alle basiert. In der gesellschaftlichen Debatte begegnet dagegen häufig ein normativ-moralisierender – nun aber gegen die von Exklusion Betroffenen gewendeter Begriff von Inklusion, der aus Teilhabe-*Rechten* Teilnahme-*Erwartungen* macht. Dies entspricht einem neoliberalen Sozialstaatskonzept, das mit dem Slogan „fördern und fordern" die Ausgegrenzten „aktivieren" will. Diese verschiedenen, zum Teil gegensätzlichen Begriffsverständnisse bilden den nur selten reflektierten Hintergrund für die vielfach emotional aufgeladene Inklusionsdebatte: Die Rede von Inklusion wird zum Mythos, den die einen als Ideal beschwören, die anderen als Zumutung abwehren.

Wodurch ist ein Mythos gekennzeichnet? Ein „Mythos" stellt ein in sich kohärentes Erfahrungssystem dar, das „eine der Wissenschaft durchaus ebenbürtige Rationalität" besitzt (Hübner 1994, S. 604) und von dem Interesse geleitet ist, dass ein solches „kohärentes Erfahrungssystem" im Sinne der Alternativlosigkeit so und nicht anders von allen geglaubt wird. Bei Michel Foucault taucht der Begriff des Mythos nicht zufällig in einem seiner Hauptwerke, „Wahnsinn und Gesellschaft" auf: Dort beschreibt er den Übergang von der Internierung der „Irren" in Asylen im Zeitalter der Klassik hin zum Verständnis des Wahnsinns als Krankheit. Damit hätten Pinel und Tuke, denen die Befreiung der Irren von den Ketten zugeschrieben wird, einen Mythos geschaffen, der die „Irren", die nun zu „Geisteskranken" werden, viel zuverlässiger eingeschlossen hält als die Internierung im Asyl. Die Anstalt, die das Asyl ablöste, lebte von diesem Mythos und schrieb ihn zugleich bis in die Geschichte der Behindertenhilfe des 20. Jahrhunderts fort. „Man muß wohl von einem Mythos sprechen, wenn man das als Natur ausgibt, was Begriff ist" – so Foucault (1973, S. 502). Inklusion kann als moderne Variante eines solchen Mythos verstanden werden, insofern sie als Zuwachs an Humanität gilt, und die „Hinterhöfe", in denen Menschen mit komplexen Behinderungen umso wirkungsvoller ausgeschlossen werden, zugleich unsichtbar macht. Der Mythos kann als Versuch verstanden werden, fundamentale Ängste zu mildern, indem sie rationalisiert und Ambivalenzen in Dichotomisierungen vereinfacht werden. Gegen eine ambivalenznegierende Dichotomisierung setzt Castel (2000) die Vorstellung schleichender Übergänge zwischen der Zone der Integration, der der Vulnerabilität und der der Entkoppelung. Diese Spur soll nun im Folgenden weitergedacht werden, geleitet von der Vermutung, dass ein ambivalenzoffenes Verständnis von Inklusion nur als selbstreflexives – mehr noch: selbstkritisches zu haben ist.

2. Auf dem Weg zu einem ambivalenzoffenen und selbstreflexiven Verständnis von Inklusion

2.1 Der Inklusionsdiskurs als Facette der modernen Gouvernementalität

Die Analysen Foucaults zur modernen Gouvernementalität bieten eine hilfreiche Analysefolie für die Irrungen des Inklusionsdiskurses. Mit der semantischen Verbindung von (frz.) „gouverner" und „mentalité", die im Deutschen nur sperrig mit „Gouvernementalität" übersetzt wird, bezeichnet Foucault in seinen späten Schriften eine spezifische Form der Machtausübung, die sich in die Mentalitäten der Subjekte in einer Weise eingräbt, dass sie als Teil ihrer autonom gewählten Lebensführung erscheint. Macht versteht er als „ein produktives Netz […], das den ganzen sozialen Körper überzieht und nicht so sehr als negative Instanz, deren Funktion in der Unterdrückung besteht" (Foucault 1978, S. 35). Mit seiner Mikrophysik der Macht hatte Foucault bereits die „vielfältigen, instabilen, mit Wissensformen verknüpften und produktiven Kräfteverhältnisse" zu analysieren versucht, „die sich zu einer ‚komplexen strategischen Situation' in einer Gesellschaft zusammenfügen" (Foucault 1983, S. 114; ebd., S. 124). Mit der Idee der Gouvernementalität geht er noch einen Schritt weiter: Er beschreibt das Verhältnis von Subjektivierungsprozessen und Herrschaftsformen. „Regieren heißt in diesem Sinne, das Feld eventuellen Handelns der anderen zu strukturieren" (Foucault 1987a, S. 255). Diese Vorstellung von Macht setzt kein unfreies, sondern ein freies Subjekt des Handelns voraus, das sich selbst „führt". Die Selbstbestimmung der Individuen wird zum Instrument des Regierungshandelns, mit dessen Hilfe Subjekte ihr Verhältnis zu sich und anderen definieren. Die Anpassung des Individuums an gesellschaftliche Normierungen geschieht nicht mehr durch Zwang, sondern durch das In-Aussicht-Stellen unendlicher Freiheitsräume. Lemke hat diesen Mechanismus am Beispiel des modernen Gesundheitswesens verdeutlicht: „Der ‚König Kunde' weiß ohne staatliche Bevormundung, angeleitet durch die Gesetze des Marktes, selbst am besten, welche medizinischen Leistungen man sich ‚sparen' kann" (Lemke 2000, S. 252). Das Subjekt übernimmt die Logik des Marktes als seine eigene, weil es in seiner Wahl frei sein will – und längst als Wahrheit für sich hat, die Logik des Sparens sei alternativlos. In ähnlicher Weise wirkt der Inklusionsdiskurs: Politisch wird ein individualisierendes Inklusionsverständnis transportiert, das es sowohl erlaubt, Selbstverständlichkeiten als politische Errungenschaft zu feiern, als auch die Verantwortung für nicht erfolgreiche Inklusionsstrategien den Individuen zuzuschreiben. Die Förderschule mit dem Förderschwerpunkt geistige Entwicklung wird indessen mehr und mehr zur „Restschule" für alle als „nicht inkludierbar" attribuierten SchülerInnen. Die Werkstatt für behinderte Menschen bleibt Arbeitsort für die weit überwiegende Mehrheit der Menschen mit geistiger Behinderung und schließt selbst wiederum Menschen als „nicht werkstattfähig" aus, denen keine „wirtschaftlich verwertbare Arbeitsleistung" zugetraut wird. In den Wohngruppen stationärer Komplexeinrichtungen konzentrieren sich Menschen mit hohem Unterstützungsbedarf, für die ambulante Settings aufgrund des Mehrkostenvorbehaltes nicht infrage kommen. So entstehen „Parallelgesellschaften" (Dalferth 2006), die die Anstaltstradition nicht nur fortsetzen, sondern ihr eine neue Qualität verleihen: Der Ausschluss der als nicht „inkludierbar" geltenden Menschen erfolgt mit einem noch höheren Maß an gesellschaftlicher Plausibilität als zuvor. Die Entscheidung, welcher Lern-, Wohn- oder Arbeitsort angemessen ist, wird dabei häufig – trotz der gesetzlich verankerten Vorschriften zur Partizipation in Hilfeplanverfahren (z.B. § 58 SGB XII) – ohne wirksame Beteiligung der HilfeempfängerInnen getroffen. Konzepte für eine echte Beteiligung auch von Menschen mit komplexen Beeinträchtigungen, die mehr ist als eine bloße körperliche Anwesenheit, stehen nach wie vor aus, auch wenn eine Expertise bereits vor mehr als zehn Jahren auf den Entwicklungsbedarf in diesem Bereich aufmerksam gemacht hat (vgl. Lübbe u. Beck 2002, S. 58; Niediek 2010, S. 210). Die Analyse der bestehenden Praxis der Hilfeplanung durch Niediek ergab, dass sie „eine Konkretisierung neoliberaler Regierungstechnologien im Feld der Hilfen für Menschen mit Behinderung" darstellt, „die Regierungstechnologien und Subjektivierungsweisen neoliberaler Gouvernementalität miteinander verbindet" (Niediek 2010, S. 285). Hilfeplangespräche zeigen dabei ähnliche Wirkungsweisen wie das Panoptikum als Symbol internalisierter Disziplinarmacht: „Das ‚selber Wollen' geht dabei eine günstige Verbindung mit der gesellschaftlichen Forderung des ‚Sollens' ein, zum Wohle der Gemeinschaft an der eigenen Unabhängigkeit von Hilfen zu arbeiten. [...] So wird keine direkte Kontrolle und Sanktion benötigt, sondern Individuelle Hilfeplanung operiert mit Kontrollmechanismen zweiter Ordnung (Kontrolle durch Zielvereinbarungen im Hilfeplanung und Durchführungsdokumentation), die möglich wird, wenn die Kontrollierten freiwillig und ehrlich sich selbst dieser Kontrolle unterziehen" (Niediek 2010, S. 290). Hilfeplanverfahren stehen daher immer in der Gefahr, zum vermeintlichen Wohl der Hilfesuchenden oder HilfeempfängerInnen und in deren Interesse die Ausgestaltung der Hilfen an die sozialpolitischen Rahmungen anzupassen.

Die Analyseperspektive der Gouvernementalität macht im Blick auf die Gesamtentwicklung der Hilfen für Menschen mit Behinderungen darauf aufmerksam, dass die Verschärfung von Ausgrenzungsmechanismen auf den „Hinterhöfen" nicht ungewollter Nebeneffekt wettbewerbsorientierter Politik ist, sondern Teil des aktuellen Sozialstaatskonzeptes: Die Infragestellung wohlfahrtsstaatlicher Garantien und der Hinweis auf Effizienzreserven machen gerade seine „raison d'être" aus (Lemke 2004, S. 67).

2.2 Ent-Unterwerfung als professionelle Haltung der Kritik

Das Theorem der Gouvernementalität macht die komplexen Verstrickungen professionellen Handelns im sozialstaatlichen Kontext sichtbar. Diese Erkenntnis führt – und das ist ihr eigentlicher Gewinn – weder in die Resignation noch in die Flucht in die Ohnmacht (und damit vermeintliche professionelle Unschuld) gegenüber den machtvollen Wirkungen ökonomischer Rationalität. Foucault macht darauf aufmerksam, dass es hier nicht um eine moralische Selbstverurteilung geht: „Mein Ausgangspunkt ist nicht, dass alles böse ist, sondern dass alles gefährlich ist" (Foucault 1987b, S. 268). Das Wissen um die Gefahr der Verstrickung bietet auch die Chance zur Veränderung, die Foucault mit dem Begriff der „Ent-Unterwerfung" beschrieben hat. Eine solche Haltung der „freiwilligen Unknechtschaft" oder „reflektierten Unfügsamkeit" (Foucault 1992, S. 15) lädt – gegen die Mythisierung – zur (selbst-) kritischen Reflexion der Interessen ein, die den Diskurs leiten – allen voran den je eigenen Interessen der beteiligten Akteure. Eine solche Haltung müsste in der pädagogischen Begleitung von Menschen mit Behinderungen zur professionellen Routine werden. Sie weist dabei vor allem auf die Grenzen hin, an die professionell Begleitende selbst stoßen, und auf die Risiken, die sie selbst eingehen. Denn die ProfessionsvertreterInnen – ob als HeilpädagogIn in einer Kindertageseinrichtung, als LehrerIn an einer Förderschule, als MitarbeiterIn in einer Wohneinrichtung oder als BeraterIn – beteiligen sich selbst an der Exklusionsdynamik, z.B. wenn sie selbst geneigt sind, die erfolgversprechenderen Unterstützungsprozesse gegenüber denen zu favorisieren, in denen es „nur noch" um die Sicherung von Lebensqualität angesichts schwerster Beeinträchtigungen geht. Oder wenn sie ihr pädagogisches Handeln an dem ausrichten, was formal dokumentierbar oder messbar ist, wenn sie selbst die Wertschätzung für „Ziele wie eine humane pädagogische Daseinsgestaltung" aufgeben, weil sie „sich nicht bis ins letzte Detail definieren, linear umsetzen oder direkt messen" lassen (Gerspach u. Mattner 2004, S. 94). Auch Forschungsaktivitäten beziehen sich eher auf Bereiche, in denen Entwicklungs- und Effektivitätspotential vermutet wird. Die Lebenssituation von Menschen, die auf Groß- und Komplexeinrichtungen verwiesen bleiben, wird kaum mehr zum Gegenstand von Forschungsaktivitäten. Dabei täten sie gerade hier not, weil nach wie vor etwa zwei Drittel aller Hilfen im Bereich des Wohnens in stationären Einrichtungen geleistet werden (vgl. BMAS 2013, S. 185). Und es gälte gerade unter widrigen Lebensbedingungen Potentiale für die Aufrechterhaltung und Weiterentwicklung von Teilhabechancen zu eruieren und damit zu sichern – selbst unter den paradoxen Bedingungen zeitweiliger Fixierung oder des Einschlusses in „geschützt geführten" Wohngruppen. Auch der Teilhabebericht der Bundesregierung macht in den Kommentaren des Wissenschaftlichen Beirates auf erhebliche Forschungslücken in diesem Feld aufmerksam: „Insgesamt ist die Datenlage zur Wohnsituation beeinträchtigter Menschen, zur Verwirklichung ihres Rechts auf selbst gewählte Wohnformen und eine selbstbestimmte Lebensführung als äußerst unzureichend einzuschätzen" (vgl. BMAS 2013, S. 187). Und die wenigen vorhandenen Studien (deren thematischer Fokus oft ein anderer ist) verweisen eher auf die Grenzen und Teilhabehindernisse: Trescher (2015, S. 316) etwa stieß in stationären Einrichtungen für erwachsene Menschen mit geistiger Behinderung auf eine Tendenz zu „massiv infantilisierenden

Subjektivierungspraxen", die mit der Abschottung von der Lebenswirklichkeit und einer anregungsarmen intrainstitutionellen Lebensweise einhergehe. Trescher beschreibt die Wirkungen eines „pädagogischen Protektorats" (Trescher 2015, S. 312), das Passivität und Abhängigkeit von Menschen mit Behinderungen verschärft statt ihnen entgegen zu wirken. Gerspach und Mattner (2004, S. 103) machen darauf aufmerksam, dass die Mitarbeitenden ihrerseits durch die Einbindung in organisationelle Denk-, Fühl- und Handlungsverbote, die individuelle Impulse verdrängen, einer „kollektive[n] Infantilisierung" unterliegen: „Die Mitarbeiterinnen und Mitarbeiter sehen sich insgeheim wie der unmündige Nachwuchs auf den Mythos der Institution eingeschworen, ohne ihre individuell abgegrenzte Eigenständigkeit bewahren und kultivieren zu dürfen." Hier liegt möglicherweise der Ursprung für das hartnäckige Festhalten an der Idee „familienanaloger" Wohnsettings, die für erwachsene Menschen mit Behinderungen nicht altersadäquat sind: Auftretende Spannungen zwischen Individualität und organisationalen Zwängen sind gebannt im Mythos eines harmonischen, machtfreien Raums, den die Institution nicht nur den NutzerInnen, sondern auch den Mitarbeitenden verspricht.

Insgesamt wird deutlich, wie sich fachliche Entwicklungen, sozialpolitische Rahmungen, organisationale Prozesse und ökonomische Vorgaben wechselseitig beeinflussen. Es gibt keine unschuldige „pädagogische Provinz" (Gröschke 2002a, S. 10). Sich der eigenen Beteiligung an Prozessen der Ausschließung und der Aufrechterhaltung von Teilhabebarrieren bewusst zu sein, ist zugleich der einzige Ausweg aus dem Dilemma.

3. Inklusion als Teilhabeermöglichung: Anforderungen an professionelles Handeln

Die mit dem Begriff der Gouvernementalität beschriebenen Machtformen wirken immer (nur) in Interaktionsprozessen, nicht unabhängig von ihnen. Darin liegt die Chance zur Veränderung – in Interaktionsprozessen, die wiederum in politische und organisationale Prozesse eingelassen sind. Gerade das am meisten irrational Erscheinende, das am wenigsten aussichtsreiche pädagogische Bemühen, die Arbeit an teilhabeförderlichen Lebensbedingungen, die sich am wenigsten ökonomisch „lohnt", gilt es gegen alle ökonomische Rationalität wertzuschätzen. Nicht nur das Ethos, sondern auch die Glaubwürdigkeit der Pädagogik als Disziplin steht auf dem Spiel: Gelingt es, gegen die Unsichtbarmachung der Exkludierten im Inklusionsprozess auf die Ambivalenzen (selbst-) kritisch hinzuweisen, ohne zu resignieren? „Ein Ausweg aus diesen Ambivalenzen heraus ist nicht erkennbar, allenfalls ein Weg durch diese Ambivalenzen hindurch: Eine Ethik der (Heil-) Pädagogik müsste Bildung neu buchstabieren als Disziplin, die, indem sie machtkritisch ist, selbst machtvoll agiert, die, indem sie die Andersheiten benennt, sie ausgrenzend unterstreicht, die, wenn sie Inklusion ermöglichen will, immer in und an exkludierenden Verhältnissen arbeiten muss" (Schäper 2013, S. 49). Was kann das praktisch bedeuten? Kommen wir damit zurück zum pädagogischen Auftrag, der sich aus der UN-Konvention über die Rechte von Menschen mit Behinderungen ergibt. Exemplarisch sollen zwei Aufgabenbereiche beschrieben werden, in deren Ausgestaltung sich eine Haltung der Selbstkritik und „Ent-Unterwerfung" im Sinne Foucaults bewähren kann.

3.1 Handlungsspielräume für „Eigensinn" schaffen

Eine zentrale Forderung der UN-BRK ist die Offerierung von Wahlmöglichkeiten. Menschen mit Behinderungen brauchen Raum für die selbstbestimmte Gestaltung ihrer Lebens- und Alltagsbedingungen. Eine wichtige pädagogische Aufgabe besteht in der Förderung des „Eigensinns" (vgl. Hanses 2013), der Unterstützung selbst definierter Präferenzen in verschiedenen Lebensbereichen. Das erfordert ganz basale Erfahrungen von Selbstwahrnehmung, Selbstwirksamkeit und Selbsttätigkeit, wie sie Weingärtner in seinem Konzept der „basalen Selbstbestimmung" im Blick auf Menschen mit komplexen Beeinträchtigungen beschrieben hat (Weingärtner 2006), aber auch die Weiterentwicklung kommunikativer Kompetenzen bei professionell Begleitenden. Schließlich bedeutet die Respektierung von Eigensinn auch, Menschen selbst entscheiden zu lassen, woran sie teilhaben möchten – und woran nicht. Aufgabe der Begleitenden ist es nicht, stellvertretend zu entscheiden, sondern Alternativen verfügbar zu machen und Wahrnehmungs-, Wahl- und Entscheidungskompetenzen zu stärken.

Angesichts der von Gerspach und Mattner beschriebenen institutionellen Produktion von Unbewusstheit muss die Forderung nach Respektierung des Eigensinns schließlich auch für die Mitarbeitenden gelten: Selbstbestimmte NutzerInnen kann es nur geben, wenn auch die sie begleitenden professionellen Fachkräfte sich in ihren Selbstbestimmungs- und Mitwirkungsmöglichkeiten in Institutionen wahrgenommen wissen. Auch soziale Organisationen müssen somit eine Haltung der selbstkritischen Reflexion im Blick auf organisationale Prozesse der Ausschließung und Unterwerfung kultivieren – ein nicht leicht einzulösender Anspruch angesichts der Rationalisierungsprozesse, die die aktuelle Entwicklungsdynamik sozialer Organisationen prägen. Konkret gilt es z.B., Hilfeplanverfahren so auszugestalten, dass die Rolle der Leistungsträger, die der professionell Begleitenden und die Rolle der Organisation im Verfahren permanent selbstkritisch reflektiert wird. Die Ambivalenzen und Widersprüche in diesen Verfahren als Aushandlungsprozess zwischen sozialpolitischen Rationalitäten, individuellen Bedürfnissen und organisationalen Determinanten lassen sich nicht auflösen – umso wichtiger ist es, sie aufklärend im Prozess zu kommunizieren und die Interessenkollisionen transparent zu machen statt sie durch Scheinbeteiligung zu kaschieren (vgl. die Empfehlungen bei Lübbe u. Beck 2002, S. 56-61; Niediek 2010, S. 302).

3.2 Schwach vertretene Interessen stark machen

Menschen mit Behinderungen sind weniger als andere Bevölkerungsgruppen an kommunalpolitischen Prozessen beteiligt (vgl. Waldschmidt 2009). Die UN-BRK betont dagegen das Recht auf Teilhabe am politischen Leben (Art. 19). Herkömmliche Beteiligungsverfahren berücksichtigen bisher nur unzureichend sog. „schwache Interessen". „Schwache Interessen" werden als solche verstanden, „die nicht durch den Status von Konsumenten-, Produzenten- oder Erwerbsinteressen im ökonomischen System definiert sind" (Nullmeier 2000, S. 94) und daher unsichtbar bleiben. Die notwendige Strategie zur Stärkung solcher „schwacher Interessen" in politischen Prozessen besteht darin, „Argumentations-, Handlungs- und Konfliktkompetenzen" zu stärken (Lob-Hüdepohl 2012, S. 7). Eine stellvertretende Interessenartikulation bleibt ambivalent und bedarf aufgrund der Gefahr der Instrumentalisierung permanent der legitimatorischen und prozessualen Prüfung (vgl. Lob-Hüdepohl 2012, S. 11).

Ein gelungenes Beispiel für die Stärkung schwach vertretener Interessen bietet die Kommunalpolitik in Berlin: Dort wurden als verbindliches Instrument für die Schaffung gleichwertiger Lebensbedingungen für Menschen mit Behinderungen Arbeitsgruppen mit VertreterInnen von Menschen mit Behinderungen in allen Senatsverwaltungen eingerichtet, die fest in die kommunalen Beratungs- und Beschlussketten eingebunden sind. Dieser heute als relativ selbstverständlich erlebten Praxis gingen über 20 Jahre andauernde Diskussionsprozesse um den Ausbau Berlins als behindertengerechte Kommune voraus (vgl. Grüber u. Marquard 2015).

Ein weiteres Beispiel bietet ein aktuelles Forschungsprojekt zur inklusiven Gestaltung sozialplanerischer Prozesse auf kommunaler Ebene, in dem innovative Ideen zur Beteiligung von Personen, deren Interessen in den bisherigen Planungstraditionen und -kulturen nur schwach vertreten sind, erprobt wurden (vgl. Frewer-Graumann u. Schäper 2015). Auch hier zeigte sich die Ambivalenz inklusiver Prozesse in Auseinandersetzung mit unterschiedlichen Planungsstrategien und Interessenlagen: Während die Leistungsträger in der Eingliederungshilfe eher eine kennzahlenorientierte Planung entlang politisch definierter Parameter wie der weiteren Ambulantisierung von Leistungen verfolgen, sind Anbieter von Leistungen mit dem Nebeneinander von Konkurrenz und Kooperation mit anderen Anbietern beschäftigt, und InteressenvertreterInnen von Menschen mit Behinderungen, sofern sie überhaupt in den entsprechenden Gremien vertreten sind, stehen vor der Herausforderung, individuell höchst unterschiedliche Interessen- und Bedarfslagen von Menschen mit Behinderungen einzubringen und gut begründete Kompromisse eingehen zu müssen. Die Weiterentwicklung von Planungsstrategien in Richtung inklusiver, partizipativer und diskursorientierter Verfahren erfordert dabei aufwändige Kommunikationsprozesse und entsprechende Ressourcen auf allen Seiten. Dabei stehen die ohnehin gestiegenen Steuerungserfordernisse in der öffentlichen Verwaltung im Widerspruch zur sukzessiven Reduzierung von Ressourcen, die für Steuerungsaufgaben zur Verfügung stehen (vgl. Wohlfahrt u. Zühlke 2009). Fehlt eine unterstützende örtliche Infrastruktur für die Wahrnehmung zunehmender Kommunikationserfordernisse und echter Beteiligungsverfahren einschließlich der Berücksichtigung sog. „schwacher Interessen", wird die Leitidee der Bürgerkommune ad absurdum geführt und trägt sogar eher noch zur weiteren sozialen Exklusion und Desintegration benachteiligter Bevölkerungsgruppen bei, so die Einschätzung bei Wohlfahrt und Zühlke (2005, S. 58). Inklusion – so zeigt sich auch hier – ist nicht kostenfrei zu haben und stellt sich vor allem als ein komplexer kollektiver Lern- und Aushandlungsprozess dar, der nicht abschließbar sein und von Widersprüchen geprägt bleiben wird.

Literatur

Bundesministerium für Arbeit und Soziales: Teilhabebericht der Bundesregierung über die Lebenslagen von Menschen mit Beeinträchtigungen. Teilhabe – Beeinträchtigung – Behinderung. Berlin 2013.

Castel, Robert: Die Fallstricke des Exklusionsbegriffs. In: Mittelweg 36, 9 (2000) 3, S. 11-25.

Dalferth, Matthias: Leben in „Parallelgesellschaften"? Menschen mit schwerer geistiger und mehrfacher Behinderung zwischen den Idealen der neuen Leitideen und Entsolidarisierungsprozessen. In: Theunissen, Georg u.a. (Hrsg.): Inklusion von Menschen mit geistiger Behinderung. Stuttgart 2006. S. 116-128.

Foucault, Michel: Wahnsinn und Gesellschaft. Eine Geschichte des Wahns im Zeitalter der Vernunft. Frankfurt/M. 1973.

Foucault, Michel: Dispositive der Macht. Über Sexualität, Wissen und Wahrheit. Berlin 1978.

Foucault, Michel: Der Wille zum Wissen. Sexualität und Wahrheit, Bd. 1, Frankfurt/M. 1983.

Foucault, Michel: Das Subjekt und die Macht, in: Dreyfus, Hubert L. u. Paul Rabinow (Hrsg.): Michel Foucault. Jenseits von Strukturalismus und Hermeneutik. Frankfurt/M. 1987a. S. 241-261.

Foucault, Michel: Zur Genealogie der Ethik: Ein Überblick über laufende Forschungsarbeiten. In: Dreyfus, Hubert L. u. Paul Rabinow (Hrsg.): Michel Foucault. Jenseits von Strukturalismus und Hermeneutik. Frankfurt/M. 1987b, S. 265-292.

Frewer-Graumann, Susanne u. Sabine Schäper: Die unsichtbaren Alten – Bilder über das Altern von Menschen mit lebenslanger Behinderung. In: Journal für Psychologie Bd. 23 (2015) 3. Verfügbar unter: http://www.journal-fuer-psychologie.de/index.php/jfp/article/view/342/ 389 (Abruf 27.07.2015).

Gerspach, Manfred u. Dieter Mattner: Institutionelle Förderprozesse von Menschen mit geistiger Behinderung. Stuttgart 2004.

Gröschke, Dieter: Für eine Heilpädagogik mit dem Gesicht zur Gesellschaft, in: Greving, Heinrich u. Dieter Gröschke (Hrsg.): Das Sisyphos-Prinzip. Gesellschaftsanalytische und gesellschaftskritische Dimensionen der Heilpädagogik. Bad Heilbrunn 2002. S. 9-31.

Grüber, Katrin u. Martin Marquard: Partizipation und Barrierefreiheit am Beispiel der Arbeitsgruppen in den Senatsverwaltungen in Berlin. In: Degener, Theresia u. Elke Diehl (Hrsg.): Handbuch Behindertenrechtskonvention. Bonn 2015. S. 289-295.

Hanses, Andreas: Das Subjekt in der sozialpädagogischen AdressatInnen- und NutzerInnenforschung – zur Ambiguität eines komplexen Sachverhalts. In: Graßhoff, Gunther (Hrsg.): Adressaten, Nutzer, Agency. Akteursbezogene Forschungsperspektiven in der Sozialen Arbeit. Wiesbaden 2013. S. 99-117.

Hübner, Kurt: Artikel Mythos (Philosophisch). In: Theologische Realenzyklopädie XXIII, Berlin/New York 1994, S. 597-608.

Kronauer, Martin: „Exklusion" in der Systemtheorie und in der Armutsforschung. Anmerkungen zu einer problematischen Beziehung. In: Zeitschrift für Sozialreform 44 (1998) 11/12, S. 755-768.

Kronauer, Martin: Die Innen-Außen-Spaltung der Gesellschaft. Eine Verteidigung des Exklusionsbegriffs gegen seinen mystifizierenden Gebrauch. In: Herkommer, Sebastian (Hrsg.): Soziale Ausgrenzungen – Gesichter des neuen Kapitalismus, Hamburg 1999. S. 60-72.

Kronauer, Martin: Exklusion. Die Gefährdung des Sozialen im hoch entwickelten Kapitalismus, Frankfurt/M. 2002.

Lemke, Thomas: Die Regierung der Risiken. Von der Eugenik zur genetischen Gouvernementalität. In: Bröckling, Ulrich u.a.: Gouvernementalität der Gegenwart. Studien zur Ökonomisierung des Sozialen, Frankfurt/M. 2000. S. 227-264.

Lemke, Thomas: Governance, Gouvernementalität und die Dezentrierung der Ökonomie. In: Reichert, Ramón (Hrsg.): Governmentality Studies. Analysen liberal-demokratischer Gesellschaften im Anschluss an Michel Foucault. Münster 2004. S. 63-73.

Lob-Hüdepohl, Andreas: Überflüssige Interessen? Politische Partizipation Benachteiligter als normativer Lackmustest für eine republikanisch verfasste Demokratie. In: Ethik und Gesellschaft 2012 Nr. 2: Demokratie und Gesellschaftsethik. Verfügbar unter: https://open-journals.uni-tuebingen.de/ojs/index.php/eug/article/view/221/73 (Abruf 12.06.2015).

Lübbe, Andrea u. Iris Beck: Individuelle Hilfeplanung. Anforderungen an die Behindertenhilfe (DHG-Schriften Nr. 9). Hamburg/Düren 2002.

Luhmann, Niklas: Jenseits von Barbarei, in: Ders.: Gesellschaftsstruktur und Semantik. Studien zur Wissenssoziologie der modernen Gesellschaft, Band 4. Frankfurt/M. 1995. S. 138-150.

Luhmann, Niklas: Die Gesellschaft der Gesellschaft (2 Bde.), Frankfurt/M. 1997.

Münning, Matthias: Mehrkostenvorbehalt ade? Subjektiv-öffentliche Rechte aus Art. 19 der UN-BRK? In: Nachrichtendienst des Deutschen Vereins für öffentliche und private Fürsorge, April 2013, S. 148-151.

Niediek, Imke: Das Subjekt im Hilfesystem. Eine Studie zur Individuellen Hilfeplanung im Unterstützten Wohnen für Menschen mit einer geistigen Behinderung. Wiesbaden 2010.

Nullmeier, Frank: Argumentationsmacht und Rechtfertigungsfähigkeit schwacher Interessen. In: Willems, Ulrich u. Thomas von Winter (Hrsg.): Politische Repräsentation schwacher Interessen. Opladen 2000, S. 93-109.

Schäper, Sabine: Ökonomisierung in der Behindertenhilfe. Praktisch-theologische Rekonstruktionen und Erkundungen zu den Ambivalenzen eines diakonischen Praxisfeldes. Münster 2006.

Schäper, Sabine: Von der ‚Integration' zur ‚Inklusion'? Diskursive Strategien um den gesellschaftlichen Ort der Anderen im ‚Grenzfall' schwerer Behinderung. In: Filipovic, Alexander u.a. (Hrsg.): Beteiligung, Inklusion, Integration. Sozialethische Konzepte für die moderne Gesellschaft. Münster 2007, S. 171-187.

Schäper, Sabine: Heilpädagogische Ethik unter dem Primat der Praxis. In: Greving, Heinrich u. Sabine Schäper (Hrsg.): Heilpädagogische Konzepte und Methoden. Orientierungswissen für die Praxis. Stuttgart 2013, S. 31-53.

Trescher, Hendrik: Inklusion. Zur Dekonstruktion von Diskursteilhabebarrieren im Kontext von Freizeit und Behinderung. Wiesbaden 2015.

Waldschmidt, Anne: Politische Partizipation von Menschen mit Behinderungen und Benachteiligungen. In: Orthmann Bless, Dagmar u. Roland Stein (Hrsg.): Basiswissen Sonderpädagogik. Bd. 5: Lebensgestaltung bei Behinderungen und Benachteiligungen im Erwachsenenalter und Alter. Baltmannsweiler 2009, S. 118-152.

Christian Weingärtner: Schwer geistig behindert und selbstbestimmt. Eine Orientierung für die Praxis. Freiburg 2006.

Willems, Ulrich u. Thomas von Winter: Die politische Repräsentation schwacher Interessen: Anmerkungen zum Stand und zu den Perspektiven der Forschung. In: Willems, Ulrich u. Thomas von Winter (Hrsg.): Politische Repräsentation schwacher Interessen. Opladen 2000. S. 9-30.

Wohlfahrt, Norbert u. Werner Zühlke: Ende der kommunalen Selbstverwaltung. Zur politischen Steuerung im Konzern Stadt. Hamburg 2005.

Edgar Weiß

Inklusionsideologie und pädagogische Realität – Das Beispiel ADHS

Zusammenfassung: Der Beitrag versucht zu zeigen, dass die aktuelle Inklusionspädagogik ideologischen Charakter hat: Ihre vorgeblichen Ziele entsprechen demnach nicht ihrer Praxis, sie erweist sich als widersprüchlich und systemkonform instrumentalisierbar. Exemplifiziert wird dies am Standardumgang mit ADHS, der zur Zeit am häufigsten diagnostizierten „Störung" im Kindes- und Jugendalter.

Abstract: The article tries to show that the current inclusion pedagogy has ideological chacter: its pretended goals don't correspondent therefore their practice, it proves to be contradictory and able to be instrumentalized conform to the system. That is exemplified by the standard dealing with ADHD, the currently most commonly diagnosed "disorder" in childhood and youth.

Keywords: Inklusion, ADHS, Heterogenität, Individualisierung.

1.

Der Exklusionsbegriff hat sich – wenngleich hinsichtlich seiner diesbezüglichen Eignung nicht unumstritten (vgl. Castel 2011, S. 276ff.) – soziologisch zur Bezeichnung eines plausibel nicht bestreitbaren Faktums durchgesetzt: des Faktums, dass kapitalistische Gesellschaften im Zeichen des Neoliberalismus in zunehmendem Maße Menschen von der ökonomischen, sozialen und kulturellen Teilhabe am gesellschaftlichen Leben mehr oder weniger ausschließen bzw. zu „Überzähligen" oder „Überflüssigen" herabwürdigen.[1] Parallel dazu werden in Pädagogik und Bildungspolitik Forderungen nach einer „inklusiven", niemanden ausgrenzenden Schule zum offiziellen Programm erhoben, von dem ein maßgeblicher Beitrag zur Schaffung einer „inklusiven Gesellschaft" erhofft wird.[2] Hinter diesen – nach der Salamanca-Erklärung der UNESCO von 1994 und dem UN-Übereinkommen über die Rechte von Menschen mit Behinderungen von 2008 verbindlich gewordenen – Forderungen verbergen sich widersprüchliche Motive.

Einerseits spiegeln sich in ihnen durchaus emanzipatorische Ambitionen. Soweit die „Vision einer inklusiven Gesellschaft [...] in sehr allgemeiner Formulierung" dahingehend verstanden werden kann, „dass sie alle Menschen in sich aufnimmt und ihnen einen gleichberechtigten Platz einräumt, ohne Diskriminierung und unter Anerkennung ihrer Person" (Ahrbeck 2014, S. 63), wird ihr – ungeachtet der Begriffsproblematik[3] – keine kritische Pädagogik die Akzeptanz verweigern: Zweifellos muss ein „besserer Zustand" als ein solcher gedacht werden, „in dem man ohne Angst verschieden sein kann" (Adorno 1951, S. 131). Im Zeichen dieses Anliegens sind die Bestrebungen der Feministischen, Integrativen und Interkulturellen Pädagogik im Kampf um Anerkennung ebenso in die Inklusionspädagogik eingegangen wie die berechtigten Proteste gegen die durch die PISA-Ergebnisse einmal mehr bestätigten herkunftsbedingten Benachteiligungen hinsichtlich der institutionalisierten Bildungschancen (vgl. Prengel 1995).

Andererseits spricht, worauf in ideologiekritischer Absicht wiederholt hingewiesen worden ist[4], vieles dafür, dass diese emanzipatorischen Impulse im Rahmen der Inklusionspädagogik zum einen über weite Strecken lediglich idealistisch-appellativ – d.h. zwar gutwillig, aber gesellschaftstheoretisch unreflektiert und damit aporetisch – beschworen, zum anderen aber heuchlerisch im Dienste diametral anders gearteter Ziele instrumentalisiert werden. Beides rechtfertigt die Rede von einer Ideologie im Sinne einer von spezifischen Interessen bestimmten Präsentation standpunktbezogener Schimären.

Kennzeichnend für die pädagogische Inklusionsideologie ist allemal eine – oft von postmodernistischen Ideologemen inspirierte – plakative Stilisierung von „Heterogenität" und „Individualisierung" zu Werten an sich, die die Besinnung auf die Notwendigkeit der homogenen Anerkennung von stigmatisierungsfreies Anderssein, individuelle Entfaltung und die Realisierbarkeit divergenter Lebensentwürfe allererst zu garantieren fähigen normativen Fundamenten ausspart oder aber in einem letztlich ungelösten Spannungsverhältnis zu den gleichzeitigen Individualisierungsforderungen belässt.[5] Charakteristisch für sie ist weiterhin die Ignoranz des allemal gegebenen dialektischen Verhältnisses von Exklusion und Inklusion, die zur Verkennung der Möglichkeit führt, dass man durchaus „durch Exklusion inkludiert sein" kann (Dammer 2011, S. 12), wie Gesellschaften „unangepasstes Verhalten" gewöhnlich durch die Schaffung innerer Exklusionsräume (Asyle, Gefängnisse, psychiatrische Anstalten) in ihr Strukturgefüge inkludieren. Umgekehrt ist auch Exklusion durch Inklusion denkbar, etwa wenn ein behindertes Kind gerade infolge seiner Aufnahme in eine „inklusive Schule" besonderen Stigmatisierungen durch wenig empathische peers ausgesetzt und mehr oder minder aus der Klassengemeinschaft ausgegrenzt wird, was durch die offizielle Idealisierung „inklusiver" Schulen ja keineswegs schon a limine ausgeschlossen ist.

Vor allem aber ist es für die Inklusionspädagogik kennzeichnend, dass sie die Einsicht: „Die Gesellschaft, die Ausgrenzung bewirkt, muss selbst verändert werden, wenn denn Ausgrenzung überwunden werden soll" (Kronauer 2010, S. 134) unbeachtet lässt. Der Umstand, dass soziale Asymmetrien, damit immer auch Formen sozialer Exklusion, dem Kapitalismus wesensgemäß sind und dass sozialstrukturell bzw. klassen- und schichtenbedingte Ungleichheiten nicht durch inklusionspädagogische Innovationen überwunden werden, bleibt zugunsten idealistischer Appelle unreflektiert. Unreflektiert bleibt damit zugleich, dass idealistische Inklusionspädagogik mit den kapitalistischen Bedingungen nicht nur kompatibel bleibt (vgl. Dammer 2011, S. 27; Bernhard 2012, S. 344 ff.), sondern für deren Verschleierung geradezu in Dienst genommen werden kann. Es ist kein Zufall, dass der neoliberale Kapitalismus sich die „Heterogenität als Chance"-Konjunktur im Zuge von „Management Diversity" zunutze macht (vgl. Stroot 2007), der Bertelsmann-Konzern „Inklusion" „zu seinem Anliegen" erhoben hat (Bernhard 2012, S. 346) und die Vereinbarkeit der Inklusionspädagogik mit der schulischen Selektionsfunktion betont wird, die eben zum „marktwirtschaftlich-demokratischen System" gehöre, „das in partiell hierarchische Organisationen strukturiert ist" (Prengel 2011, S. 38).

Darauf, dass die populär gewordene Inklusionsrhetorik unter dem Anspruch der Menschenfreundlichkeit eine wenig menschenfreundlich beschaffene Realität ideologisch kaschiert, verweisen verschiedene Fakten. Angesichts des Umstandes, dass die bestmögliche Förderung besonders Förderbedürftiger durch inklusive Schulen deren – sich faktisch keineswegs abzeichnende – bessere Ausstattung mit den erforderlichen Ressourcen erforderte, lässt sich der bildungspolitisch verfügte Inklusionszwang als Versuch begreifen, „die Austeritätspolitik im Bildungsbereich unter einem humanen Deckmantel fortzuführen" (Bernhard 2012, S. 348). Mithin verschleiert die inklusionskonstitutive Individualisierungs-Euphorie die Tatsache, dass sich das ihr zugrunde liegende Begriffsverständnis einer bestimmten semantischen Zurichtung bedient. Individualisierung ist insoweit ein „widersprüchlicher *Prozeß der Vergesellschaftung*", als sie nicht nur den emanzipatorischen Auf- und Ausbruch aus traditionellen Gegebenheiten bedeuten kann, sondern auch den Umstand benennt, dass Menschen heute „verstärkt auf sich selbst und ihr individuelles Arbeitsmarktschicksal mit allen Risiken, Chancen und Widersprüchen verwiesen" sind (Beck 1986, S. 119, 116). Individualisierung heißt insofern, dass Systemprobleme „in persönliches Versagen abgewandelt" werden (ebd., S. 118).

Solche Problemindividualisierung ist inzwischen, wie die sozialpolitische Devise „Fördern und Fordern", der funktionalistische Dauerimperativ zu systemkonformem „Selbstmanagement" und das längst etablierte Leitbild eines „unternehmerischen Selbst" (Bröckling 2007) zeigen, zur generellen Strategie des politischen und gesellschaftlichen Umgangs mit systemisch erzeugten Problemlagen geworden. Es liegt ganz auf dieser Linie, dass eine *solche* Individualisierung – die gerade nicht auf optimale Selbstverwirklichung und Rücksichtnahme auf konkret-subjektive Gegebenheiten zielt und insofern de facto einer *Pseudo-Individualisierung* entspricht – keineswegs mit einem Abbau, sondern vielmehr mit einem deutlichen Zuwachs an Standardisierung einhergeht (vgl. Beck 1986, S. 205ff.). Das zeigt sich im Bildungsbereich (Zentralabitur, Studienreform, vergleichende Bildungsforschung) ebenso wie in einem psychiatrischen Pathologisierungstrend, der zu einem mehr als dreifachen Anstieg der standardisierten „Krankheitsbilder" seit den 1950er Jahren geführt hat und eine zunehmende „Pathologisierung des Nachwuchses" erwarten lässt (Opitz 2012), wobei die „Krankheitsursachen" im Zuge einer progredierenden Biologisierung des Sozialen bevorzugt auf die Betroffenen selbst projiziert werden.

Inklusion, die diese Betroffenen im Kontext einer „standardisierten Individualisierung" – d.h. einer „förderdiagnostischen" Subsumtion wirklicher oder vermeinter Problematiken unter pathologisierende Kategorien – zielgerichteten, vorgeblich allemal individuell fördernden Beeinflussungsprozeduren aussetzen will, erweckt den Verdacht, dass sie, sei es jeweils intendiert oder nicht, letztlich primär auf status quo-bezogene Anpassung bzw. auf Zwangsvergemeinschaftung abzielt. Im Folgenden soll dies am Standardumgang mit der „Aufmerksamkeits-Defizit-Störung" (ADS) bzw. „Aufmerksamkeits-Defizit-Hyperaktivitäts-Störung" (ADHS)[6] veranschaulicht werden, die zur psychiatrisch meist-diagnostizierten „Störung" des Kindes- und Jugendalters avanciert ist (vgl. Staufenberg 2011, S. 12), von der weltweit 5-10 % der Kinder und Jugendlichen betroffen sein sollen.[7] Am Standardumgang mit ADHS lässt sich exemplifizieren, dass die Inklusionsimperative in der Praxis und im Ergebnis heute de facto auf eine besorgniserregende Strategie hinauslaufen können: eben die einer unter dem Anspruch humaner und individualitätsgerechter Fürsorge betriebenen Zwangsanpassung an aktuelle gesellschaftliche Funktionalitätserwartungen.

2.

Als Symptome der ADHS, als deren erste Beschreibung immer wieder die Charakterisierung des „Zappelphilipps" in Heinrich Hoffmanns „Struwwelpeter" (Hoffmann 1845, S. 18ff.) in Anspruch genommen worden ist[8], gelten im wesentlichen auffällige Störungen der Aufmerksamkeitsfähigkeit und starke Ablenkbarkeit, Reizüberempfindlichkeit, starke Affekterregbarkeit und mangelnde emotionale Impulskontrolle sowie motorische Unruhe, wobei im übrigen eine große Heterogenität der Befunde notiert wird (vgl. Konrad 2010, S. 43).

Gemäß der Tatsache, dass „nervöse" oder „unruhige" Kinder kein historisches Novum darstellen, sind entsprechende Auffälligkeiten seit langem beschrieben worden; in der psychiatrischen Literatur wurden die ADHS-Symptome bereits vor Erfindung der heute gängigen Bezeichnung als „hyperkinetische Erkrankung" (Kramer/Pollnow 1932) und seit 1947 als „Minimal Brain Damage" (MBD, für

„D" seit 1963 „Dysfunction"), später als „Minimale Cerebrale Dysfunktion" beschrieben (vgl. Rothenberger/Neumärker 2010; Staufenberg 2011, S. 12). Heute wird ADHS gewöhnlich auf der Basis einer der beiden „international konsensuell standardisierten Instrumentarien" (Wenke 2006, S. 41) diagnostiziert, des DSM (Diagnostic and Statistical Manual of Mental Disorders) der American Psychiatric Association und der ICD (International Statistical Classification of Diseases and Related Health Problems) der WHO (vgl. DSM-5 2015; ICD-10 1994).

Gleichwohl ist eine valide und klar abgrenzbare Diagnose oder eine kohärente Theorie der ADHS nicht verfügbar. Wenngleich ADHS als „medizinischer Status" gilt, lässt sich, wie auch dessen Verteidigerinnen und Verteidiger zuzugestehen nicht umhin können[9], eine spezifische neurologische Funktionsstörung für sie nicht nachweisen.[10] Die die Diagnosen – deren Bezugsfolie ausschließlich die empirische Verhaltensnormalität der peers darstellt[11] und die nicht zuletzt auch sexistisch und rassistisch bedingte Realverhältnisse oder aber entsprechende Klischees der Diagnostizierenden spiegeln[12] – bestimmenden Merkmale liegen allesamt „in der psychosozialen Dimension" (Wenke 2006, S. 66, 74). Die betreffende Symptomatik, die keineswegs unbedingt auf eine pathologische Störung verweisen muss, sondern u.U. auch „gesunde Bewegungsfreude", begründetes Protestverhalten gegen auferlegte Zwänge oder Reaktionen auf einen langweiligen Unterricht zum Ausdruck bringen kann[13], die häufig aber gewiss tiefer liegende psychische Probleme anzeigen dürfte, ist im Kontext diverser Störungen anzutreffen (vgl. Döpfner/Frölich/Lehmkuhl 2013, S. 7), so dass ihre Stilisierung zu einer „eigenständigen Krankheit" wenig überzeugend ist. Letztlich ist ADHS ein ähnlich unspezifisch bestimmtes Phänomen wie „Stress" (vgl. Neraal 2008c, S. 14).

Demgemäß spricht vieles dafür, dass es sich bei ADHS um eine „Modediagnose" (Wenke 2006, S. 7f.), um einen „Mythos" (Roggensack 2006), um ein lapidar zur „Krankheit" stilisiertes „Konstrukt" (Staufenberg 2011, S. 70ff.) handelt, – der Psychiater Leon Eisenberg, der „Erfinder" der „Krankheit ADHS", gab einem Journalisten gegenüber dementsprechend zu, „dass ADHS ein Paradebeispiel für eine fabrizierte Erkrankung sei" (Gerspach 2014, S. 23).

Für dieses – den Standardumgang mit ADHS bestimmende – Konstrukt ist es charakteristisch, dass das zur Krankheit stilisierte Phänomen zudem unter weitgehender Ignoranz möglicher nicht-hirnorganischer Ursachen (vgl. Neraal 2008b, S. 20) nachdrücklich biologisiert wird, um es dann nach dem Muster organischer Erkrankungen zu „therapieren". Dabei vermutet die Neurowissenschaft bevorzugt eine vererbte Transmitterstörung, bei der biochemische Prozesse an den Synapsen der Nervenverbindungen durch die Dysregulation von Botenstoffen die ADHS-Symptome auslösen sollen[14]: Gewöhnlich wird davon ausgegangen,

„dass primär im Bereich des Katacholaminstoffwechsels (Stoffwechsel der chemischen Botenstoffe) einiger Neurotransmittersysteme (vor allem Dopamin und Noradrenalin, zum Teil auch Serotonin) eine komplexe Dysregulation besteht, die wahrscheinlich das Krankheitsbild der ADHS erklärt und im weitesten Sinn zu einer inadäquaten Informations- und Reizverarbeitung führt" (Ryffel-Rawak 2007, S. 18).

Zur genetisch bedingten Krankheit stilisiert, gilt ADHS als „unheilbar", aber vermittelst spezifischer Interventionen als linderungsfähig (Ryffel-Rawak 2007, S. 132). Vielleicht soll es Diagnostizierten versichern, dass man auch mit ADHS zu Ruhm und Einfluss gelangen oder wegweisende Leistungen erbringen kann, wenn etwa Alexander der Große, Dschingis Khan, Mozart, Edison und Einstein „ADHS-typische" Verhaltensweisen zugeschrieben werden (vgl. Rothenberger/ Neumärker 2010, S. 11; Brandau/Pretis/Kaschnitz 2003, S. 80f.), nichtsdestoweniger aber wird gern auf die „sozialen Belastungen" (Ryffel-Rawak 2007, S. 44) verwiesen, die die Störung mit sich bringe, womit Betroffenen recht unmissverständlich signalisiert wird, dass es im Hinblick auf die Mitmenschen letztlich kaum verantwortbar sei, Chancen zu einer Milderung der Symptome, die natürlich auch im Interesse der Betroffenen selbst sei, ungenutzt zu lassen.

Die ADHS-Standardtherapie besteht vor allem in der Behandlung mit methylphenidathaltigen Psychostimulanzien – vor allem mit Ritalin, aber auch mit Medikinet oder Concerta –, die bei den meisten Diagnostizierten „zu einer Verbesserung in den Bereichen allgemeines Verhalten, schulische Leistung und soziale Integrationsfähigkeit" führen soll (Barkley 2002, S. 393). Dementsprechend wird für diese Präparate massiv geworben. Ritalin etwa, das inzwischen vielfach auch als leistungssteigerndes Aufputschmittel konsumiert wird (vgl. Haubl 2010, S. 22 ff.), wird von seiner Herstellerfirma Novartis als „sanftes Stimulans" gepriesen, obgleich Metylphenidat unter das Betäubungsmittelgesetz fällt, zu den potentiell Sucht erzeugenden Präparaten gerechnet wird und eine hinsichtlich der biochemischen Wirkungen dem Kokain ähnliche Droge ist (vgl. DeGrandpre 2002, S. 156 f., 134; Wenke 2006, S. 71f.). Als Risiken und Nebenwirkungen der Präparate sind u.a. Appetitlosigkeit und Gewichtsverlust, Schlaf- und Wachstumsstörungen, Blutdrucksteigerung, Kopf- und Magenschmerzen, Stimmungsschwankungen und Lethargie bekannt, als Langzeitfolgen können Beeinträchtigungen der neuronalen Entwicklung und Krebs bislang nicht sicher ausgeschlossen werden.[15]

Nichtsdestoweniger ist ein rasanter Anstieg der für die Pharmaindustrie – für die übrigens auch 70 % der Autoren des DSM beratend tätig sind (vgl. Gerspach 2014, S. 21) – überaus profitablen[16] Verschreibung von Metylphenidatpräparaten zu verzeichnen. Diller sprach bereits 1996 von einem 500 %igen Wachstum der Ritalin-Verordnungen seit Anfang der 1990er Jahre (Diller 1996), DeGrandpre verwendet gar den Ausdruck „Ritalin-Gesellschaft" (DeGrandpre 2002); Synofzik konstatierte 2000 für das verflossene Jahrzehnt einen zehnfachen Anstieg der

Metylphenidat-Verschreibungen (Synofzik 2006, S. 46), Staufenberg stellt für die Zeit zwischen 1993 und 2009 eine Zunahme der Ritalin-Verordnungen von 5103 % fest (Staufenberg 2011, S. 12f.).

Ergänzt wird die Medikation im Rahmen der ADHS-Standardtherapie oft durch verhaltenstherapeutische Maßnahmen. Diese können zum einen als gezielte Motivationsstrategien auf die Diagnostizierten, die durch „Spiel-", „soziales Kompetenz-" und „Selbstinstruktionstraining" zu erhöhter Konzentrationsfähigkeit, Frustrationstoleranz und Selbstkontrolle gebracht werden sollen, selbst gerichtet sein, zum anderen auf die Erziehenden, von denen man sich den Erwerb der Fähigkeit erhofft, durch den Gebrauch positiver reinforcements und aversiver Strategien ein effizientes „Verhaltensmanagement" sicherzustellen.[17]

3.

Zur Entstehungszeit des „Struwwelpeters" war der Versuch, als unaufmerksam und hyperaktiv geltenden Kindern mit Horrorgeschichten, Strafmaßnahmen und zeitweiligem Ausschluss aus der Gemeinschaft beizukommen, offenkundig weithin an der Tagesordnung. Die aktuelle inklusionspädagogische Propaganda suggeriert, dass diese Zeiten vorbei seien, obgleich in diesem Kontext gewöhnlich weder die wenig Chancengerechtigkeit zu generieren geeigneten sozialstrukturellen Gegebenheiten noch die Selektionsfunktion von Schule grundlegend in Frage gestellt werden. Am Beispiel des Standardumgangs mit ADHS lässt sich exemplifizieren, dass gleichzeitig mit der Inklusionsrhetorik eine Entpädagogisierung der Zuständigkeiten für Kinder und Jugendliche mit speziellen Problemen, eine wachsende – zumeist recht umstandslose – Pathologisierung sozialer Auffälligkeiten gemäß biologischer Deutungsmuster und eine Standardisierung sowohl von „Problemfällen" wie von kontrastierenden Normalitätserwartungen erfolgen.

Faktisch zeigt der Standardumgang mit ADHS, dass sich der gewöhnliche Umgang mit „Störfällen" seit der Zeit der „Struwwelpeter"-Entstehung – nunmehr unter dem Deckmantel inklusionspädagogischer Rhetorik – dem Grundmuster nach keineswegs wesentlich verändert hat. Die einer auf bloße Fremdbeobachtung und -zuschreibungen gegründeten „Förderdiagnostik" folgende Verabreichung ruhigstellender und leistungssteigernder Drogen mit bislang weitgehend unwägbaren Folgen und die ergänzenden behavioristischen Bemühungen um Verhaltensmanipulation kommen – unter dem Anspruch humaner Intervention – einer repressiven Disziplinierung und Funktionalisierung gleich, – einer Zwangsanpassung an gesellschaftliche Normalitätserwartungen, die überdies im Kontext einer konventionellen Moral normativ aufgeladen wird: Als sei die „Verpflichtung" auf

„Normalität" eine unhinterfragbare Selbstverständlichkeit, wird es selbst von „gemäßigten" Verteidigern der Standardtherapie als „unverantwortlich" ausgewiesen, ADHS-Kindern durch einen Ritalin-Verzicht die „Normalität zu verweigern" (Arnft 2006, S. 72).

„Inklusion" erweist sich so bei Licht betrachtet als eine Art *exklusiver Anpassung*. „Individualisierung" bedeutet in diesem Zusammenhang nicht mehr, als die projektive Verlegung der Problemwurzeln in das betroffene Individuum selbst und dessen Subsumtion unter standardisierte nosologische Kategorien. Damit einher geht eine Entlastung der Erziehung wie der Gesellschaft: Soweit die „Krankheit" biologisiert und auf hereditäre Faktoren zurückgeführt wird, wird Erziehung als problemverursachende wie als potentiell problemlösende Größe negiert.[18]

Gleichwohl gibt es im Hinblick auf den aktuellen Standardumgang mit ADHS – jenseits einer prinzipiellen, psychoanalytisch und gesellschaftskritisch fundierten Gegnerschaft – auch dessen Anpassungsambitionen keineswegs grundsätzlich kritisierende Voten für bestimmte „Korrekturen". Von dieser Seite sind etwa eine allzu große und vorschnelle Bereitschaft zur Erstellung von ADHS-Diagnosen und entsprechender Methylphenidatverordnungen moniert (Diller 1996; Becker 2014) und „erzieherische" Beeinflussungschancen stärker als bei primär auf Medikation setzenden Autorinnen und Autoren betont worden. Dabei aber werden die verhaltensmanipulativen Bestrebungen lediglich in höherem Maße an eine „Erziehung" delegiert, die sich unter Begriffen wie „Training", „Coaching" und „Management" auf Konditionierungstechniken behavioristischer Provenienz beschränkt und sich deutlich der Praktiken „Schwarzer Pädagogik" (Rutschky 1977) bedient. So votiert Diller für einen zurückhaltenderen Ritalin-Gebrauch, um eine verstärkte Rückbesinnung auf autoritätspädagogische Dressurmittel zu empfehlen: rasche Eingriffe, deutliche Ermahnungen, entschiedenes „Grenzensetzen" und „Auszeiten" sind charakteristisch für dieses Methodenset, in dessen Rahmen auch die unwürdige Körperstrafe ihre Wiederauferstehung feiern darf (vgl. Diller 2003, S. 84ff., 89). Ähnlich stellen sich die Interventionsformen bei Raschendorfer (2013) dar, unter denen ebenfalls die „Auszeiten", in denen das „störende" Kind vorübergehend isoliert – also sozial *exkludiert* – werden soll, zu den bevorzugt empfohlenen Strategien zählen (Raschendorfer 2013, S. 83ff.).

Der Standardumgang mit ADHS lenkt den Blick von sozialen Einflüssen zwar nicht völlig[19], aber weitgehend ab, insbesondere werden bei ihm die diagnostizierten Phänomene kaum mit generell feststellbaren soziokulturellen Entwicklungen in Verbindung gebracht. Demgegenüber hat bereits Kracauer notiert, dass das auf die gesellschaftliche Einpassung der arbeitenden Bevölkerung zugeschnittene zeitgenössische Unterhaltungsangebot einen „Kult der Zerstreuung" bewirkt habe (Kracauer 1926). Erhöhte Flexibilitäts- und Mobilitätszwänge haben Packard in den 1970er Jahren von einer „ruhelosen Gesellschaft" sprechen lassen (Packard 1975). Seither hat sich dieser Trend im Kontext technischer Fortschritte und der Verbreitung elektronischer Medien dramatisch fortentwickelt. Eine „beschleunigte Lebensführung" scheint weithin unausweichlich geworden zu sein (King 2011; Reiche 2011), die Suche nach fortwährend neuen „kicks" ist augenscheinlich bei zunehmender Unfähigkeit zu Muße und beglückendem Erleben für die „Erlebnis-Gesellschaft" in hohem Maße charakteristisch (Schulze 1992, S. 65). DeGrandpre spricht von der aktuellen als einer „Schnellfeuer-" und „Beschleunigungskultur", von „beschleunigter Gesellschaft" und „Beschleunigungswahn" (DeGrandrpe 2002, S. 8, 20ff., 15ff., 11, 195). Verweisen will er damit auf eine permanente Reizüberflutung infolge der nahezu omnipräsenten Einflüsse von Telefonen, Fernsehern und Computern, die auch anderweitig konstatiert wird (vgl. z.B. Elkind 1989; Turkle 2008) und zur Rede von der „Fernseh-" und „Computerkindheit" geführt hat (Hentig 1976, S. 50; Eurich 1985). Türcke spricht mit Blick auf solche Entwicklungen von einer „Aufmerksamkeitsdefizit-Kultur" (Türcke 2011; 2012), die im Manifestwerden von ADHS-Symptomen lediglich ihren krassesten Ausdruck finde und der vor allem pädagogisch, durch das beispielgebende, mit aktiver Zuwendung und Empathie verbundene Einüben von Besinnlichkeit, Geduld, Konzentration und Kontemplation, entgegengewirkt werden müsse.[20] Kinder mit ADHS-Syndrom sind aus dieser Sicht gewöhnlich Opfer eines traumatisch erlebten frühkindlichen Aufmerksamkeitsentzugs, wie er etwa durch Mütter, die während des Stillvorgangs mit ihrem Handy befasst sind oder Väter, die während des Spiels mit ihrem Kind Mails beantworten, repräsentiert wird; sie seien zu jener Aufmerksamkeit unfähig, die ihnen zuvor ihrerseits auf narzisstisch kränkende Weise versagt wurde (Türcke 2011, S. 20f.).

Das entspricht psychoanalytischen Erfahrungen, die – entgegen der standardisierten (Pseudo-)Individualisierung vermittelst der Subsumtion beobachteten Verhaltens unter standardisierte Kategorien – auf die wirkliche Einlassung auf je konkrete individuelle Entwicklungsverläufe gegründet sind.[21] Für die Psychoanalyse, die nicht auf bloße Symptombehebung und Anpassung durch Medikation und behavioristische Methoden abzielt, sondern auf individuelle Emanzipation durch die tiefenhermeneutische Erschließung und Rekonstruktion je konkreter Erlebnisgeschichte und die Kraft deren bewusster Aneignung setzt, sind Aufmerksamkeitsdefizite und Hyperaktivität allenfalls Symptome, jedoch „keine eigentliche Krankheit" (Leuzinger-Bohleber 2006, S. 27). Die Psychoanalyse, deren Ergebnisse inzwischen auch durch neurowissenschaftliche Einsichten gestützt werden[22], konnte zeigen, dass hinter manifesten ADHS-Symptomen zumeist ernsthafte persönliche Konflikte und Probleme liegen, z.B. einschneidende Verlusterfahrungen (vgl. Dammasch 2003, S. 160ff.) oder neurotische, depressive, vor allem aber narzisstische Störungen. Sie konnte auch zeigen, dass das Risiko einer Verfestigung von ADHS-Symptomen in hohem Maße mit der Vereitelung einer sicheren Bindung in frühester Kindheit sowie mit Störungen des Triangulierungsprozesses korreliert, womit immer auch auf erzieherische Defizite verwiesen ist.[23]

4.

Psychoanalytische und sozialkritische, mit dem Standardumgang mit ADHS inkompatible Einsichten und Reflexionen lassen durchaus erkennen, wie sinnvolle Individualisierung möglich wäre, welche erzieherischen Praktiken einem Manifestwerden von ADHS-Symptomen entgegenwirken könnten, dass aktuelle soziokulturelle Tendenzen selbst problematisierungswürdig sind und dass die Anpassung an gesellschaftliche Erwartungen in dem Maße kritikbedürftig ist, in dem die gesellschaftlichen Strukturen ihrerseits der Kritik bedürfen.

Dem Standardumgang mit ADHS, von dem immer auch Prognosen über die Eignung bzw. Nichteignung der „Kranken" im Hinblick auf die beruflichen Anforderungen einer an der Verfügbarkeit effizient nutzbaren „Humankapitals" interessierten Gesellschaft erwartet werden (vgl. Gerspach 2014, S. 47), entgeht unterdessen, dass die ADHS-Symptomatik letztlich nur eine übersteigerte Ausprägung von Verhaltensmustern repräsentiert, die an sich für die „ruhelose Gesellschaft" (Packard) des entwickelten Kapitalismus durchaus funktional sind. Sein ausschließlicher diagnostischer Rekurs auf die Vergleichsfolie empirischen Normalverhaltens trägt jedoch den Keim eines potentiellen Selbstdementis bereits in sich: In Anbetracht einer weit reichenden „Aufmerksamkeitsdefizitkultur" (Türcke) wie der rapide wachsenden ADHS-Diagnosen könnte es sein, dass eines Tages das ADHS-Syndrom das empirische Normalverhalten von Kindern und Jugendlichen spiegelt. Ohne selbstkritische Infragestellung ihrer Voraussetzungen müsste die pathologisierungsfreudige Kinder- und Jugendpsychiatrie dann aber in Ermangelung einer anderen Bezugsbasis als der empirischen Normalität gerade die *Abweichung* von ADHS als behandlungsbedürftig betrachten.

Es ging hier, um etwaigen Missverständnissen entgegenzuwirken, keineswegs darum, die unter dem Begriff der Inklusion erhobenen pädagogischen Forderungen in Gänze zu diskreditieren; gewiss ist für ein gemeinsames Lernen besonders förderungsbedürftiger und anderer Kinder und Jugendlicher zu votieren, soweit dies für die Betroffenen unter den jeweils gegebenen Umständen die vorteilhafteste Option darstellt, gewiss ist die optimale individuelle Förderung aller junger Menschen *das* der Menschenwürde entsprechende Gebot. Dass es durch die aktuelle Inklusionspädagogik eingelöst würde, ist indes zu bezweifeln, sie ist faktisch weitgehend durch andere Bestrebungen bestimmt. Am konkreten Beispiel war hier zu zeigen, wie widersprüchlich und wie instrumentalisierbar sie ist. Im Kontext ihrer Standardisierungen betreibt sie tendenziell Zwangsanpassung, sofern diese misslingt, exkludiert sie tendenziell durch die Stabilisierung von Sonderfall-Karrieren. Das entspricht genau den Erwartungen einer Gesellschaft, die einerseits Normalisierungsinteressen, andererseits aber ein Interesse an sozialen Asymmetrien, an einem Gefälle von Privilegierten und Unterprivilegierten, verfolgt.

Anmerkungen

1 Vgl. dazu Bourdieu u.a. (1997); Castel (2000); Bauman (2005); Bude/Willisch (2006); Bude (2008); Kronauer (2010).
2 Vgl. Heyer (2010); Hinz/Körner/Niehoff (2012); Banse/Meier (2013); Ahrbeck (2014).
3 Begriffsgeschichtlich bleibt die Eignung des Ausdrucks „Inklusion" zur Bezeichnung der unter ihn subsumierten Forderungen problematisch, – die „inclusio" meinte einst soviel wie „Einschließung", „Einmauerung". Vgl. Bernhard (2012), S. 342.
4 Vgl. Dammer (2011); Bernhard (2012); Weiß (2014).
5 Vgl. Bräu/Schwerdt (2005); Klippert (2010); Faulstich-Wieland (2011); Schilmöller/ Fischer (2011).
6 Das „S" steht mitunter auch für „Syndrom". – „ADS" gilt bisweilen als „Typ 1" des Phänomens (ohne „Hyperaktivität"), bisweilen als „Oberbegriff" für „Typ 1" und „Typ 2" (ADHS); inzwischen hat sich jedoch die Bezeichnung „ADHS" als Oberbegriff für beide „Typen" weithin durchgesetzt (vgl. Staufenberg 2011, S. 23ff.).
7 Vgl. Singh (2004), S. 1193; Wenke (2006), S. 7; Ryffel-Rawak (2007), S. 15; Steinhausen/Rothenberger/Döpfner (2010b), S. 9.
8 Neben der Figur des „Zappelphilipps", den man als Repräsentanten motorischer Hyperaktivität betrachtet hat, enthält der „Struwwelpeter" mit „Hanns Guck-in-die-Luft" (Hoffmann 1845, S. 21 ff.) auch eine Figur, die den „verträumten" ADS-Typus zu repräsentieren scheint. Freilich wollte Hoffmann – bei der Abfassung seines berühmten „Kinderbuches" Allgemeinarzt, später Psychiater – keineswegs Krankheitsbilder beschreiben, sondern „pädagogische" Warngeschichten offerieren, in denen sich auch autobiographische Erfahrungen aus Hoffmanns Kindheit sedimentiert haben dürften (vgl. Seidler 2004; Roggensack 2006, S. 13ff.; Neraal 2008b, S. 19; Staufenberg 2011, S. 48; Gerspach 2014, S. 119ff.).
9 Wie irrationalistisch und willkürlich von deren Seite mitunter dennoch vorgegangen wird, zeigt z.B. Ryffel-Rawak (2007), S. 17: „Obwohl kein Labortest zur Diagnose zur Verfügung steht [...], kann von einer biologischen Grundlage ausgegangen werden".
10 Vgl. dazu Jantzen (2001), S. 224; DeGrandpre (2002), S. 9; Diller (2003), S. 36f.; Raschendorfer (2003), S. 12; Klicpera/Gasteiger-Klicpera (2006), S. 130; Banaschewski (2010), S. 12; Döpfner/Steinhausen (2010), S. 134; Staufenberg (2011), S. 63ff.
11 Zu den Diagnosekriterien gehören z.B. Items der Art: „Steht oft in Situationen auf, in denen Sitzenbleiben erwartet wird" oder „Läuft häufig herum oder klettert exzessiv in Situationen, in denen dies unpassend ist" (DSM-5 2015, S. 78). Als ADHS-Kriterien gelten auch Feststellungen wie die folgenden: „Widersetzt sich häufig aktiv den

Anweisungen und Regeln von Erwachsenen" (Brandau/Pretis/Kaschnitz 2003, S. 72) und „Quengelt, weint und schimpft bei den Hausaufgaben" (Döpfner/Fröbel/Lehmkuhl 2013, S. 77).

12 Insgesamt werden weitaus mehr Jungen als Mädchen diagnostiziert – bei amerikanischen ADHS-Diagnosen entfielen ca. 75 % auf männliche Kinder (vgl. Singh 2004, S. 1193) –, wobei Mädchen traditionellen Rollenmustern entsprechend eher dem „Unaufmerksamkeits-" und Jungen eher dem „hyperaktiv-impulsiven" Typus zugerechnet werden (vgl. Hopf 2008, bes. S. 218ff.; Ryffel-Rawak 2007, S. 15, 19, 30; Spiczok von Brisinski 2005, S. 47). Zudem sind in den USA Kinder mit schwarzer Hautfarbe überproportional von ADHS-Diagnosen betroffen (vgl. Gerspach 2014, S. 10).

13 Vgl. Klicpera/Gasteiger-Klicpera (2006), S. 129; Gerspach (2014), S. 20: Voss/Wirtz (1990), S. 62.

14 Vgl. Barkley (2002); Neraal (2008a); Steinhausen/Rothenberger/Döpfner (2010); Döpfner/Frölich/Lehmkuhl (2010).

15 Vgl. DeGrandpre (2002), S. 154ff.; Diller (2003), S. 150; Klicpera/Gasteiger-Klicpera (2006), S. 127; Haubl (2010), S. 26f.; Döpfner/Frölich/Lehmkuhl (2013), S. 30; Gerspach (2014), S. 11.

16 Novartis hatte durch den Vertrieb von Ritalin 2006 weltweit einen Umsatz von 330 Millionen, 2010 bereits von 464 Millionen Dollar (vgl. Gerspach 2014, S. 11).

17 Vgl. Brandau/Pretis/Kaschnitz (2003), S. 135ff.; Wolff Metternich/Döpfner (2010), S. 337, 340ff.; Döpfner/Frölich/Lehmkuhl (2013), S. 23ff.; Raschendorfer (2013).

18 Eltern empfinden eine ADHS-Diagnose ihrer Kinder dann auch häufig als entlastend, ist mit ihr doch die Suggestion einer biologisch bedingten Krankheit verbunden, die mit etwaigen Erziehungsdefiziten nicht zu tun habe (vgl. Dammasch 2003, S. 157f., 180f.).

19 Einige psychosoziale „Risikofaktoren" (etwa „ungünstige familiäre Bedingungen" oder Alkohol- und Tabakmissbrauch der Mutter während der Schwangerschaft) werden – meist sehr allgemein – auch in seinem Kontext benannt (vgl. Döpfner/Frölich/ Lehmkuhl 2013, S. 9ff.; Brandau/Pretis/ Kaschnitz 2003, S. 26).

20 Dass Türcke in diesem Kontext explizit für eine Rückbesinnung auf Rituale und für eine schulische „Ritualkunde" wirbt (Türcke 2012, S. 79ff.), wird man freilich trotz seiner im Kern produktiven Anregungen angesichts der antiemanzipatorischen Implikationen von Ritualisierungen und der längst in hohem Maße ritualisierten schulischen Sozialformen (vgl. Wellendorf 1973, S. 73ff.) nicht unbedingt glücklich finden müssen.

21 Vgl. Bovensiepen/Hopf/Molitor (2002); Dammasch (2003); Leuzinger-Bohler/ Brandl/Hüther (2006); Hopf (2008); Leuzinger-Bohleber/Canestri/Target (2009); Haubl (2010); Staufenberg (2011); Gerspach (2014). – Überblicke bieten: Häußler/ Hopf (2002); Brisch (2002).

22 Kritische Neurowissenschaftler haben längst darauf hingewiesen, dass dem Standardumgang mit ADHS lediglich eine statisch-monokausal verfahrende Stilisierung neurowissenschaftlicher Befunde zugrunde liegt, die der Dynamik der Hirnentwicklung und deren Beeinflussung durch jeweilige konkrete Entwicklungsbedingungen gerade nicht entspricht (Hüther 2002).

23 Vgl. dazu Brisch (2002), S. 28ff.; Häußler/Hopf (2002), S. 48ff.; Leuzinger-Bohleber (2006), S. 33f.; Hopf (2008), S. 203ff.; Staufenberg (2011), passim; Gerspach (2014), S. 91ff.

Literatur

Adorno, Theodor W. (1951), Minima Moralia. Reflexionen aus dem beschädigten Leben, Frankfurt a.m.
Ahrbeck, Bernd (2014), Inklusion. Eine Kritik, Stuttgart.
Arnft, Hartmut (2006), ADHS: Hirnstoffwechselstörung und/oder Symptom einer kranken Gesellschaft? Psychopharmaka als Mittel einer gelingenden Naturbeherrschung am Menschen, in: Leuzinger-Bohleber/Brandl/Hüther (2006), S. 70-90.
Banaschewski, Tobias (2010), Genetik, in: Steinhausen/Rothenberger/Döpfner (2010a), S. 113-127.
Banse, Gerhard/Meier, Bernd (Hg.) (2013), Inklusion und Integration. Theoretische Grundfragen und Fragen der praktischen Umsetzung im Bildungsbereich, Frankfurt a.M.
Barkley, Russel A. (2002), Das große ADHS-Handbuch für Eltern. Verantwortung übernehmen für Kinder mit Aufmerksamkeitsdefizit und Hyperaktivität, Bern.
Bauman, Zygmunt (2005), Verworfenes Leben. Die Ausgegrenzten der Moderne, Hamburg.
Beck, Ulrich (1986), Risikogesellschaft. Auf dem Weg in eine andere Moderne, Frankfurt a.m.
Becker, Nicole (2014), Stimulanzien als Retter in der pädagogischen Not?, in: Kluge/Lohmann/Steffens (2014), S. 301-313.
Bernhard, Armin (2012), Inklusion – Ein importiertes erziehungswissenschaftliches Zauberwort und seine Tücken, in: Behindertenpädagogik, 51. Jg., S. 342-351.
Bonney, Helmut (Hg.) (2008), ADHS – Kritische Wissenschaft und therapeutische Kunst, Heidelberg.
Bourdieu, Pierre u.a. (1997), Das Elend der Welt. Zeugnisse und Diagnosen alltäglichen Leidens an der Gesellschaft, Konstanz.
Bovensiepen, Gustav/Hopf, Hans/Molitor, Günther (Hg.) (2002), Unruhige und unaufmerksame Kinder. Psychoanalyse des hyperkinetischen Syndroms, Frankfurt a.M.
Brandau, Hannes/Pretis, Manfred/Kaschnitz, Wolfgang (2003), ADHS bei Klein- und Vorschulkindern, München.
Bräu, Karin/Schwerdt, Ulrich (Hg.) (2005), Heterogenität als Chance. Vom produktiven Umgang mit Gleichheit und Differenz in der Schule, Münster.
Brisch, Karlheinz (2002), Hyperaktivität und Aufmerksamkeitsstörung aus der Sicht der Bindungstheorie, in: Bovensiepen/Hopf/Molitor (2002), S. 45-69.
Bröckling, Ulrich (2007), Das unternehmerische Selbst. Soziologie einer Subjektivierungsform, Frankfurt a.M.
Bude, Heinz (2008), Die Ausgeschlossenen. Das Ende vom Traum einer gerechten Gesellschaft, Bonn.
–/Willisch, Andreas (Hg.) (2006), Das Problem der Exklusion. Ausgegrenzte, Entbehrliche, Überflüssige, Hamburg.
Castel, Robert (2000), Die Metamorphosen der sozialen Frage. Eine Chronik der Lohnarbeit, Konstanz.
– (2011), Die Krise der Arbeit. Neue Unsicherheiten und die Zukunft des Individuums, Hamburg.
Dammasch, Frank (2003), „Er weiß nicht, wo er anfängt und wo er aufhört!" Psychoanalytisches Verstehen des ruhelosen Kindes, in: Analytische Kinder- und Jugendlichen-Psychotherapie, 34. Jg., S. 157-183.

Dammer, Karl-Heinz (2011), All inclusive? Oder: Dabei sein ist alles? Ein Versuch, die Konjunktur des Inklusionsbegriffs in der Pädagogik zu verstehen, in: Pädagogische Korrespondenz, Heft 43, S. 5-30.
DeGrandpre, Richard (2002), Die Ritalin-Gesellschaft. ADS: Eine Generation wird krankgeschrieben, Weinheim/Basel.
Diller, Lawrence H. (1996), The Run on Ritalin. Attention Deficit Disorder and Stimulant Treatment in the 1990s, in: The Hastings Center Report, 26. Jg., Nr. 2, S. 12-18.
– (2003), ADS & Co. Braucht mein Kind Medikamente?, Düsseldorf/Zürich.
Döpfner, Manfred/Frölich, Jan/Lehmkuhl, Gerd (2013), Aufmerksamkeitsdefizit-/Hyperaktivitätsstörung (ADHS), Göttingen u.a.
–/Steinhausen, Hans-Christoph (2010), Psychosoziale Faktoren, in: Steinhausen/Rothenberger/Döpfner (2010a), S. 134-144.
DSM-5 (2015), Diagnostisches und Statistisches Manual Psychischer Störungen (hg. von der American Psychiatric Association), Göttingen.
Elkind, David (1989), The Hurried Child. Growing up too fast too soon, New York, 2. Aufl.
Eurich, Claus (1985), Computerkindheit. Wie die Computerwelt das Kindsein zerstört, Reinbek.
Faulstich-Wieland, Hannelore (Hg.) (2011), Umgang mit Heterogenität und Differenz, Baltmannsweiler.
Gerspach, Manfred (2014), Generation ADHS – den „Zappelphilipp" verstehen, Stuttgart.
Haubl, Rolf (2010), Psychodynamik medikalisierter Beziehungen, in: ders./Liebsch (2010), S. 16-35.
–/Liebsch, Katharina (Hg.) (2010), Mit Ritalin leben. ADHS-Kindern eine Stimme geben, Göttingen.
Häußler, Gabriele/Hopf, Hans (2002), Psychoanalytische Theorien, in: Bovensiepen/Hopf/Molitor (2002), S. 20-44.
Heyer, Peter (2010), Statt Segregation Inklusion: Deutschland auf dem Weg zur inklusiven Schule!?, in: H. Barnitzky/U. Becker (Hg.), Allen Kindern gerecht werden. Aufgabe und Wege, Frankfurt a.M., S. 24-31.
Hentig, Hartmut von (1976), Was ist eine humane Schule?, München/Wien.
Hinz, Andreas/Körner, Ingrid/Niehoff, Ulrich (Hg.) (2012), Von der Integration zur Inklusion. Grundlagen – Perspektiven – Praxis, Marburg.
Hoffmann, Heinrich (1845), Der Struwwelpeter oder lustige Geschichten und drollige Bilder für Kinder von 3 bis 6 Jahren, Frankfurt a.M.
Hopf, Hans (2008), Warum sich Jungen so gerne bewegen und Mädchen Fantasien haben – oder: Bewegungsunruhe – ein archaisches Reaktionsmuster bei Jungen? Wandlung einer Symptombeschreibung, in: Bonney (2008), S. 201-227.
Hüther, Gerald (2002), Kritische Anmerkungen zu den bei ADHD-Kindern beobachteten neurobiologischen Veränderungen und den vermuteten Wirkungen von Psychostimulanzien (Ritalin), in: Bovensiepen/Hopf/Molitor (2002), S. 70-91.
ICD-10 (1994), Internationale Klassifikation psychischer Störungen (hg. von der Weltgesundheitsorganisation), Bern u.a., 2. Aufl.
Jantzen, Wolfgang (2001), Über die soziale Konstruktion von Verhaltensstörungen – das Beispiel „Aufmerksamkeitsdefizitsyndrom" (ADS), in: Zeitschrift für Heilpädagogik, 52. Jg., S. 222-231.
King, Vera (2011), Beschleunigte Lebensführung – ewiger Aufbruch. Neue kulturelle Muster der Verarbeitung und Abwehr von Vergänglichkeit in Lebenslauf und Generationsbeziehungen, in: Psyche, 65. Jg., S. 1061-1089.

Klicpera, Christian/Gasteiger-Klicpera, Barbara (2006), Emotionale und verhaltensbezogene Störungen im Kindes- und Jugendalter, Wien.
Klippert, Heinz (2010), Heterogenität im Klassenzimmer. Wie Lehrkräfte effektiv und zeitsparend damit umgehen können, Weinheim/Basel.
Kluge, Sven/Lohmann, Ingrid/Steffens, Gerd (Red.) (2014), Menschenverbesserung. Transhumanismus. Jahrbuch für Pädagogik 2014, Frankfurt a.M.
Konrad, Kerstin (2010), Neuroanatomie, in: Steinhausen/Rothenberger/Döpfner (2010a), S. 42-56.
Kracauer, Siegfried (1926), Kult der Zerstreuung, in: ders., Das Ornament der Masse. Essays, Frankfurt a.M. 1971, S. 311-317.
Kramer, Franz/Pollnow, Hans (1932), Über eine hyperkinetische Erkrankung im Kindesalter, in: Monatsschrift für Psychiatrie und Neurologie, Bd. 82, Heft 1/2, S. 1-40.
Kronauer, Martin (2010), Exklusion. Die Gefährdung des Sozialen im hoch entwickelten Kapitalismus, Frankfurt a.M./New York, 2. Aufl.
Leuzinger-Bohleber, Marianne (2006), Einführung, in: dies./Brandl/Hüther (2006), S. 9-49.
–/Brandl, Yvonne/Hüther, Gerald (Hg.) (2006), ADHS – Frühprävention statt Medikalisierung. Theorie, Forschung, Kontroversen, Göttingen.
–/Canestri, Jorge/Target, Mary (Hg.) (2009), Frühe Entwicklung und ihre Störungen. Klinische, konzeptuelle und empirische psychoanalytische Forschung. Kontroversen zu Frühprävention, Resilienz und ADHS, Frankfurt a.M.
Neraal, Terje (2008a), Derzeitige Therapiekonzepte, in: ders./Wildermuth (2008), S. 39-93.
– (2008b), Neurobiologische versus psycho- und familiendynamische Ursachenerklärungen, in: ders./Wildermuth (2008), S. 19-37.
– (2008c), Überblick, in: ders./Wildermuth (2008), S. 13-15.
–/Wildermuth, Matthias (Hg.) (2008), ADHS. Symptome verstehen – Beziehungen verändern, Gießen.
Opitz, Barbara (2012), ADHS, Burnout, Depression. Forscher warnen vor Millionen Scheinpatienten. http.//www.spiegel.de /gesundheit/diagnose/adhs-burnout-depression-forscher-warnen-vor-millionen-scheinpatienten-a-836033.htmc (Abruf: 10.6.2012).
Packard, Vance (1975), Die ruhelose Gesellschaft. Ursachen und Folgen der heutigen Mobilität, München.
Prengel, Annedore (1995), Pädagogik der Vielfalt. Verschiedenheit und Gleichberechtigung in Interkultureller, Feministischer und Integrativer Pädagogik, Opladen, 2. Aufl.
– (2011), Selektion vs. Inklusion – Gleichheit und Differenz im schulischen Kontext, in: Faulstich-Wieland (2011), S. 23-48.
Raschendorfer, Nicola (2003), ADS. Und wenn es das gar nicht gibt? Handlungsalternativen und Strategien für den Alltag, Mühlheim an der Ruhr.
Reiche, Reimut (2011), Beschleunigung – als Epochenbegriff, als Zeitdiagnose und als Strukturgesetz des Kapitals, in: Psyche, 65. Jg., S. 1089-1112.
Rießland, Matthias (2015), Der Körper des Kindes in (s)einer „verordneten Ruhe". Notizen und pädagogische Reflexionen, in: A. Bernhard u.a., Neutralisierung der Pädagogik, Baltmannsweiler, S. 111-127.
Roggensack, Claudia (2006), Mythos ADHS. Konstruktion einer Krankheit durch die monodisziplinäre Gesundheitsforschung, Heidelberg.
Rothenberger, Aribert/Neumärker, Klaus-Jürgen (2010), Zur Geschichte der Aufmerksamkeitsdefizit-Hyperaktivitätsstörung, in: Steinhausen/Rothenberger/Döpfner (2010a), S. 11-16.

Rutschky, Katharina (Hg.) (1977), Schwarze Pädagogik. Quellen zur Naturgeschichte der bürgerlichen Erziehung, Frankfurt a.M./Berlin/Wien.
Ryffel-Rawak, Doris (2007), ADHS bei Frauen – den Gefühlen ausgeliefert, Bern, 2. Aufl.
Schilmöller, Reinhard/Fischer, Christian (Hg.) (2011), Heterogenität als Herausforderung für schulisches Lernen, Münster.
Schulze, Theodor (1992), Die Erlebnis-Gesellschaft. Kultursoziologie der Gegenwart, Frankfurt a.M./New York.
Seidler, Eduard (2004), „Zappelphilipp" und ADHS. Von der Unart zur Krankheit, in: Deutsches Ärzteblatt, 101. Jg., S. 239-243.
Singh, Ilina (2004), Doing their jobs: Mothering with Ritalin in a culture of mother-blame, in: Social Science & Medicine, 59. Jg., S. 1193-1205.
Spitczok von Brisinski, Ingo (2005), Träumer – Zappelphilipp – Störenfried. ADS/ADHS (Aufmerksamkeitsstörungen) in der Schule, in: Pädagogik, 57. Jg., Heft 1, S. 45-50.
Staufenberg, Adelheid Margarete (2011), Zur Psychoanalyse der ADHS. Manual und Katamnese, Frankfurt a.M.
Steinhausen, Hans-Christoph/Rothenberger, Aribert/Dopfner, Manfred (Hg.) (2010a), Handbuch ADHS. Grundlagen, Klinik, Therapie und Verlauf der Aufmerksamkeitsdefizit-Hyperaktivitätsstörung, Stuttgart.
–/Rothenberger, Aribert/Döpfner, Manfred (2010b), Vorwort, in: dies. (2010a), S. 9-10.
Stroot, Thea (2007), Vom Diversitäts-Management zu „Learning Diversity". Vielfalt in der Organisation Schule, in: S. Boller/E. Rosowski/Th. Stroot (Hg.), Heterogenität in Schule und Unterricht. Handlungsansätze zum pädagogischen Umgang mit Vielfalt, Weinheim/Basel, S. 52-64.
Synofzik, Matthis (2006), Kognition à la carte? Der Wunsch nach kognitionsverbessernden Psychopharmaka in der Medizin, in: Ethik in der Medizin, 18. Jg., S. 37-50.
Türcke, Christoph (2011), Konzentrierte Zerstreuung. Zur mikroelektronischen Aufmerksamkeitsdefizit-Kultur, in: C. Frank u.a. (Hg.), Todestrieb und Wiederholungszwang heute. Jahrbuch der Psychoanalyse, Stuttgart, S. 13-30.
– (2012), Hyperaktiv! Kritik der Aufmerksamkeitsdefizitkultur, München, 2. Aufl.
Turkle, Sherry (2008), Always-On/Always-On-You. The tethered self, in: J. F. Katz (Hg.), Handbook of Mobile Communication Studies, Cambridge, S. 121-137.
Voss, Reinhard/Wirtz, Roswitha (1996), Keine Pillen für den Zappelphilipp. Alternativen im Umgang mit unruhigen Kindern, Reinbek.
Weiß, Edgar (2014), „Inklusive Schule" – Bemerkungen zur pädagogischen Ideologie der exkludierenden Gesellschaft, in: Kluge/Lohmann/Steffens (2014), S. 363-372.
Wellendorf, Franz (1973), Schulische Sozialisation und Identität. Zur Sozialpsychologie der Schule als Institution, Weinheim/Basel.
Wenke, Matthias (2006), ADHS: Diagnose statt Verständnis? Wie eine Krankheit gemacht wird. Eine phänomenologische Kritik, Frankfurt a.M.
Wolff Metternich, Tanja/Döpfner, Manfred (2010), Verhaltenstherapie bei Kindern und Jugendlichen, in: Steinhausen/Rothenberger/Döpfner (2010a), S. 235-350.

II Inklusion und Exklusion – Systematisches zur hegemonialen Debatte in der Pädagogik

Armin Bernhard

Inklusion – Ein importiertes erziehungswissenschaftliches Zauberwort und seine Tücken[1]

Zusammenfassung[2]*:* Der Beitrag zeigt, dass die gegenwärtige Aufwertung „inklusionspädagogischer" Konzepte, deren Überlegenheit gegenüber der „Integrationspädagogik" überaus fragwürdig bleibt, keineswegs einlöst, was sie verspricht. Indem Inklusionspädagogik Differenz zur Tugend erklärt und suggeriert, durch deren Akzeptanz und pädagogische Förderung lasse sich letztlich eine exklusionsfreie Gesellschaft bewirken, werde sie schlicht ideologisch: Sie ignoriere die bestehenden Herrschaftsverhältnisse und verkenne, dass Schule im Rahmen des bestehenden Systems die Aufgabe hat, „Humankapital" zu generieren und Selektion zu betreiben. Damit aber diene Inklusionspädagogik eher dem status quo als dessen Überwindung.

Abstract: The paper shows that the current appreciation of „inclusion educational" concepts whose superiority over the „integrative education" remains exceedingly questionable, not redeems what it promises. While inclusion pedagogy explains difference to virtue and suggests that their acceptance and educational support ultimately would cause a society without exclusion, inclusion pedagogy would become simply ideologically: it ignores the existing power relationships and the fact that school under the existing system has the task of generation of „human capital" and to operate selection. But with this inclusion pedagogy serves the status quo rather then its overcoming.

Keywords: Inklusion, Integration, Heterogenität, Differenz, Selektion, Ideologie

In verschiedenen Religionen waren Inklusen Frauen oder Männer, die sich zum Zwecke der Askese, des Gebetes, der Annäherung an Gott einmauern oder einschließen ließen. In der relativen Abgeschiedenheit einer kärglich ausgestatteten Zelle vertieften die Inklusen in Enthaltsamkeit ihre religiöse Lebensführung. Die räumliche Abschottung unterstützte die innere Disziplinierung, die für diese asketische Gottesnäherung erforderlich war. Gegenüber dieser Form der Inklusion nimmt sich die gegenwärtige Fassung des Begriffs in Pädagogik und Soziologie geradezu als menschenfreundliches Element aus. Die inclusio – Einschließung, Einmauerung – wird von ihrer Semantik ins Gegenteil verkehrt, insofern der Begriff der Inklusion auf das Bestreben abhebt, Mauern einzureißen und damit ausgeschlossene gesellschaftliche Gruppen an den gesellschaftlichen Lebensverhältnissen partizipieren zu lassen, zumindest ihrem offiziösen Anspruch nach. Die Inklusion ist die pädagogische Antwort auf das soziale Phänomen der Exklusion: des aufgrund bestimmter Selektionskriterien vorgenommenen Ausschlusses bestimmter Personengruppen aus allgemeinen gesellschaftlichen Lebensbereichen. Das Label „inklusiv" ist seit einigen Jahren aus den erziehungswissenschaftlichen Diskussionen nicht mehr wegzudenken, ein wunderschönes, inflationär gebrauchtes „Zauberwort" (Menasse 2009, S. 56), das in Zirkulation gebracht und von der erziehungswissenschaftlichen Publizistik begierig aufgegriffen wurde. Die Sprache der political correctness mit ihren spezifischen Denktabus sorgt dafür, dass Inklusion ein Hehlwort bleibt, das nicht aufklärt, sondern verschleiert, das nicht erhellt, sondern vernebelt.[3]

I

Die Erziehungswissenschaft ist eine Disziplin, die in besonderer Weise anfällig für die Aufnahme von Wörtern zu sein scheint, mit deren Hilfe sie sich selbst ihre up-to-dateness attestiert. In schwindelerregendem Tempo werden Begriffe und Konzepte assimiliert, ohne dass deren Herkunft, Entstehungskontext und vor allem Verwendungszusammenhang noch eigens reflektiert würde. In einer wissenschaftlichen Disziplin, die ihre Grundbegriffe nicht mehr für ihr Selbstverständnis nutzt und sich von den emanzipatorischen Zielperspektiven pädagogischen Handelns – Mündigkeit, Solidarität, Autonomie – klammheimlich distanziert, trifft die feindliche Übernahme des erziehungswissenschaftlichen Begriffsinstrumentariums durch importierte, aus außerpädagogischen Diskursen stammenden Wörtern kaum noch auf Gegenwehr. Diversität, Heterogenität, Selbststeuerung, Selbstregulation, kooperatives Lernen, aber auch Inklusion kennzeichnen Wörter, die die Erziehungswissenschaft als „Kulturwaren" (Adorno 1977, S. 338) aufnimmt und als Kulturwaren weiterverbreitet, ein Vorgang, durch den sie sich der eigenen disziplinären Identität entledigt. Indem die Herkunft neuer Wörter in diesem Vorgang der Assimilation verschleiert wird, gelangen Herrschaftsinteressen unerkannt in die Debatten der Disziplin und können sich damit erziehungswissenschaftliche Legitimation erschleichen. Diese zu Kulturwaren herabgewürdigten Wörter sind Teil der Hegemonie herrschender Gruppen, mit deren Hilfe ökonomische Interessen durchgesetzt werden. Bei den Prinzipien des kooperativen und des lebenslangen Lernens ist dieser Zusammenhang mit Herrschaftsinteressen offensichtlich, bedienen sie doch die Herstellung der vom Arbeitgeberlager immer wieder propagierten Schlüsselqualifikationen bzw. Schlüsselkompetenzen, mit denen Menschen ihr Arbeitsvermögen selbst vermarkten können. Gleichwohl böten diese Wörter, die zunächst einmal nicht mehr sind als Worthülsen, bei entsprechender ideologiekritischer Überprüfung die Möglichkeit, entgegen ihren Verwertungsintentionen genutzt zu werden – in einer emanzipatorischen Perspektive, in deren Rahmen sie das deklamatorische Pathos der Glorifizierung suspekter Kulturwaren hinter sich lassen. Inklusion ist ein Wort, das noch keinesfalls emanzipativ gewendet ist, als Zauberwort verbleibt es im herrschaftlichen Koordinatensystem.

Die erziehungswissenschaftliche Inklusionsdebatte setzt mit ihrer Kritik am Versagen des so genannten integrationspädagogischen Ansatzes an. Integrationspädagogik hat demzufolge das Problem gesellschaftlicher Exklusion nicht etwa nur unzulänglich bearbeitet, sondern systematisch durch Praktiken der Diskriminierung (etwa durch den Versuch der Anpassung von Kindern aus anderen Kulturen an die „deutsche Leitkultur" oder durch die Defizitorientierung der Pädagogik im Hinblick auf die „Behandlung" behinderter Kinder) und der Selektion noch verschärft. Dabei wird von einem einseitig ausgelegten Begriff von Integration ausgegangen, der vor allem deren negative Auswirkungen hervorkehrt. Entgegen der vorherrschenden Verwendung des Begriffs Integration, der mit Maßnahmen der Einfügung des Individuums in ein vorgegebenes übergeordnetes Ganzes assoziiert wird, schließt er die positiven Momente der Wiederherstellung, der Wiederaufnahme, der Ergänzung ein. Im Lateinischen wie im Italienischen meint das Wort „integrare" soviel wie wiederherstellen, ergänzen, erneuern: Wortbedeutungen, an deren Dialektik eine Kritik der Integrationspädagogik anknüpfen müsste. Etymologisch ist die Assoziation von Integration mit Anpassung oder Eingliederungsmaßnahmen jedenfalls nicht zu halten. Unabhängig von diesen Begriffsklärungen fokussieren die Befürworterinnen und Befürworter einer inklusiven Pädagogik und Bildung mit Recht auf die Schwäche und Problematik einer Integrationspädagogik, die eben genau das Gegenteil von Integration, von Wiederherstellung oder Erneuerung, gar Heilung bewirkt, nämlich Exklusion, Ausgliederung und Desintegration.

Der Vorzug des Begriffs der Inklusion[4] vor dem der Integration wird auf unterschiedliche Aspekte des mit ihm gemeinten Sachverhalts zurückgeführt. So gehe der Integrationsbegriff zu stark von einer Differenzerfahrung aus und baue auf dieser die Maßnahmen der schulischen Integration auf. Während das Prinzip der Integration auf einer Klassifizierung von Unterschieden in bestimmte Lerngruppen beruhe, basiere das Prinzip der Inklusion auf der Anerkennung aller Kinder als gleichberechtigten Wesen, die neben Gemeinsamem auch unterschiedliche individuelle Bedürfnisse in den Bildungsprozess einbrächten, deren Realisierung Schule zu garantieren habe. Orientiere das Integrationsprinzip auf Reintegration, so das Inklusionsprinzip auf apriorische Partizipation, die jede Form von institutioneller Separierung überflüssig mache. Darüber hinaus ermögliche der Inklusionsbegriff eine „methodologische Gesamtbetrachtung" auf alle Kinder mit ihren gemeinsamen und besonderen Bedürfnissen und in der Folge die „systematische Berücksichtigung von institutionellen und organisationalen Rahmenbedingungen sowie Kontexten" (Diehm 2011, S. 43). Stärker als im Rahmen einer vom Prinzip der Integration bestimmten Schulentwicklung und Schulpädagogik gehe es unter der Maxime der Inklusion um das intensive Austarieren spezifischer kindlicher Entwicklungsbedürfnisse und der kontextualen Rahmenbedingungen.

Ein ungeteilter Inklusionsbegriff ist in der Debatte um Inklusion bislang allerdings nicht erkennbar. Aufweisbar ist dieser Sachverhalt an der unterschiedlichen Bestimmung der zu inkludierenden Gruppen. Die Kriterien für eine gesellschaftlich umfassende Inklusion scheinen beliebig. Dabei legt der Begriff, der auf eine Schule für alle orientiert, doch nahe, sich auf alle von gesellschaftlicher Ungleichheit negativ betroffenen Sozial- und Personengruppen zu beziehen. Die meisten Debatten zum Thema Inklusion beziehen sich u. a. auf die 1994 von der UNESCO veranstaltete „World Conference on Special Needs Education", die Deklaration von Madrid 2002 zur Verwirklichung einer ungehinderten Partizipation behinderter Menschen in allen gesellschaftlichen Bereichen und auf die von der UNO 2006 verabschiedete Konvention über die Rechte von Menschen mit Behinderungen, die im März 2009 in der BRD in Kraft trat. In diesen Diskursen steht die Gruppe der aufgrund einer Behinderungsform aus dem allgemeinbildenden Schulwesen Ausgeschlossenen im Zentrum. In einem weiteren Diskursstrang stehen migrationsbedingte Bildungsbenachteiligungen im Vordergrund, die durch ein inklusives Bildungswesen und eine inklusive Pädagogik aufgehoben werden sollen. Auffällig ist in den Debatten um Inklusion, dass die sozialstrukturell bedingte soziale Ungleichheit und die in ihr begründeten Mechanismen klassen- und schichtenspezifischer Sozialisation lediglich eine randständige Rolle spielen. Ein konsequentes Inklusionsprinzip beinhaltete jedoch notwendigerweise den Einschluss von Kindern sozial unterprivilegierter Gesellschaftsgruppen, sozialgruppenübergreifende Koedukation in einem Bildungswesen, das nicht vom Prinzip der Selektion bestimmt wird. Radikale Inklusion in diesem umfassenden Verständnis müsste sich allerdings in Konfrontation mit Macht- und Herrschaftsverhältnissen begeben, die zum Zwecke ihrer Aufrechterhaltung und Reproduktion auf eine das bestehende Klassen- und Schichtengefüge erhaltende Selektionsfunktion in der Bildung grundlegend angewiesen ist. Weil der Disziplin Erziehungswissenschaft diese Konfrontation jedoch wesensfremd ist, weicht sie auf ideologisches Wortgeklingel aus, das zumindest das Unbehagen an den Verhältnissen lindert.

II

Die Diskurse um die Begriffe Heterogenität und Diversität müssen stets mitgedacht werden, wenn es um die Begründung der so genannten inklusiven Schule bzw. inklusiven Pädagogik geht. Diese Diskurse stellen die Verschiedenheit,

Ungleichartigkeit und Vielfalt in den Vordergrund, die die Individuen aufgrund unterschiedlicher kultureller Kontexte, differierender Entwicklungsgrundlagen und individualspezifischer Besonderheiten ihrer Persönlichkeit in Bildungs- und Erziehungsgänge mitbringen. Oftmals werden heterogene Lernvoraussetzungen auch mit dem Wandel kindlicher Sozialisationsbedingungen erklärt, der im Sinne der so genannten Individualisierung und Pluralisierung von Lebensverhältnissen ungleiche Bedingungen der Entwicklung und Sozialisation herstelle. Kurzum: Die *Differenz* erfährt eine pädagogische Aufwertung, schlimmer noch: Sie wird zum non plus ultra pädagogischer Bemühungen deklariert. Die in den Begriffen Heterogenität und Diversität ausgedrückten Phänomene werden allerdings in der Regel kulturalistisch bzw. individualistisch gefasst und damit aus dem gesellschaftlichen Totalitätszusammenhang und dem konkreten sozialen Bedingungsrahmen herausgelöst. Die „methodologische Heterogenitätsorientierung" inklusiver Pädagogik (Diehm 2011, S. 45) kommt ohne eine Theorie und Analyse gesellschaftlicher Organisationsformen von Arbeits- und Lebensverhältnissen aus, die doch die Voraussetzungen disparater Lebensverhältnisse und Lebenschancen überhaupt erst schaffen. Zugleich sind in ihnen genau diejenigen Mechanismen angelegt, die Etikettierung, Stigmatisierung und letztlich soziale Ausgrenzung hervorbringen und aufrechterhalten. Indem die Inklusionsdebatte die gesellschaftliche Grundlage heterogener Lernvoraussetzungen und der mit ihnen verbundenen Probleme ignoriert, ja Heterogenität zur Tugend verklärt, die notwendig das pädagogische Prinzip der Individualisierung nach sich ziehe, suggeriert sie, die Bearbeitung des Problems sei ausschließlich auf pädagogischem Wege möglich.

Der arglose pädagogische Blick präsentiert Inklusion denn auch als eine durchweg positive, gleichwohl abstrakte Gegenkategorie zum Begriff der Integration. Inclusive education ist demzufolge Resultat einer veränderten Wahrnehmung des Menschen, die ihn in seiner Ganzheitlichkeit ernst nimmt und ihn nicht auf eine bestimmte gesellschaftliche Funktion reduziert (Bintinger/Eichelberger/Wilhelm 2005, S. 22). Das inklusive Prinzip in der Bildung ist insofern Antizipation einer menschenwürdigen Gesellschaft, als es die soziale Anerkennung aller Menschen als vollwertige Wesen impliziert. Während das Integrationskonzept auf Defiziten bestimmter Personengruppen aufbaut, die in Bildungsinstitutionen nach Möglichkeit zu kompensieren sind, beruht das Inklusionskonzept auf der Respektierung menschlicher Diversität, der Gleichwertigkeit des Verschiedenen: Maximen, die Aussonderung und Exklusion von vornherein nicht zulassen.[5] Dieser Ausgangspunkt markiert die Differenz zur Integrationspädagogik. Eingliederung erübrigt sich, wo Menschen nicht ausgeschlossen werden – so die lapidare Feststellung der Inklusionspädagogik (Eckert/Waldschmidt 2010, S. 8). Inclusive education beruht nicht auf willkürlichen Klassifizierungsversuchen von Menschentypen (normal – defizitär; behindert – nicht-behindert; vollwertig – minderwertig), sondern räumt jedem Menschen eine unveräußerliche und unhintergehbare Individualität ein, die Ausgangspunkt von Bildung sein muss. Weil Individualität nicht nur Ausgangspunkt, ihre Verwirklichung vielmehr auch die Zielperspektive von Bildung ist, kann Homogenität der Lerngruppen nicht mehr das Gestaltungsprinzip von Lernwelten sein. Die heterogenen Lernvoraussetzungen müssen institutionelles Bildungsprinzip werden, um die ihnen immanenten Provokationen für Bildung (die Unterschiede in den Kompetenzen, Fähigkeiten, Eigenschaften etc.) zu nutzen (Bintinger/Eichelberger/Wilhelm 2005, S. 31).

Begriffe sind theoretische Prothesen, mit deren Hilfe Wirklichkeiten und Möglichkeiten begriffen werden sollen. Sie sind Hilfsmittel des menschlichen Geistes, der – im Unterschied zum Alltagsverstand – aus distanzierter Perspektive die gesellschaftliche Wirklichkeit unter die Lupe nimmt. Begriffe sind jedoch insofern keine bloßen Abbilder von Wirklichkeit, weil sie zum einen die in der gesellschaftlichen Wirklichkeit enthaltenen Möglichkeiten elaborieren können und damit nicht nur affirmativ auf deren Status quo gerichtet sein müssen. Zum anderen wird Wirklichkeit teilweise auch durch Begriffe generiert bzw. verändert, wenn diese in das Handeln der sozialen Akteurinnen und Akteure Eingang finden. Der Begriff der Inklusion ist kein analytischer, sondern ein idealistischer Begriff, da er sich emphatisch auf einen noch nicht verwirklichten gesellschaftlichen Sollzustand bezieht. Der inflationäre Gebrauch des Begriffs steht in umgekehrt proportionalem Verhältnis zu seiner systematischen Fundamentierung. Dieser Umstand macht Inklusion zu einer ideologieverdächtigen Vokabel. Je ungeklärter eine Kategorie bleibt, umso anfälliger wird sie für ideologische Besetzungen, wird sie zum Einfallstor für kulturelle Hegemonie. Das Inklusionsprinzip widerspricht nicht grundsätzlich neoliberalen Gesellschaftsstrategien, ist vielmehr durchaus mit ihnen vereinbar (vgl. Schäper 2006, S. 310 ff.). Dass der Bertelsmann-Konzern Inklusion zu seinem Anliegen gemacht hat und als vehementer Vertreter dieses Prinzips in Erscheinung tritt, sollte der Erziehungswissenschaft zum Grübeln Anlass geben. Je ungeklärter eine Kategorie bleibt, umso stärker läuft sie, vor allem dann, wenn in ihr utopisches Potential enthalten ist, was bei der Kategorie der Inklusion zweifelsohne der Fall ist, Gefahr, für eine umfassende Verbrämung strukturell unzulänglicher sozialer Verhältnisse missbraucht zu werden. Das Zauberwort wird zum Ersatz für das politische Handeln, durch das es gesellschaftliche Wirklichkeit werden soll. Wie das Wort „Chancengleichheit" pure Ideologie bleibt, wenn die Ursachen gesellschaftlicher Disparitäten ungenannt bleiben, so gerät die Vokabel der „Inklusion" zur Rechtfertigung gesellschaftlicher Macht- und Herrschaftsinteressen, soweit die Gründe gesellschaftlicher Desintegrations- und Exklusionsmechanismen nicht thematisiert werden. Zugleich wird mit dem Wort eine Beschäftigungstherapie für die erziehungswissenschaftliche Branche inszeniert, mit deren Hilfe hegemoniale

Gesellschaftsgruppen Publikationsbedürfnisse von Erziehungswissenschaftlerinnen und Erziehungswissenschaftlern in ihrem Sinne lenken können.

III

Trotz der Vision einer gemeinsamen Schule für alle baut die Inklusionspädagogik auf dem Prinzip der Differenz auf, das gegenüber dem des Verbindenden aufgewertet wird – eine merkwürdige, konzeptionelle Übereinstimmung mit der Integrationspädagogik. Ausgangspunkt bleiben die Unterschiedlichkeiten in den Bedürfnissen, Fähigkeiten, Kompetenzen, Stärken und Schwächen sowie die Differenzen, die sich infolge jeweils spezifischer sozialer Herkunftsmilieus, individueller leiblich-seelisch-geistiger Besonderheiten und ethnisch-kultureller Kontexte einstellen. Einerseits ist in der inklusionspädagogischen Debatte die Rede von den besonderen Bedürfnissen jedes einzelnen Kindes, andererseits soll das Etikett der „Andersartigkeit" nicht mehr verwendet werden, weil damit Kinder diskriminiert werden, die nicht den Kriterien der so genannten Normalschule entsprechen. Mit einer Aufwertung des Besonderen wird die allgemeine Begründung der Besonderung zurückgewiesen, die Paradoxie einer allgemeinen Besonderung für die Gestaltung des Schulwesens jedoch empfohlen.

Die bereits angedeutete gesellschaftstheoretische Unbedarftheit der pädagogischen Inklusionsdebatte ist ihr problematischster Punkt. Das Prinzip der Inklusion wird zum Maßstab für Schulentwicklung in einer Gesellschaft erklärt, deren makrogesellschaftliche Funktionen dem menschenfreundlichen Unterfangen der Zusammenführung aller Kinder zum Zwecke ihrer gemeinsamen Bildung diametral entgegengesetzt sind. Jeder Versuch, diese Funktionen, denen auch das gesamte Bildungswesen unterliegt, durch eine auf Inklusion gerichtete Schulentwicklung umgehen oder unterlaufen zu wollen, ist daher zum Scheitern verurteilt. Wer die unter neoliberalen Verhältnissen noch verschärften Konkurrenz- und Wettbewerbsprinzipien nicht thematisiert, die einer kapitalistischen Wirtschaftsstruktur immanent sind, kann kaum zu einer realitätsgerechten Analyse derjenigen Bedingungen gelangen, die die an den jeweiligen Besonderheiten von Kindern festgemachten negativen Etikettierungen und Separierungsmaßnahmen hervorbringen. Die in der Schule institutionalisierten Lernprozesse dienen der Qualifizierung ökonomisch verwertbaren Arbeitsvermögens, in der neoliberalen Sprache: der Umwandlung von Humanressourcen in Humankapital. Das dahinter liegende Gesetz aber ist das der Selektion, das nicht nur die Integrationspädagogik, sondern auch die Inklusionspädagogik seinen Mechanismen unterwirft. Der Zweck des Bildungswesens liegt in der Selektion von Humanressourcen, die den gesellschaftlichen Produktionserfordernissen entsprechen. Schule soll auslesen und nicht zusammenführen, sie soll Rivalität und nicht Solidarität erzeugen, sie soll Standards einlösen und nicht Individualitäten entwickeln. Die gegen die Integrationspädagogik gerichteten Vorwürfe könnten sich bald gegen die Konzepte der Inklusionspädagogik richten, weil es in den gesellschaftlichen Verhältnissen wurzelnde Leitprinzipien sind, die Exklusion und Ausgrenzung hervorbringen. Unter den Bedingungen einer von sozialer Ungleichheit, von Konkurrenzkämpfen und Verrohungstendenzen durchherrschten Gesellschaft könnten sich die Träume der Inklusionspädagogik schnell in ihr Gegenteil verkehren.

Auch die Zielperspektiven einer inklusiven Pädagogik und eines inklusiven Bildungssystems scheinen in erschreckender Weise ungeklärt. Geht es bei den Inklusionsstrategien um den Versuch, die Austeritätspolitik im Bildungsbereich unter einem humanen Deckmantel fortzuführen, und das heißt etwa bei Kindern mit „sonderpädagogischem Förderbedarf" in ein Schulsystem zu inkludieren, in dem aus strukturellen Gründen Beschulung und Unterricht oft nur noch auf Mindestniveau möglich ist? Es ist nämlich kaum zu erwarten, dass die kaputt gesparten öffentlichen Schulen des allgemeinbildenden Schulwesens die Leistungen von Sonderschulen mit dem eigens für sie ausgebildeten Fachpersonal von heute auf morgen ersetzen könnten. Gewaltphänomene verschiedenster Art, Vandalismus, massive Disziplinprobleme im Unterricht, Burn-out-Syndrome bei Lehrerinnen und Lehrern zeigen die von der politischen Klasse durch ihre Unterstützung neoliberaler Gesellschaftsstrategien mit verursachte strukturelle Überforderung der öffentlichen Schulen ebenso an wie die Expansion der Privatschulen, die dem katastrophalen Zustand des öffentlichen Bildungswesens geschuldet ist. Die von der Bertelsmann-Stiftung in Auftrag gegebene Studie zu den Kosten der Förderbeschulung ist denn auch vom Prinzip der wirtschaftlichen Effizienz, weniger von pädagogischen Begründungen geleitet. Seit dem vorläufigen Siegeszug neoliberaler Grundsätze in der Gesellschaftspolitik liegt deren Maßstab in der extremen Minimierung der öffentlichen Kosten zugunsten der privaten Profitmaximierung von Banken und Großkonzernen. Oder stehen gar arbeitsmarktpolitische Überlegungen im Vordergrund der medial hochgeputschten Inklusionsdebatte; Überlegungen, die auf die Freilegung nicht ausgeschöpfter Begabungsreserven setzen? In der erziehungswissenschaftlichen Inklusionsdiskussion werden diese ökonomischen bzw. bildungsökonomischen Motive kaum thematisiert. Als Prinzip der Inklusion wird hier die gleichberechtigte Partizipation an den gesellschaftlichen Lebensverhältnissen und damit die Gleichberechtigung im Hinblick auf die Wahrnehmung von Lebenschancen angegeben. Aber Partizipation bleibt ein abstrakter politischer Traum, soweit er nicht inhaltlich gefüllt und von pädagogisch zu fördernden Subjekteigenschaften getragen wird. Welche Partizipation ist gemeint? Die Befähigung zur selbstzerstörerischen Selbstbehauptung in schulischen Rivalitätskämpfen oder die Ermächtigung zu einer solidarischen Mündigkeit gegen die gesellschaftlich organisierte Vereinzelung? Die Frage einer ethisch-pädagogischen Begründung des Prinzips der Inklusion ist noch nicht ansatzweise gestellt. Dabei hängt von der Antwort auf diese Frage nicht nur die theoretische Legitimation einer auf Inklusion systematisch bezogenen Pädagogik ab, sondern auch ihr praktisches „Schicksal": Ob Inklusion sich nämlich als Steuerungselement einer zentrifugalen Gesellschaft missbrauchen lässt, oder ob sie Subjektwerdungsprozesse für alle organisieren kann, die einen realen Zuwachs an Mündigkeit und Solidarität bewirken können.

Völlig unzureichend bedacht ist in der Inklusionsdebatte das Grundproblem der Etikettierung und Stigmatisierung in einem inklusiven Bildungssystem, das doch in einer zentrifugalen Gesellschaft (vgl. Bernhard 2011, S. 74 ff.) eingeschlossen ist. Inklusive Pädagogik gibt keine Auskunft über die Risiken, die insbesondere für Kinder mit „sonderpädagogischem Förderbedarf" durch ihre Inklusion in eine Schule drohen, die formal-ideologisch dem Gleichheitsprinzip folgt, es in der Praxis jedoch permanent verletzt. Die Gefahr, dass die Mitglieder ausgeschlossener Gesellschaftsgruppen durch Inklusionsmaßnahmen einer potenzierten Stigmatisierung ausgesetzt werden könnten, ist nicht von der Hand zu weisen. Denn die gesellschaftlichen Selektions- und Exklusionsmechanismen wirken auch in einer Schulform weiter, die formal-emphatisch auf die Gleichbehandlung aller gesellschaftlichen Gruppen gerichtet ist. Unabhängig von diesem Grundproblem stellt sich die Frage, auf welche Weise eine nach dem Prinzip der Individualisierung organisierte Inklusion, die die besonderen Bedürfnisse der betroffenen Gruppen von Kindern ernst nimmt, angesichts der gegenwärtigen Standardisierungs- und Testierungsverfahren durchgesetzt werden kann, noch dazu in einem Bildungswesen, das durch strukturell bedingte Unterfinanzierung an den Rand des Kollapses gebracht wurde. Solange das Leitprinzip der ökonomisch motivierten Aussortierung von Menschen als Teil kultureller Hegemonie nicht nachhaltig gebrochen wird, könnte eine naive Inklusionsstrategie das Leiden der betroffenen Gruppen eher noch verschärfen – entgegen den wohl meinenden Bemühungen, Gleichberechtigung für alle in der Bildung herzustellen. Vernachlässigt die Schulkultur in ihrer kognitivistischen Ausrichtung die sozioemotionalen Bedingungen heterogener Lerngruppen, werden neue Aussonderungsmechanismen installiert (vgl. Rauh 2012). Das gesellschaftstheoretische Defizit der Inklusionspädagogik zeigt sich in dieser pädagogischen Unbedarftheit besonders krass. Der Verzicht auf die Einbindung der Diskussion um Inklusion in ein gesellschaftstheoretisches Instrumentarium, das auf gesellschaftsanalytischen Begriffen von Gesellschaft, Sozialstruktur, Herrschaft und Hegemonie aufruht, signalisiert den fehlenden Willen der Disziplin Erziehungswissenschaft, pädagogische und bildungspolitische Probleme von einer grundsätzlichen, an ihre Wurzeln gehenden Argumentationsweise her zu erschließen.

IV

Inklusionspädagogik bleibt affirmative Pädagogik, die die Rechte aller Kinder auf eine gemeinsame Bildung und Schule nicht nachdrücklich umsetzen kann, soweit sie auf die Analyse einer nach neoliberalen Leitprinzipien organisierten, zentrifugal wirkenden Gesellschaft verzichtet. Im Gegenteil, Inklusionspädagogik verleiht dieser Gesellschaft zusätzliche Legitimation, indem sie die Umsetzbarkeit inkludierender Maßnahmen im Rahmen einer auf Exklusion angewiesenen und auf ihr basierenden Sozialformation suggeriert. Tabuisiert wird zugleich die zum Prinzip der Inklusion im Widerspruch stehende Tatsache, dass sich die Gesellschaft mit dem Instrument der Präimplantationsdiagnostik vorbehält, Leben zu selektieren und als wertlos eingestuftes Leben zu exkludieren. Ein gesellschaftstheoretisch unaufgeklärtes pädagogisches Inklusionskonzept wird das Schicksal all jener reform- und alternativpädagogischen Ansätze teilen, die die pädagogische Reformfähigkeit von Gesellschaft unterstellten und von dieser ideologisch vereinnahmt und einverleibt wurden. Inklusionspädagogik wird ihrerseits inkludiert und inkorporiert werden in einen blinden Prozess der „Modernisierung" von Gesellschaft. Auch die für alle gemeinsame Schule kann nur eine fragwürdige Gerechtigkeit bieten, wenn die auf Ungleichheit und Selektion angelegten gesellschaftlichen Reproduktionsprozesse unangetastet weiterwirken und damit Inklusion strukturell sabotieren.

In ihrem utopischen Gehalt schwebt der Inklusionspädagogik nichts anderes vor als das, was Adorno eine „emanzipierte Gesellschaft" genannt hat, eine Gesellschaft, die sich durch „die Verwirklichung des Allgemeinen in der Versöhnung der Differenzen" auszeichnet (Adorno 1951, S. 134). Allein es fehlt der gesellschaftliche Übergangsschritt zur Realisierung dieser realisierbaren Utopie. Inklusive Pädagogik überspringt idealistisch den Abgrund zwischen gesellschaftlicher Verfasstheit und realutopischem Gegenmodell, sie bleibt appellativ. Eine Gesellschaft, in der das allen Menschen Gemeinsame realisiert werden kann, ohne dass individuelle Ausprägungen und Eigenheiten aufgegeben werden müssen, die in der bestehenden Gesellschaft überhaupt nicht miteinander in einen kreativen Austausch treten können, erfordert jedoch eine völlige Umstrukturierung der gesellschaftlichen, politischen und kulturellen Basisprinzipien.[6] Sie können nicht allein durch pädagogische Eingriffe überwunden werden. Ein gesellschaftlicher Zustand, in dem jede(r) „ohne Angst verschieden sein kann" (ebd., S. 131) ist nur jenseits einer standardisierenden Tauschgesellschaft denkbar, in der der Mensch nicht mehr als Humanressource für wirtschaftliche Verwertungsinteressen begriffen wird. Gerade weil die Debatte um Inklusion die Realisierung dieses Prinzips in einer Gesellschafts- und Herrschaftsordnung suggeriert, deren Maximen ihr diametral entgegenstehen, riskiert sie, von deren kultureller Hegemonie absorbiert zu werden und damit einem auf gesellschaftlicher Ungleichheit aufbauenden System weitere Legitimation zu verleihen.

Anmerkungen

1   Bereits erschienen in: Behindertenpädagogik, Jg.51, 2012, H. 4.
2   In Absprache mit dem Autor wurden die Zusammenfassung und das Abstract vom Redaktionsteam des Jahrbuchs verfasst.
3   Wer sollte auch den Sinn inklusiver Pädagogik als Gutmensch bezweifeln wollen? Oder wäre nicht eine exklusive Bildung für alle ohne Ausnahme die bessere Forderung? Ist Inklusion nicht lediglich ein „etwas moderner klingendes Synonym für Integration" (Lienhard-Tuggener/Joller-Graf/Szaday 2011, S. 14)?
4   Zur Bedeutungsvielfalt des Begriffs vgl. Sander 2004, S. 11 ff.
5   Selbstverständlich muss es als humaner Fortschritt gewertet werden, dass das „medizinisch-defektologische Denken" (Deppe-Wolfinger 2004, S. 31) nicht mehr die Basis von Bildungspolitik im Umgang mit Behinderung darstellt.
6   Vgl. hierzu: Aichele 2010.

Literatur

Adorno, Theodor W.: Minima Moralia. Reflexionen aus dem beschädigten Leben, Frankfurt/Main 1951
Adorno, Theodor W.: Kulturkritik und Gesellschaft, Frankfurt/Main 1977
Aichele, Valentin: Die UN-Behindertenkommission, in: Das Band, 2010, H. 2, S. 4-8
Bernhard, Armin: Allgemeine Pädagogik auf praxisphilosophischer Grundlage, Baltmannsweiler 2011
Bintinger, Gitta/Harald Eichelberger/Marianne Wilhelm: Von der Integration zur Inklusion, in: Grubich, Rainer u.a. (Hrsg.): Inklusive Pädagogik. Beiträge zu einem anderen Verständnis von Integration, Aspach 2005, S. 20-42
Deppe-Wolfinger, Helga: Integrationskultur – am Anfang oder am Ende?, in: Schnell, Irmtraud/Alfred Sander (Hrsg.): Inklusive Pädagogik, Bad Heilbrunn 2004, S. 23-40
Diehm, Isabell: Integration und Inklusion im Kontext von Migration und Pädagogik, in: Lütje-Klose, Birgit/Marie-Therese Langer/Björn Serke/Melanie Urban (Hrsg.): Inklusion in Bildungsinstitutionen. Eine Herausforderung an die Heil- und Sonderpädagogik, Bad Heilbrunn 2011, S. 37-46
Eckert, Ela/Ingeborg Waldschmidt: Vorwort, in: dies. (Hrsg.): Inklusion – Menschen mit besonderen Bedürfnissen und Montessori-Pädagogik, Berlin 2010, S. 8-10
Lienhard-Tuggener, Peter/Klaus Joller-Graf/Belinda Mettauer Szaday: Rezeptbuch schulische Integration. Auf dem Weg zu einer inklusiven Schule, Bern/Stuttgart/Wien 2011
Menasse, Robert: Permanente Revolution der Begriffe, Frankfurt/Main 2009
Rauh, Bernhard: Die Dialektik von Inklusion und Exklusion und ihre Bedeutung für die ‚Schule für alle', in: Lütje-Klose, Birgit/Marie-Therese Langer/Björn Serke/Melanie Urban (Hrsg.): Inklusion in Bildungsinstitutionen. Eine Herausforderung an die Heil- und Sonderpädagogik, Bad Heilbrunn 2011, S. 47-53
Sander, Alfred: Inklusive Pädagogik verwirklichen – Zur Begründung des Themas, in: Schnell, Irmtraud/Alfred Sander (Hrsg.): Inklusive Pädagogik, Bad Heilbrunn 2004, S. 11-21
Schäper, Sabine: Ökonomisierung in der Behindertenhilfe. Praktisch-theologische Rekonstruktionen und Erkundungen zu den Ambivalenzen eines diakonischen Praxisfeldes, Berlin 2006

Markus Dederich

„Nature Loves Variety – Unfortunately Society Hates it".
Emotionale Resonanzen auf Behinderung und ihre Bedeutung für die Inklusion

Zusammenfassung: Die Wertschätzung von Vielfalt und Differenz ist die sozialmoralische Kernforderung der Inklusion. Deren Verwirklichung hängt nicht nur von objektiven und tendenziell steuerbaren Rahmenbedingungen ab, sondern hat auch eine subjektive Dimension, die einerseits Einstellungen umfasst, andererseits aber auch Gefühle gegenüber Menschen, die als anders wahrgenommen werden. Am Beispiel des Phänomens ‚Behinderung' versucht der Beitrag zu zeigen, wie bestimmte Gefühle zu einem gravierenden Hindernis für das Gelingen von Inklusionsprozessen werden können.

Abstract: The appreciation of diversity is a basic moral requirement of inclusion. The realisation of inclusion does not only depend on objective and more or less controllable circumstances. It also has a subjective dimension, which comprises attitudes as well as feelings about people who are perceived as being different. Using the example of ‚disability' this paper tries to indicate how certain feelings can become obstacles to successful processes of inclusion.

Keywords: Inklusion, Gefühle, Behinderung, Heterophobie; inclusion, feelings, diasbility, heterophobia

1. Einführende Überlegungen

Die Wertschätzung von Vielfalt und Differenz gehört zu den sozialmoralischen Kernforderungen der Inklusion. Betrachtet man die gegenwärtige Debatte über Grundlagen und Umsetzungen der Inklusion, dann fällt auf, dass eher sozialtechnologisch kontrollierbare Aspekte im Fokus stehen: der Umbau von Organisationen und Systemen, die Qualifikation von Professionellen, die Schaffung von Barrierefreiheit, die Sicherung von Ressourcen sowie die methodische und didaktische Umsetzung. Gegenüber dieser Fokussierung auf eher objektive und tendenziell steuerbare Aspekte tritt die ‚subjektive' Dimension der Inklusion manchmal so stark in den Hintergrund, dass sie kaum noch wahrnehmbar ist – abgesehen von einigen Forschungsprojekten, die sich mit Werthaltungen und Einstellungen verschiedener Akteure beschäftigen (vgl. Langner 2014). Insbesondere fällt auf, dass Gefühle praktisch keine Rolle im Diskurs spielen. Dieses Defizit ist erstaunlich, hängt es doch maßgeblich von Gefühlen ab, ob Menschen einander offen oder mit Vorbehalten, interessiert oder zurückweisend, freundlich oder ablehnend begegnen. Gefühle sind in hohem Maße an der Schaffung von Nähe und Distanz, Sympathie und Antipathie, Bindung und Abstoßung und damit an Prozessen sozialer Integration und Stratifikation beteiligt. Das liegt unter anderem an ihrer performativen Seite, durch die sie zu einem wichtigen Moment von kulturellen Praktiken werden (vgl. Wulf 2014). Das hat inzwischen auch die politische Philosophie erkannt. So verweist Nussbaum auf die emotionale Grundierung von Akten des Wertschätzens, Respektierens und Anerkennens und deren maßgebliche Bedeutung für die Entstehung gesellschaftlicher Kohäsion und eines gerechten Gemeinwesens (vgl. Nussbaum 2013). Diese Forschung zeigt, dass manche Gefühle die soziale Kohäsion fördern, während andere sie unterminieren. Gefühle sind demnach von eminenter Bedeutung für die Politik.

Von diesem Befund ausgehend soll nachfolgend in skizzenhafter Form am Beispiel des Phänomens ‚Behinderung' gezeigt werden, wie bestimmte Gefühle entstehen und zu einem gravierenden Hindernis für das Gelingen von Inklusionsprozessen werden können. Dabei ist vorausgesetzt, dass Individuen Gefühle einfach haben. Demgegenüber gibt es historisch wandelbare Kulturen des Fühlens, die Einfluss darauf haben, wie Menschen wahrnehmen, denken und handeln, mit welchen emotionalen Resonanzen sie auf spezifische Erfahrungen antworten, ob und wie sie diese Gefühle ausdrücken usw. So verweist Frevert (2013) darauf, dass die Stärke, Sichtbarkeit und Macht von Gefühlen vom jeweils gegebenen gesellschaftlichen und historischen Kontext abhängt. Gefühle basieren nicht nur auf messbaren biologischen oder physiologischen Prozessen. Vielmehr liefern Kultur und Gesellschaft den über die Sozialisation vermittelten Deutungs- und Referenzrahmen, in dem Gefühle erfahren, mit Bedeutung versehen und versprachlicht werden. Daher verspricht eine Erforschung von Gefühlen und deren Symbolisierung auch Aufschluss darüber, welche allgemeinen gesellschaftlichen Vorstellungen, Konventionen und Praktiken in ihnen am Werk sind und sich darin artikulieren.

Eine vertiefte Auseinandersetzung mit den nachfolgend aufgeworfenen Fragen müsste sich darüber hinaus auch mit Ausdifferenzierungen des Fühlens in verschiedenen sozialen Milieus befassen und diese mit Fragen der Sozialisation verknüpfen. Ebenfalls zu berücksichtigen wären neuropsychologische und ggf. evolutionsbiologische Aspekte. Im Kontext der inklusiven Pädagogik, der es ja keineswegs nur um die Differenzkategorie ‚Behinderung' geht, sondern um ein ganzes Spektrum von Heterogenitätsdimensionen, müsste schließlich auch untersucht werden, ob und inwieweit sich die emotionalen Resonanzen auf die verschiedenen Differenzen ähneln oder auch unterscheiden.

Diesseits solcher Differenzierungen werde ich mich nachfolgend auf einen Problemaufriss und eine knappe Skizze möglicher Erklärungsansätze beschränken.

2. Emotionale Resonanzen auf ‚Behinderung'

Nachfolgende Überlegungen gehen von folgender Annahme aus und versuchen diese zu begründen: Die Gegenwart von Menschen mit Behinderungen löst auf unterschiedlichen Ebenen Irritation aus, die häufig mit negativen Gefühlen einhergehen und so etwas wie originäre, ungebrochene Wertschätzung erschweren. Diese Irritation wirkt sich, wie nachfolgend gezeigt werden soll, auf verschiedenen Ebenen aus: Der Interaktionsebene, der Ebene der Konstitution und Aufrechterhaltung von Subjektivität und der Ebene der Formierung sozialer Ordnungen.

2.1 Irritationen auf der Interaktionsebene

Wenn eine Person in der Interaktion eine unerwartete oder unvertraute und als negativ empfundene Eigenschaft zeigt (etwa: eine starke Spastik der Hände, eine ‚verschleifte', kaum verstehbare Verbalsprache, unharmonische oder stereotype Bewegungen) kann es zu einer Fokussierung der Aufmerksamkeit auf diese Eigenschaft kommen (vgl. Reeve 2012, S. 84). Sofern nicht beeinträchtigte Interaktionspartner nicht mit solchen Situationen vertraut sind, machen sie die Erfahrung, dass in dieser Situation oder an ihrem Gegenüber etwas deutlich anders ist und vorgängige (und häufig nicht bewusste) Erwartungen nicht erfüllt werden. Eine dieser Erwartungen könnte sich auf die Reziprozität beziehen, etwa die Möglichkeit, sich in den Interaktionspartner hineinversetzen zu können und sich wechselseitig zu verstehen. Wenn sich solche Erwartungen nicht erfüllen, tut sich plötzlich ein Riss im vertrauten Gewebe der Welt auf, Wahrnehmungs- und Interaktionsroutinen geraten ins Stocken oder werden außer Kraft gesetzt. Dies wiederum kann auf beiden Seiten intensive Gefühle auslösen: Unsicherheit, Scham, Verlegenheit, Beklemmung, Wut, Frustration, das Bedürfnis sich abzuwenden usw.

Wenn das Auftauchen solcher Gefühle als negativ bewertet wird, wird sich für vergleichbare Situationen ein Vermeidungsimpuls einstellen, was in diesem Fall heißt: die Vermeidung einer Begegnung mit diesen Menschen. Eine historisch wirkungsmächtige Lösungsstrategie für diese Situation besteht darin, die Interaktion mit den Irritation auslösenden Menschen an Spezialisten zu delegieren, was nichts anderes bedeutet, als Inklusion durch Exklusion zu gewährleisten (vgl. Fuchs 2002).

Wenn sich des Weiteren der Impuls zur Vermeidung von Unsicherheit auf der Handlungsebene zu einem mehr oder weniger stabilen kollektiven Muster verdichtet, ist zumindest eine Vorstufe zu dem erreicht, was in der Literatur als

Heterophobie und Xenophobie bekannt ist: eine ablehnende, ausgrenzende oder feindliche Haltung gegenüber Personen oder Gruppen, die als auf störende oder nicht passende Weise andersartig wahrgenommen werden.

2.2 Bedrohung der Subjektivität

Die Begegnung mit Menschen mit Behinderungen führt nicht nur zu Irritationen auf der unmittelbar gegebenen Interaktions- und Handlungsebene. Diese Irritationen können sich gleichsam in dem nicht behinderten Individuum einnisten und als Bedrohung seines Selbstverständnisses als Subjekt empfunden werden. Insofern kann diese Bedrohungsform eine Steigerung der ersten Form sein. Einen Erklärungsansatz für diese negative Reaktion liefert die in den Disability Studies entwickelte Theorie des ‚ableism'. Diese Theorie besagt im Kern, dass wir an beeinträchtigten Menschen in erster Linie etwas Negatives wahrnehmen: die Beschädigung, den Mangel, die Unvollständigkeit, die wir mit unerwünschter Hilflosigkeit und Angewiesenheit in Verbindung bringen. ‚Ableism' bezeichnet ein System performativ wirksamer Überzeugungen und institutionalisierter Praktiken, die ein bestimmtes wirkungsmächtiges Bild vom Menschen hervorbringen und verfestigen: Ein erwartungsgenerierendes Beurteilungs- und Bewertungsraster, das wir in der Regel spontan und unhinterfragt verwenden. Es beruht zum einen auf bestimmten Vorstellungen über den menschlichen Körper, die zwischen Normalitätsstandards und Idealvorstellungen schillern und zugleich bestimmte Erscheinungsformen ausschließen, zum anderen auf bestimmten kognitiven bzw. geistigen Vermögen, die als typisch menschlich eingestuft werden.

Im Bezugsfeld des ‚ableism' erscheinen beeinträchtigte Menschen als doppelte Negation: Mit ihren außerordentlichen, z.B. unvollständigen oder atypisch funktionierenden Körpern sprengen sie tief verwurzelte und als Erwartungen wirksame Richtigkeitsvorstellungen. Und sie lassen das vermissen, was nach neuzeitlichen Vorstellungen den Menschen vom Tier unterscheidet und ihn zu einem Subjekt macht: autonome Handlungsfähigkeit, Souveränität und Leistungsfähigkeit.

Kurz: Wenn eine Behinderung nicht als gradueller Unterschied, sondern als qualitative Differenz empfunden wird, erscheint der behinderte Mensch als Verkörperung dessen, was das moderne Subjekt nicht ist und sein möchte. Und das weckt, wie Hughes (2012a, 2012b) in einer Reihe phänomenologisch und sozialtheoretisch ausgerichteter Beiträge zur emotionalen Infrastruktur des ‚ableism' zeigt, starke Gefühle, vor allem Angst, Mitleid und Ekel. Diesen Gefühlen schreibt er eine besondere Bedeutung bei der emotionalen Konstruktion von Behinderung zu: „These are the aversive and hierarchizing emotions deployed in the bowels of intolerance to depict enemies, outliers, strangers – the embodied portents of defilement. Such sentiments depict an alterity that is evil, sinister, threatening, contemptible, repulsive and pitiable" (Hughes 2012a, S. 75 f.).

An anderer Stelle arbeitet Hughes (2012b) die sozialtheoretische Rahmung seiner bei den Emotionen ansetzenden Theorie der Behinderung stärker heraus. Dabei bezieht er sich auf Norbert Elias' Arbeit „Über den Prozess der Zivilisation" (Elias 1976). Die negativen emotionalen Resonanzen auf Behinderung stehen in der Neuzeit unter starkem Einfluss des Zivilisationsprozesses, der eine erhebliche Abwertung körperlicher und intellektueller Abweichung bei gleichzeitiger Herausbildung zivilisatorischer Körper- und Verhaltensnormen begünstigt hat (vgl. Hughes 2012b, S. 17). „The ableist body ‚helps' non-disabled people cope with their fears about their own corporeal vulnerability. It does so by invoking the opposite, the disabled body, a foreign entity that is anomalous, chaotic and disgusting" (Hughes 2012b, S. 23).

Von den drei von Hughes genannten Gefühlen soll nachfolgend exemplarisch der Ekel etwas näher betrachtet werden. Wie Nussbaum in ihrem Buch „Political Emotions" (2013) zeigt, ist Ekel eine der politisch bedeutsamsten Emotionen. Sie unterscheidet zwischen einem primären und einem projektiven Ekel. Primärer Ekel kann beispielsweise durch unangenehme Gerüche, verdorbene Speisen, Ausscheidungen, Blut, Sperma, Speichel, klebrige oder schleimige Substanzen usw. ausgelöst werden. Projektiver Ekel knüpft an primären Ekel an und wird durch das ausgelöst, was uns an unsere physische, tierhafte Natur erinnert und damit an unsere Verletzbarkeit und Sterblichkeit. Er ist eine Ausdehnung des Ekelgefühls in die soziale Welt und entzündet sich an bestimmten Individuen oder Gruppen, denen jeweils bestimmte, an primäre Ekelobjekte erinnernde Eigenschaften zugeschrieben werden. Nussbaum spricht von projektivem Ekel, weil auf andere Menschen oder andere Gruppen etwas übertragen wird, was in Bezug auf die eigene Person oder Gruppe ebenso zutrifft, aber verleugnet wird. So werden homosexuelle Handlungen mit Verschmutzung durch Sperma und Exkremente oder Ansteckung assoziiert, Frauenkörper mit Blut (Menstruation, Geburt) oder Menschen mit (schweren) Beeinträchtigungen mit körperlicher Hinfälligkeit, Hilflosigkeit usw. Wie Nussbaum feststellt, hat Ekel im Raum des Politischen – und damit, so könnte man ergänzen: für die Inklusion – eine weitreichende Konsequenz: „Disgust blocks equal political respect" (Nussbaum 2013, S. 186). Mit diesen Hinweisen soll nicht gesagt werden, dass Ekel im Bereich des Politischen ein ausschließlich negatives Gefühl ist. Ihm kann auch eine wichtige positive ethische Funktion zukommen, und zwar dann, wenn sich in ihm ein emotionales Urteil über etwas moralisch zutiefst Unrichtiges artikuliert (vgl. Konlai 2007, S. 56 ff.)

An dieser Stelle möchte ich kurz auf zwei Ansätze hinweisen, die auf je spezifische Weise den Zusammenhang zwischen ‚ableism' und der Konstitution und

Aufrechterhaltung des Subjekts herausstellen. Der erste ist psychodynamisch, der zweite bildungstheoretisch.

a) Ein Kennzeichen des projektiven Ekels besteht darin, dass er eben nicht nur den Anderen als den Auslöser des Ekels betrifft, sondern im Kern mich selbst. Das Ekelerregende liegt hier darin, dass es auf mich selbst zurückverweist, auf verborgene Aspekte oder Möglichkeiten meiner eigenen Existenz, die als negativ, als beunruhigend und bedrohlich empfunden und deshalb abgewehrt werden.

Psychodynamisch gesehen nimmt die psychische und soziale Entwicklung des Menschen von einer Situation hochgradiger Abhängigkeit, Angewiesenheit und Fremdbestimmung ihren Ausgang und geht für viele Jahre – und in gewisser Weise auch ein Leben lang – in einen prekären und verletzungsanfälligen Balanceakt zwischen Angewiesenheit und Handlungsfähigkeit, Fremdbestimmung und Autonomie über. Es liegt nahe zu vermuten, dass Prozesse der Ich-Bildung eine unbewusste Leugnung von Abhängigkeit, Unvollkommenheit und Verletzlichkeit implizieren. Erwachsenwerden bedeutet, das Bewusstsein von Abhängigkeit, Unvollkommenheit und Verletzlichkeit schrittweise durch ein Bewusstsein der eigenen Souveränität zu überwinden. Aufgrund der Abwehr des Bewusstseins der eigenen durchaus fragilen und prekären Konstitution stehen, so die psychodynamische Vermutung, dem nichtbehinderten Subjekt nur begrenzt Möglichkeiten zur Verfügung, „Menschen als gleichwertig zu betrachten, die aufgrund von körperlichen, geistigen oder seelischen Merkmalen anders sind. Das Subjekt, das sich nur unter sehr ambivalenten Bedingungen als autonom und handlungsfähig konstituiert, favorisiert [...] bestimmte Normalisierungsprozesse, die davor schützen, Behinderung als einen potentiell für das Selbst zutreffenden Zustand zu empfinden" (Danz 2014, S. 13 f.).

b) Der zweite Erklärungsansatz für die Abwehr bzw. Leugnung ist bildungstheoretischer Natur. In einer Kultur, die seit den Anfängen eines systematischen Nachdenkens über die Funktion, den Sinn und die Ziele von Erziehung und Bildung auf die Formung des Subjekts gesetzt hat, werden diejenigen zum Problem, die sich diesen Formierungsprozessen (die häufig als Selbstkonstituierungsprozesse verstanden werden) widersetzen oder nicht die dafür notwendigen inneren Voraussetzungen und Ressourcen mitbringen. Hier sollen nur drei, allerdings zentrale Aspekte genannt werden:

Erstens: Höherbildung. Höherbildung meint zunächst so viel wie Aneignung von Wissen und Verfügung über einen gewissen Kanon als wichtig angesehener kultureller Leistungen in Geschichte, Wissenschaft, Politik, den Künsten usw. Höherbildung meint aber auch eine Arbeit an der Verfeinerung des Subjekts, etwa der Zivilisierung des körperlichen Ausdrucks oder der Regulierung von Affekten sowie die Verfügung über bestimmte Verhaltens- und Kommunikationsstandards.

Zweitens: Selbstbestimmung. Die in der neuzeitlichen Philosophie seit Pico della Mirandola virulente und stets weiterentwickelte Idee der Selbstbestimmung ist nicht nur in der Pädagogik, sondern auch in der Kultur insgesamt außerordentlich einflussreich gewesen. Das zeigt sich in der Philosophie am deutlichsten. Dort steht die Selbstbestimmung im Zentrum fast aller modernen Selbstbeschreibungen des Menschen – trotz der vielfältigen philosophischen Kritik, der sich diese Fokussierung im 20. Jahrhundert ausgesetzt gesehen hat. Selbstbestimmung wird seit Pufendorf und Kant als Voraussetzung und Medium menschlicher Moralität angesehen und gilt als eines der unverzichtbaren Kriterien bei der Prüfung des ‚moralischen Status' von menschlichen und nichtmenschlichen Individuen.

Drittens: Fähigkeiten. Gemeint sind verschiedene Fähigkeiten aller Art, vor allem auch die Fähigkeit, Fähigkeiten gezielt weiterzuentwickeln und zu verfeinern. Vor allem die Leistungsfähigkeit ist ein zentrales Kriterium für die Menschhaftigkeit des Menschen im Sinne der modernen Kultur. Das zeigt sich an der engen Verkoppelung von Autonomie und Arbeits- bzw. Leistungsfähigkeit. Obwohl hier eine begriffliche Verwechslung mit ‚Unabhängigkeit' vorliegt, gelten vor allem diejenigen als selbstbestimmt, die ihr Leben möglichst unabhängig von Hilfe und Unterstützung bewältigen können.

Trotz der an diesem Subjektverständnis vorgebrachten vielfältigen Kritik hat es bis in die Gegenwart hinein eine leitende oder orientierende Funktion in unserer Gesellschaft. Es ist immer noch eine (zumindest in Kulturen westlicher Prägung) tief verwurzelte und daher wirkungsmächtige Matrix der spontanen Beurteilung und Bewertung von Individuen. Es impliziert Kriterien für (kulturell für legitim gehaltene) Erwartungen oder Ansprüche, die wir gegenüber anderen Menschen haben. Wenn wir diese Kriterien nicht oder nicht hinreichend erfüllt sehen, sehen wir uns einem tief greifenden Problem gegenüber – dem Problem, dass das, was uns zu erwarten als selbstverständlich oder zumindest legitim erscheint, nicht vorliegt. Menschen, die die Kriterien von Subjektivität nicht oder nicht hinreichend erfüllen, erscheinen uns als in einem pädagogischen, sozialen oder fundamental menschlichen Sinn prekäre Existenzen. Wir empfinden ihre Verschiedenheit keineswegs als normal. Vielmehr trifft umgekehrt zu, dass sie unsere Aufmerksamkeit wecken und uns zu Interventionsmaßnahmen verschiedenster Art herausfordern. Maßnahmen, die trotz ihrer Unterschiedlichkeit alle in der Überzeugung konvergieren, es mit einem bearbeitungs- und veränderungsbedürftigen humanen Status zu tun zu haben.

2.3 Behinderung als Bedrohung sozialer Ordnungen

Ich habe im vorangehenden Abschnitt auf emotional unterfütterte Distanzierungsbewegungen hingewiesen, die sich aus der Wahrnehmung einer beschädigten, reduzierten, defizitären Menschhaftigkeit speisen.

Wie ist das zu erklären? Zygmunt Bauman zufolge werden Individuen oder Gruppen, die er als ‚Fremde' bezeichnet und zu denen auch Menschen mit Behinderungen gerechnet werden können, häufig als Störung einer als selbstverständlich und legitim empfundenen anthropologischen und kulturellen Ordnung empfunden. Sie stellen die innere Kohärenz, die ordnungsbildenden und Identitäten sichernde Grenzziehungen, das System von Richtigkeitsvorstellungen und Erwartungen in Frage. Sie lassen „den Felsen zerspringen, auf dem die Sicherheit des täglichen Lebens ruht" (Bauman 1999, S. 23). Bauman schreibt: „Während sie ihre Grenzen zieht und ihre kognitiven, ästhetischen und moralischen Landkarten entwirft, gebiert eine Gesellschaft zwangsläufig Menschen, die Grenzlinien verdecken; Grenzlinien, die diese Gesellschaft als unverzichtbar für ihr geordnetes und/oder sinnvolles Leben erachtet, und jenen Menschen wirft man deshalb vor allem vor, ein überaus schmerzhaftes, schier unerträgliches Gefühl des Unbehagens zu erzeugen" (ebd., S. 35). Ohne solche Grenzziehungen – und das heißt: ohne Selektion und Exklusion – sind Gesellschaften und Kulturen nicht denkbar. Sicher: Die Infragestellung von grenzziehenden Selektionen und Exklusionen und damit die Infragestellung einer etablierten Ordnung kann zu einer fruchtbaren Öffnung und Weiterentwicklung von sozialen Gruppen oder Gesellschaften führen, wird aber oft auch als Irritation oder Bedrohung erlebt.

Nun weckt die Präsenz behinderter Menschen – und anderer ‚Fremder' – nicht nur starke Gefühle, sie ruft auch Gegenmaßnahmen hervor. Bauman unterscheidet diesbezüglich idealtypisch zwischen einer anthropophagischen und einer anthropoemischen Strategie. Die anthropophagische Strategie zielt darauf ab, die Fremden möglichst weitgehend zu assimilieren, anzugleichen, zu normalisieren, d.h.: die als qualitativ empfundene Differenz zu minimieren. Die anthropoemische Strategie dagegen setzt auf Aussonderung, Abstoßung und nötigenfalls Vernichtung.

Wie Tobin Siebers in verschiedenen Publikationen zeigt, haben die Resonanzen auf Behinderung und die sich daraus entwickelnden institutionalisierten Praktiken eine häufig unterschätzte ästhetische Seite, die ihrerseits mit Gefühlen verbunden ist (Siebers 2009, 2010). Siebers zufolge ist die Ästhetik für ein vertieftes Verständnis des Prozesses, die Behinderung zu einem sozialen und kulturellen Problem werden lassen, von häufig unterschätzter Bedeutung: „Aesthetics is the domain in which the sensation of otherness is felt at its most powerful, strange, and frightening" (Siebers 2010, S. 23).

Siebers arbeitet heraus, dass der soziale Status und die (Nicht-)Anerkennung von Menschen mit Behinderungen in zweifacher Weise unter ästhetischen Gesichtspunkten analysiert werden muss. Zum einen wird die prekäre oder fragwürdige Menschhaftigkeit behinderter Menschen daran festgemacht, wie sie sinnlich wahrgenommen und gedeutet werden: sie zeigt sich auf der Ebene des Körpers in ihrem Aussehen, in ihrer Ungelenkheit, in der Weise, wie sie sich artikulieren, in ihrer Abhängigkeit von Hilfsmitteln, ja in den Irritationen selbst, die sie auslösen. Zum anderen zeigt Siebers, dass die bei der Körperlichkeit ansetzende Wahrnehmung und Deutung behinderter Menschen durch gesellschaftliche und kulturelle Symbolisierungspraxen und ästhetischen Repräsentationen (Bilder, Kunstwerke, literarische und nichtliterarische Texte usw.) beeinflusst und geformt werden, die ihrerseits mit der binären Schematisierung ‚ability'-,disability' arbeiten und diese reproduzieren. Vor diesem Hintergrund spricht Siebers (2010) von einer Ästhetik der menschlichen Disqualifikation: Behinderte Menschen symbolisieren Unordnung im Sinne von Verfall, Auflösung, Zersetzung oder unkontrolliertem und unkontrollierbarem Wildwuchs. Ihre Gegenwart stellt vertraute Maßstäbe, Konventionen und Normalitätserwartungen in Frage und droht, diese außer Kraft zu setzen. Sie verwischt die klaren Grenzen. Das ist der Grund dafür, dass Bestrebungen zur Schaffung barrierefreier und damit potentiell inklusiver öffentlicher Räume häufig „Widerstände und Abwehrmechanismen" (Siebers 2009, S. 18) auslösen. Die „ästhetische Aversion gegen Behinderung" (ebd.) ist nicht auf die einzelnen Menschen mit Behinderung beschränkt, sondern sie erstreckt sich, so Siebers, auch auf deren Präsenz im öffentlichen Raum. Es ist, als würde der öffentliche Raum selbst durch die Gegenwart behinderter Menschen (und ich ergänze: anderer Fremder) kontaminiert. Das Beschädigtsein eines Individuums durch eine Behinderung beschädigt die humane Integrität des sozialen Raums.

Wie kann das sein? Wenn ich Siebers richtig verstehe, sind die körperbezogenen Kriterien des ‚ableism' den Kriterien, die einen integren öffentlichen Raum kennzeichnen, analog, und beide sind symbolische Repräsentationen einer bestimmten politischen und kulturellen Ordnung. Eine Gesellschaft, die im Sinne des ‚ableismus' von idealen Körpern träumt und alltagspraktisch wie psychopolitisch an der Vision des normalen Körpers festhält, beharrt daher auf öffentlichen Räumen, die diesem Ideal nahekommen. Dem Ideal eines integren und reinen individuellen Körpers entspricht insofern das Ideal eines integren und reinen öffentlichen Raums, der seinerseits die politische Ordnung – wie übrigens und keineswegs zufällig auch im biologischen und politischen Rassismus – symbolisch repräsentiert. Die Gegenwart ungesunder, hässlicher, versehrter, fremdartiger Menschen ist daher eine Störung der angestrebten Ordnung – sie erscheinen als außerordentliche Körper, sie sind Fremd-Körper, das Andere der Ordnung. Barrieren haben insofern eine stabilisierende und quasi hygienische Funktion: Durch ihre Selektivität und Exklusivität sichern sie die Reinheit einer gegebenen Ordnung und ihrer Materialisierung im öffentlichen Raum. Siebers bündelt seinen Gedanken wie folgt: „Der Schönheit, Ordnung und Sauberkeit der gebauten Umwelt kommt in entwickelten Gesellschaften ein hoher Stellenwert zu, weil sie die Sorge um unseren Körper, etwa seine Gesundheit, Ganzheit und Hygiene, auf diese künstlichen Körper übertragen. Nur eine genaue Analyse dieses starken symbolischen Bezugs wird erklären können, warum Vorurteile gegen behinderte Körper in der gebauten Umwelt so manifest bleiben [...]" (Siebers 2009, S. 31). Ästhetische Urteile gegenüber behinderten Menschen und anderen Minderheiten bleiben häufig unbewusst, können aber trotzdem – oder vielleicht auch gerade deshalb – eine beträchtliche politische Wirkungsmacht entfalten, denn sie prägen Vorstellungen von einem intakten, gesunden, prosperierenden Gemeinwesen.

3. Schlussbemerkung

In den vorangehenden Abschnitten ging es darum, einen Aspekt der auf die Wertschätzung von Vielfalt setzenden Idee der Inklusion herauszustellen, der im Diskurs häufig unterbelichtet bleibt. Sowohl auf psychologischer als auch auf sozialer Ebene hat Differenz zwei ineinander greifende, zugleich aber auch gegenläufige Funktionen. Zum einen ist Differenz unverzichtbar für die Generierung von spezifischen, in sich differenzierten sozialen Ordnungen mit ihren Wissensformen, Sinnvorstellungen, Identitätsangeboten, Subjektivierungspraxen usw. Ohne Differenz sind weder kollektive Gebilde noch sich ihrer selbst bewusste individuelle Identitäten möglich. Zum anderen stellt Differenz diese Ordnungen immer auch in Frage; daher wird sie oft als bedrohlich und angstauslösend erlebt und weckt negative Gefühle wie Abneigung, Aggression und Feindseligkeit (vgl. Hall 1997, S. 238).

Vor diesem Hintergrund gilt es festzustellen, dass die im Diskurs über die Inklusion oft wiederholte Losung „Es ist normal, verschieden zu sein", überaus missverständlich ist. Grammatikalisch ist der Satz eine Tatsachenbehauptung – er gibt vor, lediglich einen Sachverhalt zu konstatieren. Empirisch jedoch ist eher der Satz zutreffend: „Es ist nicht normal, verschieden zu sein". Die nicht-ausschließende Wertschätzung von Differenz ist eine kontrafaktische Behauptung. Sie drückt ein bildungsphilosophisches Ideal, eine sozialethische Forderung, ein politisches Programm aus, jedoch nur sehr bedingt eine Tatsache.

Heterophobie und Xenophobie sind undenkbar ohne gesellschaftlich und kulturell geformte Vorstellungen, Menschenbilder und Deutungen des Fremden, ohne entsprechende Symbolisierungspraxen und mediale Repräsentationen des sich vom Eigenen und Vertrauten abhebenden Fremden. Diese Symbolisierungen und Repräsentationen sind besonders dann wirkungsmächtig, wenn sich die in ihnen zum Ausdruck gebrachte Fremdheit und Andersartigkeit an objektivierbaren Merkmalen festmachen lässt und die Wahrnehmung der trennenden Unterschiede die Wahrnehmung verbindender Gemeinsamkeiten oder Ähnlichkeiten überlagert. Dies zeigt z.B. auch die Rassismusforschung (vgl. Mbembe 2014). Diese

Verschiebung der Wahrnehmung und Deutung anderer Menschen bzw. Gruppen führt regelmäßig zur Eintrübung und Schwächung von Empathie und Fremdverstehen und macht es in der Folge schwerer, sie als Meines- bzw. Unseresgleichen anzuerkennen (vgl. Breyer 2013).

Die Wahrnehmung einer beschädigten, reduzierten und defizitären Menschhaftigkeit ist gewiss keine unabänderliche Notwendigkeit. Gleichwohl lässt sie sich weder durch wohlmeinende politische, pädagogische oder moralische Postulate noch durch die Konzentration auf rechtliche, bildungspolitische, schulorganisatorische, curriculare, methodische und didaktische Aspekte der Inklusion neutralisieren oder sogar überwinden.

Tatsächlich erfordert die Realisierung der Idee der Inklusion einen radikalen kulturellen und psychopolitischen Transformationsprozess. Die alleinige Bearbeitung ‚äußerer' Probleme und Hindernisse, die man mittels verschiedener Sozialtechnologien beeinflussen kann, wird nicht ausreichen. Allein auf diesem Weg werden die vielfach unbewussten Prozesse der Konstitution der Differenz von Ich und Anderem, von Vertrautem und Fremdem mitsamt ihrer Verschränkung mit komplexen historischen, gesellschaftlichen und kulturellen Bedingungsfaktoren nicht abgebaut werden können. Erforderlich ist auch eine ‚innere' Transformation der Menschen. Wenn Stigmatisierung und Exklusion, die zu den zentralen Problemen moderner Gesellschaften gehören, auch ein Ergebnis politisch wirksam werdender Gefühle sind, wird die notwendige Transformationsarbeit auch eine Transformation von Gefühlen implizieren müssen (vgl. Nussbaum 2013). Eine gewisse Annäherung an die Ideale der Inklusion wird nur gelingen, wenn eine hinreichend große Zahl von Menschen tatsächlich damit beginnt, inklusiv wahrzunehmen, zu fühlen, zu denken und zu handeln. Ohne kulturelle und andere Differenzen zu negieren wird es darauf ankommen, auch und gerade auf der Gefühlsebene Typisierungen zu überwinden und die Wahrnehmung der Singularität jedes Menschen zu stärken.

„[…] only a vigorous imaginative engagement with another persons's particularity will undo or prevent the ravages of group-based stigma and reveal citizens to one another as whole and unique people" (Nussbaum 2013, S. 165).

Literatur

Bauman, Zygmunt (1995): Postmoderne Ethik. Hamburg
Bauman, Zygmunt (1999): Das Unbehagen in der Postmoderne. Hamburg
Berger, Peter L./ Luckmann, Thomas (1977): Die gesellschaftliche Konstruktion der Wirklichkeit. Frankfurt/M.

Breyer, Thiemo (2013): Empathie und ihre Grenzen: Diskursive Vielfalt – phänomenale Einheit? In: Breyer, Thiemo (Hg.): Grenzen der Empathie. Philosophische, psychologische und anthropologische Perspektiven. München, S. 13-42.

Campbell, Fiona Cumari (2009): Contours of Ableism: The Production of Disability and Abledness. Basingstoke

Carlson, Licia (2010): The Faces of Intellectual Disability. Philosophical Reflections, Bloomington/Indianapolis

Danz, Simone (2014): Vollständigkeit und Mangel. Das Subjekt in der Sonderpädagogik. Dissertation HU Berlin (unveröffentlicht)

Dederich, Markus (2013): Zwischen alten Bildern und neuen Perspektiven – Geistige Behinderung als Herausforderung für die Ethik. In: Ochsner, Beate: Andere Bilder – Zur Produktion von Behinderung in der visuellen Kultur. Bielefeld, S. 13-30.

Elias, Norbert (1976): Über den Prozess der Zivilisation. Soziogenetische und Psychogenetische Untersuchungen. 2 Bände, Frankfurt/M.

Frevert, Ute (2013): Vergängliche Gefühle. Göttingen

Fuchs, Peter (2002): Behinderung und soziale Systeme, Anmerkungen zu einem schier unlösbaren Problem, in: Das gepfefferte Ferkel. http://www.ibs-networld.de/altesferkel/fuchs-behinderungen.shtml (10.8.2005)

Goodley, Dan: The Psychology of Disability. In: Watson, Jack/Roulstone, Alan/Thomas, Carol (Hg.): Routledge Handbook of Disability Studies. London und New York, S. 310-323.

Hall, Stuart (1997): The Spectacle of the 'Other'. In: Hall, Stuart (Hg.): Representation. Cultural Representations and Signifying Processes, London, Thousand Oak, New Delhi, S. 223-279.

Hughes, Bill (2012a): Fear, pity and disgust: emotions and the non-disabled imaginary. In: Watson, Jack/Roulstone, Alan/Thomas, Carol (Hg.): Routledge Handbook of Disability Studies. London und New York, S. 67-77.

Hughes, Bill (2012b): Civilising Modernity and the Ontological Invalidation of Disabled People. In: Goodley, Dan/Hughes, Bill/Davis Lennard (Hg.): Disability and Social Theory. New Developments and Directions. Basingstoke, S. 17-32.

Kolnai, Aurel (2007): Ekel, Hochmut, Hass. Zur Phänomenologie feindlicher Gefühle. Frankfurt/M.

Mbembe, Achille (2014): Kritik der schwarzen Vernunft. Berlin

Nussbaum, Martha (2013): Political Emotions. Why Love Matters for Justice. Cambridge und London

Reeve, Donna (2012): Psycho-emotional disableism. The missing link? In: Watson, Jack/Roulstone, Alan/Thomas, Carol (Hg.): Routledge Handbook of Disability Studies. London/New York, S. 78-92.

Siebers, Tobin (2009): Zerbrochene Schönheit. Essays über Kunst, Ästhetik und Behinderung. Bielefeld

Siebers, Tobin (2010): Disability Aesthetics. Ann Arbor

Wulf, Christoph (2014): Emotion. In: Wulf, Christoph/ Zirfas, Jörg (Hg.): Handbuch Pädagogische Anthropologie. Wiesbaden, S. 113-123.

Georg Feuser

Inklusion – eine Herausforderung der Pädagogik?

Zusammenfassung: Der Diskurs um Fragen der Inklusion in der Regel-, Heil- und Sonderpädagogik hat keine Konsistenz. Der Inklusionsbegriff dient euphemistischer Verstellungen der Problematik institutionsinterner Exklusionen im Bildungssystem und der systematischen Produktion und Reproduktion von Ungleichheit. Exklusionen stehen auch in der Pädagogik mit armutsbedingter Deprivation und deren Folgen für die Persönlichkeitsentwicklung in Zusammenhang. Ungleichheit abzuschaffen verlangt, Solidarität aufzubauen. Dies ermöglicht eine die Vielfalt an Kommunikationen ermöglichende nicht ausgrenzende Pädagogik durch ein Lernen in Kooperation aller miteinander an einem ‚Gemeinsamen Gegenstand' auf der Basis einer ‚entwicklungslogischen Didaktik', durch die Lernende einander subjektiv bedeutsam werden. Noch nach 40 Jahren der Inklusionsentwicklung im deutschsprachigen Raum dominieren Praxen der Integration der Inklusion in die Segregation – ein Paradoxon.

Abstract: The discourse around questions of the inclusion in regular and special education fields does not have any consistency. The inclusion concept serves more euphemistically adjustments of the difficulties of institution internal exclusions in the educational system and the systematic production and reproduction of inequality. Exclusions are also associated with poverty caused deprivations and its consequences for the personality development. To abolish inequality requires to build up solidarity. This by a not excluding education system making possible the variety of communications due to learning in cooperation of everyone with each other at a ‚joint subject' based on ‚development logical didactics'. Through learning in that way becomes each other subjectively meaningful. After 40 years of inclusion development in German speaking countries a paradox still dominates: The integration of the inclusion into the segregation!

Keywords: Deprivation, Exklusion, Inklusive Bildung, Lernen am Gemeinsamen Gegenstand, Entwicklungslogische Didaktik; Deprivation, Exclusion, Inclusive Education, Learning on a Joint Subject, Development Logical Didactics

1. Irrungen und/oder Wirrungen?

Der Versuch einer Annäherung an einen wissenschaftlich fundierten Diskurs zur Frage der ‚Inklusion' in der Erziehungswissenschaft bzw. in den Domänen der

Heil- und Sonderpädagogik bzw. der ‚Regelpädagogik' ist kein leichtes Unterfangen. Mit dem Begriff der Regelpädagogik bezeichne ich die so genannte ‚allgemeine Pädagogik' in ihren institutionalisierten Strukturen eines Erziehungs-, Bildungs- und Unterrichtssystems (EBU) für jene Kinder, Jugendliche und Erwachsene, die bezogen auf dessen hierarchisch-vertikale Gliederung den schulform- und schulstufenbezogenen normativen Vorgaben, den tertiären Bildungsbereich eingeschlossen, hinsichtlich erwarteter (Schul-)Leistungen und eines zugangsbezogenen Sozialstatus entsprechen. Damit ist schon ausgesagt, dass das EBU in allen seinen Gliederungen ein selektierendes und ausgrenzendes und in Folge ein segregierendes und einschließendes ist, oder, soziologisch gesehen, im Sinne von Leitdifferenzen normwertbezogen Exklusionen und Inklusionen betreibt.

Bezogen auf diese Zusammenhänge gibt es allein begrifflich gesehen in den Fachdiskursen (der Heil- und Sonderpädagogik) zu Integrations- und Inklusionsfragen keine hinreichende Konsistenz. Ebenso diffus sind letztlich die seitens der Regelpädagogik geführten. Was die Begriffe der Integration und Inklusion betrifft, ist ersterer dadurch diffamiert, dass alle in den bislang vier Jahrzehnten der Entwicklung von Integration/Inklusion im deutschsprachigen Raum nicht gelösten Probleme, insbesondere die Einbeziehung von Kindern und Jugendlichen mit Beeinträchtigungen in strukturell unveränderte Regelschulpraxen (ich habe schon in den frühen 1980er Jahren diesbezüglich von ‚Beistellintegration' gesprochen), dem Begriff der Integration als ihm inhärentes Konzept angelastet werden, wie das Hinz schon 2002 in einer Tabelle zur integrativen versus einer inklusiven Praxis (S. 359) kontrastiert, als gäbe es, wie zu Luthers Zeiten, mit Integration eine Art ‚Wechselbalg' der Inklusion. Als Wechselbälge galten damals vom Teufel untergeschobene Kinder, solche also, die in der jüngeren Geschichte der Heil- und Sonderpädagogik als ‚(Geistig-)Behinderte' und/oder tiefgreifend Entwicklungsgestörte bezeichnet werden, die nach Luther einer vernünftigen Seele entbehren, mithin keine Menschen sind. In Bezug auf sie fordert er: „Nimm den Taugenichts und stürze ihn ins Wasser. [...] Darum wirf weg, wirf weg den schlechten (Sproß) ohne alles zögern" (Luther 1919, S. 32). Damit soll auf ein Doppeltes aufmerksam gemacht werden: Zum einen scheint es eine ‚gute' Inklusion und eine ‚schlechte' (Integration) zu geben. Zum anderen grenzt die seit Ratifizierung der UN-Behindertenrechtskonvention (UN-BRK) in Deutschland 2009 geradezu mystisch verbrämte (gute) Inklusion selbst aus. Der Begriff fungiert als Euphemismus. Das findet überdeutlichen Ausdruck in der 80-90:100-Regel, wie sie im Gutachten von Poscher, Rux und Langer (2008) mit Bezug auf den § 24 der UN-BRK vertreten wird. Als Zielvorstellung, so die Autoren, liegt der UN-BRK „eine fast vollständige Inklusion von Schülern mit Behinderungen in die Regelschulen zugrunde" (S. 27). Ebenso ergibt sich „aus dem Inklusionsziel des Abkommens von 80 bis 90% [...] nicht die Verpflichtung, genau diese Inklusionsquote zu erreichen" (ergänzen: ebd., S. 28). Zudem schließt der Art. 24, Abs. 1, der UN-BRK, so folgern die Autoren weiter, „die Existenz von Förderschulen nicht aus". „Er enthält keine Vorgaben dazu, wie die 10 bis 20% der Schüler mit Behinderungen unterrichtet werden, die auch von einer inklusiven Regelschule nicht aufgenommen werden" (ergänzen: ebd., S. 28). Das entspricht auch dem Verständnis vieler prominent für Inklusion eintretenden Fachkollegen, die für tiefgreifend und umfassend in ihrer Entwicklung beeinträchtigte Menschen ohne hinreichend humanwissenschaftliche Fundierungen mit Verweis auf deren „sonderpädagogischen Förderbedarf" weiterhin deren Sonderschulung fordern und die damit verbundenen biopolitischen Zusammenhänge nicht einmal erörtern. (Agamben 2002, Feuser 2009, Foucault 2006a,b). Sie reichen, jeweils aktualisiert, modernisiert und den entsprechenden Technologieentwicklungen angepasst, wie z.b. die Hirntodfrage der Organtransplantation oder die Präimplantationsdiagnostik der Invitrofertilisation, ungebrochen von den Wechselbälgen des 15. Jahrhunderts bis in die Gegenwart. Wir sind heute biologistischen Vorstellungen stärker verhaftet, als dies je der Fall gewesen ist, bemerken das aber kaum, weil sie ideologisch verbrämt und schließlich auch eschatologisch mythologisiert und mystifiziert werden – als gebotene Erlösung oder Verhinderung von Leiden.

Unter dem Inklusionsbegriff wird hoffähig, was dem Integrationsbegriff, der selbst völlig unbestimmt bleibt, negativ angelastet wird, während die UN-BRK als Alibi fungiert, was ich als „Inklusionismus" (Feuser 2012) bezeichne. Unbewusst bzw. bewusst negiert bleibt, dass das historisch gewordene, mithin prinzipiell veränderbare, in unseren Köpfen aber als überzeitlich normierte und scheinbar berechtigt ständisch fungierende institutionalisierte EBU, als wäre es ‚von Gottes Gnaden', interne Ausgrenzungen praktiziert. Diese Exklusionen z.B. im Sinne des Verweises von Lernenden in (Lern-)Räume des absteigenden EBU führen erst einmal nicht dazu, dass dadurch Zustände der Inklusion in dieses System aufgehoben würden. Allerdings führen solche Prozesse und besonders der Verweis in das Sonderschulsystem durch den damit verbundenen Bildungsreduktionismus zur erheblichen Begrenzung der Teilhabe am gesellschaftlichen Erbe, was sich deutlich in den schulform- und schulstufenbezogenen Curricula ausdrückt. Darüber hinaus kommt es zu einer Ausdünnung sozialer Netze und damit verbunden zu einer drastischen Reduktion der Kommunikationen im Ausmaß von sozialer Deprivation bis Isolation. Zwei Momente wirken hier zusammen: Die Bildung von Lerngruppen bzw. Klassen im Sinne einer kategorialen Heil- und Sonderpädagogik nach Behinderungsarten und deren Schweregrade in Verbindung mit dem festgestellten ‚sonderpädagogischen Förderbedarf' (Segregation) und die darauf bezogenen, in Vorurteilen wurzelnden aber auch rassistische Qualitäten entwickelnden Diskreditierungen und Stigmatisierungen der betroffenen Personen. Die notwendige Dekategorisierung des Faches, damit der Mensch wieder als Individuum hervortritt und entanonymisiert wird und er nicht weiterhin eine als defizitär bestimmte und nach IQ-Maßen vermessene Sache, eine Art (menschlicher) Gegenstand bleibt, meint nicht, was immer als Gegenargument damit verbunden wird, dass dadurch eine der individuellen Biographie Rechnung tragende Diagnostik verunmöglicht würde. Eine rehistorisierende Diagnostik (Jantzen/Lanwer 2011) ist allgemeinpädagogisch hoch bedeutsam und in Kombination mit einer Entwicklungsdiagnostik für didaktische Entscheidungen von zentraler Bedeutung. Sie wäre partizipativ zu erarbeiten und in pädagogisch relevante Sachverhalte eines gemeinsamen Lernens zu transponieren. Wenn etwas für Inklusion kontraproduktiv und unmittelbar mit Exklusion kompatibel ist, dann die noch immer dominierende Statusdiagnostik und kategoriale Etikettierung der Menschen. Ein drittes Moment von besonderer Bedeutung ist, dass sich die Betroffenen diesen exklusionsbasierten Inklusionsprozessen nicht selbst entziehen können, auch wenn das mit der Empowerment-Idee suggeriert wird. Es gilt zu erkennen, dass die im Verhältnis zur Teilhabe an den exklusiven Bildungsräumen der so genannten Bildungseliten von Exklusion Betroffenen vor allem durch Nicht-Anerkennung und Ächtung der Person letztlich als nutzlos und überflüssig entwürdigt werden und durch die Negation ihrer Kompetenzen, nach denen nicht gefragt wird, die Ausbildung eines sich selbst anerkennenden Selbstbewusstseins verhindert oder wieder zerstört wird. Bude (2008a) schreibt: „Was sie können braucht keiner, was sie denken, schätzt keiner, und was sie fühlen, kümmert keinen" (S. 15). Durch das Integral solcher und vieler anderer Deprivationen wird eine negative Identität der Selbstab- und -entwertung generiert und die Lernmotivation untergraben bis zerstört. Die resultierenden Verhaltensäußerungen, die subjektiv sinnhaft sind und systemisch gesehen die zunehmende Deprivation und Isolation kompensieren, dienen schließlich der Bestätigung der Vorurteile über diese Menschen und ihre Herkunft, was kaum deutlicher zu Tage treten kann als in den Aussagen über ‚bildungsferne Familien', derer sich Lehrpersonen wie Bildungspolitiker in gleicher Weise bedienen. Bude verweist in seiner Arbeit zum Phänomen der Exklusion auf den Exklusionsbegriff Luhmanns: „Luhmann geht sogar so weit, in der Reduktion auf den Körper einen Endzustand von Exklusion zu erkennen, der das Gesellschaftsmitglied, das in keinem der gesellschaftlich relevanten Subsysteme mehr angemessen Berücksichtigung findet und nur noch auf seinen Mangel festgelegt wird, zu einem Menschen in einem geradezu vegetativen und kreatürlichen Sinne werden lässt" (2008b, S. 250). Agamben (2002) spricht diesbezüglich in seinem gleichnamigen Werk als Folge der Aussonderung der Aussonderung bzw. der Teilung der Teilung, die zu jenem ‚Rest' führt, der das ‚nackte Leben' hervorbringt, vom ‚homo sacer' als derjenige, wie er schreibt, [...] „dem gegenüber alle Menschen als Souveräne handeln", während der Souverän der ist, [...] „dem gegenüber alle Menschen potentiell *homines sacri* sind" (S. 94). Das kennzeichnet den ‚homo sacer', das heilige Leben, [...]

„das nicht geopfert werden kann und dennoch getötet werden darf" (ergänzen: ebd., S. 92). Dies als Ausdruck der strukturellen Gewalt jener, die die Definitionsmacht haben, die Teilung der Teilung, die Exklusion in der Inklusion zu verfügen, was sich auch in einer kategorialen Heil- und Sonderpädagogik präsentiert. In unserer jüngsten Vergangenheit hat dies im Hitlerfaschismus mit der ‚Aktion T4' zur als ‚Euthanasie' schöngeredeten systematischen Ermordung von mehr als 70000 behinderten Menschen geführt (der ‚Krieg gegen die Kranken' kostete vermutlich 275000 Menschen das Leben) und in den Todeslagern zum menschlichen Zustand des ‚Muselmanns', einen, wie Agamben (2003) vermerkt, „grenzenlos vom Menschen trennbaren Nicht-Menschen" (S. 135). Es wird immer wieder argumentiert, dass Verweise darauf im Rahmen pädagogischer Fragestellungen deplatziert seien. Aber: Die der systematischen Ermordung behinderter und kranker Menschen im Hitlerfaschismus vorangehenden und diese legalisierenden Denkfiguren totaler Entwertung und Ausgrenzung, die sich auch nach 1945 bis heute fortgeschrieben haben (Hänsel 2006) und in die hier zu behandelnden Fragenkomplexe hineinreichen, sind keine Erfindung der Faschisten und weder 1933 in die Köpfe der Deutschen gekommen noch 1945 aus diesen verschwunden. Auch das muss hier gesagt sein, um auf die gedanklichen Wurzeln der Entrüstung über die Forderung nach Gleichheit aller in allen menschlichen Dimensionen und Domänen einer Demokratie, was sich im Inklusionsbegehren ausdrückt bzw. ausdrücken sollte und auf die Euphemismen, z.B. über die Notwendigkeit der Erhaltung eines Schonraums für Schwer(st)behinderte, aufmerksam machen zu können.

Inklusion in Form institutionsinterner Exklusion, der man sich nicht entziehen kann, konstituiert die „totale Institution" (Goffman) als eigentliches Problem. Nicht die Inklusion ist eine Herausforderung an die Pädagogik, sondern die hier nur kurz skizzierten institutionellen (vor allem sozialen) Exklusionen im System, die es zu überwinden und aufzuheben gilt; selbstverständlich unter Integration der insgesamt aus dem sEBU exkludierten und in der Regel in psychiatrischen Abteilungen und Heimen betreuten, behandelten oder auch nur verwahrten Menschen. Es ist interessant zu bemerken, dass mit und nach den Exklusionen nicht mehr von ‚Bildung' die Rede ist, sondern von ‚Förderung', von ‚(Lern-)Hilfe', ‚Behandlung' u.a.m. Auf einen Begriff gebracht, sehe ich die Problematik in der systematischen Produktion und Reproduktion von *Ungleichheit* als Universalie, die sowohl die Weltgesellschaft als Ganzes wie die unsere als eine ihrer Konstituenten betrifft. In Bezug auf deren Überwindung sehe ich die Pädagogik in besonderer Verantwortung und ein inklusives EBU (iEBU) als einzig relevante Strategie, um durch ein gemeinsames Lernen mittels Solidarität, bei aller Verschiedenheit der in Lerngemeinschaften Kooperierenden, die Erfahrung von Gleichheit ermöglichen zu können. Denn: Ungleichheit schafft Angst, und dies, wie angenommen werden kann, vor allem durch permanente Bewertungsprozesse in sozialen Nahbeziehungen, wie sie in Kindergartengruppen und Schulklassen bestehen. Soziale Angst führt zur Ausschüttung besonders hoher Dosen des Stresshormons Cortisol – und dies mehr als in einer konkreten Lebensgefahr (Wilkinson u. Pickett 2009); es macht krank!

Wie in der pädagogischen Praxis allerdings mittels der 'guten' Inklusion weiterhin exkludiert werden kann, ist mir logisch nicht nachvollziehbar, aber Faktum. Die Katharsis der Inklusion erfolgt durch Projektion ihrer verdrängten und möglicherweise unbewusst als negativ bewerteten Anteile auf die Integration, die so zum Phantasma wird, wenngleich die Exklusion der Betroffenen aus ihrer Inklusion in die Segregation nur über den Prozess ihrer Befreiung aus der Zwangsinklusion durch Integration in reguläre Lernräume erfolgen kann, um Voraussetzungen für Inklusion überhaupt erst einmal zu schaffen. Was heute im pädagogischen Diskurs um Inklusion geschieht, ist deren Negation. Das hier nur programmatisch skizzierte Dilemma verdeutlicht sich in einzigartiger Weise mit dem Tagungsthema der 29. Jahrestagung der Integrations-/InklusionsforscherInnen in deutschsprachigen Ländern, die im Februar 2015 stattgefunden hat, das lautete: „Inklusion ist die Antwort. Wie war noch einmal die Frage?" Blickt man auf den geplanten Tagungsverlauf und gerät einem nicht aus dem Blick, dass es ein Meeting von Forscherinnen und Forschern ist, an dem auch noch Gründungsmitglieder dieser Jahrestagungen teilnehmen, die befragt werden könnten, ist wohl nicht anzunehmen, dass diese Tagungsthematik eine humorvolle oder auch zynische Verballhornung des eigenen Denkens und Tuns ist, noch ein Versuch der historischen Rekonstruktion der nahezu vier Jahrzehnte umfassenden und damit noch sehr jungen Integrations-/Inklusionsentwicklung in deutschsprachigen Ländern, um einer deutlich darauf bezogenen Geschichtslosigkeit im Fach entgegen zu treten. Dass eine solche zunehmend zu konstatieren ist, hat ihre Ursache nicht darin, dass nicht genügend Dokumentationen und Fachbeiträge vorliegen würden, die eine lückenlose Rekonstruktion dieser vier Jahrzehnte der Entwicklung der Integration/Inklusion ermöglichen könnte, wenn man das wollte. Es wäre dann leicht feststellbar, dass sie eine selbst schon mit den Anfängen einer wissenschaftlichen Heil- und Sonderpädagogik verknüpften historischen Kontinuität gesellschaftlicher Humanisierungs- und Demokratisierungsbemühungen in der Pädagogik eine Stimme gibt, diese fortsetzt und fortschreibt. Dies sowohl in der Kontinuität der Erklärung der Menschen- und Bürgerrechte im Kontext der Französischen Revolution mit Forderungen nach Freiheit, Gleichheit und Brüderlichkeit als auch bezogen auf das Zeitalter der Aufklärung als Versuch der Überwindung von Vorurteilen und auch feudaler Strukturen durch die Berufung auf die Vernunft, wie es sich, um nur ein Beispiel zu nennen, im Saint-Simonismus auch in die Pädagogik hinein vermittelt. Edouard Séguin, der bedeutendste Vertreter dieser Orientierung, fordert in seinem zentralen Werk „Die Idiotie und ihre Behandlung nach der physiologischen Methode" 1866 (heute würden wir das eine ‚Geistigbehindertenpädagogik' nennen) die Wiederherstellung „der Einheit des Menschen in der Menschheit" und die Wiederherstellung „der zusammenhanglos gewordenen Mittel und Werkzeuge der Erziehung" (1912, S. 164). Diese Aufgabe sehe ich als eine Universalie der Pädagogik schlechthin. Sie beschreibt in einzigartiger Weise, was Inklusion im Feld der Pädagogik zu leisten hätte: die Wahrnehmung des Menschen als bio-psycho-soziale Einheit, die sich als Produkt der Wechselwirkungen von Individuum und Gesellschaft realisiert und menschliches Lernen und menschliche Persönlichkeitsentwicklung nur in nicht teilbaren, sozial und bildungsinhaltlich komplexen Kooperationsprozessen mittels nicht eingeschränkter dialogisch-interaktiver und kommunikativer Aktionen optimal stattfinden und sich in der je individuellen Biographie ungebrochen verdichten kann. Bezogen auf die Pädagogik geht es um die Überwindung der je nach Kategorien von Defiziten segregierenden Heil- und Sonderpädagogik, wie das mit der subjektwissenschaftlich fundierten materialistischen Behindertenpädagogik auf der Basis der Kulturhistorischen Schule bereits umfassend grundgelegt ist (Jantzen 2007) und der nach Maßgabe eines normativ orientierten Normalitätskonzeptes selektierenden und ausgrenzenden Regelpädagogik, wie das mit der Kategorialen Bildung Klafkis (1996) bis hin zu dessen Allgemeinbildungskonzeption angedacht ist und mit der „Allgemeinen Pädagogik" (Feuser) subjektwissenschaftlich neu konzipiert wird. Jedwede heute existierende Pädagogik ist eine Sonderpädagogik und die Bildungsinstitutionen sind Sonderschulen, auch wenn sie als Gymnasien, Hochschulen oder Universitäten firmieren. In ihrem die Heilpädagogik als wissenschaftliche Domäne der Pädagogik grundlegenden Werk schreiben Georgens und Deinhardt 1861: „Zu allen Zeiten hat es ‚Aufgegebene' und ‚Ausgestoßene' gegeben, nicht nur vereinzelte, sondern ganze Klassen, solche, die für unverbesserlich und unheilbar galten, die aus der Gemeinschaft der Gesunden und der sittlich Normalen entfernt wurden" (S. 30). „[...] daß es geschieht, wird kein einsichtiger Beobachter verkennen können, und jeder Denkende muß sich eingestehen, daß die Häufigkeit der Erscheinung auf einen entschiedenen Mangel des Erziehungswesens hinweist, wie die Menge der ‚Aufgegebenen' und ‚Ausgestoßenen' überhaupt auf eine mangelhafte Organisation der Gesellschaft" (ebd., S. 39). Vor allem die soziale Exklusion der Inkludierten spielte in der Pädagogik schon immer eine zentrale Rolle. Sie bedarf durch den Inklusionismus mitnichten einer Fortsetzung.

2. Perspektiven

Die Begriffe Integration und Inklusion enthalten weder eine pädagogische Theorie noch Handlungsanweisungen. Es ist im Grunde obsolet, diese Begriffe gegeneinander auszuspielen oder vom Inklusionsbegriff überhaupt eine Strategie zu erwarten, einen nicht selektierenden Unterricht und eine Schule für alle realisieren zu können. Exklusion und Inklusion sind Leitunterscheidungen der Gesellschaftstheorie (Stichweh 2005), aber keine analytischen Begriffe. Auch die UN-BRK bewirkt als solche pädagogisch rein gar nichts. Sie ist ein rechtspolitisches Instrument. Es vermag uns Rückhalt darin zu bieten, die erforderlichen strukturellen Veränderungen des institutionalisierten EBU als legalisiertes, in Menschenrechten verankertes Anliegen nachhaltiger an die Politik heranzutragen. Das hat aber zur Voraussetzung, dass dem heute möglichen Erkenntnisniveau entsprechende humanwissenschaftlich fundierte Begründungen für eine nicht ausgrenzende Pädagogik in eine entsprechende Praxis transformiert werden können. Das erfordert eine Didaktik, die Lernen entlang individueller Entwicklungslinien ermöglicht und gleichzeitig damit die individuellen Handlungen und rekursiven Kommunikationen in übergreifenden Sinnbezügen zusammen zu halten vermag. Das wiederum setzt sehr heterogene Lerngemeinschaften voraus, die in arbeitsteiliger Kooperation auf ein Ziel oder Produkt hin zusammenwirken. Es kann diesbezüglich von ‚Lernen durch und in Kooperation an einem ‚Gemeinsamen Gegenstand''' gesprochen werden, wie ich das schon in der ersten Hälfte der 1980er Jahre mit der Konzeption einer „Allgemeinen Pädagogik und entwicklungslogischen Didaktik" (Feuser 1989) gefasst habe, die in der inklusiven Frühen Bildung in den Bremischen Kindertagesstätten und im Schulversuch Integration praktiziert wurde. Die Frage, was mit dem ‚Rest' geschehen soll, den eine selektierende und segregierende Inklusion (dieser Zusammenhang lässt sich kaum aussprechen, so widersinnig ist er!) und die 80-90:100-Regel als Zielvorstellung der Inklusion aufwirft, stellt sich nach Maßgabe einer solchen Konzeption nicht. Sie hebt Integration und Inklusion in sich auf und damit schrittweise auch Ungleichheit. Das hat nichts damit zu tun, dass eine inklusive Schule alle einander angleichen, die behinderten Schüler überfordern und den Lernzuwachs der anderen Schüler absenken würde. Solche Annahmen, die in keiner mir bekannten Studie nur entfernt Bestätigung finden, sind denunzierender und demagogischer Art. Die Überwindung von Ungleichheit als Voraussetzung für Bildungsgerechtigkeit, um die es meiner Auffassung nach zu gehen hat, mindert Diversität und Vielfalt nicht, in der die Einzigartigkeit eines jeden menschlichen Individuums zum Ausdruck kommt, sondern sieht diese als Ausgangspunkt und entfaltet sie.

In 2016, so wird prognostiziert, hat ein Prozent der Menschen so viel Vermögen angehäuft, wie die restlichen 99% der Weltbevölkerung. Solches, mit dem Gini-Koeffizienten als statistisches Maß zur Berechnung der Ungleichverteilung in vielen Studien belegt und in Grafiken sinnfällig verdeutlicht, wird als Schicksal verschwiegen, als Anspruch, der den so genannten Leistungsträgern rechtmäßig zustünde, hingenommen und jenen, die sowohl Ausgebeutete als auch kranke und behinderte Opfer der den Reichtum für die wenigen schaffenden

Produktionsbedingungen sind, bleiben auf der Strecke. Sie werden als ‚Überflüssige' aus der Gruppe der Verlierer exkludiert, als ‚Abfall', für den es keine Müllabladeplätze mehr gibt, wie das Bauman (2005) in seiner Arbeit über die Ausgegrenzten der Moderne in vielen Analysen aufzeigt. Die Ungleichheit der Reichtumsverteilung reicht weit in das institutionalisierte Bildungssystem hinein, das die Zugänge zu institutionalisierter Bildung normativ reguliert und allein durch seine strukturelle Existenz vom Kindergarten bis in tertiäre Bildungsbereiche die Ungleichheit zum ständig erlebten Alltag macht, in dem die Kinder und Jugendlichen ihr individuelles Bewusstsein als subjektiviertes kollektives Bewusstsein, als ‚Habitus' im Sinne Bourdieus, ausbilden. Es wäre interessant, eine Art Gini-Koeffizienten einmal unter dem Aspekt der Exklusions- und Inklusionsverhältnisse bezogen auf die soziale Ungleichheit und den daraus resultierenden Folgen für Persönlichkeitsentwicklung zu berechnen. Ich würde von der Hypothese ausgehen, dass für das institutionalisierte Bildungssystem der weltweit bestehenden Ungleichverteilung von Reichtum vergleichbare Koeffizienten resultieren würden. Dies mit den Folgen nicht nur der Beschädigung der Persönlichkeitsentwicklung, sondern auch der Demokratie, die, einem Supermarkt vergleichbar, heute zunehmend zum sich bereichernden Selbstbedienungsladen derer verkommt, die dank ihres dadurch noch ansteigenden Reichtums die Macht haben, ihn zu plündern. Dass Armut krank macht und schichtenspezifische Zugangsbarrieren zu Gesundheitseinrichtungen, erhöhte Morbidität und Mortalität bestehen, kann aus der internationalen Forschung seit mehr als 40 Jahren gut belegt werden. Vor allem die Kinderarmut ist ein Entwicklungs- und Behinderungsrisiko (Rohrmann 2013), was auch im dritten Armuts- und Reichtumsbericht der Bundesregierung 2008 festgestellt wird. Auch von der OXFAM-Studie wird schon auf den ersten Seiten betont, dass die sich immer weiter öffnende Schere zwischen Arm und Reich die Chancen der bedürftigsten Menschen auf ein Leben in Würde und Wohlstand zerstört, was auch durch den World Report on Disability der WHO und Weltbank bestätigt wird (2011, S. 39 ff). Die Arbeit von Weiß von 2001 mit dem Titel: „Armut und soziale Benachteiligung: Was bedeuten sie für Heil- und Sonderpädagogik? ist noch heute hoch aktuell – nur die Anzahlen, die Armut und soziale Benachteiligung betreffen, sind größer geworden und die Heil- und Sonderpädagogik bleibt auch heute weitgehend unverändert diesen Problemen gegenüber ignorant und hilflos. Die von Weiß angeführten Tendenzen einer „Ignorierung und Bagatellisierung von armutbedingter Deprivation" (S. 353) und ein wieder stärker um sich greifendes biologistisches Denken paaren sich mit der die Hilflosigkeit der gegenwärtigen Pädagogik toppenden Formel, dass die Ursachen, wie schon an anderer Stelle betont, in ‚bildungsfernen Familien' liegen. Dass die Bildungsbenachteiligung sowohl Folge von Armut als auch sie reproduzierende Ursache ist, bleibt pädagogisch weitgehend negiert.

Es geht also nicht um die bildungspolitisch geradezu beschworene ‚Chancengleichheit', die Bourdieu (2001) in seinen Arbeiten zur Bildungssoziologie für ‚Illusion' und für eine „der wirksamsten Faktoren der Aufrechterhaltung der bestehenden Ordnung" hält, die „der sozialen Ungleichheit den Anschein von Legitimität verleiht" (S. 25). Es geht um ‚Bildungsgerechtigkeit', die verlangt, dass niemand wegen individueller Merkmale, seiner Herkunft, Sprache, Religion und Kultur u.v.a. die Vielfalt des Menschen ausmachenden Momente, auch nicht wegen Art oder Schweregrad seiner physischen und/oder psychischen Beeinträchtigung, von einer „Bildung für Alle im Medium des Allgemeinen in Konzentration auf epochaltypische Schlüsselprobleme", wie Klafki (1996, S. 56) formuliert, ausgeschlossen wird. D.h., wie ich es umschreibe: Alle dürfen *alles* lernen, jede und jeder auf ihre bzw. seine Weise und allen werden die dafür erforderlichen personellen und sächlichen Hilfen gewährt (Feuser 1995).

Das Ziel, Ungleichheit abzuschaffen, verlangt, ‚Solidarität' aufzubauen – von frühester Kindheit an bis zum Übergang vom Jugend- ins Erwachsenenalter in vielen Lebens- und Sachzusammenhängen – und über Generationen hinweg. Das institutionalisierte EBU, das mit Kindergarten- und Schulbesuch in den ersten zwei Lebensjahrzehnten des Menschen zunehmend die bedeutendste pädagogische Einflussgröße sein dürfte, scheint dafür kaum sensibilisiert noch sich der resultierenden Verantwortung umfassend bewusst. Ein inklusiver Unterricht in Projekten, der mittels *Lernen in und durch Kooperation an einem Gemeinsamen Gegenstand* Entwicklung induziert, vermag die sozio- und psychodynamischen Grundlagen solidarischen Denkens und Handelns zu legen, die die Schülerinnen und Schüler als Erwachsene in ihre Lebenswelten mit hinaustragen, in denen sie dann auch gesellschaftlich und politisch relevant werden können. Der Vielfalt der in Gemeinschaft miteinander Lernenden kann, wie schon betont, im Sinne einer ‚Entwicklungslogischen Didaktik' durch eine entwicklungsniveaubezogene Individualisierung des Gemeinsamen Gegenstandes entsprochen werden, was ermöglicht, das jedes Mitglied der Lerngemeinschaft sich auf dem Hintergrund seiner Vorerfahrungen und seiner Motive kompetent in die Kooperation am Gemeinsamen Gegenstand einbringen und sich dadurch auch als kompetent erleben kann.

Der ‚Gemeinsame Gegenstand' bezeichnet das übergeordnet zu Erkennende, das auf alle Entwicklungsniveaus abbildbar ist und nicht, wie immer wieder falsch rezipiert, die konkreten Gegenstände und die Vielfalt der Materialien und thematischen Ausrichtungen, anhand derer die Erkenntnisse in gemeinsamer Kooperation gewonnen werden können (Feuser 2013a). Damit wird ermöglicht, dass jede/r Lernende mit jedem anderen arbeiten und die Selektion der Lernenden nach Entwicklungsstufen, Leistungsstand und -vermögen und Jahrgangszugehörigkeit, um nur einige zu nennen, überwunden werden kann. Diese ‚Allgemeine Pädagogik' leistet ein Doppeltes in einem, nämlich:

* durch das *Moment der Kooperationen*, die eine *Vielfalt an Kommunikationen* erfordern, ein auf ein gemeinsames Ziel oder Produkt hin orientiertes Miteinander, in dem die Heterogenität der vielen zur Wirkung kommenden Momente ein hohes synergetisches Potential erzeugen, das zu emergenten Lösungen führt, zu solchen Lernergebnissen also, die kein einzelner Lernender für sich hätte erreichen können oder mit ihm schon per se vorhanden gewesen wären. Das könnte auch als kognitive Dimension des Bildungsprozesses begriffen werden, der auf Erkenntnisgewinn abzielt, aus dem Wissen resultiert, das durch die Erkenntnis selbst bedeutend wird und nicht, wie heute üblich, Wissen vermittelt, das ohne Erkenntnis bleibt und damit subjektiv überwiegend als sinnlos erfahren wird und für die Persönlichkeitsentwicklung tot bleibt. Das Motiv, sich lernend zu engagieren, resultiert dabei aus der Vermeidung negativer Sanktionen, wie schlechte Noten, Sitzenbleiben oder gar des Schulverweises und, damit verbunden, aus der drohenden Gefahr, die eigenen Zielsetzungen nicht realisieren zu können oder andere soziale Konsequenzen in Kauf nehmen zu müssen. Ist der Test bestanden, die Klassenarbeit geschrieben oder die Prüfung bewältigt, bricht das Motiv zusammen und die Sache selbst wird als bedeutungslos abgehakt. Gegenstandsbezogene intrinsische Motivationen konnten nicht entstehen.
* Durch das Moment der die Kooperationen ermöglichenden Kommunikationen werden die Lernenden sozial füreinander bedeutsam und diese Bedeutungshaftigkeit eines jeden für jeden anderen in der Lerngemeinschaft misst sich nicht daran, ob er oder sie sich auf Beinen oder mit Hilfe eines Rollstuhles fortbewegt, ob sie sich in Lautsprache oder Gebärdensprache, mit Hilfe von Bliss-Symbolen, eines Delta-Talkers oder mimisch-gestisch verständigen, ob sie tasten anstatt zu schauen oder ob sie sieben oder dreizehn Jahre alt sind. Der Grad an Assistenz (pädagogisch und therapeutisch), der im Einzelfall zu gewährleisten ist, bestimmt nicht den Grad der Erfahrung von Selbstwirksamkeit und Kompetenz und schmälert auch in der Wahrnehmung der anderen im Kollektiv das in der gemeinsamen Kooperation zu gewinnende Prestige nicht.

Ein solches Lernen, das ich mit diesen Hinweisen nur andeuten kann, garantiert die Wahrung der Würde des Einzelnen. Es wird zum zentralen Moment emotional-sozialen Erlebens und generiert Empathie im Sinne des Erzieherischen im Bildungsprozess, was in Zusammenhang mit dem erkennenden Begreifen der Welt das mit Bildung nicht zu unterschreitende Moment der *Aufklärung* realisiert. Diese ‚Allgemeine Pädagogik' entspricht den Erfordernissen der UN-BRK (Beauftragte der Bundesregierung 2014), wie sie für das EBU im § 24 zum Ausdruck gebracht werden und sie hätte die Potenz eines nachhaltigen strukturellen Umbaus gesellschaftlichen Denkens und Handelns, wenn dies gewollt werden würde. Heute sind wir im Gegensatz dazu auf dem Weg der *Integration der Inklusion in die Segregation*.

Wenn Dispositive und Denkstile von Lehrpersonen durch beeinträchtigungs-, behinderungs- oder migrationsbedingte Abweichungen bestimmter Schülerinnen und Schüler in Frage gestellt werden, diese als bedrohlich empfunden werden und der Verlust der rollenspezifischen Handlungskompetenzen droht, d.h. die auf das sEBU und seine Inhalte (Curricula, Fächer) ausgerichtete Ausbildung und Erfahrungswerte nicht mehr tragen, wird das Prozedere deren Ausgrenzung aus dem Regelsystem und der (sichere) Einschluss in ein Sondersystem in Gang gesetzt. Die Notwendigkeit einer dringend erforderlichen und hinsichtlich ihrer inhaltlichen Ausrichtung und Umsetzung keineswegs beliebigen Reform der Lehrerbildung ist zwar auf der Ebene der Hochschulen und Universitäten angekommen, aber Ansätze dazu werden von vorn herein marginalisiert, in spezielle Institute ausgelagert, in Sonderausbildungsgänge verpackt oder sie kommen in Form eines Moduls zur Inklusion als mehr oder weniger verpflichtendes Angebot meist nur parallel zum wie bisher üblichen Studienverlauf zum Tragen. Erforderlich ist eine grundlegend neu zu konzipierende, in mehrsemestrigen Projekten zu realisierende „LehrerInnen-*Bildung*" (Feuser 2013b), die ihrerseits selbst inklusiv ist, insofern die Studien- und Forschungskontexte partizipativ gestaltet werden und Menschen mit unterschiedlichsten Beeinträchtigungen in kooperativen Zusammenhängen sowohl berufsqualifizierende Angebote wahrnehmen können als auch im Sinne der Disability Studies selbst- und mitforschende Subjekte sind.

Das zentrale Manipulationsinstrument der herrschenden Bildungspolitik gegen einen strukturellen Umbau des sEBU in ein iEBU sind die Lehrerinnen und Lehrer selbst. Die weit zurückreichende Geschichte ihrer Abhängigkeit in der Spanne ihrer Entlohnung bis hin zur eigenen fachlichen Meinungsbildung von den herrschenden feudalen Kreisen, die sie für die Erziehung und Bildung ihre Kinder einstellten, scheint eine Quelle der im Berufsstand bis heute kollektiv verankerten Obrigkeitsgläubigkeit, Autoritätsabhängigkeit und einer Haltung des vorauseilenden Gehorsams zu sein, der einen mangelnden Willen zur eigenen Veränderung untermauert. In Verstärkung dessen komplettieren die Lehramtsgesetze, Einstellungs- und Beschäftigungsmodalitäten, das Beamtenrecht und last not least das föderale System das zwanghafte Festhalten an einem feudalen, undemokratischen, den Menschenrechten wie den heute vorliegenden Erkenntnissen hinsichtlich der Erfordernisse menschlichen Lernens und menschlicher Persönlichkeitsentwicklung in einer hoch komplexen Welt widersprechenden Bildungssystem – auch in den Köpfen großer Teile der Elternschaft und der Bevölkerung. Das Credo des neoliberalen Thatcherismus, ‚There Is No Alternative', von der deutschen Bundeskanzlerin gebetsmühlenartig bemüht, scheint in der Pädagogik, mehr als in allen anderen Wissenschaftsfeldern in Theorie und Praxis zu einer „Versperrung jedes alternativen Vorstellungsraumes" (Zelik/Meyer 2015, S. 21) geführt zu haben, eben auch bezüglich eines inklusiven Erziehungs-, Bildungs- und Unterrichtssystems.

Literatur

Agamben, Giorgio: Homo sacer. Frankfurt/M. 2002
Agamben, Giorgio: Was von Auschwitz bleibt. Frankfurt/M. 2003
Bauman, Zygmunt: Verworfenes Leben. Die Ausgegrenzten der Moderne. Hamburg 2005
Beauftragte der Bundesregierung für die Belange behinderter Menschen: Inklusion bewegt. Die UN-Behindertenrechtskonvention. Übereinkommen über die Rechte von Menschen mit Behinderungen. Berlin 2014
Bourdieu, Pierre: Wie die Kultur zum Bauern kommt. Hamburg 2001
Bude, Heinz: Die Ausgeschlossenen. Das Ende vom Traum einer gerechten Gesellschaft. München 2008a
Bude, Heinz: Das Phänomen der Exklusion. In: Bude, Heinz, Andreas Willisch (Hrsg.): Exklusion. Frankfurt am Main 2008b, S. 246-260.
Bundesregierung: Lebenslagen in Deutschland. Der 1., 2. und 3. Armuts- und Reichtumsbericht der Bundesregierung. Bonn 2001, 2005, 2008
Feuser, Georg: Allgemeine integrative Pädagogik und entwicklungslogische Didaktik. In: Z. Behindertenpädagogik 28 (1989) 1, S. 4-48.
Feuser, Georg: Kinder und Jugendliche. Zwischen Integration und Ausgrenzung. Darmstadt 1995
Feuser, Georg: Naturalistische Dogmen: Unerziehbarkeit, Unverständlichkeit, Bildungsunfähigkeit. In: Dederich, Markus, Wolfgang Jantzen (Hrsg.): Behinderung und Anerkennung. Band 2 des Enzyklop. Hdb. der Behindertenpädagogik: Behinderung, Bildung, Partizipation. Stuttgart 2009, S. 233-239.
Feuser, Georg: Entwicklungslogische Didaktik. In: Kaiser, Astrid et al. (Hrsg.): Didaktik und Unterricht. Band 4 des Enzyklop. Hdb. der Behindertenpädagogik: Behinderung, Bildung, Partizipation. Stuttgart 2011, S. 86-100.
Feuser, Georg: Der lange Marsch durch die Institutionen. Ein Inklusionismus war nicht das Ziel! In: Z. Behindertenpädagogik 51 (2012) 1, S. 5-34.
Feuser, Georg: Die „Kooperation am Gemeinsamen Gegenstand" – ein Entwicklung induzierendes Lernen. In: Feuser, Georg, Joachim Kutscher (Hrsg.): Entwicklung und Lernen. Band 7 des Enzyklop. Hdb. der Behindertenpädagogik: Behinderung, Bildung, Partizipation. Stuttgart 2013a, S. 282-293.
Feuser Georg: Grundlegende Dimensionen einer LehrerInnen-*Bildung* für die Realisierung einer inklusionskompetenten Pädagogik. In: Feuser, Georg, Thomas Maschke (Hrsg.): Lehrerbildung auf dem Prüfstand. Gießen 2013b, S. 11-66.
Foucault, Michel: Sicherheit, Territorium, Bevölkerung. Bände 1 u. 2. Frankfurt/M. 2006a
Foucault, Michel: Die Geburt der Biopolitik. Frankfurt/M. 2006b
Georgens, Jan-Daniel u. Heinrich Marianus Deinhardt: Die Heilpädagogik unter besonderer Berücksichtigung der Idiotie und der Idiotenanstalten. Leipzig 1861
Goffman, Erving: Asyle. Frankfurt/M. 1973
Hänsel, Dagmar: Die NS-Zeit als Gewinn für die Hilfsschullehrer. Bad Heilbrunn 2006
Hinz, Andreas: Von der Integration zur Inklusion – terminologisches Spiel oder konzeptionelle Weiterentwicklung. In: Z. Heilpädagogik 53 (2002) 9, S. 354-361.
Jantzen, Wolfgang: Allgemeine Behindertenpädagogik. Berlin 2007
Jantzen, Wolfgang/Willehad Lanwer: Diagnostik als Rehistorisierung. Berlin 2011
Klafki, Wolfgang: Neue Studien zur Bildungstheorie und Didaktik. Weinheim/Basel 1996

Luther, Martin: Nachschrift von Johannes Mathesius, 1540, Nr. 5207. In: Martin Luthers Werke, Kritische Gesamtausgabe, Tischreden, 5. Band, 1540-44. Weimar 1919, S. 32 (Übersetzung; Original S. 15)

OXFAM Deutschland e.V.: Besser Gleich! Schliesst die Lücke zwischen Arm und Reich. Ein Aktionsplan zur Bekämpfung sozialer Ungleichheit. Berlin 2015

Rohrmann, Eckart: Behinderung und Armut. In: Feuser, Georg u. Joachim Kutscher (Hrsg.): Entwicklung und Lernen. Band 7 des Enzyklop. Hdb. der Behindertenpädagogik: Behinderung, Bildung, Partizipation. Stuttgart 2013, S. 152-161.

Séguin, Edouard: Die Idiotie und ihre Behandlung nach der physiologischen Methode. (Hrsg. Krenberger, S.; Original 1866) Wien 1912

Stichweh, Rudolf: Einleitung 2: Inklusion und Exklusion. In: Gusy, Christoph u. Heinz-Gerhard Haupt (Hrsg.): Inklusion und Partizipation. Frankfurt/M. 2005, S. 35-48.

Wilkinson, Richard u. Kate Pickett: Gleichheit ist Glück. Berlin 2009

WHO u. The World Bank: World Report on Disability. 2011

Zelik, Raul/Franziska Meyer: Die große Traurigkeit unserer Zeit. In: WOZ (2015) 13, S. 21.

Martin Kronauer

Wer Inklusion möchte, darf über Exklusion nicht schweigen. Plädoyer für eine Erweiterung der Debatte*

Zusammenfassung: Bei der Diskussion um Inklusion geht es in Deutschland vornehmlich um die Inklusion von Menschen mit Behinderung, und bei dieser wiederum in erster Linie um die Inklusion in die Schulen. Ausgeblendet bleibt dabei die Diskussion um soziale Exklusion, die bereits seit mehr als zwei Jahrzehnten in Europa geführt wird. Diese betrifft soziale Ungleichheiten und Diskriminierungen, die nicht allein Menschen mit Behinderung betreffen, aber in den Folgen ähnlich sind. Der Beitrag argumentiert, dass die beiden Diskussionsstränge zusammengeführt werden müssen. Er zeigt, was aus der Exklusionsdebatte für das Verständnis von Inklusion und Exklusion, die widersprüchlichen Anforderungen an eine ‚inklusive Schule' und die Inklusion von Menschen mit Behinderung gelernt werden kann.

Abstract: The German debate on inclusion focuses on the inclusion of persons with disabilities, with a particular emphasis on schools. It neglects, however, the debate on social exclusion which is carried on in Europe for already more than two decades. The latter debate concerns social inequalities and discriminations which affect the life chances of more persons than just persons with disabilities, but in similar ways. The paper pleads for linking the two strands of debate together. It demonstrates some lessons to be learned from the debate on social exclusion for the understanding of the terms inclusion and exclusion, for the conflicting demands on ‚inclusive schools', and the inclusion of persons with disabilities.

Keywords: Inklusion, Exklusion, soziale Ungleichheit, Diskriminierung, inklusive Schule

In letzter Zeit ist in Deutschland viel von Inklusion die Rede und erstaunlich wenig von Exklusion. Wer Inklusion möchte, darf aber über Exklusion nicht schweigen. Auch das Thema ‚Inklusion' selbst wird meist in zwei Engführungen diskutiert: Zum einen soll es um die Inklusion von Menschen mit Behinderungen gehen, und zum anderen soll diese Inklusion insbesondere in die Schule und durch die Schule erfolgen. Der folgende Beitrag plädiert für eine Erweiterung der Diskussion. Damit sollen die beiden angesprochenen Aspekte – die Inklusion von Menschen mit

Behinderungen, und zwar in und durch die Schule – in ihrer Bedeutung keineswegs herabgesetzt oder gar ersetzt werden. Im Gegenteil, durch die Erweiterung rücken sie erst ins rechte Licht.

Die notwendige Erweiterung kommt sogleich in den Blick, wenn Inklusion und Exklusion zusammen gedacht werden. Es zeigt sich dann, dass sich sehr viel mehr Menschen als diejenigen, denen gesellschaftlich eine Behinderung attestiert wird, auf jeweils unterschiedliche Weise im Spannungsfeld von Inklusion und Exklusion bewegen. Deutlich wird zudem, dass dabei mehr Institutionen als nur die des Bildungssystems eine wichtige Rolle spielen. Ohne Berücksichtigung der umfassenderen gesellschaftlichen Exklusionstendenzen lässt sich ernsthaft eine Inklusion auch und gerade von Menschen mit Behinderungen nicht betreiben. Von der Exklusion her zu denken, schärft darüber hinaus den Blick dafür, was eigentlich mit Inklusion gemeint sein könnte.

Die UN-Behindertenrechtskonvention, auf die sich die Thematisierung von Inklusion immer wieder bezieht, legt selbst eine wichtige Spur, die zur Erweiterung der Diskussion geradezu führen müsste. Denn sie proklamiert nicht nur die „full and effective participation and inclusion in society" (UN-BRK) – ich zitiere das englische Original, weil in der deutschen Fassung der Begriff ‚Inklusion' nicht vorkommt –, sondern sie erklärt diese umfassende und wirksame Partizipation und Inklusion darüber hinaus zu Grundprinzipien, die sich mit Notwendigkeit aus der Anwendung der Menschenrechte auf Menschen mit Behinderung ergeben. Deshalb komme ihnen völkerrechtliche Verbindlichkeit zu. Die Konvention bezieht sich dabei nicht allein auf das Bildungssystem, sondern auf institutionelle Inklusion und Teilhabe in einem umfassenden Sinn.

Dies ist in der Tat eine sehr weit reichende Argumentation. Sie hat erhebliche Implikationen, die allerdings in der deutschen Diskussion kaum thematisiert werden. Denn wenn Inklusion ein Menschenrecht darstellt, dann kann es nicht auf Menschen mit Behinderungen begrenzt sein. Oder umgekehrt: Wenn Inklusion lediglich ein Desiderat für Menschen mit Behinderungen wäre, dann lebten wir bereits in einer wesentlich ‚inklusiven' Gesellschaft, die sich nur noch dieser besonderen Gruppe öffnen müsste. Dies ist jedoch offensichtlich nicht der Fall. So weisen zum Beispiel im Auftrag der Europäischen Kommission herausgegebene Studien darauf hin, dass überall in der Eurozone, also auch in Deutschland, seit der Finanzmarktkrise von 2008 Armut und soziale Ausgrenzungen zugenommen haben (European Commission 2012).

Die Annahme, wir lebten bereits in einer wesentlich ‚inklusiven' Gesellschaft, würde also die gewaltigen gesellschaftlichen Anstrengungen unterschätzen, deren es bedarf, um Institutionen und Organisationen tatsächlich ‚inklusiv' umzugestalten. Denn was für die ‚Inklusion' von Menschen mit Behinderungen gelten sollte, dass sie bei Anerkennung ihrer besonderen Bedarfe ihre Lebensziele gleichberechtigt mit allen anderen Menschen verfolgen können, müsste für eben jene anderen Menschen mit ihren besonderen Bedarfen gleichermaßen gelten. Auf solche umfassende Inklusion aber, die auf substanzielle Weise demokratisch wäre, ist die gegenwärtige Gesellschaft nicht angelegt (Kronauer 2015).

Im Folgenden werfe ich deshalb zunächst einen Blick auf Inklusion, der von der Exklusionsdebatte in Europa und deren historischem Ursprung ausgeht. Daraus ergeben sich einige Folgerungen für das Verständnis von Inklusion und Exklusion, die Bedeutung der Schule für Inklusion und die Inklusion von Menschen mit Behinderungen, die ich anschließend kurz umreiße.

Inklusion und Exklusion zusammen denken

Dass die Gesellschaften Europas nicht nur nicht inklusiv sind, sondern im Gegenteil Menschen wieder zunehmend sozial ausschließen, und zwar weit über den Kreis von Menschen mit Behinderungen hinaus, wird seit den späten 1980er Jahren unter dem Begriff ‚Exklusion' diskutiert. Zunächst in Frankreich in die politische und wissenschaftliche Debatte eingeführt, ging er bald darauf in den offiziellen Sprachgebrauch der Europäischen Union ein. In der soziologischen Ungleichheitsforschung markiert der Begriff eine historische Zäsur: das Ende eines Vierteljahrhunderts relativer Vollbeschäftigung und zurückgehender Einkommensungleichheit.

Die Rückkehr und Verfestigung der Arbeitslosigkeit und die Zunahme und Verfestigung der Armut, nachdem beide in den Jahrzehnten zuvor ein für alle Mal überwunden oder zumindest überwindbar schienen, bedeutete weit mehr als nur ein Wiederaufleben altbekannter sozialer Probleme. Sie zeigten eine Krise der Institutionen an, die im Rahmen kapitalistischer Wirtschaftsverhältnisse dazu beigetragen hatten, die lohnabhängige Bevölkerung in einem bis dahin historisch nicht gekannten Maße als Bürger anzuerkennen und in die bürgerliche Gesellschaft einzubinden. Das entscheidende Mittel dabei war die Ergänzung persönlicher und politischer Rechte durch soziale Rechte. Worin bestand nun diese historisch besondere und bis dahin einmalige Art der ‚Inklusion', und wodurch geriet sie in die Krise?

Eine Antwort erfordert zunächst eine kurze Erläuterung dessen, was mit ‚sozialen Rechten' gemeint ist. Dazu finden sich wichtige Hinweise bei dem englischen Soziologen Thomas Humphrey Marshall. Seine kurz nach dem Zweiten Weltkrieg gehaltenen Vorlesungen über „Citizenship and Social Class" wurden zu klassischen Abhandlungen über dieses Thema.

Soziale Rechte sollen zunächst einmal die große Mehrheit der Bevölkerung, die für ihren Lebensunterhalt auf Erwerbsarbeit angewiesen ist, vor völliger Marktabhängigkeit schützen. Sie versichern gegen Risiken des Einkommensverlusts, die aus Arbeitslosigkeit, Krankheit und Alter folgen, und sie sollen einen kulturell angemessenen Mindeststandard der Lebensführung gewährleisten. Soziale Rechte eröffnen darüber hinaus den Zugang zu Gütern und Dienstleistungen, die zuvor ein mehr oder weniger exklusives Privileg der besitzenden Klassen darstellten. Dazu gehören eine allgemeine Gesundheitsversorgung, höhere Bildung, aber auch Wohnraum, der eine Privatsphäre zulässt. Soziale Rechte beseitigen die Klassenungleichheit (noch) nicht, aber sie drängen sie zurück und stärken stattdessen die Statusgleichheit der Individuen als Bürgerinnen und Bürger. Dies war jedenfalls Marshalls Erwartung, und sie bestätigte sich in den ersten Nachkriegsjahrzenten in vielen europäischen Ländern.

In den Vorlesungen finden sich auch einige bemerkenswerte Passagen zu Bildung und Schule, insbesondere eine Kritik am „gegliederten Bildungswesen" (Marshall 1992, S. 74). Marshall formuliert diese Kritik aus der Perspektive eines sozialen Rechts „an einem vollen Anteil am gesellschaftlichen Erbe" (ebd., S. 40). Er schreibt: „Obwohl die alten Volksschulen für alle offen waren, wurden sie von einer sozialen Klasse – zugegeben sei, dass es sich um eine sehr große und heterogene handelte – in Anspruch genommen, für die keine andere Art von Bildung zur Verfügung stand. Ihre Angehörigen wurden getrennt von den höheren Klassen erzogen und dabei Einflüssen ausgesetzt, die den Kindern ihren Stempel aufdrückten. ‚Ehemaliger Volksschüler' wurde zu einem Etikett, das man sein ganzes Leben hindurch trug und dessen Natur auf einen wirklichen und keinen bloß konventionellen Unterschied verwies" (ebd., S. 73f.). Und kurz danach fährt er fort: „Die Ausgrenzung ist heute noch zu beobachten, aber darauf aufbauende Bildungsmöglichkeiten, die für alle zugänglich sind, machen Umgruppierungen möglich" (ebd., S. 74). Für Marshall bedeutete somit ein Bildungssystem, das die Klassenverhältnisse reproduziert, ein ausgrenzendes System, das durch soziale Rechte überwunden werden muss.

Von einer Öffnung und Durchlässigkeit des Bildungssystems versprach er sich, dass die dann noch immer nicht beseitigten Ungleichheiten am Arbeitsmarkt nunmehr durch Leistung legitimiert wären. Die Legitimität durch Leistung aber wird innerhalb des Bildungssystems begründet, und nicht durch die erfolgreiche Bewerbung am Arbeitsmarkt. „Der durch die Bildung erlangte Status, der in die Welt hinausgetragen wird, trägt den Stempel der Legitimität, weil er durch eine Institution verliehen wird, die eingerichtet wurde, dem Bürger seine ihm zustehenden Rechte zu erfüllen. Was der Markt anbietet, kann an dem gemessen werden, was der Status beansprucht. Wenn eine große Diskrepanz auftaucht, werden die anschließenden Versuche ihrer Abschaffung nicht die Form eines Handels über wirtschaftliche Werte annehmen, sondern die einer Debatte über soziale Rechte" (ebd., S. 81). Auch in Sachen beruflicher Umsetzung der Bildungsabschlüsse soll und darf somit der Markt, Marshall zufolge, nicht das letzte Wort behalten.

Vielmehr verleihen Bildungsabschlüsse legitime Ansprüche, die gegenüber der ‚Wirtschaft' geltend gemacht werden können.

Diese Überlegungen sind von geradezu provozierender Aktualität. Denn sie stehen in scharfem Widerspruch zu dem, was gegenwärtig in Europa der Fall ist. Griechenland, Spanien und Portugal erleben einen Exodus junger Menschen mit akademischen Qualifikationen, weil die ihnen von Europäischer Kommission, Europäischer Zentralbank und Internationalem Währungsfonds auferlegte Austeritätspolitik keine Chancen lässt, ihre Bildungsabschlüsse in den Heimatländern zu verwerten, wo sie dringend gebraucht würden.

Im Hinblick auf die Frage nach dem Verhältnis von Inklusion und Exklusion ist Marshalls Hinweis von zentraler Bedeutung, dass „im zwanzigsten Jahrhundert Staatsbürgerrechte und kapitalistisches Klassensystem miteinander im Krieg liegen. Vielleicht ist die Wortwahl etwas zu stark, aber es ist ohne weiteres einzusehen, dass die ersteren dem zweiten Beschränkungen auferlegt haben" (ebd., S. 81). In der Tat waren und sind soziale Rechte immer umkämpft. Sie wurden in Europa auf unterschiedliche Weise, mit unterschiedlicher Reichweite und Konsequenz eingeführt. Dabei trugen unterschiedliche geschichtliche Traditionen, Unterschiede der beteiligten Akteure, ihrer Koalitionen und Kräfteverhältnisse zu den „Varianten des Wohlfahrtsstaats" (Kaufmann 2003) bei. Das gilt auch und gerade für die Bildungssysteme. Beträchtliche Schübe erhielt die wohlfahrtsstaatliche Entwicklung jeweils durch Krisen und Kriege, in deren Folge sich in der Bevölkerung ein „soziales Bewusstsein" der wechselseitigen Abhängigkeit und eine Bereitschaft zu kollektiven Vorsorgeleistungen herausbildeten (de Swaan 1993, S. 277).

Die entscheidende Schwachstelle im Gebäude sozialer Rechte nach dem Zweiten Weltkrieg aber blieb die private, unternehmerische Kontrolle über wirtschaftliche Entscheidungen. In diesem Punkt wurde das Machtgefälle zwischen Kapital und Arbeit, wenn überhaupt, dann nur in sehr geringem Maße eingeschränkt. Auch die Mitbestimmung in Deutschland ändert daran nichts. Unter diesen Umständen konnte es auch kein soziales Recht auf Arbeit geben, selbst wenn es in einigen Verfassungen vorgesehen war.

Ohne ein wirtschaftsdemokratisches Fundament aber bleibt die Umsetzung aller anderen sozialen Rechte prekär. Denn die Lohn und Gehaltsabhängigen sind auf Erwerbsarbeit angewiesen, um soziale Sicherungsleistungen zu beziehen. Darüber hinaus stellt die Einbindung in die gesellschaftliche Arbeitsteilung selbst eine wichtige, eigenständige Quelle von Selbstwertgefühl und gesellschaftlicher Anerkennung dar. Und für die Wohlfahrtsstaaten bildet eine hohe Erwerbsbeteiligung die Voraussetzung für die Finanzierung ihrer Leistungen. Der Zugang zu Erwerbsarbeit aber wird über einen Markt und im privatwirtschaftlichen Sektor unter dem Gesichtspunkt der Gewinnerzielung geregelt.

Die Inklusion in und durch soziale Rechte setzte somit eine gleichlaufende Inklusion in Erwerbsarbeit voraus, obwohl diese nicht ihrerseits über soziale Rechte organisiert wurde. Unter den besonderen historischen Umständen der Nachkriegszeit, einer wachsenden Binnennachfrage, gestützt von einer moderaten keynesianischen Wirtschaftspolitik und einer Ausweitung sozialstaatlicher Leistungen, fielen beide Bedingungen mehr oder weniger passgenau für eine Weile zusammen. Diese Periode endete, nicht plötzlich, eher auslaufend, in den 1970er Jahren.

Im Rückblick gesehen erscheinen die fast dreißig Jahre der Nachkriegsprosperität und Expansion von Sozialstaatlichkeit häufig in einem allzu rosigen Licht. Das Gebäude sozialer Rechte wies, wie angesprochen, jedoch entscheidende Lücken in der Wirtschaftsverfassung auf. Zudem wurde die Ungleichheit in der Arbeitsteilung der Geschlechter lange Zeit durch wohlfahrtsstaatliche Regelungen gestützt. Menschen mit Behinderungen erfuhren nach wie vor in vielerlei Hinsicht rechtliche und soziale Diskriminierungen. Migranten erhielten keine politischen Rechte, auch wenn ihnen soziale Rechte zugestanden wurden. Abweichende Lebensweisen und Haltungen blieben marginalisiert oder gar geächtet. Formen direkter Demokratie waren kaum bis gar nicht zugelassen.

Insofern blieb der Bürgerstatus für die Mehrheit der Bevölkerung noch immer eingeschränkt. Gleichwohl wirkten der verstärkte Schutz vor Marktabhängigkeiten und die zunehmende soziale Öffnung insbesondere der Bildungsinstitutionen in die von Marshall erwartete Richtung: in die Richtung einer Erweiterung individueller Handlungs- und Entscheidungsmöglichkeiten. Sie schwächten die Folgen der weiter bestehenden Klassenungleichheiten ab und stärkten individuelle Statusgleichheit. Vor allem aber stärkten sie auch die Bereitschaft vieler Menschen, gegen die Beschneidungen ihrer Bürgerrechte anzugehen und weitergehende Gleichheiten und demokratische Kontrollen einzufordern.

Die Ausweitung der Erwerbsarbeit und die Ausweitung sozialstaatlicher Leistungen bildeten somit in ihrem Zusammenwirken die Grundlagen, die diese prekäre und noch immer unvollständige Inklusion nach dem Zweiten Weltkrieg ermöglichten. Der Exklusionsbegriff verweist nun auf die Erosion dieser Grundlagen seit den 1970er Jahren. Die Erosion zehrt an beiden Seiten, an der Erwerbsarbeit und am Wohlfahrtsstaat. Sie setzt an der zuvor benannten, zentralen Schwachstelle im Gebäude der sozialen Rechte an, ihrer Verkoppelung mit Arbeitsmarkt und Erwerbsarbeit, die ihrerseits nicht oder nur sehr partiell durch soziale Rechte geregelt werden (ausführlich dazu Kronauer 2010).

Der französische Soziologe Robert Castel spricht von einer „Schockwelle", die im „Epizentrum der Arbeit" entstanden sei und sich auf die verschiedenen Sphären des Lebens übertrage (Castel 2011, S. 38). Den Auslösern der Schockwelle und ihren Ausstrahlungen kann hier nicht im Einzelnen nachgegangen werden. Zu berücksichtigen wären sicherlich die politische Liberalisierung und

Internationalisierung der Finanz und Kapitalmärkte seit den 1970er Jahren; die in diesem Zusammenhang stattfindende strategische Umorientierung von Großunternehmen in erster Linie auf die Bedienung der Anlegerinteressen; die Umbrüche in der Erwerbsarbeit im Zuge der Einführung neuer Informationstechnologien, aber auch die politische Neuordnung Europas, die die Vereinheitlichung der Märkte vor die wirtschafts- und sozialpolitische Einheit gestellt hat.

Im „Krieg zwischen Staatsbürgerrechten und kapitalistischem Klassensystem", um noch einmal Marshalls Worte aufzugreifen, befinden sich seitdem die sozialen Staatsbürgerrechte auf der Verliererstraße. Sie wurden aber auch kaum durch soziale Rechte auf europäischer Ebene gestützt. Auf die politisch ausgelöste Schockwelle innerhalb des Wirtschaftssystems reagieren die Sozialstaaten zunehmend mit dem Rückzug aus der gesellschaftlichen Verantwortung, Menschen vor Marktabhängigkeit und ihren Folgen zu schützen. An die Stelle eines Rechtsanspruchs auf, wie Marshall formuliert hatte, „ein Mindestmaß an wirtschaftlicher Wohlfahrt und Sicherheit" und eines „Recht(s) auf ein Leben als zivilisiertes Wesen entsprechend der gesellschaftlich vorherrschenden Standards" (Marschall 1992, S. 40), tritt mehr und mehr die Verpflichtung der Einzelnen, für sich selbst Sorge zu tragen, mit abnehmender sozialstaatlicher Unterstützung. Sozialpolitik gilt nun vornehmlich als Investition, die sich rechnen muss, als Investition in Menschen, die befähigt werden sollen, sich am Markt und in der Schockwelle zu behaupten, und immer weniger als kollektive Absicherung vor den Risiken des Marktes selbst (Lessenich 2008). Individuelle Rechte werden gestärkt, darunter auch die Rechte von Menschen mit Behinderung, soziale Rechte aber werden geschwächt.

Wer scheitert, kann auf längere Sicht vielleicht noch eine finanzielle Grundsicherung erwarten, die allerdings den kulturell angemessenen Lebensstandard kaum oder häufig auch gar nicht mehr gewährleistet. Individualisierung nimmt unter diesen Vorzeichen eine ganz andere Bedeutung an als in der Periode zuvor: statt Erweiterung von Handlungsmöglichkeiten eine zunehmende individuelle Abhängigkeit von Umständen und Entscheidungen anderer, die sich der eigenen Kontrolle entziehen. Die Chancen und Risiken der Individualisierung werden wieder zunehmend sozial ungleich verteilt.

Die Folgen treffen am härtesten diejenigen, die von Haus aus die wenigsten ökonomischen, sozialen und kulturellen Ressourcen mitbringen. Sie sind am stärksten den Risiken der Exklusion ausgesetzt: der anhaltenden Ausgrenzung am Arbeitsmarkt, des Verlusts eines den kulturellen Mindeststandard von Teilhabe sichernden Einkommens, der Einschränkung identitätsstützender und materielle Hilfen vermittelnder sozialer Beziehungen. Solcher Exklusion gehen in der Regel Phasen der Entsicherung der Lebensumstände voraus. Sie können in jeder der drei Dimensionen angestoßen werden, am Arbeitsmarkt und in der Erwerbsarbeit (etwa durch Probleme beim Einstieg ins Berufsleben, prekäre Beschäftigungsverhältnisse oder Arbeitslosigkeit), in den sozialen Beziehungen (etwa durch Trennung oder Scheidung), oder auch durch Veränderungen des rechtlichen Status (etwa beim Übergang von der Arbeitslosenversicherung in die Grundsicherung, oder beim Wechsel des Aufenthaltsstatus von Migranten). Und sie können einander über die Dimensionen hinweg verstärken.

Dabei bedeutet Exklusion heute, in den hoch entwickelten kapitalistischen Gesellschaften der Gegenwart, weniger als in früheren Epochen die Verweigerung des Zugangs zu Institutionen (und in diesem Sinne eine Ausgrenzung aus der Gesellschaft) als vielmehr die Verweigerung von Teilhabemöglichkeiten innerhalb und durch Institutionen (Ausgrenzung in der Gesellschaft). Auch die Arbeitslosigkeit ist mittlerweile institutionalisiert. Langzeitarbeitslose sind sozial und mental Gefangene einer ‚Arbeitsgesellschaft', aus der es für sie kein Entrinnen gibt, deren Anforderungen sie aber auch nicht entsprechen können. Politische Rechte müssen nicht eigens entzogen werden, sondern werden bedeutungslos, wenn mit dem Verlust sozialer und materieller Möglichkeiten bereits die Macht über die Gestaltung des eigenen Alltags entgleitet. Der rechtliche oder faktische, umfassende oder partielle Ausschluss aus Institutionen besteht daneben nach wie vor weiter. Er betrifft insbesondere Migrantinnen und Migranten (die illegalisierten zumal), aber eben auch Menschen mit Behinderungen, die zumeist faktischer Diskriminierung ausgesetzt sind.

Der Schule und dem Bildungssystem insgesamt kommt in dieser Konstellation der wieder zunehmenden Individualisierung von sozialen Risiken eine besondere Bedeutung zu. Auch sie wirken gesellschaftlich einbindend und ausgrenzend zugleich. Für die Mittelklassen bildeten sie immer schon das entscheidende Scharnier für die Sicherung des gesellschaftlichen Status über die Generationenfolge hinweg. Das zertifizierte kulturelle Kapital, auf dem der Status beruht, kann nicht als individuelles Erbe direkt weitergegeben werden, vielmehr müssen die Nachkommen es erneut in den Bildungsinstitutionen erwerben. Deshalb das besondere politische und soziale Engagement in den Mittelklassen für die Bildungswege ihrer Kinder. Mit den veränderten Qualifikationsanforderungen in einer zunehmend professionalisierten Dienstleistungsökonomie und der Entwertung gering qualifizierter manueller Tätigkeiten werden Schul - und Bildungserfolg aber inzwischen noch sehr viel grundlegender zur Bedingung von gesellschaftlicher Teilhabe durch Erwerbsarbeit überhaupt.

Das Bildungssystem befindet sich gegenwärtig in einem Zustand permanenter Überforderung. Es soll die hohen Erwartungen der Mittelklassen erfüllen und die Wettbewerbsfähigkeit der Kinder und Jugendlichen in einer wieder zunehmend ungleichen Gesellschaft stärken, was zwangsläufig auch Verlierer hervorbringen muss. Zugleich gilt Bildung als Königsweg der Inklusion. Dass

Bildungsinstitutionen ihrerseits soziale Ungleichheiten reproduzieren, gar ausgrenzend wirken, hat Heike Solga in ihren Studien für Deutschland immer wieder beispielhaft nachgewiesen (Solga 2006; Solga/Powell 2006). Es gilt aber auch für die Bildungssysteme anderer Länder. So schreiben etwa Pierre Bourdieu und Patrick Champagne in dem Band „Das Elend der Welt" über die „intern Ausgegrenzten" des französischen Schulwesens (1997, S. 527). Sie bringen damit zum Ausdruck, dass es nicht der verweigerte Zugang zum Bildungssystem, sondern dessen Funktionieren selbst ist, was Ausgrenzungen erzeugt.

Einige Folgerungen für Inklusion, Exklusion und Schule

Was folgt nun aus dem Blick auf Inklusion, der von der Exklusionsdebatte in Europa ausging, für das Verständnis von Inklusion und Exklusion, für die Inklusion durch Schule und Bildung und für die Inklusion von Menschen mit Behinderungen? Dazu die abschließenden Bemerkungen.

Für das Verständnis von Inklusion und Exklusion folgt, dass sie als historisch bestimmte, gesellschaftliche Verhältnisse begriffen werden sollten und nicht in erster Linie als allgemeine soziologische Analyseinstrumente. Ich habe auf die besonderen gesellschaftlichen Umstände hingewiesen, in denen die Exklusionsdebatte in Europa aufkam – als Antwort auf die Wiederkehr der Arbeitslosigkeit und steigende Armut. Diese wurden als Symptome einer Krise der Institutionen gedeutet, die durch Erwerbsarbeit und Bürgerrechte gesellschaftliche Zugehörigkeit und Teilhabe vermittelten, und zwar in einem bis dahin in kapitalistischen Gesellschaften unbekannten Maße.

Dass Inklusion und Exklusion in sozialen Auseinandersetzungen geschichtlich erzeugt werden, bedeutet auch, sie nicht als gegeben voraussetzen zu können oder hinnehmen zu müssen. Gerade der Exklusionsbegriff zwingt dazu, auf die gesellschaftlichen Ungleichheits- und Machtverhältnisse zu achten, die soziale Ausgrenzungen erst hervorbringen. Dabei zeigten sich auch die Unvollständigkeit und Unvollkommenheit der Rechte, die Inklusion befördern. Ohne einen Unterbau von Wirtschaftsdemokratie, von gesellschaftlich ausgeübter Kontrolle über den Umgang mit Arbeit, Geld und natürlichen Ressourcen, muss das Gebäude sozialer Rechte brüchig bleiben.

Für die Schule und ihren Beitrag zur Inklusion folgt aus den vorausgegangenen Überlegungen, dass sie sich dem Problem der an sie herangetragenen, widersprüchlichen Anforderungen stellen müsste. Der Bildungssoziologe Wulf Hopf (2010 und 2011) arbeitet überzeugend die Spannungsverhältnisse heraus, die zwischen Leistungsgerechtigkeit, Chancengleichheit und Teilhabegleichheit bestehen. Bildungssysteme in kapitalistischen Gesellschaften bereiten Menschen darauf vor, in einen Wettbewerb um Arbeitsstellen einzutreten, der notwendigerweise soziale Ungleichheiten zur Folge hat. Damit diese Ungleichheiten als legitim, weil nur durch Leistungsunterschiede begründet, gelten können, müsste aber im Bildungssystem Chancengleichheit gewährleistet sein. Chancengleichheit wiederum erfordert, zunächst die unterschiedlichen, herkunftsbedingten Startpositionen auszugleichen, damit der anschließende Leistungswettbewerb als fair gelten kann. Schon Marshall hatte diese Bedingung an die Verwirklichung eines sozialen Rechts auf Bildung formuliert.

Wie aber können Bildungssysteme diesen Ausgleich leisten? Und wie lange sollen sie sich dem Ausgleich der Startchancen widmen, bevor gewissermaßen der Startschuss zum Leistungswettbewerb legitimerweise fallen kann? Darüber wird politisch entschieden. Das Ziel, soziale Mischung in den Schulen produktiv zu nutzen, also alle Schülerinnen und Schüler in ihren Fähigkeiten zu fördern und dies zugleich mit der Stärkung von Chancengleichheit zu verbinden, ist sehr ambitioniert. Ohne dieses Ziel aber wird Inklusion nicht zu haben sein. Es finden sich auch Hinweise auf viel versprechende Ansätze, sich ihm zu nähern – wenn es denn gewollt wird (vgl. Döbert 2005; Hopf 2010, S. 204 f.; für den Vorschulbereich Groos/Jehles 2015).

Sobald es um Teilhabegleichheit gehen soll, muss das Bildungssystem über fächerspezifische Kenntnisse und Kompetenzen hinaus jedoch noch weitere Kompetenzen vermitteln. Hopf spricht von einer „Art ‚zivilisatorischer Mindestausstattung' an Bildung für gesellschaftliche Teilhabe", einschließlich von „Kompetenzen wie Problemlösen, Kommunikations- und Kooperationsfähigkeit" (Hopf 2011, S. 197). Damit kommt aber eine weitere Zeitachse in den Blick, die sich mit der zuvor genannten nicht unbedingt deckt. Das Erwerben von Teilhabekompetenzen kann mehr Zeit in Anspruch nehmen, auch einen anderen Zeitrhythmus und andere Lernbedingungen erfordern. Es erfordert nicht zuletzt Teilhabemöglichkeiten an der Gestaltung der Bildungsprozesse selbst.

Wer ernsthaft ein ‚inklusives' Bildungssystem fordert, wird um eine Auseinandersetzung mit diesen Fragen und Problemen nicht herumkommen. Auch nicht um eine politische Auseinandersetzung mit den emotional hoch aufgeladenen Interessen, die sich an das Bildungssystem knüpfen. Selbst dann bleibt aber noch der von Marshall angesprochene kritische Punkt anzugehen: Wie steht es um die Nachfrage nach Bildungsabschlüssen auf dem Arbeitsmarkt? Wie weit muss sich die Wahrnehmung des sozialen Rechts auf Bildung, wenn es denn verwirklicht wäre, anschließend der Marktnachfrage unterordnen, wie weit muss umgekehrt „der Markt anbieten, was der (durch Bildung erworbene, M.K.) Status beansprucht", um noch einmal Marshall zu zitieren? Welche Diskrepanz ist tolerabel, welche nicht mehr? Und wie wäre dann dem Status gegenüber dem Markt Geltung zu verschaffen? Hier wird wieder das Thema der Wirtschaftsdemokratie berührt.

Was schließlich folgt aus dem Ausgeführten für die Inklusion von Menschen mit Behinderungen? Vieles von dem gerade mit Blick auf das Bildungssystem und die Erwerbsarbeit Gesagten ist unmittelbar auch für Menschen mit Behinderungen relevant. Denn auch für sie stellt nicht nur der erschwerte Zugang zu Bildungseinrichtungen und Arbeitsmärkten ein Problem dar, sondern darüber hinaus die Tatsache, dass diese Institutionen selbst, in der Weise, wie sie funktionieren, Menschen immer wieder scheitern lassen. Insofern lässt sich das Inklusionsproblem nicht als Sonderproblem einzelner sozialer Kategorien lösen. Das ändert selbstverständlich nichts an den besonderen Bedarfen von Menschen mit Behinderungen und ihrem berechtigten Anspruch, diese Bedarfe innerhalb gemeinsam genutzter Institutionen und Einrichtungen zur Geltung bringen zu können (Burtscher et al. 2013). Aber gerade weil sich am Umgang mit Minderheiten zeigt, wie weit eine Gesellschaft insgesamt ‚inklusiv' und damit demokratisch ist, muss die Inklusionsdebatte gesellschaftspolitisch erweitert werden.

*Dem Beitrag liegt ein Vortrag zugrunde, gehalten am 10. April 2015 im Rahmen der Eröffnungsveranstaltung des Graduiertenkollegs „Inklusion, Bildung, Schule" an der Humboldt-Universität zu Berlin.

Literatur

Bourdieu, Pierre/Patrick Champagne: Die intern Ausgegrenzten. In: Bourdieu, Pierre et al.: Das Elend der Welt. Zeugnisse und Diagnosen alltäglichen Leidens an der Gesellschaft. Konstanz 1997, S. 527-533.
Burtscher, Reinhard/Eduard Jan Ditschek/Karl-Ernst Ackermann/Monika Kil/Martin Kronauer (Hrsg.): Zugänge zu Inklusion. Erwachsenenbildung, Behindertenpädagogik und Soziologie im Dialog. Bielefeld 2013.
Castel, Robert: Eine große Transformation. In: Ders.: Die Krise der Arbeit. Neue Unsicherheiten und die Zukunft des Individuums. Hamburg 2011, S. 9-53.
De Swaan, Abram: Der sorgende Staat. Wohlfahrt, Gesundheit und Bildung in Europa und den USA der Neuzeit. Frankfurt/M., New York 1993.
Döbert, Hans: Flexibel, innovativ, und output-orientiert – zu wesentlichen Merkmalen erfolgreicher Schulsysteme. Ergebnisse eines vertiefenden Vergleichs der Schulsysteme ausgewählter PISA-Teilnehmerstaaten. Erziehung und Unterricht, Heft 1, 2005, S. 12-23.
European Commission: Employment and Social Developments in Europe 2012. Brüssel 2012.
Groos, Thomas/Nora Jehles: Der Einfluss von Armut auf die Entwicklung von Kindern. Ergebnisse der Schuleingangsuntersuchung. Schriftenreihe Arbeitspapiere wissenschaftliche Begleitforschung „Kein Kind zurücklassen" Band 3. Gütersloh 2015.
Hopf, Wulf: Freiheit – Leistung – Ungleichheit. Bildung und soziale Herkunft in Deutschland. Weinheim, München 2010.

Hopf, Wulf: Bildung, chancengleiche Konkurrenz und gesellschaftliche Teilhabe. In: WSI-Mitteilungen, 64. Jg., Heft 4, 2011, S. 195-201.

Kaufmann, Franz-Xaver: Varianten des Wohlfahrtsstaats. Der deutsche Sozialstaat im internationalen Vergleich. Frankfurt/M. 2003.

Kronauer, Martin: Exklusion. Die Gefährdung des Sozialen im hoch entwickelten Kapitalismus. 2., aktualisierte und erweiterte Auflage. Frankfurt/M., New York 2010.

Kronauer, Martin: Politische Bildung und inklusive Gesellschaft. In: Hilpert, Wolfram et al. (Hrsg.): Didaktik der inklusiven politischen Bildung. 2015 (Im Erscheinen).

Lessenich, Stephan: Die Neuerfindung des Sozialen. Der Sozialstaat im flexiblen Kapitalismus. Bielefeld 2008.

Marshall, Thomas H.: Bürgerrechte und soziale Klassen. Zur Soziologie des Wohlfahrtsstaates. Frankfurt/M, New York 1992.

Solga, Heike: Ausbildungslose und die Radikalisierung ihrer sozialen Ausgrenzung. In: Bude, Heinz/Andreas Willisch (Hrsg.): Das Problem der Exklusion. Ausgegrenzte, Entbehrliche, Überflüssige. Hamburg 2006, S. 121-146.

Solga, Heike/Justin Powell: Gebildet – Ungebildet. In: Lessenich, Stephan./Frank Nullmeier (Hrsg.): Deutschland – eine gespaltene Gesellschaft. Frankfurt/M, New York, S. 175-190.

UN-BRK = Beauftragter der Bundesregierung für die Belange behinderter Menschen (Hrsg.): Die UN-Behindertenrechtskonvention. Übereinkommen der Vereinten Nationen über die Rechte von Menschen mit Behinderung. Convention of the United Nations on the rights of persons with disabilities – deutsch, deutsch Schattenübersetzung, englisch. Bonn 2010. Zugriff am 31. 10. 2014. Verfügbar unter: URL: http://www.behindertenbeauftragter.de/SharedDocs/Publikationen/DE/Broschuere_UNKonvention_KK.pdf?__blob=publicationFile

Willehad Lanwer

Exklusion und Inklusion.
Anmerkungen zu einer gegensätzlichen Einheit

Zusammenfassung: Exklusion und Inklusion werden in diesem Beitrag als dialektische Einheit von Gegensätzen erklärt, die im Verhältnis eines dialektischen Widerspruchs zueinander stehen. Es wird herausgearbeitet, dass Exklusion und Inklusion sich in ihrer Ausschließlichkeit zugleich bedingen und zusammengehörig sind. Auch wenn im Prozess von Inklusion das Gegenteil vom dem geschieht, was im Prozess der Exklusion stattfindet, gehören im gesellschaftlichen Leben beide Prozesse untrennbar zusammen. Dies zu erkennen und anzuerkennen wird in diesem Beitrag thematisiert.

Abstract: In this article exclusion and inclusion are recognized as a dialectical entity of opposites which are related to each other as a dialectical contradiction. The author elaborates that exclusion and inclusion in its exclusivity at the same time cause and associate each other. Although in the process of inclusion the opposite of exclusion is taking place in the societal life both processes belong together inseparably. To recognize and acknowledge this is discussed in this paper.

Keywords: Exklusion, Inklusion, Dialektik, gesellschaftliche Praxis, Menschenrechte

> „Das Individuum ist einmalig im
> wesentlich Gesellschaftlichen seiner
> Persönlichkeit
> und gesellschaftlich im wesentlich Einmaligen seiner Persönlichkeit;
> das ist die Schwierigkeit, die zu
> bewältigen ist."
>
> (Sève 1983, S. 237)

Im vorangestellten Zitat werden Individuum und Gesellschaft als Einheit real Unterschiedener dargestellt, die im dialektischen Verständnis als „Einheit der Gegensätze" (vgl. Holz 2005, S. 177ff.) zu bestimmen sind. Einheiten von

Gegensätzen zu denken, verlangt, im Trennenden zugleich das Verbindende und damit den inneren Zusammenhang zwischen ihnen zu erkennen. Es setzt voraus, die Differenz zwischen Unterschied und Gegensatz zu erfassen, denn jeder Gegensatz ist zwar ein bestimmter Unterschied, aber nicht jeder Unterschied ist zugleich ein Gegensatz.

Das charakteristische Merkmal von Unterschieden ist die Nichtübereinstimmung, wie beispielsweise zwischen Tasse und Tisch, aber dieser Unterschied ist lediglich eine Verschiedenheit, ohne inneren Zusammenhang des sich Unterscheidenden. Gänzlich anders verhält es sich bei Gegensätzen, denn deren charakteristisches Merkmal ist, dass ihre Seiten, d.h. das ihnen Entgegengesetzte, sich in ihrer Ausschließlichkeit zugleich bedingen und sie aufgrund dessen zusammengehörig, sich wechselseitig voraussetzen und damit in ihrer Existenz voneinander abhängig sind.

Entsprechend kann es dieser Logik folgend keine Gesellschaft ohne soziale Akteure und/oder Gruppen geben, und ebenso wenig existieren soziale Akteure und/oder Gruppen losgelöst und unabhängig von der Gesellschaft. Der reale Unterschied zwischen ihnen, d.h. ihre Gegenständlichkeit füreinander, die sie aber nicht ineinander aufgehen lässt, manifestiert sich darin, dass sie miteinander vermittelt sind, ohne zu einer abschließenden Synthese zu kommen, in der sie ineinander aufgehen könnten. Die Vermittlung zwischen ihnen realisiert sich über den ihrem Verhältnis innewohnenden und wirkenden Widersprüchen, die ihrerseits durch die widersprüchliche Praxis des gesellschaftlichen Lebens vermittelt sind.

Mit anderen Worten, Individuum und Gesellschaft stehen im Verhältnis eines dialektischen Widerspruchs zueinander, sie setzen sich wechselseitig voraus, existieren nicht isoliert voneinander und zugleich schließen sie einander aus, so dass sie eine dialektische Einheit von Gegensätzen darstellen. Die Beziehung zwischen ihnen als ein dialektisch widersprüchliches Verhältnis zu fassen, bedeutet, dass der durch die Praxis des gesellschaftlichen Lebens vermittelte und ihrem Verhältnis inhärente Widerspruch die Quelle, ihre Entwicklung und Veränderung darstellt.

Im Folgenden werden Exklusion und Inklusion ebenso wie Individuum und Gesellschaft als dialektische Einheit von Gegensätzen zum Gegenstand gemacht. Auch ihr entgegengesetztes Verhältnis wird durch Widersprüche vermittelt, die ihrerseits durch die widersprüchliche gesellschaftliche Praxis hervorgerufen werden.

Grundsätzlich ist auch ihre Einheit der Gegensätzlichkeit keine, die zu einer anschließenden Synthese kommt, in der sie ineinander aufgehen könnten. Wie auch immer sie in der gesellschaftlichen Praxis in Erscheinung treten und ihre Wirksamkeit in diesem Kontext entfalten, ihre Gegensätzlichkeit hebt sich nicht auf und kann sich nicht aufheben. Denn auch dann, wenn im Prozess von Inklusion das Gegenteil dessen geschieht, was im Vollzug von Exklusion stattfindet, gehören in der gesellschaftlichen Praxis beide Prozesse untrennbar in ihrer gegensätzlichen Einheit zusammen, weil sie sich wechselseitig bedingen. Was sich allerdings ändert, ist die Vereinbarkeit bzw. Unvereinbarkeit ihrer Gegensätzlichkeit, die wiederum maßgeblich durch die jeweils gegebenen Bedingungen und Umstände in der gesellschaftlichen Praxis beeinflusst, und um die zwischen den sozialen Akteuren und/oder Gruppen gerungen wird.

Um diese Annahmen weiter zu erläutern, ist in einem ersten Schritt zu klären, was unter Exklusion und Inklusion im Weiteren verstanden wird (I.). Ausgehend von ihrer Doppelbedeutung als Zustands- und Prozesskategorien wird dann skizziert, dass Exklusion und Inklusion nicht nur gegenwärtige Erscheinungen des gesellschaftlichen Lebens sind (II.). Daran anknüpfend steht der Widerspruch zwischen Exklusion und Inklusion im Zentrum, indem das Verhältnis zwischen ihnen als dialektische Einheit der Gegensätze erklärt wird (III.). Anschließend werden die Macht- und Ohnmachtsstrukturen in der gesellschaftlichen Praxis, die Exklusion und Inklusion zugrunde liegen, aus der Perspektive der relationalen Soziologie von Bourdieu thematisiert (IV.). Abschließend werden die beiden Phänomene in Beziehung gesetzt zu dem 2006 von der Generalversammlung der Vereinten Nationen verabschiedeten Übereinkommen über die Rechte von Menschen mit Behinderungen, die UN-Behindertenrechtskonvention (BRK), die 2009 von Bundesrat und Bundestag ratifiziert wurde, sowie ein Fazit gezogen (V.).

I.

Der Begriff Exklusion ist ursprünglich abgeleitet vom lateinischen „exclusio" und bedeutet im weitesten Sinne ‚Ausschließung', ‚Aussperrung'. Die Kategorie Inklusion, deren Wurzeln im lateinischen „inclusio" liegen, ist zu übersetzen mit ‚Einschließung' ‚Einsperrung'. Allerdings bildet die ursprünglich aus dem Lateinischen abgeleiteten Bedeutungen nicht das ab, was kategorial mit den beiden Begriffen erfasst wird. Denn Einschließung und Einsperrung sind beispielsweise auf den Kontext von Justiz bzw. Justizvollzugsanstalten bezogen und werden mit Zwang assoziiert, aber nicht mit dem, was gegenwärtig mit Inklusion vor allem sozialwissenschaftlich verknüpft wird. Hingegen wird aktuell der Exklusionsbegriff durchaus in der Bedeutung von Ausschließung bzw. Ausgrenzung aus verwendet.

Sozialwissenschaftlich werden beide Kategorien in einem Zusammenhang betrachtet. Nach Kronauer stellen Exklusion und Inklusion ein Begriffspaar dar, das im weitesten Sinne die soziale Frage der gesellschaftlichen Ausgrenzung und

Teilhabe betrifft, und damit die sozialen Grundlagen einer demokratischen Gesellschaft (vgl. Kronauer 2010, S. 25). Entsprechend ist der Inklusionsbegriff gleichbedeutend mit gesellschaftlicher Teilhabe und Zugehörigkeit, und der Exklusionsbegriff gewinnt seine Bedeutung insofern, als dass in der gesellschaftlichen Praxis für soziale Akteure und/oder Gruppen die Teilhabe und Zugehörigkeit nicht gegeben oder eingeschränkt wird. Zu betonen ist allerdings, dass der Exklusionsbegriff kategorial Ausgrenzungen *in* und nicht aus der Gesellschaft erfasst (vgl. ebd., S. 41).

Die Dimensionen, in denen maßgeblich über Inklusion, d.h. über gesellschaftliche Zugehörigkeit und Teilhabe, entschieden wird, sind Erwerbsarbeit, soziale Beziehungen und der Bürgerinnen-/Bürgerstatus (vgl. ebd., S. 28ff.). Erwerbsarbeit ist einerseits hoch relevant im Hinblick auf Absicherung der Existenzfinanzierung, und andererseits bezogen auf die Einbindung in objektivierte, institutionell geregelte Verhältnisse wechselseitiger Abhängigkeit, und ist zu präzisieren als Dimension der Interdependenz. Gleichermaßen ist die Wechselseitigkeit für die Dimension der sozialen Beziehungen im Hinblick auf Zugehörigkeit von großer Bedeutung, die Kronauer als Dimension der Reziprozität kennzeichnet. Schließlich begründen persönliche, politische und soziale Rechte als Dimension die gesellschaftliche Teilhabe durch den Bürgerinnen-/Bürgerstatus. Soziale Rechte haben den Charakter von Schutz- und Teilhaberechten, so dass sie als Dimension der Partizipation zu klassifizieren sind.

Entsprechend bezieht Exklusion sich auf die Ausgrenzungen aus den genannten Dimensionen, d.h. auf den Ausschluss von sozialer Teilhabe und gesellschaftlicher Zugehörigkeit. Mit den Kategorien der Interdependenz und Partizipation ist es möglich, die Prozesse von Exklusion kategorial zu erfassen, denn sie sind die maßgeblich bestimmenden Momente für gesellschaftliche Zugehörigkeit und Teilhabe. Bezogen auf die Interdependenzen bedeutet Exklusion keine Zugehörigkeit in die gesellschaftliche Arbeitsteilung sowie in soziale Netze. Partizipation bildet im Kontext von Exklusion die nicht oder eingeschränkte materielle, politisch-institutionelle und kulturelle Teilhabe ab (vgl. ebd., S. 45ff.).

Mit dem Begriffspaar Exklusion und Inklusion werden folglich keine substantiellen Entitäten, sondern Relationen, Verhältnisse in der Praxis des gesellschaftlichen Lebens bezeichnet. Sie betreffen die Zugänge zu, d.h. die Teilhabe an bzw. die Ausgrenzungen oder Ausschließungen aus bestimmten Bereichen der gesellschaftlichen Praxis. Bei ihnen handelt es sich daher sowohl um Prozess- als auch um Zustandskategorien (vgl. ebd., S. 26). Demzufolge sind beide Begriffe in einer doppelten Bedeutung zu nutzen. Die kategoriale Reichweite von Exklusion erfasst sowohl Resultate von Ausgrenzungen als auch den Prozess der Ausgrenzungen, so wie Inklusion als Ergebnis von Teilhabe und Zugehörigkeit, wie auch als Prozess der Teilhabe und Zugehörigkeit zu verstehen ist.

In der Doppelbedeutung als Prozess- und Zustandskategorie wird im Folgenden das Begriffspaar genutzt. In diesem Sinne sind beide Phänomene als Resultate von Übergängen, d.h. von Transaktionen und Transformationen zu denken, die integriert sind in die Prozessualität der gesellschaftlichen Praxis. Sie werden durch die gesellschaftliche Praxis bzw. durch die in ihr agierenden sozialen Akteure und/oder Gruppen hervorgerufen sowie vermittelt, und wirken ihrerseits auf diese wieder zurück und beeinflussen deren Entwicklung.

Ihre Bedeutung und Funktion erhalten sie nur und erst im System des Ganzen der gesellschaftlichen Praxis, dessen Teile, Glieder und Momente sie sind. Ausgehend von der Prämisse, dass die gesellschaftliche Praxis nicht als eine abgeschlossene Wirklichkeit, d.h. nicht als ein System von fertigen, endgültigen Elementen, sondern in Veränderungen und Entwicklung gefasst wird, zeigen sich Exklusion und Inklusion in ihrer Wirksamkeit und damit Wirklichkeit einerseits als Zustände sozialer Tatsachen, und andererseits als Prozesse im Sinne von Optionen, d.h. von Möglichkeiten.

Folglich birgt die soziale Tatsache Exklusion zugleich in sich die Möglichkeit der Transformation, d.h. der Veränderungen hin zur Inklusion, wie umgekehrt auch Inklusion als Wirklichkeit die Möglichkeit des Anderssein-Könnens von Exklusion innewohnt. Die Transformation des Übergangs von der Möglichkeit zur Wirklichkeit bedarf der aktiven Tätigkeit, d.h. der Transaktionen der in der gesellschaftlichen Praxis agierenden sozialen Akteure und/oder Gruppen, die stets in und unter bestimmten Bedingungen und Umständen handeln, die ihrerseits maßgeblich den Übergang bedingen.

Das Begriffspaar in ihrer Doppelbedeutung von Prozess- und Zustandskategorie impliziert im Sinne ihrer gegensätzlichen Einheit, dass beide durch das ihnen Entgegengesetzte zu dem werden, was sie sind. Mithin ist Exklusion das Anderssein von Inklusion und Inklusion das Gegenteil von Exklusion. Gleichwohl wohnt beiden in ihrer gegensätzlichen Wirklichkeit als Einheit die Möglichkeit des Anderssein-Könnens inne, so dass in Abhängigkeit von den Bedingungen und Umständen in der gesellschaftlichen Praxis, die Vereinbarkeit ihrer Gegensätzlichkeit prinzipiell veränderlich und veränderbar ist.

Dabei ist infolge der entgegengesetzten Möglichkeiten, die durch die Bedingungen und Umstände der gesellschaftlichen Praxis hervorgerufen werden, die Transformation einer dieser Möglichkeiten in eine ihr entsprechende Wirklichkeit, ein durch Widersprüche vermittelter Prozess. Sein Inhalt ist die Realisierung der einen Möglichkeit und damit die Negation der ihr vorausgehenden Einheit in ihrer Gegensätzlichkeit. Entsprechend verändert sich die Struktur ihres Widerspruchsverhältnisses, d.h. die Vereinbarkeit bzw. Unvereinbarkeit der Einheit ihrer Gegensätzlichkeit im Kontext des gesellschaftlichen Lebens.

Sie als Kategorien von Möglichkeiten in den Wirklichkeiten der Praxis des Gesellschaftlichen zu erkennen, verlangt sie nicht nur in ihrer Gegenwärtigkeit, sondern auch in ihrer vergangenen Dimension zum Gegenstand zu machen. Dieser Blick zurück wird nachfolgend geleistet.

II.

Angesichts dessen, dass es weder das Verhältnis Exklusion und Inklusion noch die der Relation innewohnende Prozessualität an sich gibt, sondern von Menschen für Menschen geschaffen wurde und wird bzw. aus ihren Interaktionen als Muster resultiert, ist dieser Umstand gleichbedeutend damit, dass es die sozialen Akteure und/oder Gruppen und damit die gesellschaftlichen Wirklichkeiten selbst sind, waren und auch zukünftig sein werden, die in Abhängigkeit von den jeweils gegebenen sozial-historischen Bedingungen und Umständen in der gesellschaftlichen Praxis darüber entscheiden, wer in bestimmte Bereiche des Gesellschaftlichen inkludiert oder exkludiert wird.

Denn es sind zu allen Zeiten der Menschheitsgeschichte die sozialen Akteure und/oder Gruppen selbst, die geschichtsmachend sind, so dass es keine übermenschlichen und erst recht keine übernatürlichen Kräfte gibt, die über Exklusion und Inklusion entscheiden.

In diesem Zusammenhang ist auf die historische Rekonstruktion des Verhältnisses Exklusion und Inklusion durch Ongaro Basaglia zu verweisen (vgl. Ongaro Basaglia 1985, S. 73ff.). Sie geht von der Grundthese aus, dass in der jüdisch-christlichen Kultur die soziale Ausgrenzung stets gegenwärtig war und ist. Das Schema der Ausgrenzung des Anderen um des eigenen Überlebens willen und der individuellen Integritätsbehauptung durch ‚Erniedrigung des Anderen' „bildet das Leitmotiv der Menschheitsgeschichte" (ebd., S. 73).

Das Leitmotiv „entwickelt und wandelt sich mit der Fähigkeit des Menschen, die Natur und sich selbst zu beherrschen, das heißt mit seinem Bedürfnis, die eigene Identität über den Ausschluss des anderen zu begründen und zu bewahren" (ebd.). Inkludiert seien diejenigen, die Andere ausgrenzen, um des eigenen Vorteils willens. Wer ausschließt, „der bleibt *integer* [Hervor. im Original]" (ebd., S. 74) und das, was sich im Verlauf der Jahre ändert, „ist einzig das Ausmaß der Entwirklichung des Ausgeschlossenen, das nötig ist, um die Integrität des Ausschließenden zu gewährleisten" (ebd., S. 75).

Das Leitmotiv der Ausgrenzung überspannt jede Phase der Menschheitsgeschichte, so dass die Frage von Exklusion und Inklusion als reale Möglichkeit im Wirklichen immer in Abhängigkeit von den jeweils gegebenen gesellschaftlichen Bedingungen und Umständen der entsprechenden Zeitepochen neu gestellt wird.

Allerdings bleibt das Grundschema, d.h. dass Inklusion das Gegenteil von Exklusion ist und die Kategorie Inklusion stets die Integrität der Akteure mit einschließt, die Andere ausschließen.

Eine neue Qualität gewinnt die gegensätzliche Einheit zur Zeit der französischen Revolution, da in ihrem Gefolge die Gleichheit aller Menschen zum Recht erhoben wird und der moderne Staat sich zu formieren beginnt, so dass der Prozess des Ausschlusses und der Inklusion systematisch erfasst und institutionalisiert wird (vgl. ebd., S. 82). Der damit verknüpfte Fortschritt wird aus einer bevölkerungspolitischen Perspektive nur einem Teil der Menschen gewährt. Daraus ergibt sich ein Dilemma, das Ongaro Basaglia wie folgt formuliert: „Nach welchen Kriterien können sich Ausschluss und Integration in einer Gesellschaft vollziehen, welche die Gleichheit aller proklamiert hat und in der man gleichzeitig von der naturgegebenen Ungleichheit aller spricht?" (ebd., S. 84).

Die aus der Fragestellung resultierenden Widersprüche in der gesellschaftlichen Praxis ziehen sich dann wie ein roter Faden durch den weiteren Verlauf der Menschheitsgeschichte. In der Zeit von 1933-1945 wird die Fragestellung mit der barbarischen Ermordung der Menschen, die als sogenannt ‚lebensunwert' klassifiziert wurden, beantwortet. Der zu dieser Zeit durchgeführte industrielle Massenmord bildete den grausamen historischen Höhepunkt der Beantwortung der Frage von Inklusion und Exklusion.

Gleichwohl ist auch nach 1945 bis in die heutige Zeit – allerdings unter gänzlich anderen Bedingungen und Umständen in der gesellschaftlichen Praxis – die Frage, nach welchen Kriterien sich Exklusion und Integration in einer Gesellschaft vollziehen können, welche die Gleichheit aller proklamiert hat und in der gleichzeitig von der naturgegebenen Ungleichheit aller gesprochen wird, hochaktuell.

Ersichtlich wohnt dem Gegensatzpaar Exklusion und Inklusion eine Widersprüchlichkeit inne, die sich im Verlauf der Menschheitsgeschichte nicht aufhebt und vermutlich auch zukünftig sich nicht aufheben wird. Auch dann, wenn vermittelt durch die Bedingungen und Umstände im gesellschaftlichen Leben, d.h. durch die den Transaktionen innewohnenden Transformationen der sozialen Akteure und/oder Gruppen, das Verhältnis zwischen Inklusion und Exklusion ein anderes ist, so dass möglicherweise Inklusion gegenüber Exklusion dominiert, hebt sich damit Exklusion keineswegs auf, sowie sich ebenso wenig Inklusion aufheben wird.

Was sich allerdings ändert, ist die Struktur ihres Widerspruchverhältnisses, d.h. die Vereinbarkeit bzw. Unvereinbarkeit der Einheit ihrer Gegensätzlichkeit, um die im gesellschaftlichen Leben zwischen den Akteuren und/oder Gruppen gerungen wird. Insofern ist es sinnvoll, detaillierter auf das Verhältnis zwischen Exklusion und Inklusion einzugehen und den Fokus auf ihre funktionale Bedeutung als stets gegenwärtige Handlungsoptionen zu richten.

Denn vor dem Hintergrund der bisher skizzierten Erläuterungen ist festzustellen, dass sie als sozial vermittelte und vermittelnde Prozesse im gesellschaftlichen Leben nicht beziehungslos und losgelöst voneinander wirkend und wirklich sind.

III.

Der Widerspruch zwischen Exklusion und Inklusion in ihrer Gegensätzlichkeit ist im dialektischen Verständnis ein Strukturmoment in der gesellschaftlichen Praxis, in dem sie als zwei einander real und logisch ausschließende Faktoren koexistent sind. Im Sinne von Hegel ist im Widerspruch „jedes vermittelt *durch sein Anderes* mit sich und *enthält* dasselbe. Aber es ist ferner durch *das Nichtsein seines Anderen* mit sich vermittelt; so ist es für sich seiende Einheit und *schließt* das Andere aus sich *aus* [Hervor. im Original]" (Hegel 2003, S. 64-65).

Mit anderen Worten, im Hegelschen Sinne ist der Widerspruch eine bestimmte Beziehung von Gegensätzen. Bezogen auf Inklusion und Exklusion ist demzufolge davon auszugehen, dass sowohl Exklusion durch Inklusion als auch Exklusion durch Inklusion mit sich vermittelt sind, sie jeweils das ihnen Entgegengesetzte in sich enthalten und zugleich durch das Nichtsein des ihnen Entgegengesetzten mit sich vermittelt sind.

In der dialektischen Einheit der Gegensätze zwischen Exklusion und Inklusion ist demzufolge die innerliche Spaltung ihrer negativen Einheit mitzudenken, indem sie sich in ihrer gegenseitigen Widersprüchlichkeit durchdringen, d.h. wechselseitig vermitteln und zugleich ausschließen. In dieser Einheit ist aber jedes der beiden Momente insofern relativ selbstständig, als dass Exklusion aus sich Inklusion bzw. Inklusion aus sich Exklusion ausschließt. Zugleich sind sie aber unselbstständig, da Exklusion durch Inklusion und Inklusion durch Exklusion mit sich vermittelt sind.

Demzufolge impliziert die Einheit der Gegensätze und die damit einhergehenden dialektischen Widersprüche bzw. Widerspruchverhältnisse – in denen Exklusion und Inklusion zueinander stehen – zugleich eine dialektische Einheit von Selbstständigkeit und Unselbstständigkeit ihrer beiden Momente der Gegensätze. Entsprechend üben die Widersprüche in der dialektischen Einheit der Gegensätze eine doppelte Funktion aus. Einerseits erfüllen sie die Aufgabe der Vermittlung der Gegensätze in ihrer Einheit und andererseits die Aufhebung der Vermittlung zwischen ihnen.

Mithin ist die Einheit der Gegensätze als eine in Veränderung und Entwicklung zu fassen. Im dialektischen Verständnis bedeutet Veränderung und Entwicklung die Herausbildung einer neuen Struktur im Verhältnis der Gegensätze, verursacht durch die ihnen innewohnenden Widersprüche in Verbindung mit äußeren

Widersprüchen. Aus dieser Perspektive ist die Entwicklung der Einheit gleichbedeutend damit, dass sich in ihrem Verhältnis eine veränderte Struktur herausbildet, die durch die Aufhebung der Vorherigen hervorgebracht wird. Mit anderen Worten, indem eine Seite des Gegensatzpaares die andere, mit der sie vermittelt ist, negiert, wird zugleich die Aufhebung der vorherigen Vermittlungsbeziehung hervorgebracht.

Für das Verhältnis von Exklusion und Inklusion als dialektische Einheit von Gegensätzen ist von großer Relevanz, dass der ihrer Einheit innewohnende Widerspruch in Verschränkung mit äußeren Widersprüchen seine eigenen Vermittlungsbeziehungen aufhebt und eine veränderte Struktur des Widerspruchverhältnisses zwischen ihnen hervorbringt. Mit anderen Worten, wenn eine der einander ausschließenden Seiten ihre Selbstständigkeit verstärkt, so dass die vorherige Vereinbarkeit ihrer Einheit negiert wird, verliert die gegebene Einheit ihre Existenz und wird ersetzt durch eine veränderte dialektische Struktur ihres Widerspruchsverhältnisses.

Von maßgeblicher Bedeutung in diesem Geschehen sind die Widersprüche, die sich in der gesellschaftlichen Praxis herausbilden, durch deren Setzung und Lösung eine bestehende Vermittlungsbeziehung aufgehoben und eine veränderte hervorgebracht wird. Insofern ist zu differenzieren zwischen den Widersprüchen, die einerseits in der Einheit der Gegensätze durchdringend – im Sinne von vermittelnd und zugleich negierend einander ausschließend – wirken, und die andererseits die Aufhebung der Vermittlung bewirken, d.h. die Vereinbarkeit und Unvereinbarkeit der Einheit der Gegensätze.

Es ist festzuhalten, dass Exklusion und Inklusion eine existierende Einheit wechselwirkender Gegensätze im Widerspruch ist, und der Widerspruch in Verknüpfung mit äußeren Widersprüchen in der Vermittlung ihre Gegensätze wirkt, wie auch im Hinblick auf die Aufhebung der Vermittlung. Aufheben in der dialektischen Logik heißt nicht, dass der Widerspruch verschwindet, sondern dessen Struktur im Verhältnis des Gegensatzpaares eine veränderte Form annimmt. Mit anderen Worten, der Gegensatz bleibt erhalten, denn die Gegensätze sind nicht einfach auflösbar, aber die Beziehung zwischen den einander negierenden Seiten verändert sich, so dass ihre Vermittlung umgestaltet wird.

Grundsätzlich ist die dialektische Einheit der wechselwirkenden Gegensätze von Inklusion und Exklusion, die sich zu Widersprüchen verdichten, als Prozess in der Prozessualität des gesellschaftlichen Lebens bzw. der Praxis abzubilden. Die Einheit der Gegensätze ist also nicht nur in die Prozessualität des gesellschaftlichen Lebens bzw. Praxis integriert, sondern auch durch sie vermittelt. Sie wird determiniert durch die gesellschaftliche Praxis und wirkt in ihrer Wirksamkeit determinierend auf diese zurück.

Angesichts dessen kann die dialektische Einheit der Gegensätze von Inklusion und Exklusion nicht isoliert vom gesellschaftlichen Leben, von der Praxis thematisiert werden. Das gesellschaftliche Leben bzw. die Praxis ist die Bedingung der Möglichkeit ihrer gegensätzlichen Einheit, denn ohne gesellschaftliche Praxis verfügen Exklusion und Inklusion über keinen Wirklichkeitsbereich, innerhalb dessen sie ihre Wirksamkeit entfalten. Mithin ist der Widerspruch zwischen Exklusion und Inklusion für sich betrachtet völlig bedeutungslos, denn das, was er wirklich ist, zeigt sich erst, indem er *wirkend* ist, und diese *Wirksamkeit* kann nur in Zusammenhängen, d.h. im gesellschaftlichen Leben, in der gesellschaftlichen Praxis realisiert werden.

Das verlangt, die dialektische Einheit der Gegensätze von Inklusion und Exklusion als Prozess in der Prozessualität nicht substantiell, sondern relational zu bestimmen. Um das zu leisten wird die gegensätzliche Einheit von Exklusion und Inklusion in Beziehung gesetzt zur relationalen Soziologie von Bourdieu, die im Kern die der Einheit zugrunde liegenden divergierender Interessen und Zwecksetzungen der in der gesellschaftlichen Praxis agierenden sozialen Akteure und/oder Gruppen im Kontext real existierender Macht- und Ohnmachtsverhältnisse in der gesellschaftlichen Praxis thematisiert.

IV.

Die Realitäten von Exklusion und Inklusion basieren auf Macht- und Ohnmachtsverhältnissen in der gesellschaftlichen Praxis, in denen sich divergierende Interessen und Zwecksetzung der sozialen Akteure und/oder Gruppen widerspiegeln. Die Interessens- und Zwecksetzungsgegensätze sind als Wirkfaktoren zu verstehen, die gewissermaßen als Bedingung der Möglichkeit Exklusion und Inklusion stets vorausgehen. Mit anderen Worten, ohne Interessens- und Zwecksetzungsgegensätze hat das Gegensatzpaar in der gesellschaftlichen Praxis keine Relevanz. Angesicht dessen sind sie stets mitzudenken, denn sie erfüllen im dialektischen Verhältnis von Exklusion und Inklusion eine entscheidende Vermittlungsfunktion.

Mit Bourdieu ist es möglich, das Gegensatzpaar von Exklusion und Inklusion in diesen Dimensionen zu erkennen. Grundsätzlich bewegt sich das Gegensatzpaar nicht in einer macht- und herrschaftsfreien gesellschaftlichen Praxis, die Bourdieu als sozialen Raum bezeichnet (vgl. Bourdieu 1985, S. 9). Der soziale Raum konstituiert sich durch die Relationen der Felder. Felder wiederum sind abgrenzbare Bereiche gesellschaftlicher Wirklichkeiten, die spezifische Funktionen im Hinblick auf die Organisation, d.h. die Produktion und Reproduktion des gesellschaftlichen Lebens erfüllen. Entsprechend lassen sich beispielsweise die Felder der Ökonomie, der Politik, der Religion, der Wissenschaft und auch der Pädagogik, d.h. der Bildung und Erziehung unterscheiden. Wie der soziale Raum konstituiert sich auch jedes Feld durch die Relationen der im Feld agierenden sozialen Akteure und/oder Gruppen.

Die soziale Position der Akteure ist anhand ihrer Stellung in den verschiedenen Feldern zu definieren, d.h. innerhalb der Verteilungsstruktur der in ihnen zur Wirkung kommenden Machtmittel, die Bourdieu als „Kapital" bezeichnet. Auszugehen ist von ‚ökonomischem', ‚kulturellem', ‚sozialem' Kapital und ‚symbolischem' Kapital, das als wahrgenommene und legitim anerkannte Form der drei vorgenannten Kapitalien zu kennzeichnen ist, und als Prestige, Renommee usw. bezeichnet wird (vgl. ebd., S. 11). Primär ist für Bourdieu das ökonomische Kapital.

Ausgehend von den Machtmitteln lässt sich ein vereinfachtes Modell des sozialen Raums erstellen, innerhalb dessen für die Akteure ihre jeweilige Stellung in den möglichen Spiel-Räumen auszumachen ist (ebd.). Zu berücksichtigen ist, dass jedes Feld zwar über eine interne Logik und Hierarchie verfügt, aber „die Rangfolge zwischen den verschiedenen Kapitalsorten wie auch die statistischen Beziehungen zwischen den Aktiva sich jedoch als tendenzielle Dominanz des ökonomischen Feldes auswirken" (ebd.).

Vor diesem Hintergrund sind die skizzierten, dem Gegensatzpaar vorausgehenden Interessengegensätze abzubilden, die unter anderem mit den Feldern zu erklären sind, die Bourdieu als ‚Kraftfelder' und als ‚Felder von Kämpfen' (vgl. Bourdieu 1998, S. 49) klassifiziert. Den sozialen Raum als Feld charakterisieren heißt also, zugleich von Kraftfeldern auszugehen, die nicht nur „für die in ihm agierenden Akteure eine zwingende Notwendigkeit besitzen", sondern zugleich auch „als ein Feld von Kämpfen" zu verstehen sind, „in dem die Akteure mit je nach ihrer Position in der Struktur des Kraftfeldes unterschiedlichen Mitteln und Zwecken miteinander rivalisieren und auf diese Weise zu Erhalt oder Veränderung seiner Struktur beitragen" (ebd., S. 49-59).

Um diese strukturellen Effekte zu erklären, nutzt Bourdieu den Begriff des ‚Feldes der Macht'. Das Feld der Macht, so Bourdieu, „ist kein Feld wie die anderen: Es ist der Raum der Machtverhältnisse zwischen verschiedenen Kapitalsorten oder, genauer gesagt, zwischen Akteuren, die in ausreichendem Maße mit einer der verschiedenen Kapitalsorten versehen sind, um gegebenenfalls das entsprechende Feld beherrschen zu können, und deren Kämpfe immer dann an Intensität zunehmen, wenn der relative Wert der verschiedenen Kapitalsorten (zum Beispiel der ‚Wechselkurs' zwischen kulturellem und ökonomischen Kapital) ins Wanken gerät, vor allem also dann, wenn das im Feld bestehende Gleichgewicht zwischen jenen Instanzen bedroht ist, deren spezifische Aufgabe die Reproduktion des Feldes der Macht ist" (ebd., S. 51).

Das Gegensatzpaar Exklusion/Inklusion bewegt sich demzufolge nicht in einer macht- und herrschaftsfreien sowie von Interessenlosigkeit gekennzeichneten gesellschaftlichen Praxis, sondern in umkämpften Wirklichkeiten der Felder des sozialen Raums, in denen um den Zugang zu oder den Ausschluss aus bestimmten essenziellen Bereichen des gesellschaftlichen Lebens zwischen den sozialen Akteuren und/oder Gruppen gerungen wird.

Um welche essenziellen Zugänge und Ausgrenzungen es sich handelt, wird ersichtlich, wenn nachfolgend auf das 2006 von der Generalversammlung der Vereinten Nationen verabschiedete Übereinkommen über die Rechte von Menschen mit Behinderungen, die UN-Behindertenrechtskonvention (BRK), eingegangen wird.

V.

Es sind die Menschenrechte, um die im Kontext von Exklusion und Inklusion gekämpft wird, und die es deshalb gibt und geben muss, weil sie permanent entweder ignoriert oder aber verletzt werden, und das nicht aus Unkenntnis, sondern um Interessen durchzusetzen. Konkret ist es der Kampf um die Zugänge zu bzw. Ausgrenzung aus menschenrechtsrelevanten Bereichen der Felder des sozialen Raums, auf die sich die dem Gegensatzpaar vorausgehenden Interessengegensätze der agierenden sozialen Akteure und/oder Gruppen beziehen.

Prinzipiell sind die Menschenrechte nichts, über das wir verfügen oder nicht, sondern um ihre Realisierung wie auch um ihre Weiterentwicklung wurde und wird gekämpft und muss vermutlich auch zukünftig gekämpft werden. „Nicht haltbar ist", so Bloch, „daß der Mensch von Geburt an frei und gleich sei. Es gibt keine angeborenen Rechte, sie sind alle erworben oder müssen im Kampf erworben werden" (Bloch 1985, S. 215).

Die Geschichte der Menschenrechte (vgl. Pollmann; Lohmann 2012, S. 1-128) zeigt, dass sie von Anfang an Antworten auf Erfahrungen mit Unrecht und auf Bedrohungen des menschlichen Lebens sind. Bei ihnen handelt es sich um erkämpfte Rechte, denen Erfahrungen von z.B. Gewalt, Unterdrückung, Missachtung, Erniedrigung und Grausamkeiten vorausgehen, zu deren Abwehr sie geschaffen wurden. Ebenso reflektieren sich in ihnen die menschlichen physischen und psychischen Verletzbarkeiten und Abhängigkeiten, zu deren Schutz sie erdacht und gefordert wurden. Schließlich drücken sich in ihnen die existenziellen Bedrohungen der Menschen durch die Menschen aus, für die sie Unterstützung und Hilfe einfordern.

Auch die BRK, die 2009 von der Bundesrepublik Deutschland ratifiziert wurde, ist als Antwort auf Erfahrungen der Diskriminierung und sozialen Exklusion der Menschen, die physisch/psychisch beeinträchtigt sind und behindert werden, zu verstehen. Sie ist keine Sonderkonvention, d.h. sie ist durch und durch dem menschenrechtlichen Universalismus verpflichtet und stellt kein Sonderrecht dar, sondern bekräftigt und konkretisiert die allgemeinen Menschenrechte (vgl. Bielefeldt 2012, S. 150). Was sich allerdings in der BRK widerspiegelt, ist, dass vor 2006 Menschen, die behindert werden, nicht als Subjekte der Menschenrechte mit gedacht wurden, d.h. sie waren bis dahin eine unsichtbar gemachte Minderheit, die vom gesellschaftlichen Leben in den Feldern des sozialen Raums exkludiert wurde (vgl. ebd., S. 153).

Die Menschenrechte im Allgemeinen und die BRK im Besonderen betreffen essenzielle Probleme des gesellschaftlichen Lebens, die den Gegenstandsbereich von Exklusion und Inklusion ursächlich, d.h. kausal erklären und normativ begründen. Um den Gegenstandsbereich des Gegensatzpaares Exklusion und Inklusion inhaltlich zu fassen, werden exemplarisch einige der in der Konvention angeführten menschenrechtsrelevanten Bereiche des gesellschaftlichen Lebens in den Feldern des sozialen Raums angeführt:

- das Recht auf Leben [Artikel 10],
- das Recht auf gleiche Anerkennung vor dem Recht und Schutz der Rechts- und Handlungsfähigkeit [Artikel 12],
- das Recht auf Zugang zur Justiz [Artikel 13],
- das Recht auf Freiheit und Sicherheit [Artikel 14],
- Freiheit von Folter oder grausamer, unmenschlicher oder erniedrigender Behandlung oder Strafe [Artikel 15],
- Freiheit vor Ausbeutung, Gewalt und Missbrauch [Artikel 16],
- das Recht auf körperliche und seelische Unversehrtheit [Artikel 17],
- das Recht auf unabhängige Lebensführung und Einbeziehung in die Gesellschaft [Artikel 19],
- das Recht auf persönliche Mobilität [Artikel 20],
- das Recht auf freie Meinungsäußerung [Artikel 21],
- das Recht auf Zugang zu Informationen [Artikel 21],
- Achtung der Privatsphäre [Artikel 22],
- Achtung der Wohnung [Artikel 23],
- Familie und Familiengründung [Artikel 23],
- das Recht auf Bildung [Artikel 24],
- das Recht auf Gesundheit [Artikel 25],
- das Recht auf Arbeit und Beschäftigung [Artikel 27],
- das Recht auf einen angemessenen Lebensstandard [Artikel 28],
- Teilhabe am politischen und öffentlichen Leben [Artikel 29],
- Teilhabe am kulturellen Leben sowie auf Erholung, Freizeit und Sport [Artikel 30] (vgl. Netzwerk Artikel 3 e.V. 2009, S. 9-29).

Aufgrund dessen, dass Inklusion und Exklusion Gegenstand und Inhalt der Menschenrechte im Allgemeinen und bezogen auf die BRK im Besonderen sind, wird mehr als deutlich, dass die Zugänge zu den menschenrechtsrelevanten

Bereichen des gesellschaftlichen Lebens alles andere als selbstverständlich sind. Ersichtlich wird, dass der gleichwertige und gleichberechtigte Zugang für alle sozialen Akteure und/oder Gruppen zu den menschenrechtsrelevanten Bereichen einer rechtlichen Regelung bedarf, d.h. nur dann zu realisieren ist, wenn die Nichtgewährung sanktioniert wird, aber damit keineswegs garantiert ist.

Ersichtlich wird darüber hinaus auch, dass in den Feldern des sozialen Raums stets die Möglichkeit von Exklusion und Inklusion als Handlungsoptionen für gesellschaftliche Akteure und/oder Gruppen real existent waren, gegenwärtig sind und zukünftig sein werden. Auch die BRK vermag nicht die der Inklusion und Exklusion vorausgehenden Interessengegensätze aufzulösen, denn es ist nicht davon auszugehen, dass die sozialen Akteure und/oder Gruppen freiwillig – d.h. auch wenn nicht mit Sanktionen zu rechnen ist – allen Menschen den Zugang zu den menschenrechtsrelevanten Bereichen gewähren.

Das bedeutet keineswegs, dass die Kernforderung der BRK nach Inklusion in Frage gestellt wird, aber sie ist nicht als ein einmal erreichter Zustand zu verstehen, sondern als Prozess, der stets die Überwindung der ihr vorausgehenden Exklusion zur Voraussetzung hat und immer wieder neu herzustellen ist. Demnach sind die beiden Phänomene nicht nur in ihrer Wirklichkeit, sondern als Kategorien von Möglichkeiten in den Feldern des sozialen Raums, in der es ständig Veränderungen gibt, in den Blick zu nehmen. Mithin können die Felder des sozialen Raums und die in ihrer Prozessualität sich realisierenden Prozesse von Exklusion und Inklusion nicht als abgeschlossene Wirklichkeiten, als ein System von fertigen Elementen gedacht werden, sondern als Möglichkeiten im Wirklichen.

Abschließend kann der Schluss gezogen werden, dass grundsätzlich Exklusion und Inklusion sich in ihrer Einheit der Gegensätze im Widerspruch nicht auflösen oder gar gänzlich verschwinden werden, aber ihre dialektische Struktur des Widerspruchs ist veränderlich und veränderbar. Inklusion aber, so Kronauer, erfordert, dass gesellschaftliche Verhältnisse, die exkludieren, überwunden sowie flankiert werden müssen durch eine Politik, die die ausgrenzenden Institutionen selbst in Frage stellt (vgl. Kronauer 2010, S. 56f.). Das wiederum gelingt nur dann, wenn die die gegensätzliche Einheit von Exklusion und Inklusion bestimmenden und durch Interessen vermittelten Widersprüche in den Feldern des sozialen Raums nicht in solche übersetzt werden, mit denen objektive Beschränkungen des Zugangs zu den menschrechtsrelevanten Bereichen des gesellschaftlichen Lebens in subjektive Beschränkungen ideologisch umgedeutet werden. Mit anderen Worten: dass sozialstrukturelle Ungleichverteilung nicht personalisiert und individualisiert wird.

Im Kern geht es, wie Bauman betont, darum, dass die Hegemonie der Schnellsten, Klügsten und Skrupellosesten beendet und durch die Herrschaft des Rechts ersetzt wird (vgl. Bauman 2005, S. 124). Dabei kommt es darauf an, wie Basaglia in einem Gespräch mit Sartre formuliert, „das Andere nicht nur zu denken, sondern es zu machen". Und das Andere, antwortet Sartre, muss sich aus der Überwindung des Bestehenden ergeben. „Kurz, es geht nicht darum, das gegenwärtige System pauschal zu negieren, abzulehnen. Man muß es vielmehr Zug um Zug außer Kraft setzen: in der Praxis. Der Angelpunkt ist die Praxis. Sie ist die offene Flanke der Ideologie" (Basaglia 1980, S. 39-40).

Literatur

Basaglia, Franco; Ongaro Basaglia, Franca (Hrsg.): Befriedungsverbrechen. Über die Dienstbarkeit der Intellektuellen. Frankfurt/M. 1980
Bauman, Zygmunt: Verworfenes Leben. Die Ausgegrenzten der Moderne. Bonn 2005
Bielefeldt, Heiner: Inklusion als Menschenrechtsprinzip. Perspektiven der UN-Behindertenrechtskonvention. In: Moser, Vera; Horster, Detlef (Hrsg.): Ethik der Behindertenpädagogik. Menschenrechte, Menschenwürde, Behinderung. Stuttgart 2012, S. 150-166
Bloch, Ernst: Naturrecht und menschliche Würde. Frankfurt/M. 1985
Bourdieu, Pierre: Sozialer Raum und Klassen. Frankfurt/M. 1985
Bourdieu, Pierre: Praktische Vernunft. Zur Theorie des Handelns. Frankfurt/M. 1998
Hegel, Georg Wilhelm Friedrich: Wissenschaft der Logik II. Werke 6. Frankfurt/M. (6. Aufl.) 2003
Holz, Hans Heinz: Weltentwurf und Reflexion. Versuch einer Grundlegung der Dialektik. Stuttgart 2005
Kronauer, Martin: Inklusion – Exklusion. Eine historische und begriffliche Annäherung an die soziale Frage der Gegenwart. In: Kronauer, Martin (Hrsg.): Inklusion und Weiterbildung. Reflexionen zur gesellschaftlichen Teilhabe in der Gegenwart. Bielefeld 2010, S. 24-58
Netzwerk Artikel 3 e.V. (Hrsg.): Schattenübersetzung. Übereinkommen über die Rechte von Menschen mit Behinderungen. Berlin 2009
Ongaro Basaglia, Franca: Gesundheit, Krankheit. Das Elend der Medizin. Frankfurt/M. 1985
Pollmann, Arnd; Lohmann, Georg (Hrsg.): Menschenrechte. Ein interdisziplinäres Handbuch. Stuttgart/Weimar 2012
Sève, Lucien: Marxismus und Theorie der Persönlichkeit. Frankfurt/M. 1983

Marianne Rychner

Inklusion als Gegenbewegung zu Exklusion oder als Einschluss in Max Webers „stahlhartes Gehäuse"?

Zusammenfassung: Der Beitrag postuliert, dass Konzeptionen von ‚Inklusion' auch ein Ausdruck fortschreitender formaler Rationalisierungsprozesse im Sinne Max Webers darstellen, die auf einen Einschluss aller ins ‚stahlharte Gehäuse' abzielen. In welchem Masse diese ungewollt negative Utopie sich realisieren wird, hängt nicht zuletzt davon ab, ob Lehrerinnen und Lehrer, gestützt auf professionalisierte Anteile in ihrem Beruf, bestehende Spielräume zu nutzen vermögen und sich zur Wehr setzen gegen bürokratische Tendenzen, die eine sachlich notwendige Orientierung an Autonomie im pädagogischem Handeln erodieren lassen.

Abstract: This essay argues that prevailing notions of ‚Inclusion' in the educational system are somehow manifestations of the formal process of rationalization in confining – literally: ‚including' – everybody in the ‚iron cage of bureaucracy' in the sense of Max Weber. To what extent this inadvertently negative utopia will materialize is an open question. Its outcome depends on teachers' institutionalized, professional leeway and their ability to resist bureaucratic tendencies in education that undermine autonomy in their acting and as a fundamental educational orientation.

Keywords: Inklusion, Rationalisierungsprozess, Max Weber, stahlhartes Gehäuse, Professionalisierungstheorie, Schule, Autonomie; Inclusion, rationalization, Max Weber, iron cage, professionalization, autonomy, educational system

„Die abstrakte Utopie wäre allzu leicht mit den abgefeimtesten Tendenzen der Gesellschaft vereinbar" (Adorno 1994 [1951], S. 130) oder alltagssprachlicher: „Der Schuss könnte hinten hinaus gehen" oder: „Gut gemeint ist nicht immer gut". Ob auch Inklusion darunter fällt, können nur detailgetreue Analysen der Praxis zeigen, die noch weitgehend ausstehen, nicht zuletzt, weil nicht klar ist, wann eine konkrete Praxis eine vollumfänglich inklusive ist. Eine exemplarische Analyse von Texten und Begriffen jedoch kann Ambivalenzen und Paradoxien aufschließen, die bereits konzeptionell angelegt sind. Dies soll hier zunächst bezogen auf den Inklusionsbegriff geschehen; davon ausgehend werden Implikationen von schulischer Inklusion aus professionssoziologischer Sicht betrachtet, in deren Zentrum die Frage nach der Autonomie pädagogischer Praxis steht. Zunächst ist zu unterscheiden zwischen Inklusion als analytischem und als programmatischem Begriff. Inklusion als „die Einbeziehung einer größeren Zahl von Einheiten (Personen, sozialen Rollen, sozialen Mechanismen) in spezifische Funktionskreise, wie sie im Prozess der funktionalen Ausdifferenzierung sozialer Systeme erforderlich wird" (Luhmann 2011, S. 306), zielt ab auf ungeplante Entwicklungen, die wenig zu tun haben mit gesellschaftspolitischen Forderungen. Dagegen bezeichnet Inklusion in programmatischer Bedeutung immer Bestrebungen zur Realisierung von Zielen, die sich, so erstrebenswert sie in ihrer Abstraktion sein mögen, nicht von selber ergeben, weswegen die Gesellschaft in ihrer Totalität als zu verändernde in den Blick kommt:

„Um das Ziel von Inklusion zu erreichen, dass alle Menschen frei und gleich und auf der Grundlage der eigenen Selbstbestimmung ihr Leben miteinander gestalten können, müssen daher alle Barrieren, die diesem Ziel (noch) im Wege stehen, Schritt für Schritt abgebaut werden. Das gilt für bauliche Barrieren genauso wie für Barrieren in den Köpfen" (online-Handbuch Inklusion als Menschenrecht, S. 2).

Nun wird man sich über die Beseitigung baulicher Barrieren rasch einigen können oder zumindest wissen, woran eine Einigung scheitert, entweder am Geld oder an Ansprüchen der Denkmalpflege. Bei den „Barrieren in den Köpfen" ist es schwieriger, weil damit ‚falsches Bewusstsein' wirklicher oder imaginierter Anderer zu verändern ist. Es liegt nahe, dass am Beginn einer solchen Operation ein Appell der nicht Borniertien steht an diejenigen, deren Borniertheit abzubauen ist. Solche Appelle existieren, so etwa unter dem Motto: „Inklusion gelingt!". Was impliziert dies? Rein sprachlich handelt es sich trotz des Ausrufezeichens um eine Feststellung, nicht um einen Wunsch oder Aufruf. Ein solcher würde lauten: „Inklusion möge gelingen!" oder: „Helft mit, dass Inklusion gelingt". Diese Ambivalenz ist nicht Zufall, wie der weitere Verlauf des Textes zeigt:

„Die Spitzenverbände der Wirtschaft BDA, DIHK und ZDH erklären: Menschen mit Behinderung müssen mit ihren individuellen Leistungen und Fähigkeiten in den Arbeitsmarkt integriert werden. Dazu sind inklusive Ausbildungs- und Arbeitsbedingungen notwendig. Eine inklusive Gesellschaft hilft nicht nur den Betroffenen. Insbesondere für kleine und mittlere Unternehmen ist aufgrund der demografischen Entwicklung die Fachkräftesicherung zu einer beschäftigungspolitischen Herausforderung geworden" (Bund Deutscher Arbeitgeber et al. 2015: inklusion gelingt! Erklärung, S. 1).

Demnach muss Inklusion erst noch gelingen und dazu sind diverse Anstrengungen nötig, so dass keineswegs sicher ist, dass „Inklusion gelingt!". Der Widerspruch löst sich nur dann auf, wenn es sich strukturell um Magie handelt: Der beschwörenden Feststellung folge die Realität! Das suggestive Element setzt sich also fort, indem eine Win-Win-Situation skizziert wird. Doch wer alles gewinnt? Zunächst die appellierende Wirtschaft, davon kann ausgegangen werden und das ist nicht per se verwerflich. Sind die anderen Gewinner „Behinderte"? Wer fällt unter diese Kategorie? Hier wird es schwierig, denn die Konzeption von Inklusion setzt gerade voraus, Behinderung nicht eindimensional zu konzipieren, etwa als sitzen im Rollstuhl. Wie könnte sie also allgemeiner und zugleich differenzierter gefasst werden? In seiner Theorie der Behinderung nähert sich Jan Weisser einer Definition an, die sich einer reduktionistischen Naturalisierung entgegenstellt, indem er Behinderung konzipiert „als eine Erfahrung […], die sich aus Konflikten zwischen Fähigkeiten und Erwartungen ergibt und die zunächst als Irritation auftritt und sich dann durch Wiederholung verfestigt" (Weisser 2005, S. 20). Diese Sicht auf Behinderung ist eine analytische, die zugleich Optionen von Möglichkeiten zur Veränderung der Wahrnehmung infolge – auch als produktiv denkbarer – Irritation enthält, ohne dass daraus die simple Programmatik hervorgeht, die Köpfe der anderen seien von Barrieren zu befreien. Latent ist in dieser theoretischen Annäherung eine Kritik an der Dominanz der Routine (Verfestigung durch Wiederholung) in der Wahrnehmung gegenüber der krisenhaften Zukunftsoffenheit enthalten. Bei „Krise und Routine" handelt es sich um ein konstitutives Gegensatzpaar in der Soziologie Ulrich Oevermanns, das im Zusammenhang mit professionssoziologischen Überlegungen zentral ist und worauf ich weiter unten eingehen werde. Doch zunächst: Welche Irritationen, die zu einer Öffnung in der Wahrnehmung beitragen und damit zur postulierten Win-Win-Situation führen könnten, sind im zitierten Appell enthalten? Weist vielleicht der anschließende Satz darauf hin, auf welche Weise auch die gewinnen könnten, die nicht den Erwartungen entsprechen? Die Fortsetzung lautet: „Anders sein und anders denken können (sic) bedeutet oft Innovation". Das klingt nicht schlecht. Nur: Mit der Gleichsetzung von „behindert" mit „anders" werden nicht nur Ursachen und Folgen konkreter Behinderungen ausgeblendet, eventuell verharmlost, es fehlt nicht nur das Komma, sondern auch der logisch zwingende Bezug in der Komplementarität: anders als wer oder was? Die Formel entpuppt sich also rasch als gegenstandslose Rhetorik, die zeitgeistaffin mit dem inhaltsleeren „anders sein" kokettiert, um anschließend recht ungeschminkt Nachteile der Einen in Vorteile der Anderen umzudeuten:

> „Außerdem sind Menschen mit Handicaps oft besonders motiviert. Sie wollen beweisen, dass sie es können und dass ihre Arbeit Wertschätzung verdient. Behindert bedeutet nicht automatisch leistungsgemindert." (Bund Deutscher Arbeitgeber et al. 2015: inklusion gelingt! Erklärung, S. 1).

Die suggestive Essenz dieses ideologisch-konstruktivistischen Purzelbaums: Behinderte arbeiten besser als nicht Behinderte, sind also weniger behindert, da ihre – ja nur scheinbare – Behinderung Anlass ist, motivierter und innovativer zu arbeiten als diejenigen, die nicht beweisen müssen, dass sie nicht „leistungsgemindert" sind. Die Routine ist damit verfestigter als sie zuvor war, denn wo bleiben die effektiv Leistungsgeminderten, mit oder ohne Behindertenausweis, die mit oder ohne Krücken oder Rollstuhl nicht den Erwartungen Entsprechenden, auch die Eigenwilligen, Widerspenstigen, Schwierigen, Auffälligen? Sollen diese exkludiert werden, um jene zu inkludieren, die behinderungsbedingt motivierter arbeiten, um endlich „Wertschätzung" zu erhalten? Die Antwort bleibt, wie so oft in programmatischen Texten, aus, die dargestellten Beispiele aus der Praxis entsprechen der Logik der Win-Win-Situation, Ursachen und gravierende Folgen von Behinderung werden ebenso wie mögliches Scheitern ausgeblendet, denn wer will schon Spielverderberin sein, wenn „Inklusion gelingt!"? Diesem Argumentationsmuster haftet genau die Logik an, die der Psychoanalytiker Karl Abraham 1926 herausgearbeitet hat in Bezug auf die Autosuggestions-Begeisterung für die von Emil Coué entwickelte Methode der „Selbstbemeisterung", die darin besteht, jedwedes Übel zu bekämpfen durch Aufsagen der Formel „Mir geht es jeden Tag in jeder Hinsicht immer besser und besser". Abraham stellt dabei eine Verbindung fest zwischen zwanghafter Logik und systematischem Ausblenden der Ursachen: „Ganz auffällig ist die Scheu vor jedem Wissen um den Ursprung einer Krankheit; wir werden hier unmittelbar an die Verbote des Fragens und Wissens erinnert, denen wir in der Analyse Zwangskranker beggnen." (Abraham 2013 [1926], S. 109). Das Zwanghafte verstärkt so das Magische, das im Wunschdenken gipfelt, dessen vordergründiger Erfolg eine Realität verbirgt, die den hohen Preis darstellt, der in der Win-Win-Rechnung nicht sichtbar wird, jedoch ebenso zu erahnen wie noch zu erforschen ist: „Keine Forschung reicht bis heute in die Hölle hinab, in der die Deformationen geprägt werden, die später als Fröhlichkeit, Aufgeschlossenheit, Umgänglichkeit, als gelungene Einpassung ins Unvermeidliche und als unvergrübelt praktischer Sinn zutage kommen." (Adorno 1994 [1951], S. 69).

Dass im Begriff der Inklusion an sich schon die beengende Vision individueller „Einpassung ins Unvermeidliche" mitschwingt, zeigt sich in der Alltagsbedeutung: „Einschließung" oder „Einschluß" als der Vorgang des Einschließens wie auch dessen statische Folge des Eingeschlossen-Seins. Auch diese alltagssprachliche Bedeutung ist soziologisch relevant angesichts von Max Webers „stahlhartem Gehäuse", das er 1905 schildert als Konsequenz gesellschaftlicher Rationalisierungsprozesse:

„Die heutige kapitalistische Wirtschaftsordnung ist ein ungeheurer Kosmos, in den der einzelne hineingeboren wird und der für ihn, wenigstens als einzelnen, als faktisch unabänderliches Gehäuse, in dem er zu leben hat, gegeben ist. Er zwingt dem einzelnen, soweit er in den Zusammenhang des Marktes verflochten ist, die Normen seines wirtschaftlichen Handelns auf." (Weber, 2014 [1904/05] S. 42 ff.)

Was bereits vor über hundert Jahren als beengendes Bild individueller Einpassung in unerbittliche Mechanismen erschien, dachte Weber weiter in eine offene Zukunft:

„Niemand weiß noch, wer künftig in jenem Gehäuse wohnen wird und ob am Ende dieser ungeheuren Entwicklung ganz neue Propheten oder eine mächtige Wiedergeburt alter Gedanken und Ideale stehen werden oder aber – wenn keins von beidem – mechanisierte Versteinerung, mit einer Art von krampfhaftem Sich-wichtig-nehmen verbrämt." (Weber, 2014 [1904/05] S. 252)

Die düstere Vision entspricht auf individueller Ebene Webers idealtypischem „Fachmenschen ohne Geist" und „Genußmensch ohne Herz" (Weber, 2014 [1904/05] S. 252). Während in seiner Soziologie Wert- und Zweckrationalität idealtypisch unterschiedlichen Gesetzmäßigkeiten folgen und so immer von neuem in produktivem Widerspruch zueinander stehen und eine von autonomen Entscheidungsträgern gestaltete, offene Zukunft ermöglichen, die sich aus dem Widerstreit beider Spielarten von Rationalität ergibt, fällt in der Dystopie der Versteinerung alles in eins, vielleicht als die letzte Konsequenz und Kehrseite der beschworenen Win-Win-Situation, in der die „abstrakte Utopie" umschlagen würde in die „abgefeimtesten Tendenzen" (Adorno), bestehend im Einschluss all jener ins stahlharte Gehäuse, die bisher nicht einzupassen waren. Doch wie weit kann diese Versteinerung überhaupt gehen, ohne dass das Gehäuse sich selber der Existenzgrundlage beraubt? Dies ist nicht einfach eine Frage nach residualen Nischen; vielmehr geht es um notwendige gesellschaftliche Funktionen, die nicht nur rein zweckrational bestimmt sein können, sondern einer Wertrationalität folgen und damit Zukunftsoffenheit gewährleisten. Die Berufsgruppen, die in hoch arbeitsteiligen Gesellschaften dieser Logik folgen *müssen*, um ihre Arbeit gut zu machen, sind die klassischen Professionen. Auf deren Funktion bezieht sich der professionalisierungstheoretische Ansatz Ulrich Oevermanns, der ausgehend von der klassischen Soziologie der Professionen Talcott Parsons' systematisch deren Handlungsprobleme in den Blick nimmt: Als Professionen gelten diejenigen Berufe, die wissenschaftliches Wissen nicht ausschließlich standardisiert, wie etwa bei Ingenieuren, sondern *fallspezifisch* anwenden. Diese Unterscheidung ist nicht einfach eine unter vielen Merkmalskategorien, der etwa gar der Charakter eines auszumerzenden Mangels anhaftet, sondern sie ist ebenso konstitutiv wie folgenreich für Professionen: In therapeutischen Berufen wie der Medizin ist der Strukturort dieser professionalisierten Praxis – letztere im doppelten Wortsinn – das Arbeitsbündnis, das sich dadurch konstituiert, dass Patientinnen und Patienten sich aufgrund des Leidensdruckes freiwillig in ärztliche Behandlung begeben, Oevermann spricht von „stellvertretender Krisenbewältigung", die auch für andere Professionen typisch ist. Ärztinnen und Ärzte sind bei Diagnose und Therapie zwingend auf autonome Spielräume angewiesen, wenn die Genesung gelingen soll, denn jeder Fall ist mehr als die Summe einzelner Symptome und auch das Maß an Gesundheit, das ein Patient zu einem bestimmten Zeitpunkt „angesichts seiner Traumatisierungsgeschichte maximal" (Oevermann 2008, S. 61) wieder wird erreichen können, ist nie dasselbe, ebenso wenig wie das Potential eines Patienten, sich im Arbeitsbündnis an der Genesung aktiv zu beteiligen. Wie erfolgreich eine Therapie ist, kann daher weder durch Bürokratie noch durch Marktkräfte kontrolliert werden; an deren Stelle tritt die Notwendigkeit einer durch Ausbildung und praktische Erfahrung habitualisierten, auf jeden Einzelfall pragmatisch angewendeten Gemeinwohlorientierung, eine moderne Form des hippokratischen Eides, institutionell gesichert in der professionsinternen Kontrolle der Standesorganisation und in der gesellschaftlichen Erwartung bezüglich der ärztlichen Gemeinwohlorientierung, die gerade dann thematisch wird, wenn dagegen verstossen wird. Im Arbeitsbündnis sind Ärzte präsent in einer spezifischen Rolle als auch als ganze Menschen; ohne diese Gleichzeitigkeit, die eine Gratwanderung darstellt, kann kein Vertrauensverhältnis entstehen, das unabdingbar ist für ein funktionierendes Arbeitsbündnis. Letzteres ist überdies geprägt von Prozessen der Übertragung und kontrollierter Gegenübertragungsreaktion. Die Psychoanalyse macht sich dies gezielt therapeutisch zunutze, doch auch in der Organmedizin spielen sie eine nicht zu unterschätzende Rolle. Der Begriff der Krise in der Professionalisierungstheorie Oevermanns lässt sich dabei anwenden auf die gesundheitliche Krise des Patienten, die im Arbeitsbündnis zu realisierende stellvertretende Krisenbewältigung sowie auf die für professionelles Handeln konstitutive Entscheidungskrise in Bezug auf die Wahl der jeweils angemessenen Therapie, die sich nicht auf das Abarbeiten von Checklisten zurückführen lässt. Falls dies doch der Fall ist, dann erweist sich diese Routine als ein von Krise abgeleiteter Grenzfall zwecks Abkürzung, nie umgekehrt. Das analytische Gegensatzpaar von „Krise und Routine" ist in der Soziologie Oevermanns zentral nicht nur für das Verständnis der Funktion von Professionen, sondern kann genereller gefasst werden: „Wenn man auf diese Weise nach Krise und Routine unterscheidet, dann kann man gewissermaßen die gesellschaftlichen Bereiche auch danach aufteilen. Dann ist [...] das, was Max Weber Bürokratie genannt hat, der klassische Bereich der Routine und der klassische Bereich der Krise wäre das, was bei Weber das Gegenlager zur Bürokratie ist – also das Gegenlager zum Fachmenschentum ohne Geist und zum Genussmenschentum ohne Herz" (Oevermann 2008, S. 57). Neben den klassischen Professionen folgen dieser Logik – idealtypisch – etwa Künstler, Forscherinnen, Intellektuelle.

Was bedeuten diese professionalisierungstheoretischen Überlegungen nun bezüglich Schule, insbesondere, wenn darin Inklusion realisiert werden soll? Bei der Tätigkeit von Lehrerinnen und Lehrern besteht dasselbe Handlungsproblem wie bei therapeutischen Berufen: Bildung und Wissen können nicht auf rein standardisierte Weise vermittelt und angeeignet werden, denn Bildung ist immer ein krisenhafter Prozess, deren routinisierbare Anteile, z.B. das Lernen von Vokabeln, einen Grenzfall darstellen. Im Fall von besonderem Bildungsbedarf, wie auch immer er individuell diagnostiziert wird, ist die Grenze zwischen therapeutischem und pädagogischem Handeln von vornherein durchlässig. Bildung selber ist strukturiert durch Krisen, die durch Muße erzeugt werden: „Muße liegt der Wahrnehmung von Dingen um ihrer selbst willen zugrunde" (Oevermann 2008, S. 65). Erst die daraus resultierenden Fragen und krisenhaften Erfahrungen konstituieren die Entwicklung des ganzen Menschen als eines sich bildenden. Damit muss jegliches pädagogische Handeln, wenn es etwas anderes sein will als reine Konditionierung, der Logik professionalisierter Praxis folgen. Dabei stellt sich die Frage, wie sich ein Arbeitsbündnis konstituiert und mit wem es eingegangen wird: mit den Erziehungsberechtigten, die ihr unmündiges Kind der Schule überlassen, mit dem Kind selber? In Analogie zum Leidensdruck der Patientin ist es seitens des Kindes die Neugierde, welche das Arbeitsbündnis stiftet, „denn wenn ein Kind neugierig ist, dann erkennt es strukturell mit seinen schon wissenden Teilen an, was es noch nicht weiß, aber wissen sollte und wissen möchte. Und damit bindet es sich potenziell an jemanden, von dem es annehmen darf, dass sie oder er ihm dieses Wissen vermitteln kann und vermitteln will" (Oevermann 2008, S. 66). Seitens der Eltern ist es die Delegation derjenigen Bestandteile von Sozialisation und Wissensvermittlung an die Schule, die sie selber angesichts eines stets wachsenden Bildungsbedarfs und eigener knapper Zeit nicht erbringen können, die aber notwendig sind, damit ihr Kind sich später wird durchschlagen und vielleicht gar entfalten können. Der gemeinsame Nenner von Therapie und Pädagogik, also von Leidensdruck und Neugierde im Arbeitsbündnis, ist das individuelle Streben nach wachsender Autonomie, die entweder wiedererlangt werden will (durch die Patientin) oder aber erst hergestellt werden muss durch das Erfahren aller wissenswerten Dinge durch Kinder; in beiden Fällen sind es die – noch oder bereits – vorhandenen autonomen Anteile, die zwecks Erlangung von mehr Autonomie sich an eine Therapeutin bzw. an einen Lehrer binden, im Bestreben, dieses Arbeitsbündnis später hinter sich zu lassen. Diesem Ziel sind auch die Ärztin und der Lehrer verpflichtet, indem sie basierend auf der Gemeinwohlorientierung Hilfe zur Selbsthilfe und damit die durchaus vorhandene Abhängigkeit im Arbeitsbündnis zu minimieren und zu befristen helfen. Diese Prozesse geschehen auch ohne dass bewusst auf das Arbeitsbündnis als explizites Konzept zurückgegriffen wird, sie ergeben sich aus der Sache selber, um die es geht, wenn die Rahmenbedingungen es mehr oder weniger ermöglichen.

Nun zieht Oevermann aus den professionssoziologischen Grundlagen eine Schlussfolgerung, die im schulischen Feld oft verstörend wirkt, in ihrer Zuspitzung aber zum Verständnis des häufigen Scheiterns vieler pädagogischer Bemühungen

– Reformen nicht ausgenommen – beitragen kann. Er kommt zum Schluss, dass es die gesetzliche Schulpflicht sei, welche störend wirkt bei der Herstellung von Arbeitsbündnissen, da die Freiwilligkeit als entscheidende Grundlage von deren Realisierung fehlt. Denn der Zwang „bedeutet, dass dem Kind die Neugierde als Hauptmotiv dafür, in der Schule zu sein, aberkannt wird", und er „besagt, du wärst nicht hier, wenn wir dich nicht dazu zwingen würden" (Oevermann 2008, S. 66). Die Abschaffung der Schulpflicht wäre also, wenn nicht die einzige, so doch eine fundamentale Voraussetzung für die Initiierung von Bildungsprozessen hin zu autonomen Erwachsenen. Der Zeitgeist weist aber gerade in die umgekehrte Richtung, denn die Schulpflicht fungiert nicht lediglich als gesetzliche Leitlinie, sondern sie wird durchaus rigoros ausgelegt. Dies zeigt sich etwa darin, dass Eltern, wenn sie mit ihren Kindern verspätet aus den Ferien zurückkehren, eine Buße zu zahlen oder in Kauf zu nehmen haben, dass ihre Kinder deswegen schlechte Bewertungen in „Sozialkompetenz" erhalten, wie das ehemalige „Betragen" heute heißt, ein Verdikt, das bei der Lehrstellensuche und damit für das künftige Leben höchst folgenreich sein kann. Da die Schulpflicht potentielle Arbeitsbündnisse also stört, ist pädagogisches Handeln so gesehen kaum je richtig professionalisiert, sondern lediglich „professionalisierungsbedürftig" (Oevermann 2008, S. 67 ff.) aufgrund des Handlungsproblems, welches durch Lehrer letztlich nicht autonom gelöst werden kann, wie das der Fall wäre bei einer vollständigen Professionalisiertheit des Lehrberufs. Durch die Disziplinierungs- und Selektionsfunktion von Schule steht eine Lehrerin am Ende also eher da als Agentin der Behörde denn als Professionelle, was weder ihr noch den Kindern zugutekommt. Diese eigentlich ganz nüchterne Analyse wird angesichts zahlreich sich überstürzender Schulreformen erstaunlicherweise kaum in Betracht gezogen. Ganz im Gegenteil ist die Schulpflicht derzeit weiter denn je davon entfernt, abgeschafft zu werden, sie wird – zumindest in der Schweiz – biographisch konstant erweitert, nach vorne und nach hinten: ersteres in Form zunehmend früherer, schulförmiger und obligatorischer Kindergartenjahre mit allerhand Lernportfolios und mit managerialen Techniken nachgebildeten Selbstbeurteilungsformularen in Analogie zu Formularen für sog. Mitarbeitergespräche, vgl. exemplarisch einen Fall aus der Schweiz (Die Selbstbeurteilung in der 1./2. Klasse, 2015), später über die obligatorische Schulzeit hinaus in der Verschulung von Universitäten und pädagogischen Hochschulen durch eng curricularisierte Lehrgänge, Präsenzpflicht in didaktisch durchstrukturierten Veranstaltungen, von Lektion zu Lektion formal aufeinander aufbauenden, minutiös definierten „Lernzielen", unterteilt in „Fein- und Grobziele" im engen Geiste pädagogischer Psychologie, dem auch die Testlogik von PISA entspricht. Nicht zuletzt in der unrealistischen Forderung nach „lebenslangem Lernen", einer reduktionistischen Vorstellung, welche die Eigenlogik von Bildungsprozessen ausser Acht lässt. Vor dem Hintergrund all dieser Tendenzen zur Festigung von

Routine und Zwang im Bildungssystem fügt sich die Forderung nach „Inklusion" nahtlos ein in den Siegeszug formaler Rationalisierung um den Preis der Zukunftsoffenheit von Bildungsprozessen. Während es seit den Arbeiten etwa von Bourdieu und Oevermann in den 1970er-Jahren geradezu ein Gemeinplatz ist, dass die Schule ein Instrument der Reproduktion sozialer Ungleichheit und damit eine Exklusionsmaschinerie par éxcellence darstellt, ist die Einsicht, dass Bildung als „Krise durch Muße" sich am besten entfalten kann in einem anregenden Schonraum, der nicht geprägt ist von Selektion, Standardisierung und Disziplinierung und wo der Einzelfall mit seinen autonomen Anteilen und spezifischen Einschränkungen ernst genommen wird, weitgehend folgenlos geblieben. Das daraus hervorgehende Desiderat wird nun in der alltäglichen und bildungspolitischen Diskussion oft mit „Inklusion" assoziiert und ist so gesehen erstrebenswert. Doch damit das im Einzelfall gelingen kann (nicht: muss), dafür braucht es ein umfassendes Bildungs*angebot* und das Recht, davon Gebrauch zu machen, nicht die Pflicht, darin präsent zu sein. An diesem Punkt besteht die Gefahr, dass die Utopie in Dystopie umschlägt. Dem gängigen Argument, dass weniger Zwang unrealistisch sei und Kinder dann nur noch auf der Straße herumlungern würden, kann nur entgegengehalten werden, dass Schule, zumal freiwillige, durchaus attraktiv sein kann und dass die Menschen auch aus eigenem Antrieb – in der Gesundheitspolitik ist analog dazu die Rede von: allzu gerne – Arztpraxen aufsuchen, auch ohne gesetzliche Arztpflicht. Die Allokationsfunktion von Schule, welche notwendig ist für eine funktionierende Wirtschaft, dürfte in dem Modell jedoch nicht von den Schulen selber, sondern von den aufnehmenden Institutionen, weiterführenden Schulen, Unternehmen usw. in der Form von Aufnahmeprüfungen oder andern Auswahlverfahren stattfinden; dies würde das Arbeitsbündnis in den vorangehenden Schulen nicht belasten und eine optimale Entfaltung individueller Potentiale ermöglichen. Jugendliche, die Raumfahrtinformatikerin, Coiffeuse, Imker, Bankbeamter, Soziologe oder Unterwasserarchäologin werden wollen, müssten sich dann eben ganz realistisch mit Unterstützung von Lehrerinnen auf die Aufnahmeprüfungen der dahin führenden Bildungsinstitutionen vorbereiten. Weil Schülerinnen so jeweils authentische Ziele vor Augen hätten, würde dies das Arbeitsbündnis stärken und nicht stören, wie dies der Fall ist, wenn Benotung und Förderung durch denselben in seinen Handlungsmöglichkeiten eingeschränkten Lehrer in Personalunion erfolgt. Diese Überlegungen betreffen grundsätzlich alle Kinder, umso mehr aber, je mehr sie zu denjenigen gehören, welche nun Gegenstand von Inklusionsbestrebungen sind, sei es im Sinne der Inklusion aller in dieselbe Schulklasse oder auch bei gleichzeitiger Aufrechterhaltung von Sonderschulen, was nicht zwingend eine entscheidende Differenz darstellt, denn die „Paradoxie will es, dass Sonderpädagogik in Spezialeinrichtungen zur Normalpädagogik dieser Spezialeinrichtungen wird und damit ihr strukturelles Grundproblem der Spezifikation des

Speziellen an jene Instanzen delegiert, die sie einsetzen" (Weisser 2005, S. 83). Und diese Zuweisungen laufen in Weiterführung von Normalpädagogik tendenziell routinisiert-bürokratisch unter Bedingungen der sich ausdehnenden Beschulungspflicht ab. Die Gefahr einer gemäss dieser Logik sich realisierenden Inklusion besteht also im Einschluss aller in letztlich normalpädagogische Institutionen. Kindern mit besonderen Bedürfnissen – und das sind im Grunde genommen alle, wenn auch aus ganz unterschiedlichen Ursachen – dies zu ersparen, bedeutet also nicht, sie aus der Gemeinschaft und Gesellschaft auszuschließen, sondern vielmehr Bedingungen zu schaffen für Bildungsprozesse, die über die Schule hinaus eine möglichst autonome Lebensführung ermöglichen. Dies bedingt, anstelle der Pflicht zum Einschluss, ihr Recht in den Vordergrund zu stellen, gemeinsam mit den bzw. je nach Möglichkeiten stellvertretend durch die Eltern, zu wählen, was sie aufgrund ihrer ganz spezifischen Potentiale „werden wollen", wie Kinder präzise zu sagen pflegen. Und dieses etwas „werden wollen" wird sich mehrfach im Lauf der Entwicklung verändern und das Bildungsangebot muss diesen individuellen Entwicklungen Rechnung tragen. Welche vordergründig „inklusiven" oder „separativen" Angebote es dafür braucht, kann nicht pauschal entschieden werden. Wo es bereits entschieden ist, kann nur eine genaue, empirisch-rekonstruktive Forschung ansetzten, um aufzuschliessen, welche Gelingensbedingungen für welche Kinder in welchen Schulformen gegeben sind. Unabhängig von der Schulform wird viel davon abhängig sein, wie der Professionalisierungsprozess des Lehrberufs weiter verläuft. Denn für eine wirklich fallspezifische Bearbeitung der per se krisenhaften Bildungsprozesse aller Kinder braucht es Lehrerinnen und Lehrer, deren professionelle Autonomie institutionell gestützt ist und die in der Lage sind, standardisierenden Vorgaben der Bildungspolitik, hier interpretiert als nicht funktionaler Bestandteil des „stahlharten Gehäuses" im Sinne Max Webers ebenso entgegenzuwirken wie den zahllosen traumatisierenden Prozessen, die mit der obligatorischen Schule noch immer verbunden sind, in welcher exklusiv-inklusiven Spielart auch immer. Dass Lehrerinnen und Lehrer unter Bedingungen fehlender Professionalisiertheit konstant zu kämpfen haben mit einem prekären gesellschaftlichen Ansehen, hat auch damit zu tun, dass Schule, auch „inklusive" mitten in einer exkludierenden Welt, ein Paralleluniversum darstellt, welches das spätere, „richtige" Leben, für das die Kinder lernen sollen (und nicht für die Lehrerin, wie es so schön heißt), geradezu karikiert und sie zugleich auf eine konforme Eingliederung in diese reduktionistische Vorstellung von Welt präpariert:

„Die Macht des Lehrers wird verübelt, weil sie die wirkliche Macht nur parodiert, die bewundert wird. Ausdrücke wie Schultyrann erinnern daran, daß der Typus von Lehrer, den sie festnageln, sowohl irrational despotisch sei wie nur das Zerrbild von Despotie, weil er ja nicht mehr anrichten kann, als irgendwelche armen Kinder, seine Opfer, einen Nachmittag lang einsperren" (Adorno 1965, S. 70).

Vor der konkreten Ausgestaltung von Inklusionsprogrammatiken im Bildungssystem sind daher m. E. folgende Fragen unideologisch zu beantworten: Was heisst „Inklusion" in Bezug auf das Verhältnis von Schule und Gesellschaft? Welche professionelle Autonomie und welche Ressourcen haben Lehrende zur fallspezifischen Bearbeitung von Bildungsprozessen? Geht es um das Recht auf Bildung oder um die Pflicht zum Einschluss?

Literatur

Abraham, Karl [1926]: Psychoanalytische Bemerkungen zu Coués Verfahren der Selbstbemeisterung, in: Helmut Dahmer: Analytische Sozialpsychologie, Band 1, Frankfurt/M. 1980 (Lizenzausgabe Psychosozialverlag 2013), S. 88-112.

Adorno, Theodor W.: Minima Moralia. Reflexionen aus dem beschädigten Leben, Frankfurt/M. 1994 [1951].

Adorno, Theodor W.: Tabus über dem Lehrberuf. In: Stichworte. Kritische Modelle 2, Frankfurt/M. 1965, S. 68-84.

Bund deutscher Arbeitgeber, Deutscher Industrie- und Handelskammertag, Zentralverband des Deutschen Handwerks (Hrsg.): Inklusion gelingt! Gemeinsame Erklärung, download 19.04.2015 unter http://www.inklusion-gelingt.de/gemeinsame-erklaerung.html.

Deutsches Institut für Menschenrecht und Stiftung Erinnerung Verantwortung Zukunft (evz) (Hrsg): Online-Handbuch Inklusion als Menschenrecht, download 19.04.2015 unter: http://www.inklusion-als-menschenrecht.de

Die Selbstbeurteilung in der 1./2. Klasse, download 19.04.2015 unter: http://www.erz. be.ch/erz/de/index/kindergarten_volksschule/kindergarten_volksschule/informationen_fuereltern/beurteilung_04/selbstbeurteilung.html

Luhmann, Niklas: Inklusion. In: Lexikon zur Soziologie. 5. Auflage, Wiesbaden 2011, S. 306.

Oevermann, Ulrich: Profession contra Organisation? Strukturtheoretische Perspektiven zum Verhältnis von Organisation und Profession in der Schule. In: Helsper, Werner et al. (Hrsg.): Pädagogische Professionalität in Organisationen. Wiesbaden 2008, S. 55-77.

Weber, Max: Die protestantische Ethik und der Geist des Kapitalismus. E-artnow 2014, e-Buch nach dem Originaltext aus: Archiv für Sozialwissenschaft und Sozialpolitik, Tübingen 1904/05.

Weisser, Jan: Behinderung, Ungleichheit und Bildung. Eine Theorie der Behinderung, Bielefeld 2005.

III Inklusion und Differenz – Lokales, Empirisches, Praktisches

Eike Marten

Fish out of Water: Figuren von Differenz als Eigenschaftlichkeit. Eine narratologisch inspirierte Betrachtung bildlicher Analogien aus der Tierwelt zum Topos Inklusion

Zusammenfassung: Der Artikel betrachtet aus einer foucault'schen Perspektive das Akzeptabel-Werden von Wissen über das Soziale als ein grundsätzlich heterogenes. Dazu wird mithilfe narratologischer Methoden ein gegenwärtig kursierendes Comic analysiert, das die Notwendigkeit von Inklusion zu illustrieren scheint. Die Analyse zeigt, wie in der Erzählung im Comic Heterogenität als naturalisierte und eigenschaftliche Differenz als unbefragbarer Hintergrund jenseits des Einflussbereichs kritischer Sozial- und Erziehungswissenschaften und jenseits des Einflusses pädagogischen Handelns emergiert.

Abstract: Based on a Foucaultian perspective the article focuses the becoming-acceptable of knowledge on the social as fundamentally heterogeneous. In order to do so, a currently circulating comic illustrating the necessity of inclusion is analyzed following a narratological approach. The analysis shows, how in the story that the comic tells heterogeneity as a property of naturalized difference emerges as the background to the story, i.e. beyond the influence of critical social and educational sciences, and beyond the scope of pedagogical intervention.

Keywords: Heterogenität, Macht/Wissen, Narrative, Naturalisierung von Differenz; heterogeneity, power/knowledge, narrative, naturalization of difference

> *„It matters what matters we use to think other matters with; it matters what stories we tell to tell other stories with"*
>
> *(Haraway 2011)*

Einleitung

Inklusion wird im Rahmen deutschsprachiger erziehungswissenschaftlicher Diskussionen häufig in Abgrenzung zu Integration definiert (vgl. Speck-Hamdan

2015, S. 14). Dabei meint offenbar Integration eine bildungspolitische Strategie, in der diejenigen, die gegenüber einer (oft implizit bleibenden) Norm als *abweichend* markiert werden, in ein bestehendes normatives System einbezogen werden sollen. Demgegenüber basiert die Idee der Inklusion auf der Annahme von Heterogenität als charakterisierendem Merkmal aller Zusammenkünfte von Menschen in Gruppen. Damit ist Inklusion der verschiedenen Menschen miteinander *immer* zentrale Aufgabe von Bildungsinstitutionen, bzw. soll es sein (vgl. Schenz et al. 2012, S. 26f.), und ist nicht wie der Begriff der Integration suggerieren mag ein besonderer Ausnahmefall in ansonsten homogenen Settings. Die Idee der Inklusion bei Annahme von Heterogenität als *sozialer Tatsache* wird dabei häufig in Verbindung gesetzt mit der Realisierung von Demokratie als einer Vorstellung von einer Gesellschaft, in der „jeder einen Platz finden sollte" (Schenz et al. 2012, S. 18; vgl. auch Reich 2014, S. 21). Im Unterschied zu beispielsweise sozialwissenschaftlichen Theoretisierungen von Inklusion und Exklusion auf der Ebene der Beschreibung von gesellschaftlichen Operationen geht es hier also nicht in erster Linie darum zu erklären oder zu beschreiben, wie In/exklusionsprozesse aus unterschiedlichen Perspektiven funktionieren und verstehbar werden. Es geht vielmehr darum, wie in gesellschaftliche Prozesse normativ-regulierend *einzugreifen* ist basierend auf Annahmen darüber wie Gesellschaft *ist* (grundsätzlich heterogen, oder grundsätzlich homogen), damit alle einen Platz darin einnehmen können.

Damit scheint die Relevanz und Überzeugungskraft des Topos Inklusion gebunden an Annahmen darüber, wie Gesellschaft *ist*, also an die überzeugende Setzung von sozialen Tatsachen als Tatsachen, auf deren Faktizität aufbauend Handlungsempfehlungen erarbeitet werden. Im vorliegenden Artikel geht es um die Hervorbringung von Imaginationen einer solchen Faktizität heterogener sozialer Verhältnisse mit Hilfe von Narrationen. Anhand eines weitläufig bekannten karikativen Comics wird gezeigt, wie Figuren von Natur und natürlicher Differenz ein Selbstverständlich-Werden von menschlicher Heterogenität als Faktum stützen.

Begriffsbestimmungen: Ideologie und Kritik

Im alltagsweltlichen Verständnis klingt Ideologie, und damit auch der Titel des Jahrbuchs *Inklusion als Ideologie* anklagend, klingt nach einem falschen und dogmatischen Wissen, dass zur Gängelung unmündiger Unwissender dient, die es *nicht besser wissen*. Diesem alltagsweltlichen Verständnis von Ideologie möchte ich ein anderes vorziehen, dem folgend ich die folgende Betrachtung der Frage von *Inklusion als Ideologie* widme. Louis Althusser erklärt Ideologie als ein „System von Ideen und Vorstellungen, das das Bewußtsein [sic] eines Menschen oder einer gesellschaftlichen Gruppe beherrscht" (Althusser 1997, S. 130). Dabei bezeichnet Ideologie das „imaginäre Verhältnis der Individuen zu ihren realen Existenzbedingungen" (Althusser 1997, S. 133); Ideologie lässt also als ein reales Objekt erscheinen, was eigentlich ein Verhältnis ist, „das Verhältnis der Individuen zur Welt" (Charim 2002, S. 144). Während sich bei Althusser die Wissenschaft offenbar aus dem Ideologischen herauslösen kann, kritisch entlarvend über es sprechen kann, ohne dabei selbst Teil von ihm zu sein (vgl. Althusser 1997, S. 143), hat sein Schüler Michel Foucault diese hoffnungsvolle Sicht auf das wissenschaftliche Wissen selbst gewissermaßen als ideologisch gekennzeichnet (wobei *ideologisch* wohl eher nicht Foucaults Vokabular entspräche).

Foucaults Analytik der Macht kennzeichnet Wissen als eingebettet in „Macht/ Wissen-Komplexe" (Foucault 1977, S. 39). Jedwede Wissensproduktion steht bei Foucault in einem komplizierten Wechselverhältnis zu Machtverhältnissen: auf der einen Seite werden Machtverhältnisse durch Wissen gestützt und legitimiert, auf der anderen Seite legitimieren Machtverhältnisse akzeptierte Wissen und strukturieren so, was überhaupt zu Wissen werden kann (vgl. Foucault 1977, S. 39f., S. 287ff.). Das Bekämpfen von Ideologie durch Erkenntnis wird hier ersetzt durch ein Verständnis von Kritik als einem kontinuierlichen Befragen von Prozessen der Akzeptabilisierung von Wissen als Wissen und der strategischen Situation, die ihr Akzeptabel-Werden ermöglicht (vgl. Foucault 1992, S. 30ff.). Das Versprechen *hinaus* zu gelangen, in einen Denk-Raum jenseits der Ideologie, kehrt sich hier in sein Gegenteil: in die Gewissheit, dass auch oder gerade kritische Wissensproduktionen einem „Willen zum [kritischen, E.M.] Wissen" (Foucault 1983) folgend immer-schon *drinnen* sind, in der Macht, dem Diskurs, der Ideologie.

Was kann es dann heißen, Inklusion *als* Ideologie zu befragen? Ich verstehe es im Folgenden als den Versuch, das „imaginäre Verhältnis der Individuen zu ihren realen Existenzbedingungen" (Althusser 1997, S. 133) zu betrachten. Somit gilt es zu fragen mit welchen Vorstellungen darüber, was und wie *die Welt ist* sich Menschen ihre Welt erklären und verständlich machen. Im Sinne von Foucaults Überlegungen zur Kritik kann es dabei nicht darum gehen ein oder gar *das eine* bessere Wissen herzustellen, sondern es geht zunächst einmal darum zu verstehen, wie eine wirkmächtige Vorstellung von *der Welt, wie sie ist* akzeptabel werden kann. Diese Haltung wird im Folgenden angewandt in der Analyse einer Comic-Karikatur, die im Zusammenhang mit Inklusion (wieder) vermehrt im Umlauf ist. Dabei beschäftige ich mich mit der im Comic erzählten Geschichte, die zu erzählen scheint, was *ist*; eine Geschichte, die herangezogen zu werden scheint, um zu erklären wie die realen Verhältnisse *sind*.

Herangehensweise: Comic als narrative Bilder(reihe) zwischen Fakt und Fiktion

Das fokussierte Comic begegnet einem in einem bestimmten Zusammenhang, es scheint nicht in erster Linie der künstlerisch-literarischen Unterhaltung oder der ästhetischen Freude am Spektakel der Bedeutungen zu dienen. Häufig erscheint es im Zusammenhang mit der (Selbst)Beschreibung und Erläuterung von pädagogischen Ansätzen in beispielsweise Kitas oder Schulen. Oder es begegnet einem in Zusammenhängen, in denen Bildungssysteme kritisiert werden.[1] Das Comic hat somit offenbar eine bestimmte Funktion, die in der anschaulichen Erläuterung der Nachvollziehbarkeit von pädagogischen Konzepten, oder der Notwendigkeit der Veränderung von Konzepten, zu liegen scheint. Daher bezieht sich die Erzählung des Comics auch nicht nur auf fiktive, unterhaltsame Inhalte, sondern ist möglicherweise präziser als ein Hybrid zwischen Infografik und Comic zu verstehen (vgl. Rall 2013, S. 175f.).

Damit ist angedeutet, dass die Grenzen zwischen Fakt und Fiktion nicht so eindeutig zu ziehen sind, wie es Unterscheidungen zwischen Erzählungen auf der einen und Beschreibungen oder Analyseergebnissen auf der anderen Seite suggerieren mögen. Ähnlich argumentierte Hayden White mit Bezug auf die Historiografie, dass das Überzeugen von historischen Fakten als Fakten steht und fällt mit ihrer Narrativierung in Form von Geschichten, die Sinn im Sinne von *Common Sense* machen (vgl. White 1981). Auch Donna Haraway kennzeichnete (natur)wissenschaftliche Praxis als „above all a story-telling practice" (Haraway 1989, S. 4), und sieht Fakt und Fiktion in einer Beziehung der Ähnlichkeit in Westlicher[2] Kultur und Sprache (vgl. Haraway 1989, S. 3). Das im Folgenden fokussierte Comic ist zwar einerseits klar als fiktive, karikierende Bildergeschichte zu erkennen (es bildet also keine Fotos ab, die versuchen Realität abzubilden; es gibt keine Zahlen und Fakten an). Seine Geschichte nimmt aber Bezug auf und kommentiert eine angenommene soziale Realität, die durch die Erzählung erst faktisch wird. Daher sehe ich das Comic im Folgenden als eine Form der Narrativierung von sozialer Realität. Eine Erzählung, die diese soziale Realität imaginär strukturiert und als Realität mit hervorbringt.

Zur analytischen Bearbeitung betrachte ich im Folgenden in Anlehnung an Mieke Bals Systematisierungen zur Narratologie (Bal 2009) das zu untersuchende Comic zunächst einmal als Text, als Komposition von linguistischen und bildlichen Zeichen. Weiter betrachte ich es als narrativen Text, in dem ein Erzähler (verstanden als Funktion, nicht unbedingt als erscheinende Person) den Betrachter_innen etwas erzählt.[3] Da es sich nur um ein einziges Bild handelt, und nicht um eine Sequenz, entsteht die logisch und chronologisch verbundene Serie von Ereignissen, die von den Akteuren in der Geschichte erfahren werden, im Bereich der Vorstellung als Antizipation dessen was passieren wird, damit die Geschichte nachvollziehbaren Sinn ergibt.[4] Die Geschichte funktioniert also nur in Verbindung mit dem Hintergrundwissen der Betrachtenden, die Bild, Bildüberschrift und

Sprechblase sinnvoll miteinander verbinden und die Erzählung, die im Bild begonnen wird imaginär fortsetzen und so die *Moral von der Geschicht'* verstehen. Neben einer vordergründigen Story-Line, der Hauptgeschichte, interessiert mich im Folgenden besonders, vor welchem Hintergrund die Geschichte stattfindet, also gewissermaßen ihre *Landschaft*, diejenigen Informationen, die die Umgebung der Serie von Ereignissen bilden, aber selbst nicht im Vordergrund erscheinen. Bal zufolge sind gerade die beschreibenden Abschnitte eines Textes häufig außerordentlich ideologischen[5] Charakters, weil sie scheinbar Unhinterfragbares konstatieren, also gewissermaßen Fakten schaffen, die in der primären Erzählung überhaupt nicht in Frage stehen (vgl. Bal 2009, S. 35). Ich werde nun zunächst die primäre Erzählung herausstellen, die das Comic der hier vorgestellten Interpretation nach transportiert. Zweitens werde ich mich dem Hintergrund der Erzählung widmen, um schließlich abschließend die Effekte dieser Erzählung für das unhinterfragte Hintergrundwissen, das einem Diskurs über Inklusion zur Seite gestellt wird, zu skizzieren.

Die primäre Geschichte: Über das gegenwärtige Bildungssystem und warum es einer Hinwendung zu Inklusion bedarf

Abb. 1 „Our Education System" (Zitat einer Zeichnung von Traxler)[6]

Im Comic, das untertitelt ist mit der Überschrift „Our Education System"[7] sehen wir eine Reihe von verschiedenen Tieren (eine Krähe, einen Affen, einen Pinguin, einen Elefanten, einen Fisch im Glas, einen Seehund, einen Hund), die vor einem Menschen aufgereiht diesen anschauen. Der Mensch sitzt hinter einem Schreibtisch, oder einem langen Tisch, mit einer Schreibunterlage darauf, worauf ein Heft oder Ähnliches offen liegt. Hinter den aufgereihten Tieren ist ein Baum abgebildet. Die Tiere scheinen etwas zu erwarten, ansonsten wäre kaum zu erklären, warum sie so aufgereiht stehen und in Richtung des Menschen schauen. Die Tiere erscheinen nicht in einem Setting, das eine dokumentarische Abbildung von *Natur* vermuten lässt – die Ansammlung dieser unterschiedlichen Tiere an ein und demselben Ort, und im Falle des Fisches sogar im Glas, diszipliniert in einer Reihe stehend in braver Erwartung lassen die Szene als fiktiven Text, oder als ein Gleichnis ähnlich einer Fabel erscheinen.[8] Dieser Eindruck wird durch die Bildunterschrift „Our Education System" unterstützt: wenn es um das Bildungssystem geht, liegt auf der Hand, dass das menschliche Bildungssystem gemeint ist und es nicht um die Tiere selbst geht.

Der Mensch spricht mittels einer Sprechblase den Satz „For a fair selection everybody has to take the same exam: Please climb that tree." Nachdem eine Richtung, eine narrative Bewegung bereits in der erwartenden Haltung der Tiere angedeutet war, wird hier durch den Sprechblasentext die temporale Sequenz der Ereignisse einer Geschichte begonnen: die erwartenden Tiere werden aufgefordert, etwas zu tun. Anschließend lässt uns das Comic mit dem Weitergang der begonnenen Geschichte gewissermaßen allein. Die erwartungsvollen Tiere sind also aufgefordert, alle auf den Baum zu klettern, um alle den gleichen Test zu begehen, damit es eine faire Auslese gibt. Der Beginn des Satzes „For a fair selection" suggeriert eine kausale Verbindung zwischen den geforderten Tätigkeiten und dem Sichern einer fairen Auslese. Der/die Leser_in auf der Suche nach Sinn, wissend dass diese Art von Bild-Text-Komposition in diesem Setting etwas aussagen soll, vervollständigt die begonnene Sequenz in der Vorstellung. Dabei wird vervollständigt basierend auf dem evident erscheinenden Vorwissen, dass alle diese Tiere unterschiedliche Eigenschaften besitzen. Der Erzähler dieser Selbstverständlichkeit erscheint nicht im Comic, sondern erzählt bzw. zeigt von außerhalb, wie der Mensch im Comic etwas zu den abgebildeten Tieren spricht. Der Erzähler ist also nicht im Bild zu identifizieren. Die Perspektive der Erzählung, die Richtung aus der sie spricht, sieht, deutet, ist damit verschleiert und der Inhalt der Erzählung erscheint im Antlitz von Fakten, von selbstverständlichen Wissensbeständen, die nicht eben zum Hinterfragen einladen.[9]

Die Geschichte kann eigentlich nur zu dem Ende führen, dass die Tiere mit den unterschiedlichen Eigenschaften nicht im selben Maße in der Lage sind, auf den Baum zu klettern (es sei denn, es werden weitere Charaktere oder Hilfsmittel dazu imaginiert, die im Bild selbst nicht angeboten werden, oder Unwahrscheinliches erhofft, zum Beispiel, dass der Sprechblasen-Mann den Tieren beim Klettern hilft, oder der Baum sich hinlegt). Es scheint klar, dass ein Affe *naturgemäß* besser klettern kann als ein Fisch mit oder ohne Glas, oder ein Pinguin. Somit werden die Tiere sehr unterschiedliche Leistungen im Test zeigen. Die Moral scheint dann ganz offensichtlich zu sein, dass mensch mit dem sicheren Gefühl zurückgelassen wird, dass diese Auslese[10] nicht etwa wie behauptet fair ist, sondern einige Tiere bevorzugt, und andere benachteiligt.

Der *Überraschungseffekt* dieser Moral steht im Zusammenhang mit der (alten) Frage, ob Gleichbehandlung zur Gleichheit führen kann, oder ob Gleichbehandlung angesichts von gesellschaftlichen Differenzen nicht notwendigerweise Ungleichheiten herstellt und wieder einschreibt, anstatt sie zu beheben.[11] Wenn gegenwärtig Paradigmen der (individualisierten und individualisierenden) Differenz, Heterogenität und Vielfalt/Diversity gegenüber Paradigmen der Gleichheit und Gleichstellung zu überwiegen scheinen, dann scheint sich das Comic erfolgreich einzufügen in einen gegenwärtig populären Diskurs der individualisierten Einzigartigkeit, die nach individualisierten Programmen verlangt.

Die Schlüsse über einen angemesseneren Umgang mit Verschiedenheit basieren auf dem unhinterfragten Vorwissen, dass Heterogenität, Vielfalt, Unterschiedlichkeit *ist*: Heterogenität wird gegenwärtig in aller Regel nicht als die Ausnahme gesehen, sondern als soziale Tatsache, die sich durch alle Bereiche von Gesellschaft zieht.[12] Der Umkehrschluss der Moral der Geschichte ist also, dass ein fair(er)es Bildungssystem in der Lage sein muss, zu differenzieren, vielfältige (heterogene) Schüler_innen (o.ä.) in ihrer Verschiedenheit zu akzeptieren und seine normierenden Prozeduren derart zu vervielfältigen, dass eine *Schule für Alle* denkbar wird; eine Schule (Kita, o.ä.), in der jede_r auf seine/ihre je spezifische Weise besonders gefördert wird und zu Erfolgserlebnissen und Höchstleistungen kommen kann. Was für eine schöne Geschichte, oder? Der hier emergierende Gestus der Anerkennung und Einschließung unterschiedlichster Verschiedenheiten scheint zur Bedeutung von Inklusion gut dazu zu passen.

Ein störendes Wort scheint sich aber auch aus der hier affirmativ miterzählten Geschichte nicht vertreiben lassen zu wollen und in eigentümlichem Verhältnis zur Pathosformel Inklusion zu stehen: das Wort *Leistung*, bzw. im Comic das Wort *selection* (Auslese). Nehmen wir das Comic beim Wort, so geht es offenbar im Bildungssystem um Prozesse der Auslese und der Leistungssteigerung. Die Frage, die im Comic behandelt wird, ist dabei nicht, ob und inwieweit die Maxime der Leistungssteigerung und Auslese als zentraler Charakter von Bildungsinstitutionen akzeptabel sind, beziehungsweise ob sie mit dem angestrebten Programm Inklusion vereinbar sind. Das Comic scheint nur zu fragen, ob die Prozesse der Selektion dabei fair sind. Wir erhalten hier eine wichtige Information über die *Landschaft*, also den Hintergrund der Erzählung, der in der Erzählung selbst nicht in Frage steht: Inklusion findet statt in einem kompetitiven Bildungssystem, das nach Maximen der Leistungsorientiertheit operiert und letztlich der Selektion und Evaluierung von Leistungsträgern dient. Dieser *Elefant im Raum* wird nicht explizit befragbar, und die legitime Skepsis ob Auslese überhaupt fair sein kann, beziehungsweise, was fair dann meint und wie diese Art Fairness zum Programm Inklusion passt, wird in der sich selbst vergewissernden Story-Line und moralischen Auflösung des Comics buchstäblich in den Hintergrund gestellt.

Im Weiteren wende ich mich dem zweiten zentralen Charakter der *Landschaft* im Hintergrund der Erzählung zu: der Charakterisierung von Differenz als *natürlicher*, das heißt naturalisierter Eigenschaftlichkeit.

Hintergrund: Tiere als Bedeutungsträger eigenschaftlicher Differenzen

Wenn das Comic in etwa wie eine Fabel funktionierte, dann stünden die Tiere ähnlich wie in der klassischen Fabel der Fuchs oder der Rabe für bestimmte typisierte Charakterzüge. Während es in Fabeln oft um moralisch-ethische (kultürliche) Charakterzüge zu gehen scheint (schlau, gerissen, hochmütig, gutmütig-naiv, genügsam, erhaben), geht es im jedoch Comic um Fähigkeiten oder Vermögen, die die Tiere scheinbar auf Basis ihrer leiblichen Verfasstheit und habitualisierten Lebensweise entweder haben oder nicht haben (kann klettern, kann schlecht klettern aber gegebenenfalls lernen, kann gar nicht klettern, kann ohne Wasserglas nicht mal atmen, geschweige denn klettern). Dabei geht es gar nicht so sehr darum, was ein real existierendes Tier wirklich können kann und unter welchen Umständen das Klettern möglich oder unmöglich wird (der fliegende Fisch, der Affe mit Höhenangst). Sondern, damit die Geschichte Sinn ergibt, bleiben die Tier-Charaktere einem festen Zug verhaftet: sie stehen für etwas.

Die Tiere stehen für eine natürliche und nicht-veränderbare Differenz. Dabei sind sie zunächst different in Bezug auf die erwartete Eigenschaft *Klettern*. Zugleich stehen sie aber auch für das Different-Sein *an sich* durch die scheinbare Selbstverständlichkeit von Spezies-Differenz. Das Different-Sein ist hier dezidiert nicht als Prozess des Differierens, als materiell-semiotisches (Anders) Werden (vgl. Haraway 1988; Deleuze/Guattari 1987) zu verstehen, ist nicht als relationaler und gewordener Prozess zu sehen, sondern als feste, stabile Identität eines Spezies-Seins, das mit-sich-selbst-identisch und von etwas anderem eindeutig differenzierbar ist. Um den Effekt dieses Wissens über die Eigenschaftlichkeit der Tiere für die Frage (menschlicher) sozialer Realitäten genauer zu betrachten, ziehe ich eine spätere Version des oben bereits gezeigten Comics hinzu.

Abb. 2 Gerechte Auslese 2.0 (Traxler in GEW 2001)

Dieses zweite Comic ist dem ersten sehr ähnlich. Auch hier stehen Akteure vor einem Baum aufgereiht und sind aufgefordert, auf den Baum zu klettern.[13] Jedoch sind die Tiere aus dem ersten Comic ersetzt durch verschiedene Menschen: eine_n Rollstuhlfahrer_in, eine Person mit Kletterausrüstung, eine mit dunklerer Hautfarbe als die anderen, eine mit einem Gewand, das nur noch die Augen- und Nasenpartie frei lässt und einem Buch im Arm, eine mit Leiter, eine die dicker ist als die anderen, eine die dünner ist als die anderen und eine Geige dabei zu haben scheint. Die Parallelität des ersten Comics mit dieser Version unterstreicht, was im ersten Comic bereits zu verstehen war: die verschiedenen Tiere stehen für

Menschen, die verschiedene Vermögen mitbringen, um den Test zu bewältigen. Die Verschiedenheit der menschlichen Figuren emergiert hier, in ihrer Parallelität mit dem Tier-Comic, als fixe, quasi-natürliche und scheinbar unveränderbare Eigenschaften der Figuren. Während sich Sozialtheorie weitgehend darauf verständigt hat, dass Differenzen sozial produziert, relational und prozesshaft sind, und sich Kategorisierungen von Differenz durch alle identitären Positionen mit unterschiedlicher Ausprägung ziehen, sie also keine einfachen Identitäten bezeichnen[14], erscheinen die Figuren in der Geschichte im Comic in Form von Schablonen, die für bestimmte Kategorisierungen von Differenz stehen (dis/ability, Religion/Weltanschauung und Geschlecht, race/ethnicity, Fatness, und möglicherweise soziale Herkunft, wenn man das ausgestattet sein mit Seilen, Leitern und Kletterhaken so deuten möchte). In der intertextuellen Verknüpfung mit dem Tier-Comic[15] lassen sich soziale Prozesse der Differenzierung also lesen als eine Differenz die analog zu derjenigen Differenz ist, die Tierarten zugeschrieben wird.

Die hier hervorgebrachte identitär strukturierte und naturalisierende Vorstellung von Differenz verweist ihre Träger an einen ihnen angemessenen Platz, und das ist das eigentliche Problem an der Naturalisierung. Ich ziehe eine weitere intertextuelle Verbindung zwischen dem Fisch im Glas im Comic, und einem Spruch, der auf Postkarten, als Facebook-Post, als Emailsignatur, als Emblem auf Whatsapp usf. auftaucht, um diese Logik der Verweisung zu explizieren. Das Zitat, das häufig Einstein zugeschrieben wird[16], ist mit einfacher google Suche in vielen Ausführungen zu finden, es lautet: *Everyone is a genius. But if you judge a fish by its ability to climb a tree, it will live its whole life believing that it is stupid.* Die Story-Line dieses kurzen Spruchs ist dem Comic ähnlich: ein Fisch soll auf den Baum klettern, wird daran gemessen, ob er es schafft, der Test ist nicht fair, weil Fische – wie wir alle wissen – gar nicht klettern können, er also den Test gar nicht bestehen kann. Der Spruch ist ebenfalls gerahmt von einem Hintergrund der Selektion oder der Evaluation von Leistung – die Frage ist nicht ob er beurteilt wird, sondern nach welchen Maßstäben der Fisch beurteilt und evaluiert wird. Die zentrale Information im Hintergrund, die die Möglichkeit des Verstehens dieser Geschichte strukturiert, liegt in dem sicheren Vorwissen, dass Fische etwas Bestimmtes können. Analog einem *fish out of water* kann der Fisch nicht oder nur unter großen Schwierigkeiten etwas tun, was Fische *naturgemäß* eben nicht tun, und auch nicht können müssen (oder sollen?) in ihrem *natürlichen* Lebensraum, dem sie optimal angepasst sind. Umgekehrt kann der Fisch als Genie anerkannt werden, wenn er nur endlich in derjenigen Disziplin gefördert und evaluiert wird, die ihm *naturgemäß* besser liegt (Schwarm-schwimmen, Barschmäuler putzen ohne verschluckt zu werden, sich vor Haien verstecken in selbst hergestellten Blasen, mit der Seitenlinie Erschütterungen spüren). Jeder Fisch hat also einen Ort, an den er gehört, an dem ist er gut und wird zum Genie.

Diese Art der Narrativierung mag etwas Bestimmtes *meinen*, etwas Bestimmtes beabsichtigen – beispielsweise mag sie beabsichtigen Bildungssysteme auf ihre ihnen inhärenten normierenden und normalisierende Effekte hin kritisch zu befragen, durch die Heterogenität in Bildungsinstitutionen keinen Platz bekommt, und diejenigen, die den Normen nicht entsprechen benachteiligt werden, weil ihre Talente nicht zählen. Neben dem, was diese Erzählung meint zu tun, tut sie aber auch etwas anderes: in den Analogien aus einer schematisch-vereinfachenden Welt der Tiere, einer Figur von *Natur*, fixiert diese Art der Erzählung sozial gewordene, relationale, andauernde und nicht monokausal-linear vorhersehbare Prozesse der Differenzierung und schreibt sie fest in Form von Identitäten mit ihren je spezifischen angemessenen gesellschaftlichen Orten.

Schlussbetrachtung: Eigenschaftlichkeit einer ‚Natur' des Sozialen als zureichender Grund der Grenzen pädagogischen Handelns

Die alltäglichen Geschichten, die Menschen sich erzählen, sind weit mehr als unschuldige Unterhaltung: sie greifen ein in die Vorstellungen, die Menschen sich von ihrer Welt machen. Geschichten, wie im Eingangszitat von Donna Haraway angedeutet, stehen in einem intimen Verhältnis zur materiellen Realität und Intelligibilität sozialer Praxen.

Die hier skizzierte Erzählung, die basiert auf einer Naturalisierung und Fixierung von Differenz, scheint in einem gewissen Widerspruch zu stehen mit der (für jede pädagogische Überlegung zentralen) Annahme der grundsätzlichen Bildungsfähigkeit des Menschen. Folgen wir Hormel und Emmerichs Lesart, so mag dieser Widerspruch eine Funktion erfüllen: die Naturalisierung von Differenzen erlaubt es, den Mythos von Chancengerechtigkeit und Wertschätzung bei faktisch höchst selektiven Prozeduren in (Aus)Bildungsinstitutionen zu erhalten.[17] Eine naturalisierte Differenz, das Verweisen von Menschen an ihnen angemessene Orte, schafft Sphären jenseits eines pädagogischen Zugriffs und damit grundsätzlich auch die Denkbarkeit von *gerechtfertigten* Sphären jenseits von Chancengerechtigkeit. Die *Natur des Sozialen* wird zum zureichenden Grund dafür, dass pädagogische Maßnahmen nicht in der Lage sein können dafür zu sorgen, dass es alle *auf den Baum* schaffen.

Die Kennzeichnung sozialer Differenzierungen als natürliche Verschiedenheiten analog zu Spezies-Differenzen siedelt dabei die zentrale Setzung, wie Differenz zu verstehen sei, in einem Bereich jenseits des sozial- und erziehungswissenschaftlichen Zugriffs an.[18] Durch die Kennzeichnung als natürliche Verschiedenheiten entziehen sich diese Wahrheitseffekte, entzieht sich dieses „imaginäre Verhältnis" (s.o. Althusser 1997, S. 133) zur Welt, der kritischen Befragung und wird so zur Ideologie par excellence.

Anmerkungen

1 Siehe beispielsweise die Seiten der Schule für Erziehungshilfe, LDK http://www.sfeh. de/9308.html (letzter Zugriff am 10.05.2015) sowie die Seiten des CJD Kindergartens Rauschendorf http://www.kindergarten-rauschendorf.de/drupal6/node/9 (letzter Zugriff am 10.05.2015). Für eine Kritik von kompetitiven, Homogenität voraussetzenden Bildungssystemen mithilfe desselben Comics, siehe beispielsweise eine indische studentische Seite http://thecompanion.in/competitive-exams-and-our-education-system/ (letzter Zugriff am 10.05.2015).

2 Ich kennzeichne *Westlich* hier als imaginäre und nicht geografische Gemeinschafts- und Ortsbezeichnung dadurch, dass ich das Adjektiv majorisiere.

3 Zu Comics als narrativen Bild-Text-Kompositionen, siehe beispielweise Magnussen 2011 und McCloud 1994.

4 Zur Annahme der *closure* zur Überwindung der Fragmentierung in Comics bei McCloud, also der Zusammenfügung zeitlich unverbundener, fragmentierter Aspekte zu einer sinnvollen Geschichte, siehe McCloud 1994, S. 67.

5 Ideologisch wiederum verstanden im bereits definierten Charakter des Schaffens von Evidenz und Wahrheitseffekten.

6 Quelle: http://imgur.com/gallery/VPqOi (letzter Zugriff am 10.05.2015).

7 Dieses Comic, seine Verbreitung, Übersetzungen, Kopierungen, und Zitierungen bedürfte eigentlich seiner eigenen ausgiebigen Rezeptions- und Diskursgeschichte: ursprünglich 1975 von Traxler gezeichnet, und noch einmal von ihm selbst im Jahr 2001 überarbeitet (siehe Abbildung 2), geistert diese Geschichte in vielen Sprachen, im Original aber auch (fast identisch, jedoch ohne Signatur) nachgezeichnet im Internet herum. Die Effekte der hier fokussierten Bild-Geschichten scheinen sich von ihrem Zeichner und dem Kontext der Zeichnung von 1975 in diesem Beispiel nahezu unabhängig gemacht zu haben. Es geht mir daher nicht darum, was Traxler möglicherweise mit dem Original gemeint haben mag, oder wie sich die Zitate vom Original unterscheiden. Ich interessiere mich dafür, was die Comics gegenwärtig zu tun scheinen, unabhängig von den Absichten ihrer vielen (Nach)Zeichner_innen.

8 Fabeln erzählen moralische Geschichten in denen menschliche Topoi durch Tiere dargestellt werden (vgl. Lessing 1981, S. 104). Dabei steht in aller Regel ein bestimmtes Tier für eine bestimmte Charaktereigenschaft (z.B. der Fuchs für Hinterlist) die auf eine analoge menschliche Eigenschaft bezogen wird. Laut Lessing eignen sich Tiere für diese Analogien dadurch, dass das Wissen über ihren Charakter allgemein bekannt ist und keiner höheren Bildung bedarf. Wenn vom Wolf und von Lamm die Rede ist, ist die Konnotation dieser Figuren als bekannt vorauszusetzen (vgl. Lessing 1981, S. 110f.).

9 Zur Funktion verschiedener Erzähler und zum Entstehen von Faktizität und Wahrhaftigkeit durch externe, mehr oder weniger identifizierbare Erzähler, vgl. Bal 2009: 26ff.; siehe auch White, der die Abwesenheit der Perspektivierung und das scheinbare Für-Sich-Selbst-Sprechen der Fakten als den maßgeblichen täuschenden Charakter von Narrativierungen betrachtet (White 1981, S. 3); siehe auch Haraway 1988, die diese Art der wissenschaftlich distanzierten Betrachterperspektive, die sich selbst unsichtbar macht als einen „god trick" bezeichnet (Haraway 1988, S. 582).

10 Dass hier Auslese und nicht Evaluierung, Auswahl, Bewertung o.ä. benutzt wird scheint eine seltsam evolutionär anmutende Begriffswahl, die möglicherweise die

gegebene Karikatur von Natur einer humanistischen Welt der Bildung gegenübergestellt, in der nicht die (unfaire, grausame) Maxime eines *survival of the fittest* herrscht (bzw. herrschen soll).

11 So erscheint in Ausgabe 2/2001 der Zeitschrift Erziehung und Wissenschaft der GEW, für die eine aktualisierte Version des Comics von Traxler gezeichnet wurde, diese aktualisierte Zeichnung im Editorial unter dem Label „Ungleiches ungleich behandeln?" als Aufhänger für den Schwerpunkt des Heftes zum Thema „Chancen. Alte Ungleichheiten, neue Benachteiligungen" (vgl. GEW 2001).

12 Dieses Vorwissen manifestiert sich beispielsweise im Feld von Diversity Management und Diversity Studies Literatur darin, dass in aller Regel eingangs behauptet wird, dass Vielfalt wächst, wachsen wird, wachsen muss, und Heterogenität globalisierte, post-industrielle Gesellschaften charakterisiert (vgl. beispielsweise Stuber 2009; Vinz/Schiederig 2010). In Bezug auf Inklusion wird ähnlich von „zunehmende[r] Diversität in der Gesellschaft" ausgegangen (Reich 2014, S. 29; vgl. auch Speck-Hamdan 2015, S. 16). Das Wissen darum, dass Heterogenität ist spezifiziert meist jedoch nicht oder kaum, was genau mit Heterogenität, Diversität, Vielfalt im Einzelnen bezeichnet ist (vgl. Emmerich/Hormel 2013, S. 149, S. 155). Auch in Bezug auf Diversity erscheinen häufig Analogien, Bilder, Fabeln, in denen Tiere (Giraffe und Elefant, Pinguin und Pfau) Differenz zeigen (vgl. Thomas 1999; Gallagher/Schmidt 2002). Der Verweis auf eine Figur von *Natur*, die vielfältig *ist*, scheint dabei die Erscheinung einer Tatsache von Verschiedenheit als unhinterfragbares, evidentes Faktum zu stützen.

13 Dass das Comic ähnlich ist, ist nicht verwunderlich, ist es doch ebenfalls von Traxler und offenbar auf Anfrage der Zeitschrift Erziehung und Wissenschaft mit Bezug zur ersten Zeichnung erstellt worden (vgl. GEW 2001).

14 Siehe beispielsweise Hall 2000 für eine einflussreiche Diskussion von Identität und Identifizierung jenseits von essentialistischen, fixierenden und stabilen Begriffen von Identität.

15 Diese Verbindung wird beispielsweise auf der Webseite der „Schule für Erziehungshilfe, LDK" ganz explizit hergestellt, indem zwar das Comic mit den unterschiedlichen Menschen abgebildet wird, aber wenn dem Link gefolgt wird eine Geschichte über die Tierschule zu lesen ist, in denen Enten, Hasen usw. mehr oder weniger gut mit den Anforderungen ihrer Schule zurecht kommen (vgl. http://www.sfeh.de/9308.html, letzter Zugriff am 26.03.15). Sie ist aber auch ohne diese Verbindung offenbar: wieso sonst sollte mensch Schüler, die draußen aufgereiht warten, bitten, auf einen Baum zu klettern? Und wie sonst würden wir verstehen, warum Hautfarbe, ein Geigenkoffer, oder (austauschbare) Bekleidung für das Klettern relevant ist?

16 Ob es wirklich von Einstein, ist für diese Betrachtung völlig irrelevant; relevant ist, das es ihm zugeschrieben wird, und das Einstein offenbar als autorisierter Sprecher in Sachen Genialität, Ungewöhnlichkeit und Innovation gilt.

17 Emmerich und Hormel zeigen, wie durch die Semantik der Heterogenität das Paradox der Verbindung von Meritokratie und der Maxime alle Schüler_innen gleichermaßen wertzuschätzen und fördern zu wollen befriedet wird: Heterogenität verweist demnach auf die natürlichen Grenzen der pädagogischen Formbarkeit von Menschen und damit, wenn man so will, auch auf die natürlichen Grenzen der Chancengleichheit (Emmerich/Hormel 2013: 165ff.). In diesem Zusammenhang verweisen auch Emmerich und Hormel auf die auffällige Verbreitung von Metaphern und Analogien, die Verbindungen ziehen zwischen biologischer Differenz von Tieren und der Heterogenität

der Menschen. Auch sie verweisen auf das in diesem Artikel analysierte Comic als ein Beispiel für ein Zeigen der Stabilität „arttypischer Eigenschaften" (Emmerich/Hormel 2013, S. 168f.).

18 Zu einer Kritik der Setzung des Biologisch-Natürlichen als vor dem Sozialen, vor dem Diskursiven, siehe Judith Butlers „Gender Trouble" (Butler 1990).

Literaturverzeichnis

Althusser, Louis: Ideologie und ideologische Staatsapparate. Hamburg 1997.
Bal, Mieke: Narratology. Introduction to the Theory of Narrative. 3. Auflage. Toronto/ Buffalo/London 2009.
Butler, Judith: Gender Trouble. Feminism and the Subversion of Identity. New York/London 1990.
Charim, Isolde: Der Althusser-Effekt. Entwurf einer Ideologietheorie. Wien 2002.
Deleuze, Gilles; Guattari, Félix: A Thousand Plateaus. Capitalism and Schizophrenia, Minneapolis 1987.
Emmerich, Marcus/Ulrike Hormel: Heterogenität – Diversity – Intersektionalität. Zur Logik sozialer Unterscheidungen in pädagogischen Semantiken der Differenz, Wiesbaden 2013.
Foucault, Michel: Überwachen und Strafen. Die Geburt des Gefängnisses, Frankfurt a.M. 1977.
Foucault, Michel: Der Wille zum Wissen. Sexualität und Wahrheit Bd. 1, Frankfurt a. M. 1983.
Foucault, Michel: Was ist Kritik? Berlin 1992.
Gallagher, BJ/Warren H. Schmidt: Unter Pinguinen. Ein tierisches Team-Buch, Frankfurt/ Wien 2002.
GEW. Erziehung und Wissenschaft. Zeitschrift der Bildungsgewerkschaft GEW. Vol. 2/2001.
Hall, Stuart: Who needs ‚identity'? In: Du Gay, Paul/Jessica Evans/Peter Redman (Hrsg.): Identity: A Reader. London/Thousand Oaks/New Delhi 2000, S. 15-30.
Haraway, Donna J.: Situated Knowledges: The Science Question in Feminism and the Privilege of Partial Perspective. In: Feminist Studies 14, No. 3. (1988), S. 575-599.
Haraway, Donna J.: Primate Visions. Gender, Race, and Nature in the World of Modern Science, New York/London 1989.
Lessing, Gotthold Ephraim: Fabeln. Abhandlungen über die Fabeln. Stuttgart 1981.
McCloud, Scott: Understanding Comics. The Invisible Art. New York 1994.
Magnussen, Anne: Die Semiotik von C.S. Peirce als theoretisches Rahmenwerk für das Verstehen von Comics. In: Eder, Barbara/Elisabeth Klar/Ramón Reichert (Hrsg.): Theorien des Comics. Ein Reader. Bielefeld 2011, S. 171-186.
Rall, Hannes: Comics and Interactive Information Graphics. In: Weber, Wibke; Burmester, Michael; Tille, Ralph (Hrsg.): Interaktive Infografiken. Berlin/Heidelberg 2013, S. 175-216.
Reich, Kersten: Inklusive Didaktik. Bausteine für eine inklusive Schule. Weinheim/Basel 2014.

Schenz, Christina/Axel Schenz/Karin Weber/Albert Berger: Begabungsförderung und Bildung in einer Schule für Alle. Eine Studie zur schulischen Inklusion autistischer Kinder. Baltmannsweiler 2012.

Speck-Hamdan, Angelika: Inklusion: der Anspruch an die Grundschule. In: Blöhmer, Daniel/Michael Lichtblau, Michael/Ann Kathrin Jüttner/Katja Koch/Michaela Krüger/Rolf Werning (Hrsg.): Perspektiven auf inklusive Bildung. Gemeinsam anders lehren und lernen. Wiesbaden 2015, S. 13-22.

Stuber, Michael: Diversity. Das Potenzial-Prinzip. Ressourcen aktivieren – Zusammenarbeit gestalten, Köln 2009.

Thomas, R. Roosevelt Jr.: Building a house for Diversity. How a Fable about a Giraffe and an Elephant Offers New Strategies for Today's Workforce, New York 1999.

Vinz, Dagmar/Katharina Schiederig: Gender und Diversity: Vielfalt verstehen und gestalten. In: Massing, Peter (Hrsg.): Gender und Diversity. Vielfalt verstehen und gestalten, Schwalbach/Ts. 2010, S. 13-44.

White, Hayden: The Value of Narrativity in the Representation of Reality. In: Mitchell, W.J.T. (Hrsg.): On Narrative, Chicago & London 1981, S. 1-23.

Internetquellen

Schule für Erziehungshilfe, LDK http://www.sfeh.de/9308.html (letzter Zugriff am 10.05.2015)

CJD Kindergarten Rauschendorf http://www.kindergarten-rauschendorf.de/drupal6/node/9 (letzter Zugriff am 10.05.2015)

The Companion http://thecompanion.in/competitive-exams-and-our-education-system/ (letzter Zugriff am 10.05.2015)

Imgur http://imgur.com/gallery/VPqOi (letzter Zugriff am 10.05.2015)

Pamela von Rymon Lipinski

Lost in Translation, oder: Inklusion in der Praxis der Behindertenhilfe

Zusammenfassung: Dieser Beitrag bezieht sich aus einer Perspektive der praktischen Zusammenhänge einer Wohneinrichtung der Behindertenhilfe auf den Begriff der Inklusion. Hier überwerfen sich individuelle Wünsche und Hoffnungen auf Anerkennung mit den Rahmenbedingungen von Dienstanbietern, die auf diese hin Angebote gestalten. Praktiker bewegen sowohl Euphorie als auch Unbehagen in Anbetracht von Inklusion, da sich einerseits durch Öffnung des Behinderungsbegriffs neue und zuvor undenkbare Konzepte und Angebote entwickeln lassen, sich andererseits jedoch fragen lässt, ob diese ihren Adressaten noch gerecht werden bzw. wer die Adressaten eigentlich sind. Mit der Bezugnahme auf Aspekte der psychoanalytischen Theorie sollen vor allem Anregungen zur Auseinandersetzung mit Ideologien gegeben werden.

Abstract: This contribution refers to practical experience on contexts of social services in view of the term inclusion. In this experience individual desiring and hope for recognition assume with the general conditions service providers, that organize concrete offers, are obliged to. Practitioners are affected by euphoria and disquiety in consideration of inclusion. On one hand the opening of the term of disability allows the development of new concepts and proposals, on the other hand there is the question wether these offers meet the requirements of their addressees, respectively, who in effect the addressees are. The reference on aspects of psychoanalytic theories maybe encourage the discussion on ideology.

Keywords: Behindertenhilfe, Anerkennung, Autonomie, Begehren, Inklusion, Ideologie; social services, recognition, autonomy, desire, inclusion, ideology.

„*Das* ist Inklusion!", hört man allenthalben in den Wohneinrichtungen der Behindertenhilfe, vor allem wenn es darum geht, die eigene Machtlosigkeit gegenüber dem Umstand auszudrücken, dass *Inklusion* sich in der Praxis häufig genug in ihr Gegenteil zu verkehren scheint, bzw. sich auf komische Weise überhaupt nicht richtig anfühlt, was man in Anbetracht des Anspruchs auf Inklusion richtigerweise hinzunehmen sich genötigt sieht. Etwas abseits der Slogans, dass alle gleich seien in ihrer Unterschiedlichkeit, scheint jeder mitbekommen zu haben, dass mit

Inklusion irgend etwas nicht stimmt, nur die Inklusion selbst nicht, deshalb kann man sich hinter ihrem Rücken lustig über sie machen oder ihr ganz einfach die Schuld geben, dass sie so ist, wie sie ist. Soll doch *Inklusion* ausbaden, was sie sich selbst eingebrockt hat, geschieht ihr recht. Gegenüber Inklusion muss man kein pädagogisches Verhältnis haben, Mitleid schon gar nicht, denn Inklusion ist für sich selbst verantwortlich, sie will es schließlich so.

Inklusion ist mit Autonomie gekommen; als die Forderung nach Autonomie Behinderter in ihrer gesetzlichen Formulierung (vgl. SGB IX) in der Praxis niederkam, hatte sie die Inklusion im Gepäck und egal was innerhalb der pädagogischen Praxis der Behindertenhilfe zuvor passierte, *Inklusion* war es noch nicht. Zwangsläufig, so scheint es, entwertete *Inklusion* in scheinbar scheinheiliger Unschuldigkeit alles, was jemals Gegenstand pädagogischer Bemühungen war, so gesehen konnte sie von Anfang an nicht anders denn als Spielverderberin betrachtet werden. Ihr Vorgänger, die Integration, weit davon entfernt, sich jemals *vollständig* realisiert zu haben, wurde einfach niedergeschmettert, war nicht genügend, ein falscher Gedanke, hatte er doch die Aktivität Behinderter vernachlässigt und war einfach davon ausgegangen, dass sie irgendwo abgeholt werden müssten, um gesellschaftlich eingegliedert werden zu können. *Eingliederung*, so etwas muss vom Standpunkt der Inklusion aus betrachtet sofort verdächtig erscheinen, denn die Vorstellung eines homogenen Ganzen, in welchem jedem ein Platz zugewiesen werden kann, muss der Vorstellung weichen, dass Plätze nicht zugewiesen werden, sondern vielmehr die Subjekte selbst die Plätze sind. Sie müssen also gar nicht abgeholt werden, weil sie das sind, was sie sind, weil sie ohnehin da sind wo sie sind, am Platz des Subjekts. Inklusion holt also nicht ab, sondern stattet allenfalls einen Besuch ab, besucht das Subjekt an seinem Platz, um ihm bei der Selbstverwirklichung zur Hand zu gehen, um seinen Platz zur vollen Geltung zu bringen. Inklusion, so könnte man sagen, will dem Subjekt zu dem verhelfen, was es ist, was es in Absehung seiner Besonderheiten ist, deshalb gibt es keine Exklusivität mehr. Keine Exklusivität in Bezug auf eine Behinderung oder sonst eine Eigenheit zum Beispiel in Bezug auf die möglichen Antworten auf Eigenheiten. Alles ist inklusive, das bedeutet, dass der kontingent differenzierte Inhalt mit sich umzugehen weiß, sowohl auf gesellschaftlicher wie individueller Ebene; es bedeutet, dass die vorausgesetzt notwendig antagonistische Spannung im Selbst wie auf der Ebene der Gesellschaft ihre Form der Behandlung, der richtigen Pflege, gefunden hat, dass sie nicht wie ein Fremdkörper integriert oder exkludiert werden muss, sondern vielmehr eine Sache der vernünftigen Aushandlung ist.

Die *vernünftige Aushandlung* vollzieht sich innerhalb der Praxis der Behindertenhilfe vor dem Hintergrund notwendigerweise katalogisierter Realitätsbeschreibungen in Form stark differenzierter und formalisierter Arbeitsinstrumente, denen eine antagonistische Spannung kaum abzulesen ist. Dass solche

Arbeitsinstrumente das Ergebnis von Auseinandersetzung sind, mag nicht bestritten werden, doch stellt ihr Rahmen lediglich ein dokumentarisches *so sei es* dar, das jede weitere Diskussion bedeutungslos macht. Das, was als Leistung der Behindertenhilfe gelten kann, ist bereits vereinbart, *bevor* es zu einer vernünftigen Aushandlung zum Beispiel individueller Hilfepläne kommt. *Die* vernünftige Aushandlung antwortet nur noch auf die unumstößlichen Voraussetzungen dieser Aushandlung selbst, sie ergibt sich in ihr Schicksal, Aushandlung zweiter Natur zu sein und mehr noch, sie genießt diesen Status geradezu. Dadurch, dass das, was sich in der Situation der vernünftigen Aushandlung als gegeben niederschlägt, von *einem anderen Ort* zu stammen scheint und auch *zu einer ganz anderen Zeit* entstanden ist, sind die beteiligten Akteure frei ihren jeweiligen Interessen nachzugehen, da der Rahmen als etwas sie Transzendierendes erfahren wird. Der Umstand, dass bereits dafür gesorgt wurde, möglichst alle Lebensbereiche zu erfassen und dem Individuum gerecht zu werden, entbindet von der Sorge, dass es irgendwo noch Ungerechtigkeit geben könnte, die nicht eingeholt werden kann. Alles kann als *etwas* behandelt beziehungsweise ausgehandelt werden, es muss sich nur dem gegebenen Rahmen anpassen, sonst nichts oder niemand, und selbst diese Anpassung kommt so natürlich daher, dass sie nur auffällig wird, wenn es dann doch einmal nicht passt.

Gesellschaftliche Zuschreibung von Behinderung, Bevormundung durch Verordnung von Hilfe- bzw. Behandlungsplänen, Überfürsorge und Verdichtung Behinderter in spezialisierten Einrichtungen soll es künftig nicht mehr geben. Vor allem privatere Wohnformen, die Individualität und Privatheit ermöglichen, sollen die spezialisierte Wohneinrichtung ersetzen, den Kunden nach seinen Wünschen befragen, welche Formen der Hilfe wann und an welchem Ort erbracht werden sollen. Vor allem soll die Selbstverantwortung und -bestimmung der Klienten ernst genommen und unterstützt werden. In der Tat wird nun vieles befragt, werden mit den Klienten individuelle Perspektiven geplant und jährlich evaluiert. Das Organisatorische ist mittlerweile sogar so übergreifend, dass man den Eindruck gewinnen könnte, es solle dem Leben wesentlich sein, immer wieder Ziele zu formulieren, diese zu verfolgen und innerhalb der Überprüfung die eigene Abweichung festzustellen, um daraufhin von Neuem zu beginnen. Das zur Feststellung und Überprüfung des Hilfe- bzw. Assistenzbedarfs verwendete Instrumentarium ist so aufgebaut, dass es mögliche Lebens- bzw. Hilfebereiche zunächst einer Intensität zuordnet, etwa: ‚keine Leistung erforderlich', ‚Beratung und Begleitung', ‚Unterstützung', ‚Ersetzende Leistung', dann die Art und Weise und zuletzt ggf. der Ort der zu erbringenden Leistung zugeordnet werden kann. Der Leitsatz hierbei ist: So viel wie nötig, so wenig wie möglich, oder: Beratung und Begleitung vor Unterstützung und Ersetzung – dass dabei noch jemand ein ‚mehr' oder ‚weniger' an Unterstützung fordern könnte, als der tatsächliche

Bedarf (Bedürfnis + Kaufkraft) hergeben würde, wurde zu einer wirklich skurrilen Vorstellung, nämlich dass es möglich ist, in beide Richtungen zu ‚betrügen' – man kann nämlich nicht nur *zu viel* beanspruchen, sondern auch *zu wenig*. In jedem Fall, und deshalb habe ich zu der unangenehmen Vokabel *betrügen* gegriffen, ist man *selbst schuld*. Möglicherweise, weil das oberste Gebot *Selbstverwirklichung* heißt, diese als Schuld sich selbst gegenüber verstanden wird, sich gegebenenfalls bei dieser Verwirklichung des Selbst helfen zu lassen, ist es unter Umständen sogar noch verwerflicher, angebotene Leistungen nicht in Anspruch zu nehmen, als zu versuchen, wie gehabt versorgt zu werden. Letztlich fallen hier *wie gehabt versorgt zu werden* und *angebotene Leistungen nicht in Anspruch zu nehmen* sogar zusammen, weil Versorgung, wie wir alle zu lernen haben, *old school* ist, das zu überwindende Hindernis vor der Verwirklichung *echter* Befreiung nicht nur Behinderter, sondern aller *Menschen*. Das *ist* Inklusion. Ähnlich kafkaesk und vielleicht der Alltagserfahrung aller nicht und niemals Behinderter etwas näher ist die Situation am Klinik-Sterbebett, wo der Oberarzt noch ein paar tröstende Worte an die Angehörigen wendet und sagt, er/sie (der/die sterbende Patient/in) habe die Behandlung eben nicht *so* angenommen, wie man es sich erhofft habe. Inklusion macht uns alle zu Schuldigen, die nur an ihrer Behandlung scheitern können, insofern macht sie alle gleich. Es ist zugleich unmöglich, sich versorgen zu lassen *und* der Versorgung bzw. Behandlung oder Bedienung zu entgehen. Dieser paradoxal anmutende Widerspruch lässt sich ganz einfach dadurch auflösen, wenn man in Rechnung stellt, dass die *Versorgung* früherer Zeiten eine andere war als die heutige ist. Die frühere Versorgung war ein Übergriff, der von der Institution auf das Subjekt überging, die heutige Versorgung jedoch ist ein Übergriff, der auf dem Feld des Subjekts selbst stattfindet, insofern es die Institution aktiv zu integrieren hat und zwar als das, was nicht täuscht, als das, was uns letztlich sagt, dass das, was wir tun und entscheiden, richtig ist, dass es Anschluss findet, verstanden werden kann.

Um zu verstehen, weshalb die Anerkennung der Autonomie Behinderter zu einem Rechtsanspruch auf Förderung der Autonomie Behinderter werden konnte, ist es wichtig zu bedenken, dass es sich um eine Forderung aus der Behindertenbewegung handelt. Ausgehend von den Ansätzen der amerikanischen Organisation Independent Living setzte zu Beginn der 1980er Jahre das Engagement Behinderter in Deutschland ein, Bürgerrechte für sich zu reklamieren, benötigte Hilfen selbst zu organisieren und institutionelle Unterbringung infrage zu stellen. Die deutsche Selbstbestimmt-Leben-Bewegung war zunächst eine Organisation überwiegend körperlich Behinderter und solcher, die unter den Bedingungen von Sinnesbeeinträchtigungen leben – Menschen mit geistiger oder psychischer Beeinträchtigung haben sich erst Mitte der 1990er Jahre in People-First organisiert, um mehr Selbstbestimmung für sich einzufordern.

Vom Projekt der Moderne, individuelle Selbstbestimmung, also autonome Subjektivität hervorzubringen, waren Menschen mit Behinderungen lange Zeit ausgeschlossen. Das Heraustreten aus der „selbst verschuldeten Unmündigkeit" (vgl. Kant 1977) des Menschen setzte eine Selbstverschuldung voraus, die *Menschen mit kreativen Verhaltensweisen* lange Zeit nicht für sich reklamieren konnten, da sie als das Andere der Vernunft und Verstandesfähigkeit betrachtet wurden. *Krüppel, Idioten* und *Irre* wurden zum Zweck ihrer Kontrolle, Disziplinierung und der Zumutung medizinischer und pädagogischer Forschung und Eingriffigkeit eingesperrt und auf diese Weise aus der Gesellschaft ausgeschlossen, da sie als Gefährdung der öffentlichen Ordnung galten. Sie wurden theoretisch wie praktisch schlicht nicht mitgedacht, wenn es um die Zuschreibung von Verantwortung, Sinnhaftigkeit oder auch Freiheit zu tun war. Als Immanuel Kant die menschliche Freiheit *an sich* erfand, heftete sich eine ganz offensichtlich tiefe Sehnsucht an die Idee autonomer Subjektivität als der Freiheit des vernunftbegabten Menschen, sich unabhängig von pathologischen Einflüssen und einzig nach vernünftigen Prinzipien a priori selbst zu bestimmen. Dass das gar nicht so einfach ist, hat Kant höflicherweise gleich selbst demonstriert, indem er für das, dem seiner Ansicht zufolge kein Beispiel beigelegt werden kann (vgl. Kant 2010), nämlich sittliches Handeln, doch Beispiele vorlegte, mutmaßlich, weil er verstanden werden wollte. Möglicherweise ist Kant bis heute so schwer verständlich, weil es diese kleinen Inkonsistenzen gibt, die bei Hegel (vgl. Hegel 1986, S. 424ff) voll zur Geltung kommen. Sich nach vernünftigen Prinzipien apriori selbst zu bestimmen, die von Kant angesprochene *Unabhängigkeit der Willkür von Antrieben der Sinnlichkeit* (vgl. Kant 1998, B 562), impliziert nämlich die Möglichkeit, nicht verstanden zu werden, weil eine solche Selbstbestimmung keinen positiven Inhalt hat, keine ihr vorausgehende Ordnung, auf welche sie sich berufen könnte (hierzu Alenka Zupancic 2001). Man muss sich vor dem Hintergrund, dass Integration noch in den 1980er Jahren ein echtes Fremdwort war, so eines, das schwer über die noch ungeübten Lippen ging, fragen dürfen, weshalb es heute keinerlei Problem darzustellen scheint, alles und jeden, abgesehen einmal von Problembären und Wölfen, die zu dicht an von Menschen besiedeltes Gebiet herankommen, zu inkludieren.

„[…] in der Logik der protestantischen Prädestination sind irdische gute Taten und Vermögen (Wohlstand) im besten Fall mehrdeutige *Zeichen* der Tatsache, dass das jeweilige Subjekt schon durch den unergründlichen göttlichen Akt erlöst ist, das heißt, es wird nicht errettet, weil es reich ist oder Gutes getan hat, sondern es tut gute Taten und ist reich, weil es errettet ist […] Entscheidend ist hier der Wechsel vom Akt zum Zeichen: Aus der Perspektive der Prädestination wird eine Tat zu einem Zeichen der göttlichen Entscheidung der Prädestination." (Zizek 2010, S. 163)

Meine Erfahrungen in der Behindertenhilfe berufen sich auf Lebensunterhalt-ermöglichende Beschäftigungen innerhalb von Wohneinrichtungen für Menschen mit Behinderung in Norddeutschland. Die Veränderung des legalen Rahmens durch Verankerung des Selbstbestimmungsgedankens im Sozialgesetzbuch hatte erhebliche strukturelle Veränderungen des gesamten Unternehmens, bei dem ich zu dieser Zeit beschäftigt war, mit sich gebracht. Die Bemühungen des Unternehmens darum, dauerhaft markt- und konkurrenzfähig zu sein und den fiktiven Bedürfnissen zukünftiger Kunden zu entsprechen, orientierten sich an einem Management-Diskurs, der auf Leistungsoptimierung und Effizienzsteigerung ausgerichtet war. Vor allem Flexibilität, Anpassungsfähigkeit, schien gefordert zu sein auf dem Weg in eine ungewisse Zukunft. Die Angst um die Wettbewerbsfähigkeit schlug sich zunächst darin nieder, dass die abstrusesten Theorien, finstere Zukunftsszenarien entwickelt wurden, nach welchen zukünftig, durch Pränataldiagnostik und damit einhergehenden gesellschaftlichen Druck, Geburten behinderter Kinder zu vermeiden, immer weniger geistig Behinderte die angebotenen Betreuungsleistungen nachfragen würden. Vom Standpunkt des Unternehmens aus musste die Nachfrage der angebotenen Leistungen gesichert werden und hierzu schien es erforderlich, die Zielgruppe neu zu fassen und gegebenenfalls neue Nachfrager zu erschließen. Für viele Menschen, die zuvor dauerhaft in Kliniken untergebracht wurden, weil sie den Rahmen vorgehaltener pädagogischer Angebote auf die eine oder andere Weise sprengten, wurde dies zu einer Möglichkeit, ein weniger klinisches Leben zu führen. Allerdings, und ich glaube zum Verständnis dieser Situation, die auf den ersten Blick nach einer Neuerfindung des pädagogischen Angebots aussehen könnte, welches die Inklusion befördert, darf es auf keinen Fall außer Betracht geraten, dass zur Ermöglichung des pädagogischen Angebots für viele Klienten die klitzekleine Kleinigkeit einer medizinischen Behandlung in Form von Pharmaka bindend wurde und weil es sich um ein pädagogisches Angebot ohne die in Kliniken üblichen Zwangsmechanismen handelt, muss der Klient entweder die Einsicht in die Notwendigkeit mitbringen oder zumindest unter Assistenz zeitigen.

Es schien eine Weile, als hätte jemand behauptet, Menschen mit Behinderungen hätten nun mehr Möglichkeiten, eine Auswahl und den Willen etwas für sich zu beanspruchen, das etwas völlig anderes sein würde, als ihnen zuvor zugemutet wurde. Autonome Subjekte eben, ausgestattet mit einem der menschlichen Natur würdigen freien Willen, die sich nicht scheuen würden, diesen auch zu gebrauchen. Die Vision von Community Care, wie sie mir durch die Praxis vermittelt wurde, dass Behinderte in der Zukunft in das Gemeinwesen integriert bzw. inkludiert sein würden, dass sie Anerkennung durch (Gemeinwesen-)Arbeit finden würden und wir, die wir uns bis dahin jeden Tag mehr oder weniger freiwillig in die nahezu exklusive Gegenwart behinderter Menschen begeben hatten, unsere

Aufgabe dann darin finden sollten, das Gemeinwesen zu managen, schien sich auf seltsame Weise zu verwirklichen. Durch Umstände ist es so, dass Menschen mit Behinderungen, die ganz *normalen* Berufen nachgehen, ein als *normal* einzuschätzendes Einkommen haben, aber auf Assistenzleistungen angewiesen sind, ihr Einkommen und Sparguthaben zu einem gewissen Anteil für die beanspruchten Assistenzleistungen aufwenden müssen. Ich kann nur dazu ermutigen, mit Behinderten darüber ins Gespräch zu kommen, inwiefern dies ihrer Anerkennung dienlich ist oder ob sie überhaupt Interesse an den menschlichen Reproduktionszyklen haben entwickeln können, die traditionell auf Anerkennung hinauslaufen, Elternschaft zum Beispiel. Diese Vernunft eines allgemeinen Willens muss man schon mitbringen, scheint es, sich selbst aus der innersten Freiheit heraus dieser Freiheit aus vernünftigen Gründen selbst zu berauben. Die höchste Freiheit drückt sich nun mal darin aus, sich Gesetze auferlegen zu können.

Die organisatorischen und infrastrukturellen Veränderungen des Unternehmens kamen eine Weile auch deshalb nicht zur Ruhe, weil es seinerseits subjektiviert, damit beschäftigt war, sich Gesetze aufzuerlegen; viele Aufgabenbereiche entstanden neu und wurden teilweise recht zügig wieder eingestellt. Die Tätigen innerhalb der Aufgabenbereiche hießen nun Beauftragte und Assistenten, die Leitungen erhielten den Titel Management; Design-Elemente und Fortbildungsangebote wurden so eingesetzt, dass eine Corporate-Identity zur Erscheinung kam, während sich das ehemalige Groß-Unternehmen in viele kleine Unter-Unternehmen spaltete, welche weiterhin unter dem schmückenden Dach des Mutter-Unternehmens für sich wirtschaften sollten. Qualitätsstandards wurden ausgearbeitet, Qualitätssicherung eingeführt und die Menschen, die sich selbst als ‚Bewohner' bezeichneten, sollten nun *Kunden, Klienten* oder *Leistungsnehmer* heißen und keinesfalls neben einem Friedhof wohnen, selbst wenn dort die schönsten Wohngrundstücke der Stadt gelegen sein sollten – um Stigmatisierung zu vermeiden. Qualität ist, was man darunter fasst.

Eigene Immobilien, meist veraltete und spezialisierte Einrichtungen zum Wohnen und zur Beschäftigung, wurden abgestoßen und stattdessen andere (zumeist kleinere) Einheiten, die nicht den exklusiven Erfordernissen bzw. Bedürfnissen ihrer zukünftigen Bewohner angepasst wurden, sondern vielmehr den Mindeststandards in Heimeinrichtungen entsprachen bzw. an den Wohnansprüchen *normaler* Sozialleistungsnehmer orientiert wurden, angemietet. Der *Sozialleistungsnehmer* schien überhaupt die Normalität zu sein, unter welcher sich *der Mensch mit Behinderung* zu fassen hatte, zumindest ließen sich die ausgesprochenen Orientierungen an der unterstellten Normalität von Sozialleistungsnehmern, was materielle und finanzielle Ausstattung sowie die Bemessung von Leistungen und Verwendung ihrer Einkünfte betraf, nicht anders verstehen. Ähnelt das nicht seltsamerweise dem, was Zizek in *Die Tücke des Subjekts* über das Ereignis Christi schreibt, „‚Christi eigene religiöse Aussetzung des Ethischen'?", worin „das Universum der etablierten ethischen Normen (Sittenkodizes, die Substanz des gesellschaftlichen Lebens)" erst aufgehoben wird, um es dann, „durch die Autorität Christi ‚vermittelt'," (Zizek 2010, S. 161) wieder geltend zu machen? Ist es nicht so, dass durch das *Ereignis* Autonomie erstmal alle alten Bindungen durchtrennt werden, um sie vermittelt durch die *vernünftige Verhandlung* wieder einzuführen? Zumindest würde sich das in etwa mit der vagen Befürchtung decken, dass sich in Wirklichkeit nicht viel verändert hat, obwohl sich alles verändert. Vielleicht ist das aber auch nur die pessimistische Perspektive einer erschöpfenden Praxis, die Fragen stellt, deren Antworten sie bereits kennt, die sie bloß *abhakt* in ihren Dokumentationen. Bei der Verwaltung Behinderter und ihrer Belange genügt sich das Instrumentarium darin, eine formale und bunte Darstellung anderen gegenüber zu sein, als Zeichen, dass hier *etwas* passiert ist, dass *wie vereinbart* gehandelt wurde. Die Zeiten, in denen man noch vollständige Sätze hat formulieren können müssen, um ein Dienstbuch zu führen, sind vorbei, die Reflexionen finden heute andernorts statt; zum Beispiel bei irgendwelchen Subjekten zuhause, ganz privat, manchmal unter der Zuhilfenahme vollkommen verwirrender Theorieentfaltungen, die, wenn man sehr viel Geduld hat, vielleicht irgendwann eine paradoxe entwirrende Wirkung haben können.

In der psychoanalytischen Perspektive ist das Subjekt nicht autonom und sich selbst transparent, sondern dezentriert; Freud stellte hierfür das topische Modell des Ich, Es und Überich auf. Jacques Lacan unterschied in seinem Instanzen-Modell zwischen Ideal-Ich und Ichideal, die in einer Spannung aufeinander bezogen sind. Das Ideal-Ich ist darauf gerichtet, ein ideales Selbstbild, zum Beispiel eines autonomen Subjekts zu erlangen, das Ichideal hingegen bezieht sich auf den gesellschaftlichen Hintergrund, darauf, aus wessen Blickwinkel das Subjekt sich betrachtet, also zum Beispiel aus der Perspektive einer Gesellschaft autonomer Subjekte, die sich durch Leistung definieren. Diese Instanz ist darauf gerichtet, das Subjekt im großen Anderen zu verorten, d.h. an symbolischer Bedeutung teilzuhaben und Anerkennung zu erlangen. Zizek hat auf das Über-Ich als strafender, rächender und sadistischer Aspekt des Ichideals hingewiesen; das Über-Ich beinhaltet die verinnerlichten Kulturnormen und entsteht durch Erziehung, Sozialisation und Tradition. Zizek beschreibt diese Instanz als *unausweichlicher, quälender* und *zwingender,* als dies ein äußerer Zwang sein könnte (vgl. Zizek 2011). Anstatt also Freiheit hervorzubringen, „führt uns der Sturz der Unterdrückungsinstanz zu neuen und strengeren Verboten" (Zizek 2011, S. 122). Zizek gibt hier das Beispiel zum einen eines autoritären Vaters, der an den Anstand seines Kindes appellieren würde, seine Pflicht zu tun und die Großmutter zu besuchen und zum anderen eines (postmodernen) antiautoritären Vaters, der dem Kind, das ja wisse, wie sehr seine Großmutter es liebe, keinen Zwang auferlegt, da es nur gehen solle, wenn es wirklich wolle. Zweiteres Szenario bezeichnet Zizek als eine *falsche freie Wahl*, d.h. es besteht im Falle einer solchen lediglich die Wahl, die richtige Wahl zu treffen, oder eben nicht wählen zu können. Die Form der Wahl ist hier entscheidend, nicht so sehr ihr Inhalt, denn in diesem Beispiel muss das Kind wählen, einem Prinzip folgen zu wollen, das es gelernt hat. Wenn es dem Prinzip nicht folgt, hat es nichts gelernt und erweist sich als unfähig zur Wahl. Etwas nicht bloß zu sollen, sondern gleichzeitig wollen zu sollen, „eine solche falsche freie Wahl ist der Befehl des obszönen Über-Ichs" (Zizek 2011). Auch hierbei geht es entfernt darum, verstanden zu werden und nachvollziehbar zu sein, also einem *guten Beispiel* zu folgen, anstatt die Wahl zu wählen. Nietzsche paraphrasierend erklärt Zizek in *Die Tücke des Subjekts*, dass *den Willen selbst zu wollen* hieße, *das Nichts* zu wollen. Dieses Nichts, Signifikant ohne Signifikat, repräsentiere das Subjekt, das dadurch in der Symbolischen Ordnung gezählt bzw. in diese *inkludiert* wird, dass es von dieser ausgeschlossen sei in dem Sinne, dass ihm kein Signifikat korrespondiere. Dieses Subjekt ist in der selbstreflexiven und unbewussten Struktur des Begehrens, wie die Psychoanalyse diese auffasst, in welcher das Begehren immer Begehren des Anderen, Begehren des Begehrens ist, gefangen. Das Begehren ist ein Begehren danach, Objekt des Begehrens eines anderen oder des Anderen zu sein; was ich also will, oder dass ich will, will ich, damit ein anderer (als Repräsentant des Anderen) mich dieses Willens wegen will. Das Wollen wird damit gewählt, um gewollt zu werden, steht also immer bereits innerhalb der Spannung der potenziell unüberwindlichen Differenz der Beziehung zum Objekt. Die realen Ansprüche des Subjekts müssen immer domestiziert bzw. kultiviert in Wünschen artikuliert werden, die in der Realität verstanden werden können; insofern ist jeder artikulierte Wunsch eine Art Übersetzung bzw. Überbrückung dessen, was wir *eigentlich* wollen und der Wunsch zur Überbrückung bzw. dass da überhaupt eine Differenz zu überbrücken sei selbst stützt diese.

„Wir können ganz genau alle Wünsche untersuchen, die das Subjekt regulieren will, erhalten aber nur dann den Schlüssel zum spezifischen Modus seines subjektiven Standpunkts, wenn wir den Wunsch nach Regulation selbst ‚ausinkludieren' […]" (Zizek 2010, S. 158).

Die Frage, die an dieser Stelle zu Zizeks Ideologie- bzw. Hegemonie-Begriff überleiten soll, ist freundlicherweise jene nach dem Sinn des bisher gesagten. Das Begehren ist im psychoanalytischen Verständnis symbolisch bzw. das imaginierte Symbolische, das um austauschbare Objekte kreist, ohne sich jemals zu erfüllen, da die Objektursache des Begehrens immer als eine Art Rest, als Lücke bleibt. Jedes Objekt, das sich an Stelle dieser Lücke setzt, funktioniert als mehr oder weniger zufälliger Platzhalter. Das Begehren als symbolisches ist Begehren nach Differenz, da es Begehren des Begehrens ist und gleichzeitig ist es Begehren nach Annäherung, weil es Begehren des Begehrens des Anderen ist. Diese Bewegung der Verwirklichung im Scheitern muss *ausinkludiert* werden, um die hegemonialen Verhältnisse entziffern zu können. Man könnte es sich einfach machen mit dem ideologischen Gehalt eines Begriffs und danach fragen, in wessen Interesse gerade dieser Begriff in welcher Weise eingesetzt wird, um Allgemeinverbindlichkeit oder allgemeiner: Allgemeinheit herzustellen. Ganz so einfach darf man es sich selbstredend nicht machen; der ideologische Gehalt eines Begriffs oder einer Vorstellung ist *die ihm selbst innewohnende formale Verzerrung/Verschiebung der Nicht-Ideologie* (vgl. Zizek 2010, S. 251ff) und diese ist dadurch möglich, dass sowohl das Allgemeine wie das Besondere niemals vollständig sind, nicht vollständig, weil barriert. Beide weisen jeweils eine konstitutive Lücke auf, das Reale, das seiner vollständigen Symbolisierung widersteht; von daher widersteht das Subjekt seiner Objektivierung, wie der große Andere, die symbolische Ordnung, der Subjektivierung widersteht.

Der Kampf um Hegemonie findet auf dem Feld der Begriffe und Vorstellungen statt; jeweils mindestens zwei partikulare Inhalte eines Begriffs treten darin auf, ein *allgemeiner und leerer Gedanke* und *seine Verzerrung/Verdrehung durch eine konkrete Vorstellung* (vgl. Zizek 2010, S. 252). Diese konkrete Vorstellung, wieso kann sie so konkret und offensichtlich annehmbar oder wenigstens diskutabel für jedermann sein, wenn nicht, weil sie symbolisch vermittelt ist, vom Anderen her kommt, für sich entschuldet ist, durch den anderen legitimiert? Die bereits bestehende Bindung an einen bestimmten großen Anderen, eine bestimmte Ordnung, eine Weise, die Dinge zu betrachten (der phantasmatische Hintergrund), von der aus relativ beliebig Handlungsoptionen formuliert werden können, was ist der Reiz daran, wenn nicht, dass jeder verstehen kann und muss, dass genau dies nun zu erfolgen hat, damit es die gewünschten Folgen nach sich ziehe. Selbst, wenn dann nicht die gewünschten Folgen eintreten, gibt es dafür Erklärungen und Schuldige. Womit wir wieder beim Über-Ich angelangt wären, beim Schuldgefühl aus dem Verrat am Gesetz des Begehrens, jenes Begehrens, das gar nicht befriedigt werden will, sondern auf Hervorbringung des Begehrens zielt. Im Einklang mit seinem Begehren zu sein, was bedeutet das bloß?! – möglicherweise, sich damit abzufinden, Begehrender zu sein, was so viel bedeutet, wie: notwendigerweise doppelt unbefriedigt. Begehrender zu sein bedeutet, einem Gesetz unterworfen zu sein, das verbietet, was ohnehin unmöglich ist. Die Unmöglichkeit ergibt sich im Realen und erst ihre Symbolisierung im Gesetz evoziert die Illusion der Möglichkeit der Übertretung und diversifiziert die artikulierbaren Wünsche. Das, was das Gesetz als verboten darstellt, ist weder wünschenswert noch erreichbar, allein das Verbot läßt die Illusion entstehen, dass es wünschenswert oder doch irgendwie erreichbar wäre. Kein Wunder also, wenn das Über-Ich meckert und weiter Unmögliches fordert, denn der Entzug des Unmöglichen verursacht, dass die einzige Möglichkeit, nicht an der Realität zu scheitern, darin besteht, über das Lustprinzip hinaus zu gehen, sich gewissermaßen am Realitätsprinzip überzukompensieren und sich darin dem Genießen (Schmerz) hinzugeben.

Um noch einmal auf die Inklusion zurück zu kommen: Was stimmt denn nun nicht mit ihr? Vielleicht kann die Verbindung zweier Scherze dem auf die Sprünge helfen. Zunächst eine alberne Scherzfrage: Was ist das Weiße in der Hühnerscheiße? Wer den mittlerweile leider abgedroschenen Witz über den Mann kennt, der glaubte ein Samenkorn zu sein, wird die Antwort sofort parat haben, denn das Ordnungsprinzip Huhn, das ist gerade das Lustige an dem Kalauer, bleibt ganz unbeeindruckt von den Reflexionen des Mannes innerhalb einer Therapie, wo er lernt, kein Samenkorn zu sein, sondern ein Mensch: auch Hühnerscheiße. Die Form dem Inhalt ausinkludieren, das Formalprinzip erkennen, das sich den Inhalten einschreibt, die Inhalte überhaupt erst als konkrete hervorbringt, sie zu notwendigen Inhalten macht, wohin führt das in Bezug auf eine Praxis, die Inklusion und Autonomie Behinderter betreibt? – möglicherweise zunächst einmal zu der Erkenntnis, dass, wenn immer sich etwas verdreht, ein Huhn in unmittelbarer Nähe ist.

Literatur

Harmel, Hilke: Subjekt zwischen Abhängigkeit und Autonomie. Eine kritische Literaturanalyse und ihre Bedeutung für die Behindertenpädagogik. Bad Heilbrunn 2011.
Hegel, Georg Wilhelm Friedrich: Phänomenologie des Geistes. Werke 3, Frankfurt/M. 1986.
Kant, Immanuel: Grundlegung zur Metaphysik der Sitten. Stuttgart 2010.
Kant, Immanuel: Kritik der reinen Vernunft. Hamburg 1998.
Kant, Immanuel: Beantwortung der Frage: Was ist Aufklärung? In: Ders.: Werke in zwölf Bänden, Bd. 11, Frankfurt/M. 1977.
Lacan, Jacques: Das Spiegelstadium als Bildner der Ich-Funktion. In: Ders.: Schriften I, Weinheim/ Berlin 1996.
Lacan, Jacques: Subversion des Subjekts und Dialektik des Begehrens im Freudschen Unbewussten. In: Ders.: Schriften II, Freiburg im Breisgau 1975.
Lacan, Jacques: Seminar XI. Die vier Grundbegriffe der Psychoanalyse. Weinheim/Berlin 1996.
Sozialgesetzbuch (SGB), unter: http://www.sozialgesetzbuch-sgb.de/ (abgerufen am: 20. 01. 2015).
Zizek, Slavoj: Liebe Dein Symptom wie Dich selbst! Jacques Lacans Psychoanalyse und die Medien. Berlin 1991.
Zizek, Slavoj: Lacan. Eine Einführung. Frankfurt/M. 2011.
Zizek, Slavoj: Die Tücke des Subjekts. Frankfurt/M. 2010.
Zupancic, Alenka: Das Reale einer Illusion. Kant und Lacan. Frankfurt/M. 2001.

Stefan Romey/Sven Quiring

Hamburg weiter vorn?
Zwischen Anspruch und Wirklichkeit bei der Umsetzung der schulischen Inklusion

Zusammenfassung[1]*:* Dieser Beitrag beleuchtet mit Blick auf die bildungspolitischen Entwicklungsdynamiken in Hamburg die enormen Widersprüche zwischen der Inklusionsidee und ihrer schulischen Umsetzung. Die Autoren vertreten hierbei nicht nur die These, dass es für eine aussichtsreiche Umsetzung dieser Idee grundsätzlich an Ressourcen und der Bereitschaft, diese zur Verfügung zu stellen, fehlt. Vielmehr wird aufgezeigt, wie die Inklusionsidee instrumentalisiert und verändert wird – etwa dann, wenn es um die Auslotung von sog. Synergieeffekten und Sparpotentialen geht.

Abstract: This paper examines – overlooking the educational development dynamics in Hamburg – the large discrepancies between the idea of inclusion and its curricular implementation. On the one Hand, the authors support the thesis that there is a massive lack of an implementation of this idea in resources (and, of course, the willingness to make these available). Moreover, it is shown how the inclusion idea is exploited and changed – for example, when it comes to the exploration of so-called synergies and savings potentials.

Keywords: schulische Inklusion, inklusive Schule, kostenneutrale Inklusion, Neoliberalismus

Nach der Ratifizierung der UN-Behindertenkonvention war dieses Übereinkommen für Deutschland seit Ende März 2009 bundesweit verbindlich. Es sollte im Bund und in den Ländern umgesetzt werden. Die schwarz-grüne Landesregierung Hamburgs beschloss im Januar 2010 daher für den Bildungsbereich eine entsprechende Änderung des Schulgesetzes. Fortan sollten Eltern von behinderten Kindern und Jugendlichen das generelle Recht haben zu wählen, ob ihr Kind an einer Regelschule unterrichtet und dort gefördert wird oder eine Sonderschule besucht. Die damalige grüne Bildungssenatorin Christa Goetsch sagte: „Kinder mit Behinderungen sollen das Recht erhalten, nicht getrennt von anderen unterrichtet zu werden, sondern am gemeinsamen Schulleben teilzunehmen [...]". Dabei knüpfte sie nicht an das in Hamburg seit Jahrzehnten erfolgreiche Modell der

Integrationsklassen und Integrativen Regelklassen (I- und IR-Klassen) an und baute es weiter aus, sondern sie orientierte sich insbesondere an Studien wie denjenigen der Professoren Klaus Klemm und Ulf Preuss-Lausitz, die behaupteten, man könne ohne zusätzliche Ressourcen Integration bzw. Inklusion umsetzen. So stellten sie für den Stadtstaat Bremen in einem Gutachten (Klemm/Preuss-Lausitz 2008) dar, dass die Personalausgaben für behinderte Kinder und Jugendliche bei voller Integration ein etwa gleich bleibendes Volumen hätten wie bei einer Förderung in Sonderschulen. Es käme sogar bei den Investitions-, Betriebs- und Schülertransportkosten zu zusätzlichen Einsparungen. Grundannahme war, es gibt keine Doppelstrukturen (Förderung in der allgemeinen Schule und in der Sonderschule) und der Anteil der zu fördernden Schülerinnen und Schüler an der Gesamtschülerschaft verändert sich nicht. Nach der Rechnung von Klemm und Preuss-Lausitz käme es in ihrem Modell bei den sonderpädagogischen Förderschwerpunkten Lernen, Sprache sowie emotional-soziale Entwicklung (LSE) zu zusätzlichen 2,9 Lehrerstunden sonderpädagogischer Förderung pro Kind. Ein verlockendes Angebot für die Hamburger Schulsenatorin: Gutes tun, sprich die geforderte Integration/Inklusion umsetzen, und gleichzeitig Geld sparen. Das „Projekt zur Weiterentwicklung der sonderpädagogischen Förderung in Hamburg entsprechend der Vorgaben des § 12 Hamburgisches Schulgesetz" (Integration) wurde auf den Weg gebracht. Man wolle einen „integrativen, hochwertigen" Unterricht ermöglichen. Es sollen „angemessene" Vorkehrungen für die Bedürfnisse von Kindern und Jugendlichen mit Behinderungen innerhalb des allgemeinen Bildungssystems getroffen werden. Es solle eine „bestmögliche" Förderung erfolgen. Was das ist, wollte die Schulbehörde selbst bestimmen. In zahllosen Arbeitsgruppen mit möglichst allen Interessengruppen (Verbände, Gewerkschaften, Fachleute aus Schule, Uni usw.) wurde zwar entsprechend konzeptionell gearbeitet. Die Ergebnisse wirkten sich aber nicht auf die Pläne der Schulbehörde aus. Insbesondere die Vorschläge zu materiellen, institutionellen und inhaltlichen Rahmenbedingungen wurden nicht berücksichtigt. Vielmehr sah man in der zu fördernden „Haltung" der Pädagoginnen und Pädagogen zur Inklusion den Schlüssel zum Erfolg. Das bisherige Know-how aus den noch bestehenden Integrationsklassen und Integrativen Regelklassen wurde nicht einbezogen. Warum auch, denn im Konzept der behördlichen Lenkungsgruppe spielten sie keine Rolle mehr. I- und IR-Klassen sollten abgeschafft werden. Die Schulbehörde setzte auf einen am grünen Tisch entworfenen „Neu"anfang. Dabei käme es bei der Inklusion zu erheblichen „Synergieeffekten". Die vorhandenen Ressourcen sollten nicht im Hinblick auf die neue Aufgabe erweitert, sondern lediglich „zusammengeführt" werden. Dabei war auch daran gedacht, die „üppige" Ausstattung der Sonderschulen zu beschneiden.

Die Rechnung ging in Hamburg nicht auf: Vom zusätzlichen sonderpädagogischen Anspruch wurde hier die allgemeinpädagogische Ressource pro Kind abgezogen, so dass statt 2,9 Lehrermehrstunden lediglich eine bis anderthalb zusätzliche Förderstunden zur Verfügung standen. Im Vergleich zu den zu diesem Zeitpunkt noch bestehenden Integrativen Regelklassen bot das neue Modell nur ein Drittel zusätzlicher Förderung pro LSE-Schüler an. Es kam zu heftigen Protesten. Diesem begegnete die Schulbehörde beschwichtigend mit einer zeitlich befristeten so genannten Anschubfinanzierung.

Christa Goetsch musste als Schulsenatorin die Auswirkungen ihrer Reform nicht mehr verantworten. Die schwarz-grüne Regierung war in Hamburg gescheitert. Nur wenige Monate nach Beginn des neuen Inklusionsmodells trat sie zurück.

Nach der notwendigen Neuwahl kam es zu einer SPD-Alleinregierung. Die SPD hätte also ohne Rücksichtnahme auf mögliche Koalitionspartner ihre Vorstellungen auch im Bereich der inklusiven Beschulung umsetzen können.

Der neu gewählte Schulsenator Ties Rabe hatte sich als bildungspolitischer Sprecher seiner Partei in der Oppositionszeit für eine deutliche Ausweitung der erfolgreichen Integrationsklassen und Integrativen Regelklassen ausgesprochen.

Dieses Modell galt weit über Hamburg hinaus in Deutschland und Europa als beispielhaft für gelingende Integration behinderter Kinder und Jugendlicher in die allgemeine Schule.

In seinem gemeinsam mit der SPD-Fraktion in die Hamburger Bürgerschaft eingebrachten Antrag vom April 2009 hatte er gefordert: „Im ersten Schritt wird in zwei Jahren die Zahl der Schülerinnen und Schüler, die auf Regelschulen in Integrationsklassen und in Integrative Regelklassen gehen, mindestens verdoppelt. […] Die sonderpädagogische Förderung ist auch dann unverzichtbar, wenn ein Kind keine Sonder-, sondern eine Regelschule besucht. Keinesfalls darf mit der inklusiven Beschulung ein Absenken der sonderpädagogischen Förderung verbunden sein. Vielmehr gilt es, diese Förderung in unvermindert hoher Qualität an den Regelschulen zu erbringen".

Daher wurde erwartet, dass der neue SPD-Schulsenator Ties Rabe an die Politik seiner sozialdemokratischen Vorgänger Joist Grolle und Rosemarie Raab anknüpfen würde. Diese hatten das so genannte Hamburger Integrationsmodell aus Integrationsklassen und Integrativen Regelklassen eingeführt. Gemeinsam mit Elterninitiativen wurden vor 30 Jahren zunächst die Rahmenbedingungen der Integrationsklassen festgelegt: Mit bis zu vier speziell behinderten Schülerinnen und Schülern (sonderpädagogische Förderschwerpunkte Hören, Sehen, körperlich-motorische Entwicklung, geistige Entwicklung) bei einer Klassenfrequenz von 20 Schülerinnen und Schülern galt das Zwei-Pädagogen-Prinzip. Neben einer Lehrkraft Allgemeinpädagogik mit dem üblichen Stundendeputat gab es eine Erzieherin (in der Grundschule) bzw. eine Sozialpädagogin (in der Sekundarstufe) mit einer ¾-Stelle sowie eine Lehrkraft Sonderpädagogik mit einer halben Stelle.

Das Schulmodell Integrationsklassen wurde um die Integrativen Regelklassen erweitert. In den IR-Klassen blieben die Klassenfrequenzen unverändert. Modellhaft erhielt eine zweizügige IR-Schule für die Klassen 1 bis 4 eine zusätzliche pauschale Zuweisung von 3 Stellen Sonderpädagogik plus 1 Stelle Erzieherin, so dass in IR-Klassen für ca. die Hälfte aller Unterrichtsstunden eine Doppelbesetzung möglich war. IR-Grundschulen nahmen alle Schüler ihres Einzugsgebietes auf, selbstverständlich auch solche mit sonderpädagogischem Förderbedarf im Lernen, der Sprache und der emotional-sozialen Entwicklung (LSE). Es fand keine sonderpädagogische Eingangsdiagnostik statt. Bereits in einem Referentenentwurf aus dem Jahr 1989 war vorgesehen, dass möglichst alle Kinder bis zum Jahr 2000 zu integrieren seien, die sonst Förderschulen für Lernen, Sprachheilschulen und Verhaltensgestörtenschulen besuchen würden. Das Magazin „Der Spiegel" resümierte in seiner Ausgabe 24/1989: „Das Hamburger Modell, das noch vom Landesparlament verabschiedet werden muß, ist der bislang konsequenteste Versuch, das grundsätzliche Dilemma der Sonderschule zu beenden". Es gelang nicht mehr, dieses Modell flächendeckend umzusetzen. 2001 wechselte die Regierung. Es kam zu einer von der FDP und der Partei Rechtsstaatliche Offensive-Schill unterstützte CDU-geführte Regierung. Der neu gewählte Bildungssenator Lange (FDP) wollte die IR-Klassen auflösen und durch so genannte regionale Diagnose- und Förderzentren (DFZ) ersetzen, was auf heftigen Widerstand von Eltern, Schülerinnen und Schülern, Pädagoginnen und Pädagogen sowie den Oppositionsparteien SPD und Grüne stieß. Durch öffentliche Proteste gelang es die Auflösung der IR-Klassen zu verhindern. Eine Erweiterung dieses Schulversuchs war aber nicht möglich. Nach dem Zerwürfnis zwischen dem Bürgermeister Ole von Beust (CDU) und Ronald Schill kam es 2004 zu Neuwahlen. Die CDU erlangte die absolute Mehrheit der Sitze in der Hamburger Bürgerschaft. Neue Bildungssenatorin wurde Alexandra Dinges-Dierig. Innerhalb weniger Jahre gelang es ihr, die sozialdemokratisch geprägte Hamburger Bildungspolitik nach neoliberalen Vorstellungen grundlegend zu „modernisieren". Schule sollte nach betriebswirtschaftlichen Gesichtspunkten umgestaltet werden. Kurs- und Klassenfrequenzen wurden erhöht, Förder- und Teilungsstunden gestrichen, die Lehr- und Lernmittelfreiheit wurde eingeschränkt, die Vorschule sollte kostenpflichtig werden, die Berufsschulen sollten entstaatlicht werden, die Arbeitsbelastung der Beschäftigten wurde erhöht, durch Werbeverträge sollten Schulen Mittel requirieren usw. usf. Der Orientierungsrahmen „Schulqualität", dessen Grundlagen die Vorgaben der Unternehmensstiftung EFQM (European Foundation for Quality Management) sind, wurde als Richtschnur für alle Hamburger Schulen durchgesetzt und bedeutete eine „geistig-moralische Wende" im Bildungsbereich. Diesem komme, so Dinges-Dierig, eine „Schlüsselfunktion" bei der Umgestaltung des Bildungswesens nach betriebswirtschaftlichen Gesichtspunkten zu.

Wenige Monate nach Amtsübernahme beabsichtigte die CDU unter Federführung der Senatorin Dinges-Dierig die IR-Klassen und die sonderpädagogischen Primarstufen aufzulösen und „ressourcenneutral" in Diagnose- und Förderzentren (DFZ) zu überführen (Antrag der CDU-Fraktion vom 23. 9. 2004). IR sei zu teuer. IR sei erfolglos, weil behinderte Kinder sich in ihren Leistungen nicht verbessert hätten. Auch Stellungnahmen renommierter Wissenschaftlicher veränderten diese Sichtweise nicht. IR sei privilegiert, weil nicht alle Hamburger Schüler IR-Klassen besuchen könnten. Das sei doch ungerecht. Bei der Planung der DFZ wurde zumindest indirekt davon ausgegangen, dass die Ressourcen für alle beeinträchtigten und behinderten Schüler nicht reichen werden. Deshalb wurde vorgeschlagen, ein Ranking der förderbedürftigen Schüler einzuführen und Ressourcen entsprechend zu vergeben. Durch eine – kostenneutrale – „groß angelegte systematische Qualifizierungsoffensive" am Landesinstitut für Lehrerfortbildung (LI)I sollte das Projekt begleitet werden. Denn für eine gelingende Förderung seien die pädagogischen Akteure verantwortlich. Diese gelte es entsprechend zu schulen. Die Rahmenbedingungen (Personal-, Raum- und Sachausstattung) seien sekundär.

Erneut gelingt es in der politischen Auseinandersetzung, die Auflösung von Integrativen Regelklassen und Integrationsklassen zu verhindern.

2006 wurde nach dem ‚Pisa-Schock' die Enquete-Kommission „Konsequenzen der neuen PISA-Studie für Hamburgs Schulentwicklung" eingerichtet. 2007 wurde der Bericht dieser Kommission veröffentlicht. In der Stellungnahme der oppositionellen SPD-Gruppe der Enquete-Kommission heißt es im Gegensatz zu den CDU-Regierungsvertretern: „Das Konzept der Integrativen Regelklassen (IR-Klassen) wird fortentwickelt. [...] Innerhalb einer Legislaturperiode werden in den KESS 1- und KESS 2-Gebieten 58 neue IR-Schulen eingerichtet. Damit werden alle Schulen berücksichtigt, die laut Sozialindex der KESS-Studie als ‚Standorte unter besonderen Bedingungen' geführt werden." KESS meint im Rahmen einer flächendeckenden Lernstandsuntersuchung: *K*ompetenzen und *E*instellungen von *S*chülerinnen und *S*chülern, wobei die Kategorien 1 und 2 eine stark belastete soziale Lage der Schülerschaft beschreiben. „Gerade in KESS 1- und KESS 2-Stadtteilen leben besonders viele Kinder mit besonderem Förderbedarf. Mit insgesamt 93 IR-Schulen wäre dann annähernd die Hälfte aller Hamburger Grundschulen in der Lage, ein integratives Angebot zu machen. Langfristig müssen alle Grundschulen entsprechend weiterentwickelt werden." Die SPD folgt als Oppositionspartei weiterhin ihren unter den Senatoren Grolle und Raab entwickelten Vorstellungen des Hamburger Modells aus I- und IR-Klassen.

Bei der Wahl 2008 verlor die CDU in Hamburg ihre absolute Mehrheit. Es kam bundesweit zur ersten schwarz-grünen Koalition auf Landesebene.

Die grüne Politikerin und spätere Schulsenatorin Christa Goetsch hatte als bildungspolitische Sprecherin ihrer Partei vor der Wahl noch klar gesagt, dass

I-Klassen und IR-Klassen Bestand haben und ausgeweitet werden müssen, als Senatorin der schwarz-grünen Koalition (2008-2010) will sie jedoch IR- und I-Klassen abschaffen und durch eine deutlich schlechtere Ressource ersetzen. In ihrem Wahlprogramm 2011 streicht die Grün-Alternative Liste (GAL) folgerichtig den Passus, I-Klassen und IR-Klassen seien fortzuführen und auszuweiten.

Demgegenüber heißt es im Wahlprogramm der SPD 2011: „Behinderte und nicht behinderte Kinder und Jugendliche sollen zukünftig selbstverständlich zusammen lernen können. Dazu sollen nach dem Vorbild der seit Jahren erfolgreichen ‚Integrationsklassen' und der ‚integrativen Regelklassen' weitere Angebote geschaffen werden und deutlich mehr Sonderschulpädagogen an den allgemeinen Schulen unterrichten."

Die SPD gewann die Wahl. Seit März 2011 regierte sie mit absoluter Mehrheit in der Hamburger Bürgerschaft. Sie erweckte in der Öffentlichkeit immer wieder den Eindruck, sie würde ihre Wahlversprechen einlösen. Der bildungspolitische Sprecher der Hamburger SPD, Lars Holster, sieht in der Regierungspolitik eine Fortführung traditioneller sozialdemokratischer Bildungsvorstellungen. Unter der Überschrift „Klarer Kurs in der Schulpolitik" stellt er im November 2011 zum Haushaltsplanentwurf der neuen Regierung fest: „Die SPD-Fraktion hat vor der Wahl künftige Schwerpunkte in der Schulpolitik benannt und zügig begonnen diese umzusetzen. Wir fördern den Ausbau von Ganztagsschulen, wir geben Kindern mit Sonderförderbedarf neue Chancen und wir entwickeln die Unterrichtsqualität weiter. Auch für die Schulpolitik gilt also: Versprochen und gehalten."

Für die Inklusion – so heißt es bei Holster – seien zusätzlich 108 Sonderpädagogen eingestellt worden. Er verwechselt Sonderpädagogen mit Sozialpädagogen. Ob das jemand in der Öffentlichkeit merkt? Diese werden im Wesentlichen durch das Bildungs- und Teilhabepaket (BuT) der Bundesregierung (zu diesem Zeitpunkt CDU/FDP-Regierung) finanziert. Günstig für Hamburg. Eigentlich sollten diese zusätzlichen Fachkräfte – so die Bundesregierung – Schulsozialarbeit für arme Kinder und Jugendliche leisten, deren Eltern Leistungen wie Arbeitslosengeld II, Sozialgeld u.ä.m. beziehen. Senator Rabe setzt diese Fachkräfte jetzt im Sinne einer Anschubfinanzierung Inklusion in allgemeinen Schulen ein. Die überwiegende Mehrheit der dortigen behinderten und beeinträchtigten SchülerInnen sei ja arm. Stimmt. Aber die Mittel des Bundes aus dem BuT sind für *zusätzliche* Hilfen gedacht und *nicht ersetzend*. Sie sind kein Beitrag zur Haushaltskonsolidierung. Auch werden an Förderschulen, deren Schülerschaft nahezu vollständig unter die BuT-Bedingungen fällt, keine zusätzlichen ErzieherInnen und SozialpädagogInnen eingesetzt.

Für die Öffentlichkeit klingt das anders: „Hamburg wird mit dem Budget für die inklusive Beschulung von behinderten Kindern bundesweit an der Spitze stehen. Wir machen damit einen großen Schritt auf dem Weg zu einem inklusiven

Schulsystem mit einer vorbildlichen Ausstattung", so Holster. Fast unbemerkt wird in Tradition der neoliberalen Bildungssenatorin der CDU, Alexandra Dinges-Dierig, das sozialdemokratische Integrationsmodell der Integrationsklassen und Integrativen Regelklassen im Namen der „Gerechtigkeit" abgeschafft. Um Inklusion kostenneutral bzw. kostensenkend umzusetzen, muss aus Sicht der neuen SPD-Landesregierung alles Bisherige zerschlagen werden: „Heute hat der Schulsenator [...] die Eckpunkte für eine Neukonzeption der inklusiven Beschulung vorgelegt, die eine gerechtere Verteilung der Ressourcen vorsehen, als es bisher der Fall ist", so der bildungspolitische Sprecher der SPD im November 2011. Willkürlich legt die Schulbehörde fest, dass für durchschnittlich 4% der Grundschüler und 8% der Stadtteilschüler eine systemische sonder- bzw. sozialpädagogische Ressource zur Förderung in den sonderpädagogischen Bereichen Lernen, Sprache und emotional-soziale Entwicklung (LSE) zur Verfügung gestellt wird (Die Schulbehörde geht davon aus, dass Gymnasien keine LSE-Kinder aufnehmen). Rechnerisch bedeutet diese Zuweisung: Es gibt pro Grundschulklasse im Mittel ein Kind mit LSE-Förderbedarf, in der Stadtteilschule zwei. An den Schulen wird dieses vollkommen anders erlebt.

Im Namen der „Gerechtigkeit" sollen die über Jahrzehnte erfolgreichen Integrationsklassen und Integrativen Regelklassen aufgelöst werden. Da die SPD – jetzt in Regierungsverantwortung – nicht mehr gewillt ist, alle Schulen nach dem Modell der I- und IR-Klassen auszustatten, wird die Ressource der vorhandenen Integrationsschulen „angepasst". Die bisherigen Integrativen Grundschulen verlieren im Schnitt 75 % ihrer Sonderpädagogen-Stellen, einige Schulen in KESS-5 und KESS-6-Gebieten erhalten gar keine Ressource mehr. Sie können lediglich bei den geplanten Bildungs- und Beratungszentren Antrag auf Überprüfung und Förderung einzelner behinderter Kinder stellen. Durchschnittlich wird ab sofort einer Hamburger vierzügigen Grundschule mit zwei Vorschulklassen zusätzlich nur eine Sonderpädagogik-Stelle und eine Erzieherstelle für alle LSE-Schüler zugewiesen. Diese beiden Fachkräfte sollen in allen 18 Klassen (!) regelhaft die sonderpädagogische Förderung anleiten und betreuen. Zudem sollen Förderpläne, Lernvereinbarungen, inklusive Leistungsbeurteilungen usw. geschrieben, Förderkonferenzen geleitet werden und eine vorbereitende Förderdiagnostik stattfinden. Ein Mehr an Elternarbeit wird erwartet. Ähnlich sieht es an den Stadtteilschulen aus: In einer sechszügigen Stadtteilschule mit 36 Klassen in der Sekundarstufe I und ca. 900 Schülerinnen und Schüler stehen durchschnittlich zusätzlich für die LSE-Inklusion vier Stellen Sonderpädagogik und vier Stellen Sozialpädagogik zur Verfügung. Jede Fachkraft Sonderpädagogik bzw. Sozialpädagogik ist rechnerisch für mindestens 4-5 Klassen zuständig.

Der neue SPD-Senator Rabe hält sein Sparkonzept für total überzeugend. *„Im Vergleich zu allen anderen Bundesländern ist Hamburg mit diesen Eckpunkten* *zur inklusiven Bildung sehr gut aufgestellt [...] Unsere Eckpunkte bieten dafür die richtige Grundlage."*

Welche „neuen Chancen" behinderten Kindern und Jugendlichen beim jetzigen „Hamburger Modell Inklusion" der SPD im Gegensatz zum alten Modell „Integration" der SPD-Senatoren Grolle und Raab eröffnet werden, erklärt Rabe nicht. Er setzt offensichtlich voraus, dass das heutige Weniger gegenüber dem altem Mehr „gerechter" und „besser" sei. Seine eigenen Ansichten und Anträge hat er wie seine grüne Vorgängerin Goetsch entsorgt.

Er stellt sich nicht die Frage, ob es tatsächlich – zudem aus sozialdemokratischer Sicht – gerechter sei, Ressourcen der I- und IR-Klassen umzuverteilen und somit eine Gleichheit im Schlechten zu erreichen, statt sich im Sinne sozialer Gerechtigkeit für ein Mehr an Ausstattung für alle behinderten Kinder und Jugendlichen analog den bisherigen I- und IR-Klassen einzusetzen. War die Ausstattung vor 30 Jahren im Gegensatz zu heute – wie Senator Rabe behauptet – „zu üppig"?

Rabe knüpft mit seinen Vorstellungen einer kostenneutralen Inklusion, ohne dass er dieses möglicherweise subjektiv will, an die Vorstellungen seiner konservativen Vorgänger an. Dieses gilt auch für die neu eingerichteten Regionalen Bildungs- und Beratungszentren (ReBBZ), die sich aus den bisherigen Rebusdienststellen (Rebus = Regionale Beratungs- und Unterstützungsstellen) und Sonderschulen für Lernen und Sprache entwickeln sollen. Die Modellvorstellungen gleichen auffallend den Vorstellungen seiner CDU-Vorgängerin Dinges-Dierig in nahezu allen Punkten.

Rabe bricht mit sozialdemokratischen Traditionen und Bildungsvorstellungen, die er selbst einmal mitformuliert und vorgeschlagen hat, wie den oben zitierten Antrag „Konsequenz der UN-Behindertenrechtskonvention für Hamburger Schulen". Er berücksichtigt auch nicht die Ansichten der von der SPD berufenen Wissenschaftler bei der Anhörung im Schulausschuss der Hamburgischen Bürgerschaft.

Die von früheren SPD-Regierungen eingeführten und jahrzehntelang erfolgreich arbeitenden Integrationsklassen und Integrativen Regelklassen schafft er ab. Assistiert wurde er dabei von der SPD-Politikerin Anke Pörksen, der er die Leitung der neu geschaffenen Abteilung „Qualitätsentwicklung und Inklusion" übertrug. Sie hatte bereits bei anderen Projekten wie „Public-Private-Partnership im Schulbau" und „Selbstverantwortete Schule" bewiesen, dass sie strategisch-konzeptionell neoliberale Politik auch im Bildungsbereich umsetzen kann. Unter Federführung von Pörksen wurde die bis heute maßgebliche Drucksache „Inklusive Bildung am Hamburgs Schulen" entwickelt. Dort wird Inklusion in der Schule als Verheißung einer besseren Welt proklamiert: „Eine inklusive Schule kann erheblich zur Entwicklung einer inklusiven Gesellschaft beitragen. Die uneingeschränkte Teilhabe von Menschen mit sonderpädagogischem Förderbedarf in der allgemeinen Schule stärkt nicht nur deren Zugehörigkeitsgefühl, sondern führt zu erheblichen Fortschritten in der menschlichen, sozialen und wirtschaftlichen Entwicklung der Gesellschaft und bei der Reduzierung von Armut […]". Und damit keine Zweifel aufkommen, wird im Sinne eines Dogmas behauptet, das vorgelegte Inklusionskonzept erfolge mit seiner Ressourcenzuteilung „passgenau". „Die Förder-Ressourcen sollen sich ausschließlich am Bedarf des Kindes […] orientieren." Der Bedarf – gerade für die sonderpädagogischen Förderschwerpunkte Lernen, Sprache und emotional-soziale Entwicklung – wird von der Schulbehörde definiert und diktiert. Die legt den Anteil der sonderpädagogisch zu fördernden Schüler fest. Nur hierfür gibt es eine systemische Zuweisung. Diese orientiert sich nicht mehr an den Bedarfszahlen der letzten Jahrzehnte, sondern gibt vor, in welchem Umfang ein Kind gefördert werden kann. Proteste der Eltern- und Lehrerkammer werden ignoriert. Die Schulbehörde hält an der „Auskömmlichkeit" der von ihr beschränkten Förderressourcen fest. Denn Inklusion sei in erster Linie keine Ressourcenfrage, sondern eine „gesamtgesellschaftliche" Aufgabe. Entsprechend behauptet die Schulbehörde Hamburgs: „Für den Erfolg aller Bildungs- und Erziehungsprozesse ist die Haltung der Pädagoginnen und Pädagogen und damit verbunden die Organisation von Schule, Unterricht und Lernen von entscheidender Bedeutung". Es geht ihr weniger um die reale Ausstattung einer inklusiven Schule als vielmehr um einen Bewusstseinswandel der Beschäftigten. So kann ein mögliches Scheitern der Inklusion auf das Versagen der Pädagoginnen und Pädagogen aufgrund deren „Haltungs"schwäche gegenüber den Anforderungen der inklusiven Schule reduziert werden statt zu erkennen, dass eine mangelhafte Ressourcenzuweisung gerade an den Stadtteilschulen, die im Bereich der Sekundarstufe die Inklusion alleine zu bewältigen haben (Gymnasien haben nahezu keine Schüler mit sonderpädagogischem Förderbedarf), das Ziel der Inklusion gefährdet. Die Hamburger Schulbehörde verschlechtert mit dieser Drucksache alle schulischen Angebote sonderpädagogischer Versorgung. Integrationsklassen und integrative Regelklassen werden abgeschafft ebenso Integrative Förderzentren.

Es werden hohe nicht erfüllbare Erwartungen an eine inklusive Schule gestellt, das sind vor allem Grundschulen und Stadtteilschulen in sozial schwierigen Stadtteilen. Es gibt keine zugewiesenen Zeiten mehr für Absprachen, Kooperation und Koordination wie in den bisherigen Integrationsmaßnahmen. Es kommt zu einer erheblichen Arbeitsverdichtung und Arbeitszeitverlängerung. Das neue Modell beinhaltet bezogen auf I- und IR-Klassen eine Kürzung von bis zu 70%. In der Ganztagsbetreuung gibt es keine zusätzlichen Stellen für die sonderpädagogischen Förderschwerpunkte LSE. Die Schulbehörde gibt vor, multiprofessionell arbeiten zu wollen (so genannter Professionenmix). Tatsächlich ersetzt sie in der Inklusion teurere Sonderpädagoginnen und Sonderpädagogen durch billigere Erzieherinnen und Erzieher bzw. durch Sozialpädagoginnen und Sozialpädagogen, die überwiegend aus Bundesmitteln (Bildungs- und Teilhabepaket) und nicht aus Landesmitteln finanziert werden. Therapeutenstellen sollen entstaatlicht werden. Fördermaßnahmen wie die additive Sprachförderung werden an Sonderschulen zur Finanzierung der neuen Inklusion ganz abgeschafft. Durch Zusammenlegung von Sonderschulen und Beratungs- und Unterstützungsstellen zu „Regionalen Bildungs- und Beratungszentren (ReBBZ)" werden Funktionsstellen, Personal, Gebäude und Sachmittel eingespart. Die Besoldung für Schulleitungen in den zusammengelegten Sonderschulen für Lernen, Sprache und emotional-soziale Entwicklung innerhalb der ReBBZ werden herabgesenkt. Stellen für Stellvertretende Schulleitungen werden gestrichen. Die Behörde übergeht jegliche Kritik an diesen erheblichen Verschlechterungen in der Ausstattung integrativer/inklusiver Angebote sowie der Sonderschulen. Sie behauptet, im Verhältnis zu anderen Bundesländern wäre Hamburg doch weiterhin weit vorn. Schulsenator Rabe: „Das Durcheinander der ersten beiden Jahre wollen wir beenden und die gute Idee vernünftig und handwerklich sauber umsetzen. Dafür werden wir ab dem Schuljahr 2012/13 ein umfassendes Förderkonzept mit der höchsten Ressourcenausstattung aller westdeutschen Bundesländer starten". Die erheblichen Auswirkungen ihrer Sparpolitik werden verneint bzw. nicht hinterfragt. Stattdessen wird wie bei einem Mantra die Richtigkeit der Entscheidungen betont. Kritiker werden verunglimpft. Wissenschaftliche Erkenntnisse werden geleugnet. Wider besseres Wissen wird der eingeschlagene Weg als alternativlos dargestellt. Er sei der einzig vertretbare und vernünftige. Der Hamburger Senat bejaht lediglich verbal die inklusive Schule, will sie aber nicht ausreichend ausstatten. Qualitätsentwicklung versteht sie als Formulierung von immer neuen Forderungen an die Beschäftigten, ohne dass hierfür Ressourcen und Hilfen zur Verfügung gestellt werden.

Lange bestreitet die Hamburger Schulbehörde, dass es mehr zu fördernde Kinder und Jugendliche gibt als behördlich vorgegeben. Im April 2013 wurden die Professoren Schuck und Rauer von der Hamburger Schulbehörde beauftragt, die vorhandenen Daten auszuwerten und Vorschläge zur Unterstützung der Inklusion zu nennen. Ein erster Zwischenbericht wurde im Juni 2013 vorgelegt. Bereits jetzt war erkennbar, dass die von der Schulbehörde angenommene Zahl von LSE-Fällen (4% in der Grundschule/8% in der Stadtteilschule) nicht zutreffend ist. Hierfür nennen Schuck und Rauer gesellschaftliche Bedingungen wie die zunehmend erschwerten Bedingungen des Aufwachsens von Kindern am sozialen Rand und strukturelle Momente des Systemswechsels. Noch im Juli 2014 verneint Schulsenator Rabe in einer Presseerklärung seiner Behörde einen höheren Anteil von LSE-Schülern als von ihm angenommen: „Zwei Drittel der heute von den allgemeinen Schulen gemeldeten LSE-Kinder wären vor 2010 gar nicht als Sonderschüler eingestuft worden […]", ergo hätten sie auch keinen Anspruch auf eine zusätzliche Ressource.

Nur wenig später legen die Professoren Schuck und Rauer ihre endgültige Studie über den Anstieg der Zahl der LSE-Schüler vor (Schuck/Rauer 2014). Sie stellen fest, dass – bis auf Klasse 1 – in allen Klassenstufen die nach der Senatsdrucksache ausgewiesenen LSE-Förderbedarfe z.T. deutlich überschritten werden. Insbesondere kommt es zu einer quantitativen Verdichtung in den 5. und 6. Klassen der Stadtteilschule. Nimmt man die Vorgaben des Senats, bleibt eine große Anzahl (ca. 800) von Schülerinnen und Schülern mit sonderpädagogischem Förderbedarf rechnerisch absolut unversorgt. Schuck und Rauer weisen in ihrer Untersuchung nach, dass über eine bloße Umverteilung der vorhandenen Ressourcen eine befriedigende Lösung nicht zu erreichen ist. Ähnlich argumentiert auf Bundesebene die Bertelsmann-Stiftung. Bereits in einer Pressemitteilung vom März 2013 wurde zwar Hamburgs Weg zu einer inklusiven Schule gelobt. „Kein anderes Land beschreitet den Weg zu einem inklusiven Schulsystem schneller als Hamburg."

Gleichzeitig wurde aber darauf verwiesen, dass eine erfolgreiche Inklusion zusätzlicher Investitionen bedarf. Hamburg – so die Bertelsmann-Stiftung – braucht jährlich mehr als 34 Millionen Euro für knapp 500 zusätzliche Lehrkräfte, „um inklusiven Unterricht in angemessener Qualität anzubieten". Eine Zahl, die in den Koalitionsverhandlungen 2015 zwischen SPD und Grünen noch nicht genannt wurde.

„Es gibt ein bisschen was dazu", wird Schulsenator Rabe zitiert.

Das lässt auf eine fortwährende lange Auseinandersetzung um die Ausstattung der Inklusion in Hamburgs Schulen schließen.

Anmerkung

1 In Absprache mit den Autoren wurden die Zusammenfassung und das Abstract vom Redaktionsteam des Jahrbuchs verfasst.

Literatur

Klemm, Klaus/Preuss-Lausitz, Ulf: Gutachten zum Stand und zu den Perspektiven der sonderpädagogischen Förderung in den Schulen der Stadtgemeinde Bremen. Essen und Berlin 2008

Schuck, Karl Dieter/ Rauer, Wulf: ELSE. Evaluation des Anstiegs der Zahl der Schülerinnen und Schüler mit einem sonderpädagogischen Förderbedarf in den Bereichen Lernen, Sprache und emotional-soziale Entwicklung (LSE) in den Schuljahren 2011/12 bis 2013/14 in Hamburg. Eine Zusatzuntersuchung im Rahmen von Eibisch (Evaluation inklusiver Bildung in Schulen). Hamburg 2014

Anke Wischmann

Fragwürdige Gründe: Exklusion durch Inklusion? Eine intersektional-empirische Kritik

Zusammenfassung: In dem Beitrag wird der Frage nachgegangen, inwiefern sich die Idee von Inklusion bzw. einer inklusiven Schule in der Praxis bricht. Nicht nur, dass das Ideal der Inklusion aller nicht erreicht wird. Es kann anhand eines empirischen Beispiels gezeigt werden, dass eine als inklusiv deklarierte Schul- und Unterrichtspraxis tatsächlich zu Ausschlüssen also zur Exklusion führt. Dies wird aus einer intersektionalen Perspektive dargestellt.

Abstract: The paper discusses to what extent the idea(l) of inclusion or an inclusive schooling is broken in pedagogical practice. Not only is the ideal of inclusion not sufficiently implemented. It can be demonstrated by an empirical example that a declared inclusive schooling and teaching practice actually leads to exclusion. This will be analysed from an intersectional perspective.

Keywords: Inklusion, Intersektionalität, Diskriminierung, Schule; Inclusion, Intersectionality, discrimination, schooling

Das politische Credo der Inklusion mit dem Ziel, dass *alle* in gleicher Weise am Bildungssystem partizipieren und so auch in gleicher Weise von formaler Bildung profitieren können, kann schwerlich anders als positiv eingeschätzt werden (Prengel 2014). Im Folgenden soll allerdings gezeigt werden, dass die praktische Umsetzung dieses Vorhabens vor dem Hintergrund miteinander in Wechselwirkung stehender Kategorien sozialer Ungleichheit und Benachteiligung sowie vorhandener Machtverhältnisse ihr Ziel nicht nur verfehlen, sondern de facto zu Ausschlüssen führen und mit der Missachtung von Bedürfnissen einhergehen kann. Zur Verdeutlichung der Problematik wird die Geschichte dreier Mädchen erzählt und aus einem Gruppengespräch mit ihnen zitiert, in dem es um ihre Erfahrungen mit Inklusion an ihrer Schule geht. Daran anschließend werden Paradoxien im Kontext von Inklusion herausgearbeitet, um abschließend auf die Notwendigkeit einer intersektionalen Perspektive hinzuweisen, die den Weg zu einer ‚Reflexiven Inklusion' ebnen könnte.

I. Ein Fall von Exklusion durch Inklusion?

Nina, Ayshe und Merle[1] sind drei Freundinnen. Sie besuchen die siebte Klasse einer Gemeinschaftsschule in Norddeutschland. Im Kontext einer Pilotstudie hatte ich[2] mich eigentlich einzeln mit ihnen verabredet, entschied jedoch auf ihre Bitte hin, dass wir auch ein gemeinsames Gespräch führen könnten. Vor allem Nina und Ayshe erzählen viel, Merle hält sich zurück, weil sie lieber doch ein Einzelgespräch zu einem späteren Zeitpunkt mit mir führen möchte. Ich bitte die Mädchen von sich und aus ihrem Alltag zu erzählen.

Nina lebt mit ihren Eltern, die in ihrer Jugend aus dem Kosovo nach Deutschland eingewandert sind, seit ihrer Geburt in der norddeutschen Stadt, in der das Interview stattfindet. Sie würde gern Zahnärztin werden, ist sich jedoch bewusst, dass ihre aktuellen schulischen Leistungen nicht ausreichen könnten, um in den Gymnasialzweig der Schule zu wechseln und Abitur zu machen. Aber, so sagt sie, das könne ja noch kommen. Sie verweist darauf, dass ihre Eltern sie nicht so gut unterstützen könnten, weil sie Ausländer seien und nimmt damit Bezug auf hegemoniale Diskurse über Migrant_innen im deutschen Bildungssystem. Zudem erzählt sie Episoden aus der Schule, in der sie mit der Lehrerschaft und auch mit Mitschüler_innen in Konflikt gerät und dafür bestraft wird – was ihr nicht immer angemessen erscheint. So scheint ihr, dass sowohl die Art der Bestrafung durch Lehrer_innen als auch die Tatsache, dass einige Schüler_innen nie und andere häufig bestraft werden, entweder gänzlich willkürlich oder zumindest nicht durch bestimmtes Verhalten begründet zu sein.

Ayshe wurde ebenfalls in Norddeutschland geboren und lebt seitdem in derselben Stadt. Ihre Eltern sind auch in der Jugend bzw. im jungen Erwachsenenalter immigriert, hätten zunächst bei Verwandten gewohnt und seien dann in diese Stadt gezogen. Ayshe spricht nicht über ihre schulischen Ambitionen, berichtet aber auch von ähnlichen Konflikten wie Nina und davon, dass ihre Eltern nur sehr wenig darüber wüssten. Ayshe ist diejenige, die in dem Gespräch der Interviewerin die Regeln der Schule und die Disziplinarmaßnahmen erläutert, z. B. was ein Trainingsraum ist und welche Unterschiede es zwischen mündlichen und schriftlichen Missbilligungen gibt (vor allem den, dass die Eltern nur über letztere informiert werden).

Merle lebt mit ihrer Familie außerhalb der Stadt auf dem Land und pendelt täglich mit dem Bus. Ihre Eltern haben eine Pferdepension. Merle strebt einen Realschulabschluss an und möchte Bestatterin werden, was sie allerdings erst in dem Einzelgespräch erzählt. Im Gruppengespräch hält sie sich, wie gesagt, eher zurück, wirft hin und wieder etwas ein und differenziert die eine oder andere Einschätzung der beiden anderen. Im Gegensatz zu Nina und Ayshe gerät Merle nicht mit den Schulregeln in Konflikt und hat auch noch keine Missbilligungen bekommen. Es ist ihr auch wichtig, dass es nicht dazu kommt, weil sie die Reaktion ihrer Eltern fürchtet.

Die drei Mädchen bezeichnen sich selbst als ‚beste Freunde' und erzählen, dass sie am liebsten alles zusammen machen und in der Schule immer in der Gruppe aufträten. Allerdings sei es seit Beginn des laufenden Schuljahres, der siebten Klasse, für sie schwieriger geworden zusammen zu sein, weil sie nun unterschiedliche Klassen besuchen würden: Merle und Nina sind weiterhin zusammen, in einer I-Klasse, wie sie sagen, und Ayshe geht in eine andere Klasse. Diese Entwicklung kritisieren sie und versuchen gleichzeitig Erklärungen dafür zu finden:

Nina: Ja, und ich find das – ich fand das auch blöd, dass unsere Klasse getrennt worden ist. Weil wir sind ja jetzt ne Integrationsklasse uuund halt die – ist das auch schon n bisschen blöd und ehm [..]
AW: Also, du wärst lieber in der Klasse, wie sie vorher war.
Nina: Ja, genau.
Merle: Da waren wir alle zusammen. Ina[3], Nina, Ayshe und ich.
AW: Und wieso ist das getrennt worden?
Nina: Ehm, halt, weil, aus – eigentlich war ja nur die A Klasse? [mhm] Also, ja, 7a eine Integrationsklasse, aber jetzt ist jetzt die 7c auch eine geworden. [mhm] @Aber genau weiß ich nicht wieso@. Und das fand ich am Anfang ganz blöd. Und das Problem ist, eh, ehm, halt, ich bin- alle so zusammen, ich bin die Einzige, die Ausl- also, die Einzige (atmet schwer ein) [Ayshe: Ausländerin] ja, ja w-, aus der Klasse außer noch ein Junge und sonst bin – und das find ich blöd. Ich könnt auch so mit Ayshe und Ina in der Klasse sein weil, keine Ahnung. Sonst sind alle – wie heißt das? Weiß ich nicht. Ayshe könnte auch bleiben oder so. Das fand ich blöd. [mhm] Ich wollt, ehm, eigentlich auch gerne in ne andere Klasse, weil ich jetzt schon ein komisch-komisches Gefühl.
[…]
Nina: Ich fand das auch merkwürdig, dass alle Ausländer rausgegangen sind außer ich, ich bin ja auch eine. Und ich bin – ich und noch so zwei andere Jungs sind jetzt, jetzt, ehm, auch Ausländer aber trotzdem fand ich das komisch irgendwie, ausgerechnet die! [mhm] Ich könnt auch sagen ja eine Aggressive aus meiner Klasse, ehm, [Merle: Lisa.] Ehm, @ja@. Und es gab zwischen Ayshe und Lisa, die waren richtig ruhig eigentlich, wenn die zusammen waren. Mei- also meistens so lustig waren die [mhm], aber halt so, Lisa, die war halt so richtig aggressiv: **Ach, du Schlampe!** Und so. (unverständlich) Und dann hat uns – ja, das fand ich komisch, weil die war eigentlich schon auffällig von den Lehrern aus.
Ayshe: Die wollten, glaub ich nicht, dass wir zusammen sind, also, wir drei, weil wir mehr, halt, was zusammen gemacht haben. Die dachten bestimmt wir sind so ein, so –, also, so, wir sind, na, keine Klassengemeinschaft. Die dachten (unverständlich) ich weiß nicht, so. Deswegen, ja.
AW: Und ist das denn für euch (an Merle und Ayshe gewandt) auch doof? Also, habt – findet ihr das auch?
Ayshe und Merle: Ja!
Ayshe: Die ganze Klasse findet das eigentlich nicht schön, dass wir jetzt, ehm, getrennt worden sind und auch unsere Lehrerin. Sie sagt immer, also unsere alte Lehrerin, sie sagt immer: ja, das ist halt so. So, ja, keine Ahnung. S- ich glaub sie hat das auch gemacht, weil ihr Sohn auch sowas ist, also

231

Merle: Und es gab zu viele, ehm, Integrationskinder aus der Siebten und, ehm, die mussten eine Klasse aufmachen und das hat ja Frau Müller (die Schulleiterin) bestimmt. Und gesagt: ja, die Klasse wär gut und die Lehrer müssen das natürlich auch alle mitmachen. Frau Müller kann ja nicht sagen: ja, die 7d wird jetzt Integrationsklasse! Und die Lehrer sagen: jaa, wir möchten das aber eigentlich gar nicht. Und da wir eh so viele andere und neue Lehrer bekommen haben, weil viele in Rente gegangen sind, hat sich das am besten, also, hat das am besten gepasst. Ja, und [.]
    Nina: Aber ich find das blöd! Die könnten doch eigentlich wieder die – ich will jetzt keine Klasse beschuldigen, aber warum ausgerechnet unsere Klasse?
    Merle: Ja, mit Frau Rot, weil das am besten passt.

An dieser Schule ist es üblich, dass die Klassen nach der sechsten Jahrgangsstufe, der so genannten Orientierungsstufe, neu zusammengesetzt werden, für gewöhnlich anhand der Schulartempfehlungen. In diesem Fall allerdings scheinen andere Kriterien gegriffen zu haben, nämlich die Notwendigkeit eine weitere ‚Integrationsklasse' einzurichten. Merle und Nina besuchen nun diese Integrationsklasse, wogegen Ayshe und eine weitere Freundin (Ina, die auch einen so genannten Migrationshintergrund hat) in eine andere Klasse gehen. Nina fällt auf, dass sie nunmehr die einzige ‚Ausländerin' in ihrer Klasse ist. Sie vermutet, dass dies daran liegen könnte, dass Ausländer_innen zumindest in ihrem Klassenkontext vielleicht aber auch im Allgemeinen als aggressiv gelten, was sie aber bestreitet, indem sie darauf verweist, dass ein anderes Mädchen – die eben keine ‚Ausländerin' ist – doch viel aggressiver sei und dennoch in der Klasse habe bleiben dürfen. Damit wäre ein Grund der Trennung eine diskriminierende Zuschreibungspraxis: Ausländer_innen sind aggressiv und können somit nicht in einer Integrationsklasse verbleiben. Eine weitere Vermutung, die Ayshe äußert, ist, dass persönliche Interessen der Lehrerin eine Rolle spielen, weil ihr Sohn ‚auch sowas', also ein Mensch mit Behinderung, sei. Der dritte Grund, den Merle ins Spiel bringt, ist ein organisatorischer, der letztlich aber auch mit persönlichen Interessen der Lehrer_innenschaft zusammenhängt: Es bleibe der Schulleiterin gar nichts anderes übrig als sich an der Bereitschaft der Kolleg_innen zu orientieren, die ihr wiederum Informationen darüber gäben, welche Klasse dazu geeignet wäre, zu einer Integrationsklasse zu werden. Interessen der Schüler_innenschaft können hier keine Berücksichtigung finden. Des Weiteren glaubt Ayshe auch, dass ihre enge Freundschaft selbst der Lehrer_innenschaft ein Dorn im Auge sei, weil sie der Idee einer Klassengemeinschaft widerspreche, weil, so könnte man sagen, die Gruppe der Freundinnen sich nicht so gut integrieren oder inkludieren lässt.
    Aus Sicht der drei Freundinnen führt das Anliegen der Schule, inklusiven Unterricht zu ermöglichen, indem vermehrt so genannte I-Klassen (früher Integrations-, heute Inklusive Klassen) eingerichtet werden, zu Exklusion qua Diskriminierung. Interessanterweise spielen Leistung oder Schulartzuordnung, die sonst

in diesen Neuordnungsprozessen die Hauptkriterien sind, keine Rolle in der Auseinandersetzung. Es lässt sich also eine paradoxe Situation ausmachen, die sich zugespitzt als Exklusion durch Inklusion bezeichnen lässt, wobei mit Inklusion an dieser Stelle nicht die Praxis, sondern die politische Norm, die es umzusetzen gilt, gemeint ist.

II. Paradoxien der Umsetzung von Inklusion

In vielerlei Hinsicht erscheint das Konzept der Inklusion, wie es in der Salamanca-Erklärung dargestellt wird (Boban/Hinz 2009), viel versprechend zu sein. Vor allem im Hinblick auf einen gerechteren Umgang mit Differenz in der Schule, weil es eben nicht, wie vielfach kritisiert wurde, allein Menschen mit Behinderung im Blick hat (vgl. Die Salamanca-Erklärung und der Aktionsrahmen zur Pädagogik für besondere Bedürfnisse 1994 Abs. 2), ist der Ansatz begrüßenswert. Vielmehr stellt Behinderung nur einen – wenn auch fokussierten – Aspekt, *eine* Kategorie sozialer Ungleichheit dar (Reich 2012, S. 49). In der Salamanca-Erklärung wird eine ‚Bildung für alle' gefordert. In der Praxis kann die Fokussierung auf Menschen mit Behinderungen deshalb ein Problem darstellen, weil sie dazu führt, dass andere Aspekte, aber eben auch das Ineinanderwirken verschiedener Kategorien, aus dem Blick geraten (vgl. Budde/Hummrich 2013). In dem hier präsentierten Beispiel gehen die Einschätzungen sogar darüber hinaus, denn Nina glaubt nicht, dass der Status ‚Ausländerin' ignoriert wird, sondern dass dieser potentiell hinderlich im Hinblick auf eine inklusive Schul- und Unterrichtspraxis sein kann. Dies könnte etwa darauf verweisen, dass Schülerinnen und Schülern mit Migrationshintergrund eher zugeschrieben wird als anderen, dass sie ‚schwierige Schüler_innen' sind (Strasser 2012). Daran anschließend kann gesagt werden, dass *wenn* Inklusion als Idee nur eine bestimmte Gruppe betrifft, oder nur einen Aspekt sozialer Ungleichheit, die sich benachteiligend auswirken kann, dann kann dies dazu führen, dass andere Benachteiligungen verstärkt werden. Dies ist sicherlich eine provokante These, aus der Sicht der Mädchen aber nachvollziehbar und auch aus wissenschaftlicher Perspektive plausibel. Warum, möchte ich im Folgenden aus einer intersektionalen Perspektive erläutern.

III. Intersektionalität

Der Begriff der Intersektionalität ist aus einer juristischen Debatte um die Einklagbarkeit von Rechten schwarzer Frauen in den USA hervorgegangen, die weder als Schwarze noch als Frauen Gehör fanden (Crenshaw 1994), weil sich durch die ‚Überkreuzung' bzw. das Ineinanderwirken zweier sozialer Kategorisierungen eine ganz andere Position ergibt, für die es juristisch keine Zuständigkeit gab. Dass verschiedene Aspekte sozialer Ungleichheit sich gegenseitig beeinflussen, ist allerdings bereits sehr viel länger ein Thema (hooks 1981), wurde nun allerdings auf einen Begriff gebracht, der sich inzwischen auch in den deutschsprachigen Sozialwissenschaften etabliert hat. Walgenbach (2013) spricht von einem Paradigma, das sich durchgesetzt habe – was aber nicht heißt, dass man sich in allen Punkten einig ist. Es ist vielmehr höchst umstritten, welche Kategorien Beachtung finden müssen (z. B. Lutz et al. 2013), wie diese zu untersuchen sind (Winker/ Degele 2010), wie mit intrakategorialen Differenzierungen zu verfahren (McCall 2005) und wie mit der Problematik der Reifizierung (Butler 1991) umzugehen ist. Es wird kritisiert, dass in den meisten Studien entweder die Identitäts- bzw. Handlungsebene (je nach theoretischem und methodischem Zugang) oder die Strukturebene untersucht wird, nicht jedoch ihr Zusammenspiel (vgl. Degele und Winker 2007, S. 3), wobei weitgehend Einigkeit darüber herrscht, *dass* Ungleichheiten auf unterschiedlichen Ebenen wirken. So kann bspw. davon ausgegangen werden, dass (männliche) Schüler mit Migrationshintergrund im deutschen Bildungssystem (nicht nur in der Schule) strukturell benachteiligt werden (Geißler 2005). Schaut man sich allerdings an, wie ein spezifisches Kind (oder Jugendliche/r) mit Migrationshintergrund in der Schule agiert und welche Praktiken sozialer Differenzierung für ihn relevant sind, zeigen sich subjektive (Ir)Relevanzen von Kategorien und Zuschreibungspraktiken. Diese hängen wiederum mit einer Fülle von Faktoren zusammen. Im Fall der drei Mädchen beispielsweise mit ihren je spezifischen familialen Verhältnissen, Migrationsgeschichten, aber auch mit schulischen Zuschreibungspraxen, die aus ihrer Sicht diskriminierend wirken, indem sie die Freundinnen trennt.

Es lässt sich also nur konkret über je spezifische Fälle oder Beispiele intersektionaler Differenzierung sprechen. Doch kann man daraus keinesfalls schließen, dass man ganz auf Kategorisierungen verzichten kann, denn es zeigt sich immer wieder wie sie wirksam sind. Dies spricht einerseits für eine politische Artikulation der Kategorien und ihrer Interrelationen, um Benachteiligungen benennen zu können. Andererseits lassen sich strukturelle Ungleichheiten nicht erforschen, wenn sie nicht zuerst bezeichnet werden: Der Gegenstand der Forschung muss konstruiert und damit benannt werden (Bourdieu/Wacquant 2006). Hier liegt die Stärke des intersektionalen Ansatzes: Es ist möglich mit machtvollen Kategorien zu arbeiten, sie auch strategisch zu benennen, aber gleichzeitig steht keinesfalls fest, wie sie genau zusammen wirken, welche unterschiedlichen Positionierungsoptionen es innerhalb einer Kategorie gibt und auch nicht, was daraus gemacht wird.

Anhand des Beispiels wird deutlich, dass vor allem die Kategorie ‚Migrationshintergrund' bzw. ‚Ausländer_in' bedeutsam wird und zwar in der Weise, dass sie gegen die Kategorie Behinderung ausgespielt wird. Außerdem werden

Machtverhältnisse thematisiert, die sich in der Hierarchisierung von Interessenlagen zeigen, wenn die Bedürfnisse von Schulleitung und Lehrer_innenschaft Berücksichtigung in der Klassenneuordnung finden, nicht aber die der Schüler_innen, die gern mit ihren Freund_innen zusammen in einer Klasse bleiben wollen. Der letzte Aspekt rückt etwas in den Blick, das vielfach an der Inklusionsdebatte kritisiert wird, nämlich die Ausblendung sozialer Bezüge zugunsten eines autonomen Subjektverständnisses (vgl. bspw. Budde/Hummrich 2013), das dazu führt, dass individuelle Differenzen soziale Differenzen überdecken. So wird Heterogenität vielfach als individuelle Unterschiedlichkeit verstanden, womit strukturell bedingte Differenzlinien dann als subjektives Merkmal oder Eigenschaft verstanden werden.

Den Mädchen allerdings gelingt es, die Verschleierung der Machtmechanismen aufzudecken, indem sie zeigen, dass es nicht (nur) organisatorische Gründe sind, die begründen, was geschieht, sondern eben auch spezifische Zuschreibungspraktiken im Hinblick auf ‚Ausländer_innen'. So geraten nicht nur verschiedene Kategorien sozialer Ungleichheit (Migrationshintergrund, Behinderung) in den Blick, sondern auch spezifische Machtstrukturen, die wiederum in der Institution Schule Einfluss darauf nehmen, wie die Kategorien zusammenwirken, welche Bedürfnisse Anerkennung finden und welche nicht.

Zusammenfassend lässt sich also sagen, dass eine intersektionale Perspektive soziale Differenzierungen auf der strukturellen wie auch auf der Handlungsebene sichtbar werden lässt, ohne deterministisch zu wirken. Gleichzeitig bezieht die intersektionale Perspektive selbst Position, indem sie Kritik übt und darauf verweist, dass Differenzierungen immer auch mit spezifischen Diskriminierungen und auch Privilegierungen (in diesem Fall der beteiligten Lehrer_innen) einhergehen.

IV. Inklusion und Intersektionalität

Im Anschluss an das diskutierte Beispiel kann gesagt werden, dass Inklusion nicht gelingen kann – unabhängig davon, ob die Idee der Inklusion selbst problematisiert wird oder nicht – wenn sie sich in der Praxis nur auf *einen* Aspekt sozialer Ungleichheit fokussiert und andere, ebenso wie die herrschenden Machtstrukturen, ausblendet. So kann nicht umgesetzt werden, was die Salamanca-Erklärung fordert, nämlich eine Schule für alle zu etablieren, von der alle gleichermaßen profitieren, indem Schüler_innen gleichwertig partizipieren können und ihre je besonderen Bedürfnisse Anerkennung finden (Prengel 2015). Vielmehr entsteht eine paradoxe Situation, in der sich Schüler_innen als Folge von Inklusionsbestrebungen exkludiert sehen.

Obwohl man sich also weitgehend einig darin ist, dass niemand „wegen seines Geschlechtes, seiner Abstammung, seiner Rasse, seiner Sprache, seiner Heimat und Herkunft, seines Glaubens, seiner religiösen oder politischen Anschauungen benachteiligt oder bevorzugt werden" und „niemand wegen seiner Behinderung benachteiligt werden [darf]" (Grundgesetz der BRD, Artikel 3 (3)), zeigen sich große Schwierigkeiten in der Umsetzung. Diese Erkenntnis ist nicht neu, zumal immer wieder nachgewiesen werden konnte, wie persistent Ungleichheitsstrukturen sind und wie diese in der Praxis immer wieder reproduziert und dadurch stabilisiert werden (z. B. Bourdieu et al. 1971). Das heißt nicht, dass Ungleichheiten grundsätzlich ein Problem darstellen, sie müssen allerdings legitimiert sein etwa im Sinne des meritokratischen Prinzips, durch individuell unterschiedliche Leistung[4]. In diesem Sinn wäre Differenz immer dann legitimiert, wenn sie sich durch das (autonome) Subjekt beeinflussen lässt. Diese Perspektive wird problematisch, wenn die als unveränderlich markierten Differenzkategorien nicht als natürlich gegeben verstanden werden, sondern als soziale, interaktiv hergestellte und in hegemonialen Diskursen machtvoll verankerte Effekte sozialer Praktiken. Damit sind sie eben nicht gegeben, sondern werden permanent hergestellt – und auch verändert, im Sinne eines *doing difference* (West/Fenstermaker 1995).

Inzwischen ist man sich (im sozialwissenschaftlichen Diskurs) wiederum verhältnismäßig einig darüber, dass Differenzkategorien (zumindest auch) soziale Konstrukte sind und dass es deshalb enorm wichtig ist, wie man sie thematisiert – ob man sie eben unreflektiert reproduziert, kritisch befragt oder dekonstruiert. Demnach müsste es möglich sein, soziale Ungleichheit zu verändern. Wie könnte man sich ein solches Vorgehen im Fall von Nina, Ayshe und Merle vorstellen? Die Verpflichtung der Schule, sich als inklusive Institution zu situieren und dies durch die Einrichtung so genannter I-Klassen zu etablieren, findet bei den Mädchen kein Verständnis und wird vielmehr als ein sie diskriminierender Akt interpretiert, was daran liegt, dass

1. unterschiedliche Dimensionen sozialer Ungleichheit ausgeblendet werden, weil man sich nur auf je einen fokussiert – hier insbesondere der Migrationshintergrund,
2. keinesfalls die gleichen Möglichkeiten für alle bestehen, mitzuentscheiden und Bedürfnisse geltend zu machen,
3. die Mädchen nicht als soziale Gruppe, die in Freundschaft (wenn auch nicht konfliktfrei) solidarisch verbunden ist, sondern jedes für sich als Individuum und selbstverantwortliche Lernerin verstanden werden.

Vor diesem Hintergrund wird das Anliegen der Inklusion – im Sinne der Herstellung einer ‚egalitären Differenz' (Prengel 2014) – von bestehenden Machtstrukturen unterlaufen. Diese finden vor allem deshalb keine Beachtung, weil die Bedürfnisse der Schüler_innen keine Rolle in den schulischen Entscheidungsprozessen spielen. Deshalb plädieren Budde und Hummrich (2013) für eine ‚Reflexive Inklusion':

„Reflexive Inklusion zielt in dieser Anlehnung sowohl auf das Wahrnehmen und Ernstnehmen von Differenzen und das Sichtbarmachen von darin eingeschriebener Benachteiligung, als auch auf den Verzicht auf Festschreibung und Verlängerung impliziter Normen durch deren Dekonstruktion. Damit werden die Forderungen nach einem (in situ unentscheidbaren) Zusammenspiel von Dramatisierung und Entdramatisierung von Differenzen sowie nach Reflexivität als professionelle Haltung aufgenommen und für Inklusion fruchtbar gemacht." (ebd., o. S.)

Eine Reflexive Inklusion erfordert also zunächst die Anerkennung und Benennung sozialer Ungleichheitskategorien und Machtstrukturen, aber eben auch die Reflexion der eigenen Position als pädagogisch handelnde Person, die in diesen Verhältnis selbst immer privilegiert ist. Diese Einsicht lässt vermuten, dass große Widerstände zu erwarten sind, die darin gründen, dass die eigene Machtposition verteidigt wird und bestehende hegemoniale Verhältnisse aufrechterhalten werden sollen. Eine Inklusion in diesem Sinne stellt die Institution Schule, ebenso wie die Position der Lehrperson grundlegend in Frage und ist deshalb – aus Sicht der Privilegierten – riskant.

Anmerkungen

1 Die Namen und verwendeten Daten wurden anonymisiert.
2 Das Interview habe ich selbst geführt.
3 Ina ist eine weitere Freundin, die nun mit Ayshe in eine Klasse geht.
4 Wobei dieses durch Bourdieu und Passeron als Illusion entlarvt worden ist.

Literatur

Die Salamanca Erklärung und der Aktionsrahmen zur Pädagogik für besondere Bedürfnisse (1994). Online verfügbar unter http://bidok.uibk.ac.at/library/unesco-salamanca. html?hls=p%C3%A4dagogik.
Boban, Ines/Hinz, Andreas (2009): Der Index für Inklusion. Lernen und Teilhabe in der Schule der Vielfalt entwickeln. In: *Sozial Extra* 9, S. 12-16.
Bourdieu, Pierre/Passeron, Jean-Claude (1971): Die Illusion der Chancengleichheit. Untersuchungen zur Soziologie des Bildungswesens am Beispiel Frankreichs. 1. Aufl. Stuttgart (Texte und Dokumente zur Bildungsforschung).
Bourdieu, Pierre/Wacquant, Loïc J. D. (2006): Reflexive Anthropologie. 1. Aufl. Frankfurt/M.
Budde, Jürgen; Hummrich, Merle (2013): Reflexive Inklusion. In: *Zeitschrift für Inklusion* 4. Online verfügbar unter http://www.inklusion-online.net/index.php/inklusion-online/article/view/193/199.

Crenshaw, Kimberle (1994): Demarginalizing the intersection of race and sex. A black feminist critique of antidiscrimination doctrine, feminist theory and antiracist politics. In: *Living with contradictions: controversies in feminist social*, S. 139-168.

Degele, Nina/Winker, Gabriele (2007): Intersektionalität als Mehrebenenanalyse. Hamburg-Harburg. Online verfügbar unter https://www.tuhh.de/agentec/winker/pdf/Intersektionalitaet_Mehrebenen.pdf.

Geißler, Rainer (2005): Die Metamorphose der Arbeitertochter zum Migrantensohn. Zum Wandel der Chancenstruktur im Bildungssystem nach Schicht, Geschlecht, Ethnie und deren Verknüpfungen. In: Peter A. Berger/Heike Kahlert (Hg.): Institutionalisierte Ungleichheiten. Wie das Bildungswesen Chancen blockiert. Weinheim, S. 71-100.

hooks, bell (1981): Ain't I a woman. Black women and feminism. Boston, MA.

Lutz, Helma/Vivar, María Teresa Herrera/Supik, Linda (Hg.) (2013): Fokus Intersektionalität. Bewegungen und Verortungen eines vielschichtigen Konzeptes. 2. Aufl.. Wiesbaden. Online verfügbar unter http://dx.doi.org/10.1007/978-3-531-19550-6.

Mccall, Leslie (2005): The Complexity Of Intersectionality. In: *Signs* 30 (3), S. 1771-1800.

Prengel, Annedore (2014): Heterogenität oder Lesarten von Freiheit und Gleichheit in der Bildung. In: Hans-Christoph Koller/Rita Casale/Norbert Ricken (Hg.): Heterogenität. Zur Konjunktur eines pädagogischen Konzepts. Paderborn, S. 45-68.

Prengel, Annedore (2015): Pädagogik der Vielfalt: Inklusive Strömungen in der Sphäre spätmoderner Bildung. In: *Erwägen Wissen Ethik* 26 (1). S. 157-168.

Reich, Kersten (2012): Inklusion und Bildungsgerechtigkeit. Standards und Regeln zur Umsetzung einer inklusiven Schule. Weinheim. Online verfügbar unter http://www.beltz.de/fachmedien/paedagogik/buecher/produkt_produktdetails/3798-inklusion_und_bildungsgerechtigkeit.html.

Strasser, Josef (2012): Kulturelle Stereotype und ihre Bedeutung für das Verstehen in Schule und Unterricht. In: Werner Wiater (Hg.): Verstehen und Kultur. Mentale Modelle und kulturelle Prägungen. Wiesbaden, S. 191-215.

Walgenbach, Katharina (2013): Postscriptum: Intersektionalität – Offenheit, interne Kontroversen und Komplexität als Ressourcen eines gemeinsamen Orientierungsrahmens. In: Helma Lutz/María Teresa Herrera Vivar/Linda Supik (Hg.): Fokus Intersektionalität. Bewegungen und Verortungen eines vielschichtigen Konzeptes. 2. Aufl. Wiesbaden, S. 265-277.

West, Candace/Fenstermaker, Sarah (1995): Doing Difference. In: *Gender & Society* 9 (1), S. 8-37.

Winker, Gabriele; Degele, Nina (2010): Intersektionalität. Zur Analyse sozialer Ungleichheiten. 2. Aufl. Bielefeld.

IV Inklusion als Menschenrecht: Wie weiter?

Wolfgang Jantzen

Inklusion und Kolonialität – Gegenrede zu einer unpolitischen Inklusionsdebatte

Zusammenfassung: Der Beitrag offeriert eine kritische Perspektive auf die gegenwärtige Debatte über Inklusion. Er beleuchtet Inklusion aus Sicht der lateinamerikanischen Debatte über Kolonialität der Macht und als notwendigen Prozess der Dekolonialisierung. Auf dem Hintergrund von Enrique Dussels ‚Philosophie der Befreiung' und Paulo Freires ‚Pädagogik der Unterdrückten' muss Inklusion als gesellschaftlicher Transformationsprozess betrachtet werden. Das gemeinsame Bewohnen der Grenze zusammen mit den bisher Unterdrückten ist der Schlüssel zu diesem Weg.

Abstract: The article offers a critical perspective on the current debate on inclusion. It highlights inclusion from the point of view of the Latin American debate on coloniality of power and the necessary process of decolonization. On the background of Enrique Dussel's ‚Philosophy of Liberation' and Paulo Freire's ‚Pedagogy of the Oppressed' inclusion should be considered as a social transformation process. The joint habitation of the border together with the previouslyy surpressed is the key to this path.

Keywords: coloniality of power, decolonization, liberation, inclusion, empowerment

„Die Ausgeschlossenen sollen nicht ins alte System eingeschlossen werden [...], sondern als Gleiche in einem neuen institutionellen Moment [...] partizipieren. Man kämpft nicht für die Inklusion, sondern für die Transformation."

(Dussel 2013, These 14.13.)

„Die hiesige Bürgerruhe erinnert mich mitunter an die letzten Jahre der DDR, an die groteske Simulation einer Insel der Seligen inmitten eines aufgepeitschten Meeres."

(Engler 2012, S. 38)

Einleitung: Zur Geschichte und Funktion des Begriffs der sozialen Inklusion

Bezogen auf eine Studie des OIKOS-Instituts verweist Schädler (2013) darauf, dass sich das Begriffspaar von Exklusion und Inklusion in den 80er und 90er Jahren des vergangenen Jahrhunderts im internationalen Diskurs bei IWF, Weltbank, WHO und UNESCO ebenso wie im neoliberalen Regierungsprogramm von Tony Blair durchsetzte.[1] „Immer mehr wurden die bis dahin dominierenden Leitbegriffe der Bekämpfung sozialer Ungleichheit und Ungerechtigkeit durch vagere Begriffe ersetzt. Herausgebildet hat sich so mit hegemonialer Wirkung der hochgradig ideologieanfällige Begriff der Inklusion" (ebd., S. 2). Ein Text der Gruppe URBAN LAB+ (2013) baut auf dem des OIKOS-Instituts auf und führt ihn fort.

Dort lesen wir, dass das Konzept der sozialen Inklusion auf jenem der sozialen Exklusion fußt, beide zuerst in Frankreich entwickelt. Anlass für die letztere Thematisierung war die Situation in den Banlieues der 70er und 80er Jahre. ‚Exklusion' wurde zunächst auf die Situation der Arbeitslosigkeit und der Ungleichheit im sozialen Wohlfahrtsstaat angewendet und diffundierte dann später in den europäischen Diskurs in enger Verbindung mit dem Diskurs auf UN-Ebene (ebd.).[2]

Je nach politischem Standort wurde dieses Konzept höchst unterschiedlich bestimmt: In sozialdemokratischer Tradition als systematische Exklusion von ökonomischen und sozialen Ressourcen, in neokonservativer Hinsicht als Folge der motivationalen und moralischen Fehler oder Unzulänglichkeiten der Ausgegrenzten und im sozial-integrationistischen, von den europäischen Regierungen bevorzugten Diskurs als Rückführung in den Arbeitsprozess bei Unterbetonung von bürgerlichen Rechten und Versorgungsansprüchen.[3]

Soziale Inklusion erweist sich als ähnlich schwer zu definieren. In der Regel wird sie als fundamental verbunden mit dem Grad politischer, sozialer und ökonomischer Partizipation in einer Gesellschaft angesehen. Am weitestgehenden erscheint den Autoren (URBAN LAB+ a.a.O.) die folgende Definition:

„Social inclusion is the process by which efforts are made to ensure that everyone, regardless of their experiences and circumstances, can achieve their potential in life. To achieve social inclusion, income and employment are necessary but not sufficient. An inclusive society is also characterised by a striving for reduced inequality, a balance between individuals rights and duties and increased social cohesion." (Ebd.)

Was diesen Begriff der Inklusion von dem deskriptiven Begriff der Exklusion unterscheidet, auf den ich noch zurückkomme, ist seine inhärent normative Struktur. Er beinhaltet ebenso eine Vision wie einen Rahmen für eine praktische Strategie, um dort hin zu gelangen (ebd.).

Je nachdem, wie weit oder wie eng man Exklusion und ihre Ursachen fasst, bleibt Inklusion notwendigerweise der Aufhebung von Exklusion verhaftet. Sie tendiert dazu, im intersubjektiven und auf lokale Gemeinschaften bezogenen Bereich, d.h. ohne Bezug auf die ökonomischen, sozialen und politischen Bedingungen, als Paradiesmetapher ins Illusionäre abzudriften, sofern man nicht Simone Weils Rat zur Utopie als das schlechthin Unmögliche befolgt, an dem als Orientierung trotzdem festzuhalten ist.[4] Oder aber der Begriff wird auf der Ebene eines neoliberalen Verständnisses der Globalisierung ebenso wie jener der Exklusion auf die gemeinschaftliche Ebene reduziert, auf die „alleinige Strategie der Erleichterung der Armut und der Selbstsorge", wie dies den einflussreichen Papieren der Weltbank zu Inklusion und Empowerment zu entnehmen ist (Betancor 2011, S. 10). So oder so unterbleibt die notwendige „radikale Kritik der unsichtbaren Machtbeziehungen und der Strukturen", die soziale Ausgrenzung hervorbringen (ebd.).[5] Ob dazu die Ausweitung der Kritik auf die Verhältnisse Armut, Deprivation und Entwicklung in Europa sowie in Entwicklungs- und Übergangsländern ausreicht, bezweifelt eine Reihe von Autoren. Sie stellen bezogen auf soziale Exklusion/Inklusion in Frage, „whether the concept can or should be employed in contexts other than the Western Welfare state in which it originated." (URBAN LAB+ a.a.O.) Eben dort setzt eine kritische Soziologie und Sozialphilosophie des Südens an, in deren Zentrum die Analyse der Kolonialität der Macht und die Entwicklung einer Theorie und Praxis der Dekolonisierung stehen.

Kolonialität der Macht und die verborgenen Wurzeln der Moderne

Geprägt wurde der Begriff der „Kolonialität der Macht" durch den peruanischen Soziologen Anibal Quijano. Aufs engste verbunden ist dieser Begriff mit der Entstehung der Moderne und mit ihr einhergehend der Globalisierung. Beide Prozesse beginnen mit der Konstitution Amerikas und infolge dessen dem kolonial/modernen und eurozentrierten Kapitalismus als neues System der Macht (patrón de poder). „Eine der fundamentalen Achsen dieses Systems der Macht ist die soziale Klassifikation der Weltbevölkerung unter die Idee der Rasse, eine mentale Konstruktion, welche die Basiserfahrung der kolonialen Herrschaft ausdrückt und die daher die wichtigsten Dimensionen der globalen Macht durchdringt, unter Einschluss ihrer spezifischen Rationalität, dem Eurozentrismus." (Quijano 2000, S. 201)

Europa ist im so genannten Mittelalter ein regionales, keineswegs globales Handelszentrum im Austausch mit Zentren des Ostens und Südens. Ab dem Fall von Konstantinopel 1453 ist Europa in diesem Austausch massiv eingeschränkt. Die Entdeckung Amerikas 1492, die Unterwerfung und weitgehende Ausrottung der indigenen Völker, der Import afrikanischer Sklaven verbunden mit der Aneignung zuvor nie gekannter Reichtümer an Gold und Silber durch unbezahlte Arbeit[6] ,die Öffnung der Seewege durch die neue Geographie der Welt und der sich entwickelnde Kapitalismus schaffen die Grundlage der von Europa ausgehenden und bestimmten Moderne, wie es u.a. die Arbeiten von Quijano, Dussel und Mignolo rekonstruieren. Konstitutive Elemente dieses gänzlich neuen Systems der Macht sind die Erfindung der Rasse und der damit ‚naturgegebenen' Minderwertigkeit, sind der Kapitalismus und der Eurozentrismus.

Das „*conquiro ergo sum*" des Cortéz, philosophisch begründet im ersten philosophischen Streit der Moderne zwischen Bartholomé de las Casas und Ginés de Sepulvéda (Dussel 2013, S. 40ff), geht dem „*cogito ergo sum*" des Descartes voraus und beide ideologischen Formen bestimmen bis heute in philosophischer Hinsicht den Kern des neuen Systems, der „Kolonialität der Macht". So begründet Sepúlveda, dass, mit dem „Naturgesetz" übereinstimmend, „die rechtschaffenen, intelligenten, tugendhaften und menschlichen Männer über alle herrschen, die diese Qualitäten nicht besitzen" (ebd., S. 41). Die diese Qualitäten nicht besitzen, das sind die im Verlauf der Conquista entstehenden neuen sozialen Identitäten der Indios, Schwarzafrikaner (negros) und Mestizen. Sie werden, weil unzivilisiert, als biologisch minderwertig gegenüber den „Weißen" betrachtet. „Auf diese Weise entwickelt sich Rasse zum fundamentalen Kriterium für die Verteilung der Weltbevölkerung in Rängen und Orten in der Struktur der Macht der neuen Gesellschaft." (Quijano 2000, S. 203)

Diese Kolonialität der Macht realisiert sich in den Bereichen von (1) Arbeit, (2) kollektiver (oder öffentlicher) Autorität, (3) (Inter)Subjektivität, (4) Sex und (5) Natur ihren jeweiligen Ressourcen und Produkten in der Triangularität von Beherrschung, Ausbeutung und Konflikt. „Man könnte in diesem Sinn behaupten, dass Macht eine soziale Beziehung von Beherrschung, Ausbeutung und Konflikt um die Kontrolle über jeden einzelnen Bereich der menschlichen/sozialen Existenz ist. […] Mit anderen Worten […]: es ist nicht willkürlich zu behaupten, dass es genau das – die Macht – ist, was verschiedene und zerstreute soziale Erfahrungen in einer gemeinsamen Struktur artikuliert. Genau dies haben wir Gesellschaft genannt." (Quijano zitiert nach Quintero 2013, S. 56, 59) Die Kolonialität der Macht realisiert sich nicht nur im Bereich der Kolonien, sondern auch in Formen eines inneren Kolonialismus innerhalb der Kolonialstaaten, der nach Fortfall der Beherrschung der Kolonien in den Staaten der ehemals Kolonisierten und ehemals Kolonisierenden fort existiert (Quijano 2000, S. 228; Gonzales Casanova 2006; Mignolo 2013, S. 116). Die Transformation des Rassenbegriffs vermittels der Cartesianischen Philosophie in eine strikte Trennung von bis dahin als Körper und Geist zusammenhängend gedachter menschlicher Existenz in die substanziell unterschiedene ausgedehnte Sache (Natur) und denkende Sache (Vernunft, Rationalität) (Quijano 2000, S. 224) wird die Grundlage der Philosophien der Moderne. Das „*conquiro ergo sum*" transformiert sich in das „*cogito ergo sum*". Die Verobjektivierung des Körpers als bloße Natur eröffnet alle späteren Formen des

Rassismus und der damit einhergehenden Dehumanisierung. Die Wahrnehmung des farbigen Körpers, des weiblichen Körpers, des behinderten Körpers signifiziert unmittelbar Naturhaftigkeit und Minderwertigkeit.[7] Dieses Denken existiert auch in der Inklusionsdebatte. „Im Prozess der Inklusion gibt es immer ein aktives Subjekt, das ‚inkludiert' und ein mehr oder weniger passives Objekt, das ‚inkludiert' wird", so Estermann (2014, S. 25) unter Bezug auf die „Inkorporation" der indigenen Völker in diese Debatte.[8] Dieser Prozess der inneren Kolonisierung ist keineswegs beendet, wie dies das Auftreten von Ausländerfeindlichkeit und gruppenbezogener Menschenfeindlichkeit ebenso wie die unlängst dokumentierte deutsche Geschichtslosigkeit gegenüber den Nazi-Verbrechen, aber auch gegenüber der eigenen Kolonialgeschichte nur zu deutlich zeigen. Mit Blick auf die fehlende Auseinandersetzung mit letzterer hält der ehemalige Bundespräsident Horst Köhler anlässlich des 130. Jahrestages der Berliner Afrika-Konferenz fest, dass vermutlich „viele koloniale Einstellungen noch heute weiter leben, mal schamlos offen, mal unbewusst" (Köhler 2015).

Ein interkultureller Dialog, so Estermann mit Bezug auf die Inklusion indigener Völker, „der von dieser Situation der Macht und Asymmetrie keine Kenntnis nimmt, wird schnell durch die hegemoniale Macht und die dominante „Kultur" kooptiert und instrumentalisiert werden mit dem Ergebnis seiner ‚Inkorporation' in den herrschenden Diskurs" (Estermann 2014, S. 28). Genauso wie dort von Exklusion, Inklusion und Empowerment geredet wird, spricht man in den Büros des Internationalen Währungsfonds, der Weltbank und der G-8, aber auch in den Zirkeln der postmodernen Yuppies, von ‚Interkulturalität'. „Man muss sich sehr davor hüten, zu einem ‚inkludierenden' oder ‚inkludierten' Werkzeug eines Diskurses zu werden, der in Wirklichkeit exkludiert." (Ebd.)

Daher zielt das Projekt einer „Epistemologie des Südens" (de Sousa Santos) bzw. eines „Epistemischen Ungehorsams" (Mignolo) keineswegs nur auf eine Denunzierung und Offenlegung der Kolonialität in allen Diskursen über Exklusion und Inklusion, sondern diskutiert unter dem Begriff der Entkoppelung vor allem auch die Entwicklung von Dekolonialität.

Dekolonialität und der Diskurs der Befreiung

Am ausführlichsten unter den genannten Autoren entwickelt Enrique Dussel den „Gegendiskurs der Moderne" (Dussel 2013a). Dieser beginnt im Wesentlichen, neben dem ersten, frühmodernen philosophischen Gegen-Diskurs durch Bartholomé de las Casas, durch Guamán Poma de Ayala, einen bereits Christ gewordenen peruanischen Inka, dessen um 1616 vollendetes Buchmanuskript: „Neue Chronik und gute Regierung" erst nach fast 400 Jahren wieder entdeckt wurde.

Auf über 1200 Seiten, mit zahlreichen Illustrationen versehen, erzählt es die Geschichte der indigenen Völker[9] und hält den Spaniern in „radikaler Exteriorität" entgegen, dass die Ureinwohner schon vor der Conquista bessere Christen waren als die spanischen Eroberer der Gegenwart (ebd., S. 69). Er zeigt u.a., wie im Inkareich Kranke und Behinderte ihren gesellschaftlichen Platz und „Hilfe zu ihrem Dienst" hatten. „Als Geburtsrecht gab man dem Kind weder eine Urkunde noch einen Ausweis, sondern das Mittel, *sein Leben bis zum Tode reproduzieren zu können*", so Dussel (ebd., S. 77).

Bezogen auf die Verbrechen und die Goldgier der Spanier schreibt Guamán: „Ihr törichten und einfältigen und kleinmütigen armen Spanier, die ihr hochmütig wie Luzifer seid. [...] Ihr wollt mehr sein, als Gott gebietet." (S. 82) „Mir scheint es, Christ, dass ihr euch alle zur Hölle verurteilt." (S. ebd., 79) Nach Entwurf eines künftigen Projekts guter Regierung entwirft Guamán eine „ausdrückliche Theologie der Befreiung": „Jesus Christus starb für die Welt", um am Tag des jüngsten Gerichts „die verachteten Armen zu belohnen. [...] Wer die Armen Jesu Christi beschützt, der dient Gott" (Guamán in Dussel ebd., S. 89).[10]

Entsprechend hält Walter Mignolo fest: „Guamán Poma bedeutet für die Entkoppelung und das dekoloniale Denken das, was Machiavelli für die Entstehung des imperialen politischen Denkens bedeutet." (Mignolo 2013, S. 86)

Ein Prozess der Dekolonisierung hat als Prozess der Befreiung bei den Armen und Entrechteten anzusetzen, bei den auf Natur und Schicksal Reduzierten, und er hat als Körperpolitik, so im Anschluss an Frantz Fanon (2013), den Körper als Ort des Leidens und der Verwundbarkeit zu re-subjektivieren (ebd., S. 194 f). Philosophie der Befreiung verweist auf den kategorischen Imperativ des frühen Marx, „alle Verhältnisse umzuwerfen, in denen der Mensch ein erniedrigtes, ein geknechtetes, ein verlassenes, ein verächtliches Wesen ist." (1974, S. 384) ‚Befreiung' geht über Emanzipation als soziales Projekt der Bourgeoisie hinaus; sie zielt ebenso auf die Dekolonisierung der Kolonisierten wie die der Kolonisatoren, so Mignolo mit Bezug auf Fanon. „Es geht um die Befreiung von der kolonialen Matrix der Macht." (Mignolo 2013, S. 65 f) Aber neben Guamán, neben Fanon und neben einem aufs Neue gelesenen Marx[11] ist die ethische Konzeption von Emanuel Lévinas ein zentraler Ausgangspunkt für Dussels Philosophie der Befreiung. „Der Andere ist das einzig heilige Seiende, das grenzenlosen Respekt verdient." Um aber „die Stimme des Anderen zu hören, ist es an erster Stelle notwendig, atheistisch gegenüber dem System zu sein." (Dussel 1989, S. 75) „Die Göttlichkeit des Kapitals zu negieren, dessen Kult der Internationale Währungsfond (IWF) über allen Göttern und jeder Ethik pflegt, ist die Bedingung der Affirmation eines nicht deistischen Absoluten." (Ebd., S. 115)

Als Prozess der Befreiung, m.E. ein weit aus besserer Begriff als jener der Inklusion, zielt eine Philosophie der Befreiung einerseits darauf, die Stimme des/der

Anderen zur Geltung zu bringen, „voice and vote" im Sinne einer Subjektivierung der Menschenrechte zu gewährleisten, wie dies die Behindertenrechtskonvention mit den Termini „sense of dignity" und „sense of belonging", als subjektive Entsprechungen des Rechts alle Rechte zu haben, erstmals hervorhebt (vgl. Bielefeldt 2006). Andererseits zielt die Philosophie der Befreiung auf demokratische Transformation. „Wir *müssen* alle *politischen Systeme*, Handlungen und Institutionen als nicht zukunftsfähig *kritisieren und verwerfen*, unter deren negativen Auswirkungen Opfer als Unterdrückte und als Ausgeschlossene leiden!" (Dussel 2013b, S. 107) Dieser Prozess verlangt eine ‚gehorchende' Machtausübung der Politik, verbunden mit einer Transformation des politischen Systems zu neuen Formen des Verhältnisses von repräsentativer und partizipativer Demokratie, so mit Verweis auf das Weltsozialforum ebenso wie auf Prozesse der demokratischen Transformation in Lateinamerika (z.B. Bolivien, Ecuador). Entsprechend müssen die Postulate der Bürgerlichen Revolution „Freiheit, Gleichheit, Brüderlichkeit" in der Revolution der unterdrückten und ausgeschlossenen Völker der Peripherie in ein neues Postulat transformiert werden: *„Alterität, Solidarität, Befreiung!"*, indem sie „dem Imperium des Nordens den Rücken zeigen, welches nur an seine Interessen und in keiner Weise an die der anderen Beteiligten denkt" (ebd., S. 171).

Exklusion findet jedoch nicht nur durch Naturalisierung statt, wie dies m.E am umfassendsten die Epistemologie des Südens von Boaventura de Sousa Santos aufzeigt.

Epistemologie des Südens und dekoloniale Aktion[12]

Die metonyme Vernunft des Nordens, die den Teil für das Ganze nimmt, Europa und Nordamerika für die globalisierte Welt, ist teilnahmslose Vernunft (razón indolente). Sie ist eine blinde Rationalität, aus deren Unfähigkeit, die Welt mit neuen Augen sehen zu lernen, sich Logiken der Produktion von Nichtexistenz ableiten. Sie verschleudert Erfahrungen, Subjekte und Wissensformen durch die Nicht-Anerkennung anderer Modi des Seins, Denkens und Handelns. Politische Praxis und Epistemologie des ‚Nordens' konstruieren zugleich die Abwesenheit des ‚Südens', welche als Begriff für das Leiden der Ausgegrenzten und Unterdrückten der Peripherie (und Semi-Peripherie) steht.[13]

Demgegenüber identifiziert Santos in seiner „Epistemologie des Südens" fünf Produktionsweisen der Abwesenheit: Die „*Monokultur des Wissens und der Genauigkeit*", für die das wissenschaftliche Wissen das einzige Kriterium der Wahrheit ist; die „*Monokultur der linearen Zeit*", basierend auf der Idee, nach welcher die Geschichte den unbegrenzten Fortschritt als einzigen Sinn und einzige Richtung hat; die Monokultur der „*Naturalisierung der Differenzen*" – diejenigen, die anders sind, sind dies ‚von Natur aus' –; die *„Monokultur des herrschenden Maßstabs"*, die als einzig relevanten Maßstab das Universale und Globale in Betracht zieht; und die *„Monokultur der kapitalistischen Produktivität"*, festgelegt in den kapitalistischen Kriterien der Produktion. Diesen fünf Monokulturen der Exklusion stellt Santos fünf Ökologien entgehen. Sie bilden den Hintergrund für eine Soziologie der Emergenzen, welche die Bedingungen des real Möglichen erforscht. Dies verlangt die horizontale Vergesellschaftung unterschiedlicher kontrahegemonialer Prozesse, als deren wichtigen Träger Santos das Weltsozialforum erachtet, dessen Mitbegründer er ist.

Die *„Ökologie der Wissensformen"* zielt auf die solidarische Interaktion zwischen Wissensformen unterschiedlicher Provenienz (volkstümlich, landwirtschaftlich, handwerklich, wissenschaftlich etc.), in der sich alle durch den Dialog bereichern können. Die *„Ökologie der Zeitlichkeiten"* zielt auf Anerkennung und Wechselwirkung verschiedener Formen der Zeit (z.B. Entwicklungszyklen der Natur oder der sozialen Reproduktion) jenseits einer globalisierten Konzeption der linearen Zeit. Die *„Ökologie der Anerkennungen"* widersetzt sich der Naturalisierung von Individuen und Gruppen. Sie dekonstruiert Machtverhältnisse, um diese durch wechselseitige Anerkennung der Unterschiedlichkeit zu ersetzen, ohne minder zu werten oder zu homogenisieren. Die *„Ökologie jenseits des herrschenden Maßstabs"* geht davon aus, dass sich legitime Existenz nicht auf der Ebene von Universalität und Globalität manifestiert, sofern sich Subjekte, Wissensformen und Praktiken nicht in unterschiedlichen territorialen Maßstäben der Handlung artikulieren, Teil eines kollektiven, gesellschaftlich organisierten Netzwerks sind. Und schließlich stellt die *„Ökologie der Produktivitäten"* das herrschende kapitalistische Entwicklungsmodell in Frage (besitzorientierter Individualismus, Klassismus, Konsumismus, Ausbeutung etc.), indem sie bereits vorhandene alternative Erfahrungen in einem postkapitalistischen Horizont zur Geltung bringt.

Santos Epistemologie und Soziologie des Südens liefert eine differenzierte Analyse kolonisierender Exklusionsmechanismen und setzt an ihre Stelle horizontal organisierte Prozesse des Dialogs, dessen zentrale Figur anerkennungsorientierte Mechanismen der Übersetzung (zwischen Individuen, Gruppen, Sprachen, Kulturen) sind.[14]

Exklusion, Dialog, Empowerment und das Problem der Grenze

Wenn der/die Andere das einzig heilige Seiende ist, das grenzenlosen Respekt verdient, so bedarf dies im Sinne einer „Philosophie der Befreiung" einer weiteren Konkretisierung. Dussel konzipiert diesen egalitären Dialog der Befreiung, indem er die Exteriorität des Anderen außerhalb des Systems als vermittelbar über eine innere Transzendentalität im System begreift. Sie erscheint als Alterität des Anderen, als Hunger, Verletzung und Verletzbarkeit, als Offenbarung, als Aufruf an unsere Solidarität. Respekt als Grundlage von Solidarität ist Schweigen, „aber kein Schweigen, weil es nichts zu sagen gibt, sondern das Schweigen derer, die etwas hören wollen, weil sie etwas über den Anderen wissen wollen" (Dussel 1989, S. 75). „Glauben bedeutet, das Wort des Anderen anzunehmen, weil sich der Andere offenbart – aus keinem anderen Grund" [...] Offenbaren heißt, sich selbst der Verletzungsgefahr auszusetzen." (Ebd., S. 61) Dieser Verletzungsgefahr setze ich mich jedoch auch selbst aus, indem ich durch Überschreiten der Grenze den Raum der Exklusion betrete. Ich begehe hierdurch nicht nur einen radikalen Kulturbruch, indem ich den oder die Ausgegrenzte(n) als Meinesgleichen anerkenne (und das und nur das ist in meinen Augen Inklusion!) und mich durch mein Verwundbar-Machen in seine/ihre Hände begebe, nein ich setze mich zugleich der massiven Verachtung durch die herrschende Kultur der teilnahmslosen Vernunft und der Kolonialiät aus. Denn „wer versucht, die Greuel in Worte zu fassen, die er gesehen hat, setzt seine Glaubwürdigkeit aufs Spiel. Wer über Greueltaten öffentlich spricht, zieht unweigerlich das Stigma auf sich, das dem Opfer immer anhaftet" (Herman 1993, S. 10).

Was aber ist Exklusion und was ist der Kern jener Greuel, die Judith Herman am Beispiel sexueller Gewalterfahrungen und Traumatisierung thematisiert? Wie kann der Raum der Exklusion, in welchen wir durch Respekt, Zuhören und uns verwundbar machen eintreten, beschrieben werden?

Die beste Analyse habe ich bisher bei Fernando Vidal Fernandez, einem spanischen Soziologen, gefunden.[15] Folgen wir seiner Analyse, so residiert die Exklusion in den Institutionen und Personen, die ausschließen, nicht in den Opfern. Sie ist prozesshaft und wird abhängig von ihrer fortwährenden Aktualisierung aufrechterhalten. Als ein Polygon der Dichotomien von Exklusion und Inklusion ist sie eine Konstellation von Kräften, aus der umso weniger ein Ausbruch möglich ist, je stärker die in der jeweiligen Situation wirkenden Vektoren der Exklusion sind.

Sie ereignet sich als narrative Exklusion, als soziale Konstruktion von Unsichtbarkeit und Abwesenheit, wie von Santos erörtert. Mit der Ruptur der Erzählung verschwindet sowohl das symbolische Kapital der Ausgeschlossenen als auch die Verantwortlichkeit der Anderen. Die Mechanik der Exklusion bringt, so Vidal, das Ulysses-Syndrom hervor. „Mein Name ist Niemand. Niemand so nennen mich alle." So Ulysses zu Poliphem, dem Zyklopen. Entsprechend verschwinden die Namen (span.: apelidos = Familiennamen) der Ausgegrenzten: sie werden zu Prostituierten, zu Obdachlosen, zu Epileptikern, zu Krüppeln, zu Asylanten, zu Autisten, Epileptikern u.a.m.. Ihr Erleben ist geprägt von Gewalt, sie verschwinden aus der Öffentlichkeit. Sie sind Schiffbrüchige im Ozean der Exklusion und dennoch hinterlassen sie Spuren, Erinnerungen, Phantasmen. Eine endgültige Lösung verlangt daher nicht nur den Ausschluss, sie verlangt es auch, auszuradieren, dass er je stattgefunden hat.

Die Exklusion umfasst unterschiedliche Grade, zum Teil erfolgt sie als Einschluss im Ausschluss innerhalb von gesellschaftlichen Institutionen. Entscheidend für sie ist jedoch der Bruch der Alterität, d.h. der Anerkennung der Existenz des Anderen. Infolge dieses Bruches schreibt sich die erfahrene Wertlosigkeit in das Selbst ein, führt zu dessen tiefer Umgestaltung und zu Selbstabwertung. Ansatzpunkt jeglicher Inklusion, jeglichen Exodus aus der Gefangenschaft der Exklusion ist folglich die Wiederaufnahme der Narration und die Wiederherstellung symbolischen Kapitals. Damit sind wir erneut beim Thema des Dialogs und dem notwendigen Betreten des Raums der Grenze, denn diese selbst müssen wir uns als prozesshaftes, raumzeitliches System, als Chronotop vorstellen (Jantzen und Steffens 2014).

Entsprechend hält Walter Mignolo fest, dass der Prozess der Entkoppelung eine neue epistemologische Grundlage benötigt. Dies ist die Epistemologie von Exteriorität und Grenze. (Mignolo 2013, S. 92).

„Die Epistemologie der Grenze als Methode des dekolonialen Denkens und der Entwicklung dekolonialer Optionen entsteht im Bewohnen der Exteriorität und in der Bewusstwerdung der Notwendigkeit, jener Formen des Denkens (sich) zu legitimieren, die von Akteuer_innen (und Institutionen) entwertet wurden, welche die Prinzipien der Erkenntnis kontrollieren. […] Die Entkoppelung beginnt mit dem Unglauben und dem Zweifel an der Illusion, dass die imperiale Vernunft zugleich die befreiende Vernunft hervorbringen könnte." […] Ihr „ist die Erfahrung einer kolonialen Verwundung gemein, die Erfahrung der *Verdammten,* der nicht an die ‚normale' Gesellschaftsordnung Angepassten." (Ebd., S. 96)[16]

Entsprechend Santos´ Vorschlag, die Zukunft eines immer weiter schreitenden Fortschritts zu dekonstruieren und die Gegenwart auszuweiten, sind Inklusion und Empowerment strikt in den Horizont der Gegenwart verlagert. Utopie erscheint nicht als das unendlich Entfernte, sondern als Aufleuchten des real Möglichen. Mit Paulo Freire gilt:

„Utopisches ist für mich nicht unrealisierbar, noch ist es Idealismus. Utopie ist die Dialektisierung in den Akten des Anzeigens und Ankündigens. Der Akt, die entmenschlichende Struktur anzuzeigen, und der Akt, die humanisierende Struktur anzukündigen" […] „Der Moment in dem jene [die Unterdrückten] diese [die ‚Grenzsituationen'] nicht mehr als eine *Grenze zwischen dem Sein und dem Nicht-Sein* wahrnehmen, sondern als eine *Grenze zwischen dem Sein und dem Mehr-Sein*, werden sie jedes Mal viel kritischer in ihrer mit dieser Wahrnehmung verbundenen Aktion." (Freire zit. nach Dussel 2013c, S. 240f.)

„Das kolonisierte Ding wird Mensch gerade in dem Prozess, durch den es sich befreit." (Fanon 1986)

Anmerkungen

1 Die durch Luhmann inaugurierte systemtheoretische Soziologie, zu deren Grundbegriffen Exklusion und Inklusion gehören, wird in dieser Aufarbeitung der Geschichte und Funktion des Inklusionsbegriffs nicht erwähnt. Zur Kritik der im Kontext dieser Theorie vorgeblich nicht möglichen theoretischen Bestimmbarkeit von Exklusion, so Farzin 2011, vgl. Aguiló & Jantzen 2014.
2 Vgl. United Nations (1995): Report of the World Summit for Social Development. Copenhagen. Hier erscheint der Begriff „social exclusion" in zahlreichen Passagen, jeweils in Verbindung mit „poverty" und „unemployment", der Begriff der Inklusion jedoch nur ein einziges Mal und nur im Sinne der Einfügung einer Textpassage [Programme of Action, paragraph 54 (b)] http://www.un.org/documents/ga/conf166/aconf66-9.htm (24.03.2015)
3 Eine weitere Klassifizierung unterscheidet Exklusion als Zusammenbruch des sozialen Bandes zwischen Individuum und Gesellschaft (solidarity paradigm), als Konsequenz der arbeitsteiligen Spezialisierung (specialization paradigm) und Resultat des Wechselwirkungen von Klasse, Status und politischer Macht, mit der die „Inkludierten" ihr „monopoly of power" in einer Struktur der Ungleichheit aufrecht zu erhalten (URBAN LAB+ 2013)
4 „Eine ganz und gar unmögliche Zukunft, wie das Ideal der spanischen Anarchisten, [...] erniedrigt überhaupt nicht, außer durch die Illusion ihrer Möglichkeit." (Weil 1981, S. 230)
5 Übersetzungen aus dem Spanischen W.J.
6 „Der umfassende Genozid der Indios in den primären Dekaden der Kolonisierung wurde im Wesentlichen nicht durch die Gewalt der Conquista, noch durch die Krankheiten, die die Kolonisatoren einschleppten, verursacht, sondern weil jene Indios als wegwerfbare Einweghände betrachtet wurden, zur Arbeit gezwungen bis zum Tode." (Quijano 2000, S. 207) Eine Population von 54 bzw. nach neuerer Schätzung 61 Millionen Indios wurde auf ca. 6 Millionen reduziert (Lewis & Maslin 2015, S. 175). Dies erzwang den Einsatz afrikanischer Sklaven sowie eine Veränderung der sozialen Struktur des Ausbeutungssystems (Abschaffung der Ecomiendas, der vom König verliehenen großen Landgüter mit Bevölkerung; Quijano 2000).
7 So lesen wir bei Carl Vogt, von seinen Zeitgenossen als deutscher Darwin bezeichnet: „The difference between the brains of the microcephalus, an abnormally formed man, and that of the lowest race, the brain of a Bushman's wife [...], is greater than the difference between the idiot's and ape's brain." (Mac Gregor 1869, S. 179).
8 Die UN-Charta der Rechte Indigener Völker wurde 2007, also ein Jahr nach dem Übereinkommen über die Rechte von Menschen mit Behinderungen verabschiedet und ist als Weiterentwicklung des Inklusionsgedankens zu verstehen (Deutsche UNESCO Kommission 2014, S. 10f.).
9 Siehe auch Rolena Adorno 1988.
10 Die erinnert deutlich an die von Ernst Bloch (1985) in „Thomas Münzer als Theologe der Revolution" rekonstruierte radikale Kritik der Herrschenden vom Standpunkt einer Bibellektüre von unten.
11 Zu Dussels Marx-Lektüre im Kontext seiner Philosophie der Befreiung vgl. Jantzen 2013.
12 Vgl. zum Folgenden Santos 2012, Aguiló 2013, Jantzen und Aguiló 2014.

13 „Der Süden als Produkt der Kolonialität [...] ist die Erfahrung jener, sich als Müll zu fühlen, die sich »auf der anderen Seite der Linie« wahrnehmen und sich hiergegen wehren" (Aguiló 2013, S. 94).
14 Auf Santos detaillierte Untersuchungen von Globalisierungsprozessen kann ich hier ebenso wie auf seine Theorie des Sozialfaschismus als innerstaatlicher Ordnungspolitik gegenüber Ausgegrenzten (illegale aber geduldete arbeitsrechtliche, bürokratische, polizeiliche usw. Übergriffe) hier nicht näher eingehen. Eine ausführliche Darstellung liefert Aguiló 2013.
15 „Pan y rosas. Exclusión y empoderiamento" (Brot und Rosen. Exklusion und Empowerment) Madrid 2009. Die folgende Darstellung folgt meinem Text über „Kunst und Inklusion" (Jantzen 2014).
16 Der Begriff der Verdammten bezieht sich auf Fanon 1969.

Literatur

Adorno, Rolena (1988): Guamán Poma. Writing and Resistance in Colonial Peru. Austin/ Texas
Aguiló Bonet, Antoni J. (2013): Die Würde des Mülls – Globalisierung und Emanzipation in der Sozial- und politischen Theorie von Boaventura de Sousa Santos. Berlin
Aguiló Bonet, Antoni J./Wolfgang Jantzen (2014): Inklusive Erziehung und Epistemologie des Südens: Beiträge zur Behindertenpädagogik. In: Behindertenpädagogik 53, 1, S. 4-29.
Bentancor Harretche, María V. (2011): Empoderamiento: ¿una alternativa emancipatoria? En: Margen 61, junio, pp. 1-14 http://www.margen.org/suscri/margen61/betancor.pdf (29.03.2015)
Bielefeldt, Heiner (2006): Zum Innovationspotenzial der UN-Behindertenkonvention. Berlin
Bloch, Ernst (1985): Thomas Münzer als Theologe der Revolution. Frankfurt/M.
Deutsche UNESCO Kommission (2014): Inklusion: Leitlinien für die Bildungspolitik. Bonn. http://www.unesco.de/fileadmin/medien/Dokumente/Bildung/2014_Leitlinien_ inklusive_Bildung.pdf (29.03.2015)
Dussel, Enrique (1989): Philosophie der Befreiung. Berlin
Dussel, Enrique (2013a): Der Gegendiskurs der Moderne. Kölner Vorlesungen. Wien
Dussel, Enrique (2013b): 20 Thesen zu Politik. Münster
Dussel, Enrique (2013c): Die Bewusstmachung ('concientización') in der Pädagogik von Paulo Freire. In: Behindertenpädagogik 52, 3, S. 229-242.
Engler, Wolfgang (2012): Verspielt. Schriften und Gespräche zu Theater und Gesellschaft. Berlin
Estermann, Josef (2014): Colonialidad, descolonización e interculturalidad. En: Polis, Revista de la Universidad Bolivariana, 13, 38, pp. 347-368. http://www.redalyc.org/ articulo.oa?id=30531773016 (29.03.2015)
Fanon, Frantz (1969): Die Verdammten dieser Erde. Reinbek
Fanon, Frantz (1986): Das kolonisierte Ding wird Mensch. Leipzig
Fanon, Frantz (2013): Schwarze Haut und weiße Masken. Wien
Farzin, Sina (2011): Die Rhetorik der Exklusion. Velbrück
Gonzales Casanova, Pablo (2006): El colonialismo interno. En: Ibid. Sociologia de la explotación. Buenos Aires, pp. 185-204. http://bibliotecavirtual.clacso.org.ar/ar/libros/ secret/gonzalez/colonia (29.03.2015)

Herman, Judith (1993): Narben der Gewalt. München

Jantzen, Wolfgang (2013): Marxismus als Denkmethode und Sicht auf die Welt – eine ständige Herausforderung auch im 21. Jahrhundert? Jahrbuch der Luria-Gesellschaft. Bd. 3. Berlin, S. 10-28. http://www.marx-engels-stiftung.de/Texte/Jantzen_Marxismus-als-Denkmethode.pdf (29.03.2015)

Jantzen, Wolfgang (2014): Kunst und Inklusion. In: Lanwer, Willehad (Hrsg.): Bildung für alle. Gießen, S. 139-162.

Jantzen, Wolfgang / Jan Steffens (2014): Inklusion und das Problem der Grenze. In: behinderte menschen 4/5, S. 48-53.

Köhler, Horst (2015): Kolonialismus. Afrika braucht Neugier statt Habgier. Süddeutsche. de vom 28.02.2015. http://www.sueddeutsche.de/politik/kolonialismus-afrika-braucht-neugier-statt-habgier-1.2366700 (17.03.2015)

Lewis, Simon L. & Maslin, Mark A. (2015): Defining the Anthropocene. In: Nature Vol. 519, 12, pp. 171-179.

MacGregor, Allan J. (1869): Carl Vogt's Lectures on Man. In: Anthropological Review 7, pp. 177-184.

Marx, Karl (1974): Kritik der Hegelschen Rechtsphilosophie. Einleitung. MEW Bd. 1. Berlin, S. 378-391.

Mignolo, Walter D. (2013): Epistemischer Ungehorsam. Wien

Quijano, Anibal (2000): Colonialidad del poder, eurocentrismo y América Latina. En: E. Lander (ed.): La colonialidad del saber: eurocentrismo y ciencias sociales. Buenos Aires, pp. 201-246. http://bibliotecavirtual.clacso.org.ar/ar/libros/lander/quijano.rtf (29.03.2015)

Quintero, Pablo (2013): Macht und Kolonialität der Macht in Lateinamerika. In: Quintero, Pablo/Sebastian Garbe (Hrsg.) Kolonialität der Macht. Wien, S. 53-70.

Schädler, Johannes (2013): Überlegungen und Einschätzungen zum Inklusionsbegriff und zur UN-Behindertenrechtskonvention. eNewsletter Wegweiser Bürgergesellschaft vom 27.09.2013. http://www.buergergesellschaft.de/fileadmin/pdf/gastbeitrag_schaedler_130927.pdf (17.03.2015)

Santos, Boaventura S. (2012): Die Soziologie der Abwesenheit und die Soziologie der Emergenzen: Für eine Ökologie der Wissensformen. In: Jahrbuch der Luria-Gesellschaft, Bd. 3, Berlin, S. 29-46.

United Nations (1995): Report of the World Summit for Social Development. Copenhagen. http://www.un.org/documents/ga/conf166/aconf166-9.htm (24.03.2015)

URBAN LAB+ (2013): Making Sense of 'Urban Inclusion'. Berlin http://www.urbanlabplus.eu/project/inclusion (19.03.2015)

Vidal Fernandez, Fernando (2009): Pan y rosas. Exclusión y empoderamiento. Madrid

Weil, Simone (1981): Schwerkraft und Gnade. München

Bernd Schulte

Die Umsetzung der UN-Behindertenrechtskonvention in Deutschland – aktuelle Bestandsaufnahme und weiterer Handlungsbedarf[1]

Zusammenfassung[2]: Der Beitrag nimmt aus juristischer Perspektive eine Bestandsaufnahme der Umsetzung der UN-Behindertenrechtskonvention in Deutschland vor und formuliert im internationalen Vergleich konkrete Verbesserungsbedarfe. Zunächst werden dazu der Aktionsplan der Bundesregierung und die Aktionspläne der Bundesländer gewürdigt. Ein verstärkter Reflexions- und Handlungsbedarf wird auf dieser Grundlage in drei Bereichen ausgemacht: rechtliche Handlungsfähigkeit (insbes. Wahlrecht), Arbeit / Beschäftigung und inklusive Leistungen.

Abstract[3]: Adopting a legal perspective, this article takes stock of how the UN Disability Rights Convention has been implemented in Germany and identifies specific needs for improvement in international comparison. First, the author appreciates the action plans devised by the Federal Government and the Federal States. Based on this, he detects an increased need for reflection and action in three fields: legal capacity (especially voting rights), work/employment, and inclusive services and benefits.

Keywords: Inklusion, Recht, Umsetzung und Umsetzungsprobleme in Deutschland

> „Der Schlüssel heißt ‚Inklusion'. Das bedeutet, nicht die Menschen mit Behinderung passen sich an die Gesellschaft an, sondern wir organisieren den Alltag so, dass die 9,6 Millionen Menschen mit Behinderung selbstverständlich mittendrin und dabei sind. Im Kindergarten, in der Schule, im Restaurant, am Arbeitsplatz, eben überall, wo sich das Leben abspielt."
>
> (Ursula von der Leyen, Bundesministerin für Arbeit und Soziales)[4]

"Inklusion bedeutet, dass sich die Strukturen [...] am Bedarf der Menschen mit Behinderung orientieren."

(Irmgard Badura, Behindertenbeauftragte der Bayerischen Staatsregierung)[5]

Vorbemerkung

Das Übereinkommen der Vereinten Nationen über die Rechte von Menschen mit Behinderungen vom 6.12.2006 – die UN-Behindertenrechtskonvention (UN-BRK) – verfolgt das Ziel, alle Menschen mit Behinderungen und unabhängig von deren Art und Schweregrad in den vollen Genuss der Menschenrechte kommen zu lassen, damit sie so gleichberechtigte und gleichwertige Mitglieder von Staat und Gesellschaft sind. Das Übereinkommen zielt somit auf die volle Einbeziehung von Menschen mit Behinderungen in das gesellschaftliche und öffentliche Leben und rückt deshalb den Schutz vor Diskriminierung, Barrierefreiheit, Selbstbestimmung und Inklusion in den Mittelpunkt. Die Konvention ist am 3.5.2008[6] nach der zwanzigsten Ratifikation in Kraft getreten. Die Bundesrepublik Deutschland hat sie durch das Gesetz zu dem Übereinkommen der Vereinten Nationen vom 13. Dezember 2006 über die Rechte von Menschen mit Behinderungen sowie zu dem Fakultativprotokoll vom 13. Dezember 2006 zum Übereinkommen der Vereinten Nationen über die Rechte von Menschen mit Behinderungen vom 21. Dezember 2008 ratifiziert. Nach Hinterlegung der Ratifikationsurkunde in New York durch den Bundesminister für Arbeit und Soziales ist das Übereinkommen für Deutschland am 26.3.2009 rechtsverbindlich geworden.

1. Der Aktionsplan der Bundesregierung zur Umsetzung der UN-Behindertenrechtskonvention

Am 16.6.2011 hat das Bundeskabinett den *Aktionsplan zur Umsetzung der UN-Behindertenrechtskonvention*[7] der Bundesregierung beschlossen, der für einen Zeitraum von 10 Jahren über 200 Maßnahmen enthält, die sich bereits in der Umsetzung befinden oder die in dem genannten Zeitraum umgesetzt werden sollen.[8] Auf diesem Aktionsplan fußt auch der Erste Staatenbericht zu dem UN-Übereinkommen für die Bundesrepublik Deutschland gemäß Art. 35 UN-BRK, der vom Bundeskabinett am 3.8.2011 verabschiedet worden ist.[9] In diesen beiden Dokumenten wird nicht lediglich auf das seit langer Zeit gut ausgebaute und seit 1976 kontinuierlich in den mittlerweile zwölf Sozialgesetzbüchern kodifizierte deutsche Sozialleistungssystem verwiesen, das zahlreiche Leistungen für Menschen mit Behinderungen ausweist, nicht nur, aber insbesondere im Sozialgesetzbuch – Neuntes Buch – Rehabilitation und Teilhabe behinderter Menschen (SGB IX), sondern es wird auch darauf hingewiesen, dass es nach Maßgabe der UN-Behindertenrechtskonvention vor allem auch um die Verwirklichung von Menschenrechten durch gleichberechtigte Teilnahme und Teilhabe am gesellschaftlichen, politischen, wirtschaftlichen und kulturellen Leben geht, um Chancengleichheit in der Bildung, um Integration behinderter Menschen in das Erwerbsleben, ihre Einbeziehung in das öffentliche und politische Leben sowie um die gesamtgesellschaftliche Aufgabe, jedermann einen selbstbestimmten Patz in einer barrierefreien Gesellschaft zu gewährleisten, Inklusion zu ermöglichen und Diskriminierung abzubauen.

Der Maßnahmenkatalog des Nationalen Aktionsplans des Bundes bezieht sich auf spezifische Handlungsfelder – Freiheit, Schutz und Sicherheit, Frauen, Mobilität, Bildung und lebenslanges Lernen, Arbeit und Beschäftigung –, in denen eine Reihe von Querschnittsthemen – Assistenzbedarf, Barrierefreiheit, Gender Mainstreaming, Gleichstellung, Migration, selbstbestimmtes Leben, Vielfalt von Behinderungen – jeweils angemessen berücksichtigt werden sollen.

„Unser Weg in eine inklusive Gesellschaft" erfordert nach Maßgabe des Nationalen Aktionsplans der Bundesregierung folgende Aktivitäten im Hinblick auf einzelne Aktionsfelder, deren Auflistung und Geltungsanspruch einen Eindruck vermitteln von dem weiten Anwendungsbereich der Konvention:

Arbeit und Beschäftigung: beschäftigungspolitische Maßnahmen, Vermittlung und Beratung; Berufsorientierung und Ausbildung; berufliche Rehabilitation und Prävention; Werkstätten für behinderte Menschen; Sensibilisierung von Arbeitgeberinnen und Arbeitgebern;
Bildung: Schule; Hochschule; Bildungsforschung;
Prävention, Rehabilitation, Gesundheit und Pflege: Prävention und Gesundheitsversorgung; Rehabilitation und Teilhabe; Pflege;
Kinder, Jugendliche, Familie und Partnerschaft: Kinder und Jugendliche; Mütter und Väter; Ehe, Partnerschaft und Sexualität;
Frauen: Bewusstsein schaffen; Interessenvertretung; Schutz vor Gewalt;
Ältere Menschen: selbstbestimmt leben;
Bauen und Wohnen: barrierefrei bauen; Wohnen; inklusiver Sozialraum;
Mobilität: Öffentlicher Personennahverkehr; Eisenbahnverkehr; Luftverkehr; Straßenverkehr; Schifffahrt;
Kultur und Freizeit: Design für Alle; Sport; Kultur; Ehrenamt; Tourismus;
Gesellschaftliche und politische Teilhabe: Antidiskriminierung und Gleichstellung; Anerkennung einer Behinderung; Empowerment (Selbstkompetenz);

Wahlen und politische Teilhabe; Datenlage zu Menschen mit Behinderungen; Zugang zu Information und Kommunikation; E-Government; *Persönlichkeitsrechte*: Rechts- und Handlungsfähigkeit; Zugang zur Justiz; Freiheitsentzug; *Internationale Zusammenarbeit:* Entwicklungszusammenarbeit und humanitäre Hilfe; Zusammenarbeit auf EU-Ebene; Weitere internationale Zusammenarbeit; *Information und Repräsentation:* Presse- und Medienarbeit; Bildungsarbeit; Kulturarbeit; Kulturforschung.

Der konkrete Maßnahmenkatalog sieht für die Bereiche Arbeit und Beschäftigung; Bildung; Prävention, Rehabilitation, Gesundheit und Pflege; Kinder, Jugendliche; Familie und Partnerschaft; Frauen; Ältere Menschen; Bauen und Wohnen; Mobilität; Kultur und Freizeit; Gesellschaftliche und politische Teilhabe; Persönlichkeitsrechte; Internationale Zusammenarbeit eine Reihe konkreter Maßnahmen vor – exemplarisch:

Arbeit und Beschäftigung: „Programm Initiative Inklusion"; Fortführung „JOB4000" und „job"; Gebärdentelefon bei der Bundesagentur für Arbeit (BA); Evaluation von Leistungen zur Teilhabe behinderter Menschen am Arbeitsleben; inklusive Ausbildungsstrukturen in außerbetrieblicher Ausbildung; Ausbildungspakt; Ausbildungszuschuss = unterstützte Beschäftigung; verzahnte Ausbildung mit Berufsbildungswerken (VAmB); bundesweite Berücksichtigung von Werkstätten bei der Vergabe öffentlicher Aufträge;

Bildung: Qualifizierungsinitiative von Bund und Ländern; nationale Konferenz zur „Inklusiven Bildung"; europäische Agentur für Entwicklungen in der sonderpädagogischen Förderung; „Wegweiser für Eltern zum gemeinsamen Unterricht"; Forschungsprojekt zu Diskriminierungen im Bereich der Hochschule; „Erhebung zur Situation Studierender mit Behinderung oder chronischer Krankheit im Bachelor-/Master-Studiensystem";

Prävention, Rehabilitation, Gesundheit und Pflege: Patientenrechtegesetz; Programm behindertengerechte Arztpraxen; Sensibilisierung des medizinischen Personals für die Belange behinderter Menschen; Verbesserung der Versorgung von Menschen mit Behinderungen, insbesondere Demenz, im Krankenhaus; Fachtagungsreihe zum Thema „Gesundheit für Menschen mit Behinderung"; einheitliches und umfassendes Bedarfsfeststellungsverfahren für die Habilitation und Rehabilitation von Menschen mit Behinderungen; Überprüfung und Evaluierung des neunten Buches Sozialgesetzbuch; Förderung des Projektes „E-Strategie Persönliches Budget"; wissenschaftliche Begleitforschung zum persönlichen Budget; Weiterentwicklung der Eingliederungshilfe; Stärkung der gemeinsamen Servicestellen; Einführung einer neuen, differenzierteren Definition der Pflegebedürftigkeit; Familienpflegegesetz;

Kinder, Jugendliche, Familie und Partnerschaft: Ausbau der inklusiven Kinderbetreuung; Weiterbildungsinitiative Frühpädagogische Fachkräfte (WiFF); Fortbildungsmodul „Inklusive Bildung, Erziehung und Betreuung in der Kindertagespflege"; Verbesserung der Datenbasis zur inklusiven Kinderbetreuung; Weiterentwicklung der Frühförderung zur Komplexleistung; Weiterentwicklung der Förderung von Kindern und Jugendlichen mit Behinderung („Schnittstellenproblematik"); Elternassistenz für Mütter und Väter mit Behinderungen;

Frauen: Verbesserung der Datengrundlage zur Lebenslage von Frauen mit Behinderungen; Frauenbeauftragte in Werkstätten für Menschen mit Behinderungen;

Ältere Menschen: Kampagne „Erfahrung ist Zukunft"; Kampagne „Alter neu denken – Altersbilder"; Förderprogramm „Altersgerecht Umbauen"; Angebote in Mehrgenerationenhäusern für Menschen mit Behinderungen;

Bauen und Wohnen: Aus- und Weiterbildung der Architekten zum Thema Barrierefreiheit; altersgerecht Umbauen; Beratung zur behindertengerechten Gestaltung der häuslichen Umgebung; Schaffung und Förderung von alternativen Wohnformen (außerhalb von klassischen Einrichtungen); Programm „Baumodelle der Altenhilfe und der Behindertenhilfe"; technikunterstütztes Wohnen;

Mobilität: Erweiterte Nutzungsmöglichkeiten der unentgeltlichen Beförderung; Neues Programm der DB zur Barrierefreiheit; Umsetzung der Barrierefreiheit im Straßenverkehr;

Kultur und Freizeit: Sicherstellung der Barrierefreiheit bei Ausschreibungen des Bundes; Förderung von Forschung und Entwicklung auf dem Gebiet „Mensch – Technik – Kooperation: Assistenzsysteme zur Unterstützung körperlicher Funktionen"; Hinwirken auf handlungsleitende Kriterien im Bereich „Design für Alle"; Förderung des Leistungs- und Breitensports von Menschen mit Behinderungen; Förderung des Breiten- und Rehasports für behinderte Menschen; Entwicklung und Vermarktung barrierefreier Tourismusangebote und Dienstleistungen;

Gesellschaftliche und politische Teilhabe: Überprüfung des Behindertengleichstellungsgesetzes; Expertise: „Benachteiligungen nach den Regelungen des AGG von Menschen mit Behinderungen beim Zugang zu Dienstleistungen privater Unternehmer"; „Offensive für eine diskriminierungsfreie Gesellschaft"; Verbesserung der Begutachtungskriterien zur Feststellung des Grades der Behinderung (versorgungsmedizinische Grundsätze der Versorgungsmedizin-Verordnung –VersMedV) im Rahmen einer Gesamtüberarbeitung; Vereinheitlichung und Optimierung der Güte der Begutachtungsdurchführung im Schwerbehindertenrecht und sozialen Entschädigungsrecht; Änderung des Schwerbehindertenausweises; Einrichtung eines Ausschusses zur Begleitung der Umsetzung des nationalen Aktionsplans nach Art. 4 UN-BRK; Einrichtung eines Inklusionsbeirates; Entwicklung eines Leitfadens zum Disability Mainstreaming; Studie zur tatsächlichen Situation behinderter Menschen bei der Ausübung des aktiven und passiven Wahlrechts; Gespräche mit Wissenschaftler/innen zur Etablierung einer Inklusionsschulung; Vorstudie zur Datenlage zu Menschen mit Behinderungen; Datenlage zu Menschen mit Behinderungen verbessern und den Bericht über die Lage behinderter Menschen auf eine neue Grundlage stellen; Sonderauswertung SOEP (Sozio-oekonomisches Panel); Machbarkeitsstudie „standardisierte Datenerfassung zum Nachweis von Diskriminierung!? – Bestandsaufnahme und Ausblick"; Avatarforschung (Gebärdensprache); E-Partizipation für Menschen mit Behinderungen; Leitfaden für leichte Sprache entwickeln;

Persönlichkeitsrechte: Interdisziplinäre Arbeitsgruppe zum Betreuungsrecht; „Tag des Ehrenamts in der Justiz": für die teilnehmenden Betreuer/innen mit Schwerpunkt „Betreute mit Behinderungen"; Fortbildungen für Richter/innen; Evaluation des Gesetzes über das Verfahren in Familiensachen und in den Angelegenheiten der freiwilligen Gerichtsbarkeit (FarnFG); Thematisierung von Barrierefreiheit bei der Anwaltschaft.

2. Die Aktionspläne der Länder zur Umsetzung der Behindertenrechtskonvention

In Deutschland als einem Bundesstaat sind auch die Länder im Rahmen ihrer Zuständigkeiten verpflichtet, Maßnahmen zur Verbesserung der Teilhabe und Inklusion von Menschen mit Behinderungen zu treffen, da sie durch das Zustimmungsgesetz des Bundes zur Konvention gleichfalls gebunden sind (Art. 59 Abs. 2 GG).

2.1 Überblick über die Aktivitäten der Länder

Der deutsche Staatenbericht gibt auch einen Überblick über die auf Länderebene getroffenen Maßnahmen zur Umsetzung der Behindertenrechtskonvention (Stand: Mitte 2011).[10]

2.2 Beispiel: Der Entwurf eines Aktionsplans des Freistaats Bayern zur Umsetzung der UN-Behindertenrechtskonvention

An dem bayerischen Entwurf eines Aktionsplans zur Umsetzung der UN-Behindertenrechtskonvention vom Mai 2011 haben die einzelnen Ressorts der Staatsregierung und auch die Beauftragte der bayerischen Staatsregierung für die Belange von Menschen mit Behinderungen, lrmgard Badura, mitgewirkt.[11] Dieser Entwurf des Aktionsplans, der auf einer Fachtagung am 3.11.2011 im Rahmen der Sozialkonferenz und -messe ConSozial in Nürnberg diskutiert worden ist[12], soll im Folgenden exemplarisch für die einschlägigen Initiativen der Länder vorgestellt werden.[13] Der Entwurf ist das Ergebnis der Befassung mit dem Übereinkommen seitens der bayerischen Staatsregierung nicht nur unter Einbindung der Ressorts sondern auch unter Berücksichtigung der Ergebnisse einer Diskussion mit dem Landesbehindertenrat und einer Sachverständigenanhörung des Ausschusses für Soziales, Familie und Arbeit des bayerischen Landtags.

In dieser ersten Arbeitsphase wird eine Bestandsaufnahme vorgenommen zur bisherigen Umsetzung der UN-Behindertenrechtskonvention im Freistaat und ein Überblick gegeben über den geplanten weiteren Prozess der Umsetzung. In einer zweiten Phase sollen Menschen mit Behinderung, Verbände der Betroffenen, der Kostenträger und der Leistungserbringer, der bayerische Landtag sowie andere Akteure wie z.b. die Sozialpartner in die Weiterentwicklung und Fortschreibung des Aktionsplans umfassend eingebunden werden. Auf diese Weise soll schlussendlich ein endgültiger Aktionsplan entstehen, der von der breiten Bevölkerung getragen wird und dann umgesetzt werden kann.

Der Aktionsplan baut u.a. auf dem am 1.8.2003 in Kraft getretenen bayerischen Behindertengleichstellungsgesetz auf, das den Paradigmenwechsel von der Fürsorge und Versorgung hin zur gleichberechtigten Teilhabe für Menschen mit Behinderungen eingeleitet hat, der „jetzt mit der UN-Konvention zum Schutz von Menschen mit Behinderung erstmals weltweit verbindlich festgelegt wurde".[14]

Auch die bayerische Behindertenpolitik wird heute davon geprägt, dass sich die Situation von und das Verständnis für Menschen mit Behinderungen in den vergangenen Jahrzehnten dramatisch gewandelt haben: „Während Leistungen für behinderte Menschen sich früher im Wesentlichen auf Verwahrung und Fürsorge beschränkten, hat mit dem Gedanken der Integration ein erstes Umdenken stattgefunden. Integration bedeutet, dass der behinderte Mensch Unterstützungsleistungen erhält, die es ihm ermöglichen sollen, an der Gesellschaft teilzuhaben. Eine Eingliederung behinderter Menschen wurde demnach im Wesentlichen über Einrichtungen der Behindertenhilfe sichergestellt. Dabei liegt jedoch die Vorstellung zugrunde, dass der behinderte Mensch sich weitgehend den vorhandenen Gegebenheiten anzupassen hat. Dies führt dazu, dass Menschen mit Behinderungen und Menschen ohne Behinderungen vielfach nebeneinander und nicht miteinander leben und arbeiten. Das Verständnis für Menschen mit Behinderungen und das Selbstverständnis von Menschen mit Behinderungen haben sich jedoch seit geraumer Zeit gewandelt. Im Vordergrund stehen die Gedanken der Selbstbestimmung, Teilhabe und Inklusion mit dem Ziel, Menschen mit Behinderungen ein Leben in der Mitte der Gesellschaft zu ermöglichen. Nicht mehr der behinderte Mensch hat sich an die gesellschaftlichen Gegebenheiten, sondern die Gesellschaft hat sich an die Belange des behinderten Menschen anzupassen".[15] Mit diesen Worten wird der Leitgedanke der Inklusion, der neben demjenigen der Teilhabe und der Nichtdiskriminierung im Mittelpunkt der UN-Behindertenrechtskonvention steht, als „ein Meilenstein" der internationalen Politik für Menschen mit Behinderungen auch „in das Zentrum der bayerischen Behindertenpolitik" gerückt: „Nicht mehr der behinderte Mensch hat sich an die bestehenden gesellschaftlichen Strukturen anzupassen, sondern es obliegt vielmehr der Gesellschaft, Strukturen zu schaffen, in denen sich jeder, auch Menschen mit Behinderungen, einbringen und auf die ihnen eigene Art wertvolle Leistungen erbringen können. Die Hilfe für Menschen mit Behinderungen entwickelt sich also immer mehr weg von einer defizitorientierten hin zu einer sozialen inklusiven Sichtweise, die die gesamte Gesellschaft in die Pflicht nimmt und die Menschen mit Behinderungen in die Mitte der Gesellschaft holt".[16]

„Integration" und „Inklusion" sind keine Synonyme.[17] In Hinblick auf das *Leitbild Inklusion* wird in dem Entwurf des Aktionsplans hervorgehoben, dass es sich dabei nicht um ein spezielles Konzept für Menschen mit Behinderungen handelt, sondern dass auch Menschen ohne Behinderungen die Notwendigkeit und auch die Vorteile des gemeinsamen und unmittelbaren Zusammenseins von nichtbehinderten und behinderten Menschen erkennen sollen. *Bewusstseinsbildung* (Art. 8 UN-BRK) für ein entsprechend positives Verständnis von Menschen mit Behinderungen i.S.d. Art. 4 Abs. 1 Buchst. d und Art. 8 UN-BRK ist dementsprechend ein Anliegen, welches die gesamte Behindertenpolitik prägen und vor allem auch die Arbeit der Mitarbeiter der für die Behindertenpolitik zuständigen Verwaltungsstellen bestimmen soll.

Die Sorge für *Kinder und Jugendliche mit Behinderungen* (Art. 7, 25 u. 26 UN-BRK) nimmt einen zentralen Platz ein: Frühförderung, heilpädagogische Tagesstätten (z.B. Nachmittagsbetreuung für behinderte Kinder an Förderschulen), Kindertageseinrichtungen, Kindergärten und -horte, Schulen, Hochschulen und Studium stehen im Vordergrund bereits eingeleiteter und noch geplanter Maßnahmen.[18]

Einen Schwerpunkt bildet die *Teilhabe am Arbeitsleben* (Art. 24 u. 27 UN-BRK).

Weitere Maßnahmen des Aktionsplans betreffen auch einzelne Gruppen von Menschen: *Mädchen und Frauen mit Behinderung* (Art. 6 u. 7 UN-BRK), *Menschen mit Behinderung im Alter* (Art. 19 u. 28 UN-BRK), differenziert nach gealterten Menschen mit Behinderungen, Menschen, die im Alter erstmals von Behinderung betroffen sind, sowie die Implementierung der Hospizidee in stationären Einrichtungen für dort wohnhafte Menschen mit Behinderung.

Ein anderer Schwerpunkt betrifft *ambulante Leistungen* (Art. 19, 25 u. 26 UN-BRK), ein weiterer liegt auf *Barrierefreiheit* bzw. Zugänglichkeit und Inklusion (Art. 9 u. a. UN-BRK): Bauen und Wohnen, Hochbau und Straßenbau, Ausbildung, Baurecht, Wohnraumförderung sowie Städtebauförderung werden in diesem Zusammenhang thematisiert. Was Verkehrsmittel und Bahnhöfe angeht (Art.

20 UN-BRK), werden der öffentliche Personennahverkehr und der Luftverkehr als zwei in der Tat wichtige Komponenten der Mobilität gerade für Menschen mit Behinderungen, die häufig den Individualverkehr nicht nutzen können und deshalb auf diese Verkehrsmittel in hohem Maße angewiesen sind, gesondert behandelt.

Weitere Aspekte sind *Kommunikation* (Art. 21 UN BRK), *Behindertensport* und *Kultur* (Art. 30 UN-BRK) sowie in einem umfassenden Sinne das sog. *universelle Design* (Art. 2 u. 4 Abs. 1 Buchst. f u. g) als Vorgabe für die behindertengerechte Ausgestaltung von Produkten, Dienstleistungen und auch der Umwelt, in deren Rahmen sie angeboten und erbracht werden.

In Bezug auf die Gewährleistung des angemessenen Lebensunterhalts (Art. 19 u. 28 UN-BRK) werden die Weiterentwicklung der Eingliederungshilfe nach dem SGB XII (Sozialhilfe) sowie des persönlichen Budgets angesprochen, im Hinblick auf das Gesundheitswesen (Art. 20, 25 u. 26 UN-BRK) die gesetzliche Krankenversicherung, die private Krankenversicherung, die Gestaltung von Krankenhäusern sowie Vertragsarztpraxen. Hier sind anders als im Aktionsplan des Bundes und im Ersten Staatenbericht[19] die Pflege und insbesondere auch die Pflegeversicherung, die auch von der Konvention erfasst werden, nicht ausdrücklich erwähnt. Dies mag darauf zurückzuführen sein, dass die Pflegebedürftigkeit – für das internationale Recht noch allzu neu und jung[20] – auch im Text der Konvention nicht explizit angesprochen wird.

Die Selbsthilfe (Art. 29 UN-BRK) wird als eine wesentliche Säule des bürgerschaftlichen Engagements, die durch die direkte Betroffenheit der Bürger charakterisiert wird und sich dadurch von anderen Facetten des bürgerlichen Engagements unterscheidet, besonders hervorgehoben. Diese Selbsthilfe der Betroffenen wird unterstützt durch die Förderung von Selbsthilfegruppen und Selbsthilfeorganisationen – Landesbehindertenverbänden, sonstigen landesweit tätigen Institutionen u.a. – sowie durch Projekt- und Modellförderungen. Diese diversen Formen der Unterstützung sollen die Eigeninitiative der Betroffenen stärken und damit vor allem die eigenverantwortliche Hilfe, die sich behinderte oder chronisch kranke Menschen und deren Familienangehörige in solchen Gruppen gegenseitig gewähren, optimieren. Die selbsthilfeorientierten Verbände und deren Organisationen sind im Übrigen nicht nur Ansprechpartner der Betroffenen, sondern auch Kooperationspartner der Politik sowie Vertreter der Anliegen und Interessen von chronischen kranken Menschen und Menschen mit Behinderungen und spielen insofern eine wichtige Rolle im Zusammenhang mit der Gestaltung einer möglichst inklusiven Gesellschaft. So soll beispielsweise das bayerische Landesnetzwerk bürgerschaftliches Engagement im Bereich der Behindertenselbsthilfe das bürgerschaftliche Engagement landesweit vernetzen und bündeln.

3. Künftiger Reflexions- und Handlungsbedarf

3.1 Rechtliche Handlungsfähigkeit

Was die für die gesamte Konvention zentrale Vorschrift der gleichen Anerkennung vor dem Recht des Art. 12 UN-BRK angeht, so wird in Übereinstimmung mit dem Aktionsplan des Bundes und dem Ersten Staatenbericht der Bundesregierung im Entwurf des Aktionsplans des Freistaats Bayern unterstrichen, dass das deutsche Recht der Rechts- und Geschäftsfähigkeit keine Diskriminierung behinderter Menschen beinhalte und nicht gegen Art. 12 Abs. 2 UN-BRK verstoße. Dies gelte insbesondere auch für das Betreuungsrecht.

Hier liegt einer der Punkte, im Hinblick auf die es notwendig erscheint, die dem Aktionsplan zugrunde liegende Auffassung einer kritischen Überprüfung zu unterziehen. Gemäß Art. 4 UN-BRK sind die Vertragsstaaten und mithin auch Deutschland verpflichtet, alle geeigneten Gesetzgebungs-, Verwaltungs- und sonstigen Maßnahmen zu ergreifen, um die in der Konvention anerkannten Rechte auf nationaler Ebene umzusetzen. Dies schließt die Verpflichtung ein, Gesetze zu ändern oder aufzuheben, die eine Diskriminierung von Menschen mit Behinderungen darstellen. Dies gilt auch für das in Art. 12 UN-BRK gewährleistete Recht sowie für das verwandte in Art. 29 UN-BRK verbriefte Recht auf Teilhabe am politischen und öffentlichen Leben. Auf die Beeinträchtigung der rechtlichen Selbstbestimmung von Menschen mit Behinderungen durch die Anordnung einer Betreuung in einem bestimmten Aufgabenbereich und die Bestellung eines Betreuers als eines Vertreters im Rechtsverkehr und zumal die Einschränkung der eigenen Handlungsfähigkeit des Betroffenen durch die zusätzliche Anordnung eines sog. Einwilligungsvorbehalts gemäß § 1903 BGB ist bereits wiederholt kritisch hingewiesen worden.[21] Die Diskussion dieser Thematik gehört auch bereits zu den Aufgaben der vom Bundesministerium der Justiz gebildeten interdisziplinären Arbeitsgruppe, in welche auch die bayerische Staatsregierung eingebunden ist, die sich u.a. mit der Frage befasst (und sie dem Vernehmen nach verneint hat), ob aufgrund der UN-Behindertenrechtskonvention Änderungen des Betreuungsrechts geboten sind (wie dies nach Auffassung des Verf. jedoch notwendig ist).

Auch gibt es weitere Monita, zu denen insbesondere der Ausschluss vom Wahlrecht wegen Bestehens einer „Totalbetreuung" gehört.

3.2 Der Ausschluss vom Wahlrecht „totalbetreuter" Menschen mit Behinderungen

Eine auf die Anordnung einer sog. „Totalbetreuung", d.h. einer Betreuung in allen Angelegenheiten zurück gehende Rechtsbeeinträchtigung betrifft insbesondere das Wahlrecht von Menschen mit Behinderungen und damit deren Teilhabe am politischen Leben (Art. 29 UN-BRK)[22]. Die Vorschrift des § 13 BWG (Ausschluss vom Wahlrecht), die hier stellvertretend für entsprechende Regelungen in den Landeswahlgesetzen, den kommunalen Wahlrechtsregelungen und dem Europawahlgesetz zitiert wird, lautet:[23] „Ausgeschlossen vom Wahlrecht ist, 1. wer infolge [!] Richterspruchs das Wahlrecht nicht besitzt, 2. derjenige, für den zur Besorgung aller seiner Angelegenheiten ein Betreuer nicht nur durch einstweilige Anordnung bestellt ist; dies gilt auch, wenn der Aufgabenkreis des Betreuers die in § 1896 Abs. 4 und § 1905 des Bürgerlichen Gesetzbuchs bezeichneten Angelegenheiten nicht erfasst, 3. wer sich auf Grund einer Anordnung nach § 62 in Verbindung mit § 20 des Strafgesetzbuches in einem psychiatrischen Krankenhaus befindet".

Bereits der Pakt der Vereinten Nationen über bürgerliche und politische Rechte (der sog. UN-Zivilpakt von 1966), der in seinem Art. 25 jedem Staatsbürger das Recht einräumt, zu wählen und gewählt zu werden, lässt zwar einen Ausschluss vom Wahlrecht wegen einer sog. „festgestellten Unzurechnungsfähigkeit" zu, bindet diesen nach den allgemeinen Bemerkungen des UN-Menschenrechtsausschusses jedoch an strenge Kriterien. Der Europäische Gerichtshof für Menschenrechte in Straßburg hat sich in einer Entscheidung vom 25.5.2010 zum Ausschluss vom Wahlrecht geäußert und eine Regelung des ungarischen Rechts, das eine solche Maßnahme für Personen vorsieht, die ganz oder teilweise unter Vormundschaft gestellt sind, als mit der Europäischen Menschenrechtskonvention (EMRK) für nicht vereinbar erklärt, wenn ein solcher Ausschluss unabhängig von den tatsächlichen Fähigkeiten des Betroffenen im Hinblick auf die Erfassung und Behandlung dieser Thematik sowie den Umgang mit ihr in Form einer potenziellen Wahlentscheidung erfolgt; eine Einschränkung des durch Art. 3 des 1. Zusatzprotokolls zur Europäischen Menschenrechtskonvention (EMRK) garantierten aktiven und passiven Wahlrechts dürfe nicht auf eine bloße aufgrund einer geistigen oder psychischen Behinderung angeordnete Vormundschaft gestützt werden, ohne dass eine rechtsförmige und individualisierte Beurteilung stattfinde, zumal – so der Gerichtshof in einem obiter dictum – Maßnahmen zu Lasten von Menschen mit geistiger oder psychischer Behinderung besonders restriktiv gehandhabt werden müssten, weil sie in der Vergangenheit besonders gravierenden Diskriminierungen ausgesetzt gewesen seien.[24]

Ein Blick in europäische Nachbarländer zeigt, dass die Mehrzahl der EU-Mitgliedstaaten zwar wie Deutschland bei Vorliegen bestimmter Voraussetzungen einen quasi „automatischen" Ausschluss vom Wahlrecht für Menschen mit geistiger oder psychischer Behinderung kennen, einige Staaten, z.B. Finnland, Frankreich, Slowenien und Spanien, aber vorsehen, dass in einschlägigen Fällen konkret überprüft werden muss, ob der Betroffene in der Lage ist, eine Wahlentscheidung zu treffen, während andere Mitgliedstaaten sogar ganz davon absehen, das Wahlrecht einzuschränken, sondern jedermann dieses Recht einräumen, z.B. Österreich, wo es den Verlust des Wahlrechts nur in Verbindung mit einer strafrechtlichen Verurteilung gibt, Italien bereits seit Ende der 1960er Jahre und das Vereinigte Königreich seit Mitte des vergangenen Jahrzehnts. Man kann insofern von einer Entwicklung hin zu einer Abwendung von der Einschränkung des Wahlrechts sprechen – so der Befund der europäischen Agentur für Grundrechte in Wien vom Oktober 2010[25] – und die UN-Behindertenrechtskonvention hat nun durch die Vorschrift des Art. 29 UN-BRK diese Entwicklung zu einem rechtlichen Gebot gemacht: Diskriminierungen sind auch in Hinblick auf die Wahrnehmung des Wahlrechts verboten.

Der Europarat hat sich bereits 1999 in einer – für die Mitgliedstaaten allerdings rechtlich nicht verbindlichen – Empfehlung dagegen ausgesprochen, gleichsam automatisch das Stimmrecht zu entziehen und stattdessen dafür plädiert, auf die konkrete individuelle Urteilsfähigkeit des Betroffenen abzustellen.[26] In verfahrensmäßiger Hinsicht läge es nahe, den Verlust des Wahlrechts, wenn überhaupt, dann nur aufgrund richterlicher Entscheidung eintreten zu lassen.[27]

Es sei in diesem Zusammenhang daran erinnert, dass Ende der 1980er Jahre eine vom Bundesminister der Justiz eingesetzte interdisziplinäre Arbeitsgruppe zur Vorbereitung der Reform des Entmündigungs-, Vormundschafts- und Pflegschaftsrechts für Volljährige (welcher der Verf. seinerzeit angehört hat) einen Diskussionsentwurf für das heute geltende Betreuungsrecht erarbeitet hat.[28] Damals wurde auch über den § 13 Nr. 2 BWG a. F. diskutiert, wonach vom Wahlrecht ausgeschlossen war, wer entmündigt war oder wegen geistigen Gebrechens unter Pflegschaft stand, sofern er nicht durch eine Bescheinigung des Vormundschaftsgerichts nachwies, dass die Pflegschaft mit seiner Einwilligung angeordnet war. Die Mitglieder der Arbeitsgruppe hatten seinerzeit einstimmig dafür votiert, die Bestimmung des § 13 Nr. 2 BWG a. F. ersatzlos zu streichen und damit jeden Zusammenhang zwischen der Betreuung eines Volljährigen und seinem Wahlrecht bzw. seiner Wählbarkeit zu beseitigen. Geschäftsunfähige Personen können nämlich durchaus fähig sein, Wesen und Bedeutung von Wahlen zu erkennen und entsprechend zu handeln, wie sie auch in der Lage sein können, beispielsweise in ärztliche Eingriffe einzuwilligen. Die Übertragung aller Angelegenheiten einer Person auf einen Betreuer und damit die Anordnung einer „Totalbetreuung" bezieht sich auf Angelegenheiten, in denen eine gesetzliche Vertretung des Betreuten in Betracht kommt; dies scheidet bei der Ausübung des Wahlrechts aus. Die zur Übertragung aller Angelegenheiten vorgeschriebene Erforderlichkeitsprüfung (§ 1896 Abs. 2 BGB) erstreckt sich deshalb auch nicht auf die Fähigkeit des Betroffenen, Wesen und Bedeutung einer Wahl einzusehen, und das Verfahren zur Anordnung einer Betreuung und zur Bestellung eines Betreuers ist dementsprechend nicht darauf gerichtet, die Einsicht des Betroffenen in Wesen und Bedeutung von Wahlen zu prüfen. Ferner steht auch nur der geringere Teil der psychisch kranken und geistig oder seelisch behinderten Volljährigen unter Betreuung, so dass für den überwiegenden Teil dieses Personenkreises der Wahlrechtsausschluss ohnehin nicht gelten kann, darf doch gemäß § 1896 Abs. 2 BGB ein Betreuer auch nur für Aufgabenkreise bestellt werden, in denen die Betreuung erforderlich ist; da eine Betreuung nicht erforderlich ist, wenn die Angelegenheiten des Volljährigen durch einen Bevollmächtigten oder durch andere Hilfen besorgt werden können, hängt letztlich die Betreuung und damit ggf. auch der Wahlrechtsausschluss aber im Einzelfall davon ab, inwieweit sonstige Hilfen in Gestalt von Familienangehörigen, Nachbarn, sonstigen informellen Helfern, dem Vorhandensein und der Qualität von sozialen Diensten u.a. im konkreten Fall zur Verfügung stehen. Eine Ungleichbehandlung von Personen je nachdem, ob eine Betreuung erforderlich war oder nicht – was wiederum von den vorstehend genannten außerhalb der Person des Betroffenen liegenden Gründen abhängt –, verstößt aber gegen den Grundsatz der Gleichbehandlung und das Verbot der Diskriminierung (Art. 3 GG und Art. 29 UN-BRK).

Da es sich bei dem Ausschluss vom Wahlrecht um einen Diskriminierungstatbestand handelt, ist Art. 29 UN-BRK im Hinblick auf den Ausschluss vom Wahlrecht unmittelbar anwendbar. Insofern besteht mithin rechtlicher Handlungsbedarf. Entsprechendes muss gelten für die Bestimmung des § 13 Abs. 3 BWG im Hinblick auf Personen, die sich gemäß § 62 i. V. m. § 20 StGB in einem psychiatrischen Krankenhaus befinden, worauf an dieser Stelle aus Raumgründen nicht eingegangen wird.[29]

4. Arbeit und Beschäftigung

Die Teilhabe am Arbeitsleben gehört bereits seit jeher zu den Schwerpunkten der deutschen Politik für Menschen mit Behinderungen, ist doch die Ausübung einer Erwerbstätigkeit eine wichtige Voraussetzung für die Führung eines menschenwürdigen Lebens, eine selbstbestimmte Lebensführung und eine Teilhabe am Leben in der Gemeinschaft und stellen deshalb auch die Ausbildung und sonstige Befähigung zur Ausübung einer Beschäftigung – etwa durch das Rehabilitationsrecht – und die Möglichkeit zur Ausübung einer beruflichen Tätigkeit wichtige Schritte zu der Ermöglichung derartiger Teilhabe dar.

Zwischen 2003 und 2009 ist nicht zuletzt wegen der Bemühungen der einschlägigen Akteure von Bund, Ländern, Kommunen, der Bundesagentur für Arbeit u. a. die Beschäftigungsquote von Menschen mit Behinderungen von 4 v. H. auf 4,5 v. H. gestiegen, bei öffentlichen Arbeitgebern von 5,4 v. H. auf 6,3 v.

H.[30] Ein breites Spektrum spezifischer Maßnahmen hat dies möglich gemacht: So verpflichtet die *Arbeitsstättenverordnung* Arbeitgeber dazu, Arbeitsplätze barrierefrei einzurichten, wenn Menschen mit Behinderungen beschäftigt werden; die Integrationsämter gewähren Arbeitgebern Zuschüsse für die barrierefreie Gestaltung von Arbeitsplätzen und arbeitsbegleitende Hilfen.[31] *Eingliederungszuschüsse, Zuschüsse zu Probebeschäftigungen* und zu *Praktika* sind weitere Leistungen an Arbeitgeber, die behinderte Menschen beschäftigen.[32] Arbeitgeber, die mindestens 20 Arbeitnehmer beschäftigen, sind verpflichtet, eine Beschäftigungsquote von 5 v. H. ihrer Arbeitsplätze mit Schwerbehinderten oder diesen gleichgestellten Menschen mit Behinderungen zu besetzen; kommen sie dieser Beschäftigungspflicht nicht nach, müssen sie eine Ausgleichsabgabe zahlen, die für die Finanzierung der Beschäftigung von Menschen mit Behinderungen verwendet wird. Das sog. betriebliche Eingliederungsmanagement[33] verpflichtet Arbeitgeber dazu, im Hinblick auf Arbeitnehmer, die im Laufe eines Jahres länger als sechs Wochen arbeitsunfähig sind, zu klären, wie die Arbeitsunfähigkeit beseitigt werden kann und welche Leistungen und Hilfen dafür benötigt werden. Entsprechende Vorschläge und Maßnahmen werden ggf. über Modellprojekte gefördert. Die Bundesregierung führt insbesondere auf derartige Maßnahmen den Anstieg der Beschäftigungsquote behinderter Menschen zurück.[34]

Gleichwohl ist festzuhalten, dass sich die Arbeitslosigkeit behinderter Menschen in den vergangenen Jahren trotz der allgemeinen Verbesserung der Lage auf dem Arbeitsmarkt weniger gut entwickelt hat als die allgemeine Beschäftigungssituation, so dass sowohl Bund, Länder und Kommunen als auch Wirtschaft und Sozialleistungsträger gefordert sind, zusätzliche Arbeitsplätze zu schaffen – etwa im Rahmen der „Initiative Inklusion" für über 50-jährige schwerbehinderte Menschen als eines Beispiels für die gezielte Unterstützung bestimmter Gruppen von behinderten Menschen mit dem Ziel, ihnen den Zugang zum allgemeinen Arbeitsmarkt zu ermöglichen.[35] Dafür – etwa auch für die Unterstützung Jugendlicher beim Übergang in eine Ausbildung oder Beschäftigung – kommt beruflichen Rehabilitationseinrichtungen wie den Berufsbildungswerken, zumal angesichts der ständig steigenden Anforderungen sowohl an Beschäftigte als auch an Auszubildende, große Bedeutung zu und es stellt sich im Übrigen auch die Frage, ob und in welchem Maße sich derartige Aufwendungen „lohnen".[36] Auch die Länder haben entsprechende Projekte und Programme zur Integration behinderter Menschen in den Arbeitsmarkt aufgelegt. Eine Auflistung dieser Maßnahmen zeigt, wie ein breites Spektrum von Maßnahmen zugunsten Inklusion und Teilhabe am Erwerbsleben i. S. des Art. 27 UN-BRK (Arbeit und Beschäftigung)[37] in Betracht kommt. Exemplarisch:

Baden-Württemberg: Das Programm „*Aktion 1000*", das bis zum 31.12.2009 für geistig behinderte Jugendliche insgesamt 1250 neue Arbeitsverhältnisse begründet hat, wird durch die „Aktion 1000 plus" fortgeführt.
Bayern: Das Sonderprogramm „*Chancen Schaffen*" fördert Integrationsprojekte und Integrationsfachdienste, um schwerbehinderte Menschen in Arbeit zu bringen.
Berlin: Das Arbeitsmarktprogramm „*Schwerbehinderten-Joboffensive Berlin 2010 (Schwoß 2010)*" fördert die Schaffung von Arbeits- und Ausbildungsplätzen und unterstützt beim Übergang Schule – Beruf sowie Werkstatt für Menschen mit Behinderungen – allgemeiner Arbeitsmarkt.
Brandenburg: Die Modellprojekterweiterung „*Übergang Schule – Beruf*" ab Schuljahr 2011/2012 für alle Schülerinnen und Schüler mit einem sonderpädagogischen Förderbedarf („geistige Entwicklung", „körperlich-motorische Entwicklung", „Hören" und „Sehen") zielt auf die Schaffung von Alternativen sowohl zur Beschäftigung in einer Werkstatt für behinderte Menschen als auch zur außerbetrieblichen Ausbildung durch Aufbau eines Übergangsmanagements Schule – Beruf.
Bremen: Das *„Arbeitsmarktprogramm PLUS"* sieht Förderungsmöglichkeiten zur Schaffung befristeter Arbeitsverhältnisse als Einstieg in sozialversicherungspflichtige Beschäftigungen vor.
Hamburg: Projekt *„PJCO – Personenindividuelles Coaching für Menschen mit einer psychischen Erkrankung".*
Hessen: Das *Programm zur besonderen Förderung der Teilhabe schwerbehinderter Menschen am Arbeitsleben auf dem allgemeinen Arbeitsmarkt* ist dem 1.1.2011 bis zum 31.12.2012 verlängert und aufgestockt worden.
Mecklenburg-Vorpommern: Modellprojekt *„Förderung der Betrieblichen Eingliederung sowie des Betrieblichen Eingliederungsmanagements für schwerbehinderte/gleichgestellte Menschen in den Handwerksbetrieben in Mecklenburg-Vorpommern."*
Niedersachsen: 11. Sonderprogramm zur Förderung der Bereitschaft von Arbeitgebern zur Einstellung von schwerbehinderten Menschen unter Beteiligung der Arbeitsagenturen, der Job-Center und der zugelassenen kommunalen Träger.
Nordrhein-Westfalen: Im Rahmen des *Landesprogramms „Integration unternehmen!"* (2008-2011) sind in Zusammenarbeit mit den Landschaftsverbänden 1183 sozialversicherungspflichtige Arbeitsplätze für Menschen mit Behinderungen in Integrationsunternehmen geschaffen worden; das Programm wird fortgesetzt mit dem Ziel, jährlich 250 zusätzliche Arbeitsplätze zu schaffen.
Rheinland-Pfalz: Mithilfe von *Landessonderprogrammen zum Abbau der Arbeitslosigkeit schwerbehinderter Menschen* haben in den letzten Jahren über 4000

schwerbehinderte Menschen einen Arbeitsplatz auf dem allgemeinen Arbeitsmarkt erhalten.

Saarland: Saarländisches *Teilhabeprogramm zur Eingliederung besonders betroffener schwerbehinderter Menschen*, die zuvor in einer anerkannten Werkstatt für behinderte Menschen an einer Maßnahme im Berufsbildungsbereich teilgenommen haben oder im Arbeitsbereich beschäftigt waren, *in den allgemeinen Arbeitsmarkt*.

Sachsen: Das Modellprogramm *„SUPPORT der Allianz Arbeit. + Behinderung"* koordiniert Leistungen zur Integration von Menschen mit Behinderungen in kleinen und mittleren Unternehmen und bietet den Unternehmen diese Personen dann „aus einer Hand" an.

Sachsen-Anhalt: Ein *Existenzgründungsprogramm für Menschen mit Behinderungen* unterstützt Menschen mit Schwerbehinderungen beim Einstieg in die berufliche Selbstständigkeit.

Schleswig-Holstein: Das Modellprojekt *„Übergang Schule – Beruf"* richtet sich an Schüler der Förderzentren geistige bzw. körperliche Entwicklung mit dem Ziel, ihnen entsprechend ihren individuellen Kompetenzen einen erfolgreichen Einstieg in die Erwerbstätigkeit zu ermöglichen.

Thüringen: Mit dem Projekt *„INTEGRA 2010"* wird benachteiligten und lernbehinderten Jugendlichen in der Erstausbildung die Möglichkeit geboten, während ihrer Ausbildung einen berufsrelevanten Auslandsaufenthalt zu absolvieren.

5. Inklusive Leistungen für Menschen mit Behinderungen

Was das Recht der Behindertenhilfe i. e. S. angeht, so erhalten Menschen mit Behinderungen gegenwärtige Leistungen in ambulanten, teilstationären und stationären Strukturen in erheblichem Umfang durch die Sozialhilfe und damit als Fürsorgeleistung. Die Aufwendungen für die Eingliederungshilfe für behinderte Menschen, die sich im Jahre 2009 bundesweit auf 12 Mrd. Euro belaufen haben – in Bayern auf rd. 1,7 Mrd. Euro – sind von den Kommunen als Trägern der Sozialhilfe zu tragen. Aufgrund der demografischen Entwicklung, zumal der gestiegenen Lebenserwartung auch behinderter Menschen, sowie des medizinischen und medizinisch-technischen Fortschritts sind die Leistungen der Eingliederungshilfe zahlreicher, differenzierter und kostspieliger geworden. Überdies haben sich die gesellschaftlichen Anschauungen über und die Anforderungen an die Eingliederungshilfe für behinderte Menschen dergestalt verändert, dass Menschen mit Behinderungen heute nicht mehr als Angehörige einer Randgruppe der Bevölkerung begriffen werden, die „versorgt" und zumal „fürgesorgt" werden muss, sondern die Behindertenhilfe zielt auf gleichberechtigte Teilhabe in einer inklusiv gestalteten Umwelt und Gesellschaft überhaupt, wozu auch ein einklagbarer und durchsetzbarer Rechtsanspruch auf Sozialleistungen gehört.

Nach Maßgabe entsprechender Beschlüsse der Arbeits- und Sozialministerkonferenz (ASMK) aus den Jahren 2009 und 2010 wird gegenwärtig zwischen Bund und Ländern sowie auch in der Fachöffentlichkeit und u. a. auch zwischen Trägern der Eingliederungshilfe und Sozialverbänden eine Strukturreform der Eingliederungshilfe diskutiert.

In diesem Zusammenhang ist auch der Vorschlag zur Diskussion gestellt worden, ein Bundesleistungsgesetz zu schaffen, in dem Leistungen im Behindertenbereich definiert werden sollen, deren Finanzierung vom Bund übernommen werden soll.[38] Angestrebt wird damit u. a., Menschen mit Behinderungen aus der vorstehend angesprochenen Fürsorgeregelung zu entlassen und ihnen eine menschenwürdigere, eigenständige Leistung zu gewähren. Allerdings wird auch in diesem Zusammenhang diskutiert, ob und in welchem Umfang die Empfänger von Eingliederungshilfeleistungen aus ihrem Einkommen und Vermögen eine Eigenbeteiligung erbringen sollen, steht also nach wie vor der fürsorgerischen, durch eine Bedürftigkeitsprüfung charakterisierte Ansatz im Raum.

Die Eingliederungshilfe für Menschen mit Behinderungen ist in dem §§ 53 ff. SGB XII geregelt. Die Bestimmung des § 53 Abs. 4 SGB XII verweist im Hinblick auf die Umsetzung und Anwendung der Eingliederungshilfe auf die Vorschriften des Sozialgesetzbuchs Neuntes Buch – Rehabilitation und Teilhabe behinderter Menschen – (SGB IX), soweit sich nicht aus den Regelungen des Sozialgesetzbuchs zwölftes Buch – Sozialhilfe – (SGB XII) etwas Anderes ergibt. Dies bedeutet konkret, dass im Sozialhilferecht vorgesehene Besonderheiten, wie etwa der Grundsatz des Nachrangs gegenüber Einkommen und Vermögen des Hilfesuchenden und damit das klassische fürsorgerechtliche bzw. heute sozialhilferechtliche Bedürftigkeitsprinzip, als sozialhilferechtliche Abweichungen vom SGB IX dessen Regelungen vorgehen. Was den Einfluss der UN-Behindertenrechtskonvention auf die Eingliederungshilfe angeht, so ist diesbezüglich vor allem auf die Vorschrift des Art. 19 UN BRK (unabhängige Lebensführung und Einbeziehung in die Gemeinschaft) zu verweisen.[39] Aus behindertenpolitischer Sicht ist in diesem Zusammenhang anzumerken, dass diese Vorschrift der UN-Konvention den Paradigmenwechsel formuliert und fordert, der mit dem SGB IX in Deutschland eingeleitet worden ist und demzufolge Menschen mit Behinderungen nicht mehr wie in der Vergangenheit Objekte der Fürsorge sind, sondern vielmehr Subjekte der Teilhabe entsprechend der Zielsetzung, behinderte Menschen zu gleichberechtigten Bürgern ihrer jeweiligen Staats- und Gesellschaftsordnung zu machen.[40]

Behindertenrechtlich zielt § 1 SGB IX im Einklang mit den einschlägigen Vorschriften der UN-Konvention (Art. 3, 4, 19 UN-BRK) auf Selbstbestimmung und Teilhabe, die, so die zurückhaltende Formulierung[41] in dieser einleitenden

Vorschrift zum SGB IX, „gefördert" (und nicht etwa „verwirklicht") werden sollen. Nach Maßgabe des § 4 SGB IX ist es dementsprechend Aufgabe der Leistungen zur Teilhabe, „die persönliche Entwicklung ganzheitlich zu fördern und die Teilhabe am Leben in der Gesellschaft sowie eine möglichst selbstständige und selbstbestimmte Lebensführung zu ermöglichen oder zu erleichtern." Aus dieser Bestimmung ergibt sich allerdings kein leistungsrechtlicher Anspruch von Menschen mit Behinderungen, sondern ein solcher Anspruch kann sich nach § 7 SGB IX lediglich aus „den für den jeweiligen Rehabilitationsträger geltenden Leistungsgesetzen" ergeben. Dies bedeutet für die Menschen mit Behinderungen, die auf die Leistungen der Sozialhilfe angewiesen sind, dass sie sowohl „wesentlich behindert oder von einer Behinderung bedroht" sein müssen, als auch der dem vorstehend angesprochenen Bedürftigkeitsgrundsatz entsprechenden Bedürftigkeitsprüfung unterliegen, mithin Leistungen nur erhalten, wenn ihr vorrangig einzusetzendes Einkommen und Vermögen unterhalb bestimmter (niedriger) Grenzwerte liegen. Damit ist die klassische Fürsorgeorientierung der Behindertenpolitik, die zu überwinden von den Betroffenen und ihrer Lobby angestrebt wird, de lege lata rechtlich festgeschrieben. So wird die Forderung erhoben, den Anspruch auf Eingliederung bzw. – in der Begrifflichkeit der UN-Behindertenrechtskonvention – auf Teilhabe und Inklusion in einem eigenständigen Rechtsinstitut zu regeln, welches in Teil 3 des SGB IX verankert werden und als eigenständiger Leistungsbereich etabliert werden könnte, und zwar unabhängig vom Prinzip des Nachrangs und ohne Bedürftigkeitsprüfung.

Das *Forum behinderter Juristinnen und Juristen,* ein Zusammenschluss von Angehörigen dieser Berufsgruppe, die selbst behindert sind, hat im Mai 2011 den Entwurf eines „Gesetzes zur Sozialen Teilhabe und zur Änderung des SGB IX und anderer Gesetze" vorgelegt.[42] Dieser Entwurf enthält auch Vorschläge zur Neuregelung der Leistungen zur Teilhabe am Leben in der Gemeinschaft für Menschen mit Behinderungen, die darauf hinauslaufen, das Menschenrecht auf soziale Teilhabe im SGB IX zu verankern und damit zugleich die Anforderungen aus der UN-Behindertenrechtskonvention, wie sie sich namentlich aus Art. 19 UN-BRK (unabhängige Lebensführung und Einbeziehung in die Gemeinschaft) ergeben, umzusetzen; die soziale Teilhabe soll danach gleichrangig neben der medizinischen Rehabilitation und der Teilhabe am Arbeitsleben stehen.

Der Entwurf enthält u.a. folgende Einzelregelungen: Die Förderung der Entwicklung behinderter Menschen im Rahmen inklusiver Erziehung und Bildung wird als Aufgabe des Sozialstaats formuliert und postuliert. In der sog. Einweisungsvorschrift des § 29 SGB 1 (Leistungen zur Rehabilitation und Teilhabe behinderter Menschen) sollten dementsprechend künftig auch spezifische „Hilfen zu einer inklusiven Schulbildung [...] einschließlich der Vorbereitung hierzu" verankert werden.

Während gegenwärtig die Eingliederungshilfe für geistig und körperlich behinderte Kinder Aufgabe der Sozialhilfe und damit des SGB XII ist, sollten künftig die Träger der Jugendhilfe nicht nur wie gegenwärtig bereits für seelisch behinderte Kinder und Jugendliche (§ 35 a SGB VIII), sondern für alle Kinder mit Behinderungen zuständig sein – gewiss eine sinnvolle, weil auf Gleichstellung abstellende Forderung.

Besonders wichtig ist die vorgesehene Neufassung des Behindertenbegriffs in § 2 SGB IX-E nach Maßgabe des sog. Dreiteilungsmodells i. S. der „Internationalen Klassifikation der Funktionsmäßigkeit, Behinderung und Gesundheit" (ICF) der Weltgesundheitsorganisation (WHO), welches auch dem – allerdings zurecht auf eine strikte und damit zwangsläufig gleichsam statische Definition von Behinderung verzichtenden – Behinderungskonzept der UN-Behindertenrechtskonvention zugrunde liegt. An die Stelle einer Begriffsbestimmung von Behinderung anhand eines für das jeweilige Lebensalter typischen Zustands wird auf die Wechselwirkung zwischen Individuum und Umwelt und damit auf das Wechselverhältnis von individueller Beeinträchtigung und gesellschaftlichen Barrieren abgestellt, wird Behinderung dementsprechend definiert als eine andauernde Beeinträchtigung, die aufgrund zahlreicher unterschiedlicher „Barrieren" die gleichberechtigte gesellschaftliche Teilhabe des Betroffenen einschränkt: „Nicht mehr die Beeinträchtigung an sich, sondern ihr Zusammentreffen mit gesellschaftlichen Barrieren bildet im Zusammenspiel die Behinderung".[43] Barrieren im vorgenannten Sinne werden definiert als „nicht nur alle physischen, sondern ebenso alle informationellen, kommunikativen und sonstigen einstellungs- und umweltbedingten Hindernisse" (§§ 2 Abs. 3 u. 4 Abs. 1 a SGB IX-E – in dieser Bestimmung werden Maßnahmen zur Beseitigung und Verringerung von Barrieren de lege ferenda normiert). Dieser konventionskonforme Ansatz würde auch eine Weiterentwicklung des Feststellungsverfahrens nach Maßgabe der Verordnung zu § 30 Abs. 17 Bundesversorgungsgesetz (BVG) erforderlich machen: An die Stelle der bisherigen Einteilung nach Zehnergraden solle eine einfachere 5-stufige Unterscheidung treten: (1) geringfügige Beeinträchtigung mit einem Grad der Beeinträchtigung von unter 30; (2) erhebliche Beeinträchtigung mit einem Grad von 30-49; (3) höhere Beeinträchtigung von 50-79; (4) besonders hohe Beeinträchtigung von 80-99; (5) schwerste Beeinträchtigung von 100 v. H. Die Leistungen zur sozialen Teilhabe sollten für erwachsene behinderte Menschen nicht mehr von den örtlichen und überörtlichen Sozialhilfeträgern, sondern vom Integrationsamt als neuem Rehabilitationsträger erbracht werden (§ 57 SGB IX-E). Mit diesem Zuständigkeitswechsel sollte „eine neue Verwaltungskultur" einhergehen, die mit dem alten Versorgungs- und Fürsorgedenken bricht. Hier mag man allerdings die Frage aufwerfen, ob wirklich ein neuer Rehabilitationsträger aufgebaut werden sollte in Gestalt der Integrationsämter, oder ob es nicht vorzuziehen wäre, bereits nahezu bundesweit flächendeckend bestehende Behörden wie die Versorgungsämter oder – etwa in Nordrhein-Westfalen – andere, diese entsprechenden Aufgaben wahrnehmende Behörden mit dieser neuen Aufgabe zu betrauen.[44] Kostenträger soll der Bund sein (§ 58 SGB IX-E). Als neue Leistungsformen zur Verwirklichung umfassender Teilhabe sind ein Anspruch auf sog. persönliche Assistenz (§ 17 b SGB IX-E) und auf persönliche Unterstützung (§ 56 SGB IX-E) vorgesehen. Leistungen zur Teilhabe sollen auf Antrag auch durch ein persönliches Budget erbracht werden können, ggf. verknüpft mit anderen Sach-, Geld- und Beratungsleistungen (§ 17 Abs. 2 SGB XI-E). Die persönliche Assistenz bezöge sich auf Personal-, Organisations-, Anleitungs-, Raum-, Finanz- und Differenzierungskompetenzen, die den Fähigkeiten entsprechen, an denen es Menschen mit geistiger Behinderung häufig mangelt. Für die Inklusion in das Arbeitsleben sollte es für schwerbehinderte Menschen vier Beschäftigungsformen geben: (1) Dauerhaft voll erwerbsgeminderte Personen, die eine ihren Fähigkeiten geeignete Beschäftigung gegen Entgelt finden können; (2) Personen, die i. S. des § 136 Abs. 1 SGB IX nicht, noch nicht oder noch nicht wieder auf dem allgemeinen Arbeitsmarkt Fuß fassen können und deshalb in einer Werkstatt für behinderte Menschen (WfbM) Beschäftigung finden; (3) Personen, die länger als drei Stunden täglich beschäftigt werden können, allerdings nicht unter arbeitsmarktüblichen Bedingungen; (4) schwerbehinderte Menschen, die mit dem besonderen Beschäftigungsschutz des zweiten Teils des SGB IX (besondere Regelungen zur Teilhabe schwerbehinderter Menschen/ Schwerbehindertenrecht) auf allen geeigneten Arbeitsplätzen beschäftigt werden können. Auch ist die Einführung eines sog. Teilhabegeldes vorgesehen (§ 56 a SGB IX-E), durch das pauschal ein behinderungsbedingter Mehraufwand abgedeckt werden soll, soweit er nicht über Rechtsansprüche für besondere Leistungen geltend gemacht werden kann. Dieses Teilhabegeld soll auch an die Stelle der landesrechtlichen Regelungen für Blinde, Sehbehinderte, Hörbehinderte und gehörlose Menschen treten.

6. Parlamentarische Initiativen

6.1 Anhörung von Sachverständigen

Am 17.10.2011 hat der Ausschuss für Arbeit und Soziales des Deutschen Bundestages eine öffentliche Anhörung von Sachverständigen zum Nationalen Aktionsplan zur Umsetzung der UN-Behindertenrechtskonvention durchgeführt[45], den die Bundesministerin für Arbeit und Soziales in einem Vorwort zum Aktionsplan als „ein Stück gelebte Inklusion" bezeichnet hat; unter Beteiligung von Verbänden, Sozialversicherungsträgern, Unternehmen, Kommunen, Ländern und vielen

einzelnen Menschen seien „aus Visionen Maßnahmen, aus richtungsweisenden Ideen ein Schrift gewordener Kompass" gestaltet worden.[46]
Folgende Punkte wurden im Laufe dieser Anhörung u.a. kritisch angemerkt: Die unzureichende Anerkennung eines umfassenden Handlungsbedarfs sowohl im Hinblick auf die Gesetzgebung als auch die praktische Umsetzung der Konvention aufgrund der unzureichenden Analyse der Vorgaben der Konvention, die sich bereits in der nicht adäquaten (nicht offiziellen) deutschen Fassung der Konvention widerspiegele (pars pro toto die Wiedergabe von „inclusive" mit „integrativ"), die unzulängliche Umsetzung des Art. 12 UN-BRK (gleiche Anerkennung vor dem Recht)[47], den Reformbedarf im Hinblick auf Art. 24 UN-BRK (Bildung)[48], Unterbringung und Zwangsbehandlung vor dem Hintergrund des Art. 14 UN-BRK (Freiheit und Sicherheit der Person), der Handlungsbedarf Arbeit und Beschäftigung (Art. 27 UN-BRK, in Bezug auf den anzumerken ist, dass die Einflussmöglichkeiten des Staates in einem marktwirtschaftlichen System diesbezüglich sehr viel eingeschränkter sind, als dies beispielsweise in dem staatlich organisierten Bildungswesen der Fall ist), sowie die effektive Durchsetzung von Rechten der Menschen mit Behinderungen überhaupt u. a..

6.2 „UN-Konvention jetzt umsetzen – Chancen für eine inklusive Gesellschaft nutzen" (Antrag der Fraktion der SPD)

Ein jüngst eingebrachter Antrag der Abgeordneten Silvia Schmidt u. a. und der Fraktion der SPD[49] fordert den Deutschen Bundestag auf, umfassend zu überprüfen, inwieweit das geltende Recht mit der Konvention übereinstimmt und in der Praxis verwirklicht wird. Bestehende und zukünftige Gesetze und Verordnungen so wie deren Ausführungen müssten mit der UN-BRK vereinbar sein. Ein „Disability Mainstreaming" solle in alle nationalen Politiken und Gesetze integriert werden. Die Eingliederungshilfe für Behinderte solle aus dem SGB XII (Sozialhilfe) in das SGB IX (Rehabilitation und Teilhabe behinderter Menschen) überführt werden – zunächst bei unveränderter Kostenträgerschaft, wobei geprüft werden solle, wie Leistungen der sozialen Teilhabe künftig ganz oder teilweise einkommens- und vermögensunabhängig ausgestaltet werden können.[50]

Wichtig sei die „Versorgung mit menschlicher und tierischer Assistenz", damit Menschen mit Behinderungen selbstbestimmt leben könnten. Das trägerübergreifende persönliche Budget solle durch konkrete Maßnahmen, wie z. B. die Schulung der Verwaltung, die Bekanntmachung in der Öffentlichkeit und die Verpflichtung zur Prüfung der Möglichkeit der Einräumung eines Budgets bei der Beantragung von Teilhabeleistungen gestärkt werden. Ferner sei eine umfassende wissenschaftliche Wirkungsforschung zum SGB IX zu etablieren. Auch die Beschränkung bestimmter arbeitsrechtlicher Regelungen auf schwerbehinderte und ihnen gleichgestellte Personen sei als nicht UN-BRK-konform zu beseitigen. Arbeitsassistenz, welche die Teilhabe am Arbeitsleben auch in qualifizierter Beschäftigung ermögliche, sei zu fördern, u. a. durch Stärkung des Budgets für Arbeit. Weitere Reformanliegen betreffen die konsequente Umsetzung der inklusiven Bildung, den Ausbau eines Netzes von Frühförderungsstellen, die Zusammenfassung aller Leistungen für Kinder mit Behinderungen unter dem Dach der Kinder- und Jugendhilfe, die Barrierefreiheit im Personenverkehr, die bauliche Barrierefreiheit sowie die öffentliche Zugänglichkeit von Einrichtungen und Diensten, Kommunikation, Gesundheit, Pflege, medizinische Rehabilitation, Teilhabe am politischen und kulturellen Leben[51] und last but not least den Einstieg in sog. Inklusionsstatistiken durch die Überarbeitung der einschlägigen Vorschriften, insbesondere des Mikrozensusgesetzes, sowie eine Reform der Behindertenberichterstattung der Bundesregierung gemäß § 66 SGB IX, damit ein realistisches Bild der Lebenslagen von Menschen mit Behinderungen entstehen kann.

6.3 „Neuntes Buch Sozialgesetzbuch im Sinne des Selbstbestimmungsrechts der Menschen mit Behinderungen weiterentwickeln" (Antrag der Fraktion BÜNDNIS 90/DIE GRÜNEN)

Die Abgeordneten Markus Kurth u. a. und die Fraktion BÜNDNIS 90/DIE GRÜNEN[52] beantragen, dass der Deutsche Bundestag die Bundesregierung auffordert, ein Gesetz zur Weiterentwicklung des SGB IX vorzulegen, das folgende Anforderungen erfüllt: Beseitigung der in SGB IX geregelten Ausnahmen für die Träger der Sozial- und Jugendhilfe, Stärkung des Beratungsanspruchs der Betroffenen gegenüber den Leistungsträgern und Weiterentwicklung vorhandener Beratungsstrukturen nach § 65 b SGB V zu einer neutralen, trägerunabhängigen Beratungsinstanz, Bedarfserhebung nach einem für alle Träger verbindlichen Verfahren, Beseitigung gesetzlicher Hindernisse zur Inanspruchnahme des trägerübergreifenden persönlichen Budgets in bezug auf die Begrenzung der Budgethöhe auf den Gegenwert der zuvor in Anspruch genommenen Sachleistung, die Finanzierung einer Budgetassistenz als zusätzlicher Leistung, um den Grundsatz des § 17 SGB IX zum persönlichen Budget nach einer individuellen Bedarfsdeckung und einer erforderlichen Beratung und Unterstützung auch in der Leistungsgewährung zu realisieren, die Verankerung des Budgets für Arbeit zur Eingliederung von Menschen mit Behinderungen in den ersten Arbeitsmarkt als trägerübergreifende Leistung aus Mitteln der Eingliederungshilfe und der Bundesagentur für Arbeit, ein Recht auf Elternassistenz, unterstützte Elternschaft und andere Hilfen zur Wahrnehmung der elterlichen Rechte und Pflichten u. a..

7. Die Aktivitäten auf europäischer Ebene

Die Bundesregierung weist in ihrem Ersten Staatenbericht auch auf Europäische Initiativen hin.[53]

7.1 Europarat

Das Ministerkomitee des Europarates hat u.a. eine Resolution zum Thema „Achieving full Participation through Universal Design" angenommen, die Empfehlungen an die Regierungen der Mitgliedstaaten des Europarats dazu enthält, wie Strategien des Universellen Designs entwickelt, eingeführt und umgesetzt werden können – „Universal Design"/„Universelles Design" als umfassendes Konzept für die Planung und Gestaltung von Produkten und Umgebungen – Gegenstände, Gebäude, öffentliche Wege und Plätze, Anlagen und technische Einrichtungen –, das es allen Menschen einschließlich derer mit Behinderungen erlauben soll, diese Produkte und Umgebungen soweit wie möglich ohne individuelle Anpassung oder besondere Gestaltung zu benutzen. Dabei werden auch „good practices" in den einzelnen Staaten angesprochen.

7.2 Europäische Union

Auf Initiativen der Europäischen Kommission gehen u. a. Regelungen zurück, welche die Fahrgastrechte mobilitätsbeeinträchtigter Personen in der Weise erweitern, dass sie erleichterten Zugang zum Luft-, Eisenbahn-, Schiffs- und Busverkehr innerhalb der Europäischen Union haben. Ziel ist es, die persönliche Mobilität von Menschen mit Behinderungen europaweit zu verbessern. Dies entspricht nunmehr auch der rechtlichen Vorgabe des Art. 20 UN-BRK (persönliche Mobilität).[54]

Nach der Richtlinie (RL) 2004/18/EG können Auftraggeber bei der Vergabe öffentlicher Aufträge auch Bedingungen für die Ausführung des Auftrags vorschreiben, welche die allgemeine Zugänglichkeit betreffen, z.B. im Bereich baulicher Maßnahmen, bei Verkehrsanlagen, Verkehrsmitteln oder auch bei der Gestaltung von Internetangeboten.

Es verdient angemerkt zu werden, dass das Europäische Gemeinschaftsrecht bzw. heute – seit Inkrafttreten des Vertrags von Lissabon am 1.12.2009, der die Europäische Gemeinschaft institutionell in die Europäische Union hat „aufgehen" lassen – das Europäische Unionsrecht sowohl das Recht der Mitgliedstaaten und damit auch das deutsche Recht insbesondere im Hinblick auf das Antidiskriminierungsrecht – in Deutschland umgesetzt durch das Allgemeine Gleichbehandlungsgesetz (AGG)[55] – geprägt als auch in vielerlei Hinsicht die UN-Konvention inhaltlich beeinflusst hat.

Seit dem 22.1.2011 ist die UN-Behindertenrechtskonvention auch für die Europäische Union selbst, die ihr als eigenständiges Rechtssubjekt beigetreten ist, rechtsverbindlich und wird sich insofern künftig auch auf das EU-Recht auswirken. Hier stellt sich die Aufgabe, die Zuständigkeitsbereiche von EU-Recht und nationalem Recht der Mitgliedstaaten voneinander abzugrenzen, zumal im Interesse der Mitgliedstaaten, für die anders als in Deutschland die Konvention noch nicht unmittelbar gilt, sondern ggf. allein über das von ihr geprägte, aber zugleich dem nationalen Recht vorrangige und damit die Mitgliedstaaten und ihr Recht beeinflussende EU-Recht vermittelt wird.

In ihrer Mitteilung vom 15.11.2010 über eine „Europäische Strategie zugunsten von Menschen mit Behinderungen 2010-2020: Erneuertes Engagement für ein barrierefreies Europa" setzt sich die Europäische Kommission für eine bessere Gewährleistung des barrierefreien Zugangs zu Waren, Dienstleistungen und Hilfsmitteln für Menschen mit Behinderungen ein; sie prüft gegenwärtig, ob ein Europäischer Legislativakt über die Zugänglichkeit (Art. 9 UN-BRK) vorgelegt werden soll (wofür die Bundesregierung gegenwärtig ausweislich ihres Staatenberichts allerdings keine Notwendigkeit sieht[56]).

Dieser (vielleicht allzu knappe) Hinweis auf die Rolle der Europäischen Union im Zusammenhang mit der Umsetzung der UN-Behindertenrechtskonvention im ersten deutschen Staatenbericht ist deshalb wichtig, weil das EU-Recht als supranationales Recht dem nationalen und damit auch dem deutschen Recht vorgeht und auf auch für die Menschen mit Behinderungen wichtigen Gebieten eine Vorreiterrolle für die Konvention gespielt hat; dies gilt insbesondere für das Antidiskriminierungsrecht[57]: Obwohl Deutschland für die Vergangenheit auf keine spezifische Antidiskriminierungstradition und -kultur zurückblicken kann, wie auch die in Ansehung der Vollständigkeit ihrer Umsetzung rechtlich nicht bedenkenfreie Umsetzung der EU-Antidiskriminierungsrichtlinien durch das Allgemeine Gleichstellungsgesetz ausweist (und wie in der Vergangenheit auch die Erfahrungen mit der Umsetzung der EG-Richtlinien über die Gleichbehandlung von Männern und Frauen gezeigt haben), wird dem nicht nur vom Europäischen Unionsrecht, sondern jetzt auch von der UN-Behindertenrechtskonvention vorgegebenem Diskriminierungsschutz hierzulande sowohl in der politischen Praxis wie in der Öffentlichkeit immer noch nicht genügend Aufmerksamkeit geschenkt. So ist es nur schwer verständlich, dass trotz des vorstehend angesprochenen Wahrnehmungs- und Handlungsdefizits in Bezug auf den Schutz vor Diskriminierungen und der deshalb diesbezüglich erhöhten Anforderungen an Rechtsetzung und Verwaltungspraxis bei der Umsetzung der UN-Behindertenrechtskonvention der Etat der Antidiskriminierungsstelle des Bundes nach Pressemeldungen „massiv beschnitten" worden ist.[58]

Anmerkungen:

1 Erstveröffentlichung dieses Beitrags in: Behindertenrecht (br), Heft2/2012, S. 34-46. Die Redaktion des Jahrbuchs für Pädagogik 2015 bedankt sich an dieser Stelle beim Richard Boorberg Verlag für die Genehmigung zum Wiederabdruck.
2 Da Bernd Schulte unerwartet im Dezember 2014 starb und damit seinen zugesagten Artikel nicht mehr fertig stellen konnte, hat das Redaktionsteam den Abstract zu diesem Wiederabdruck verfasst.
3 Since Bernd Schulte died unexpectedly in December 2014 and thus could not finish this promised article, the editorial team has written the abstract for this reprint.
4 Zit. nach br 2011, S. 154f, „Kabinett beschließt Aktionsplan zur Umsetzung der UN-Behindertenrechtskonvention".
5 Zit. nach Bayerische Sozialnachrichten 2011, H.5, S. 2 u.11.
6 BGBl. 2008 II Nr.35 S. 1419 ff.
7 Übereinkommen der Vereinten Nationen über die Rechte von Menschen mit Behinderungen, BGBl. 2008II Nr.35, S. 1419 ff. – vgl. dazu Schulte, B., Behinderungen und Verhinderungen. Auf dem Weg zu einer inklusiven Gesellschaft – eine Zwischenbilanz, in : Bayerische Sozialnachrichten. Mitteilungen der öffentlichen und freien Wohlfahrtspflege in Bayern, 2011, H.5, S. 3ff. m. w. N.; ders., Das Übereinkommen der Vereinten Nationen über die Rechte von Menschen mit Behinderungen. Politischer und rechtlicher Handlungsbedarf in Deutschland, u.a. am Beispiel des Rechts auf Bildung, in: ZFSH/SGB Zeitschrift für die sozialrechtliche Praxis 2010, S. 657 ff., ders., Die Behindertenrechtskonvention der Vereinten Nationen – Von der „Intergration" zur „Inklusion": Änderungsbedarf im deutschen Behindertenrecht, in: Behindertenrecht (br) 2011, S. 41 ff.; ders., Die UN-Behindertenkonvention – „Disability Mainstreaming", Inklusion, Teilhabe und Verbot von Diskriminierungen auch im deutschen Arbeits- und Sozialrecht-, in: Zeitschrift für Europäisches Sozial- und Arbeitsrecht (ZESAR) 2012.
8 Bundesregierung, Nationaler Aktionsplan zur Umsetzung der BRK, Berlin, den 15.6.2011 (Kabinettsbeschluss); Bundesministerium für Arbeit und Soziales, Unser Weg in eine inklusive Gesellschaft. Der Nationale Aktionsplan der Bundesregierung zur Umsetzung der Behindertenrechtskonvention, Berlin 2011.
9 Vgl. Bundesministerium für Arbeit und Soziales (Hg.), Übereinkommen der Vereinten Nationen über Rechte von Menschen mit Behinderungen. Erster Staatenbericht der Bundesrepublik Deutschland – vom Bundeskabinett beschlossen am 3.8.2011, Berlin 2011.
10 Vgl. Bundesministerium für Arbeit und Soziales, a.a.O. S. 12; im Einzelnen: *Baden-Württemberg*: Umsetzungsplan wird gemeinsam mit dem Landesbehindertenbeirat und den Verbänden erarbeitet. Bayern: Der Entwurf eines Aktionsplans ist am 3.5.2011 von der bayerischen Staatsregierung verabschiedet worden und wird unter Beteiligung der Behinderten weiter entwickelt (*siehe dazu unter 2.2*). *Berlin*: Ein Aktions-Maßnahmenplan mit behindertenpolitischen Leitlinien ist im Juni 2011 vom Senat beschlossen worden. *Brandenburg*: Ein Maßnahmenplan soll bis Ende 2011 erstellt werden. *Bremen*: Die Koalitionsvereinbarung für die Wahlperiode 2011–2014 sieht die Erstellung eines Landesaktionsplans vor. *Hamburg*: Ein Landesaktionsplan ist zzt. in Vorbereitung. *Hessen*: Ein Aktionsplan ist für Ende 2011 geplant. *Mecklenburg-Vorpommern*: Ein Maßnahmenplan wird erarbeitet. *Niedersachsen*: Die Möglichkeit eines

Aktionsplans wird geprüft. *Nordrhein-Westfalen*: Ein Aktionsplan ist für Sommer 2011 geplant. *Rheinland-Pfalz*: Ein Aktionsplan besteht seit März 2010: Ministerium für Arbeit, Soziales, Gesundheit, Familie und Frauen: Aktionsplan der Landesregierung, Umsetzung der UN-Konvention über die Rechte von Menschen mit Behinderungen, Mainz 2010. *Saarland*: Ein Aktionsplan wird erarbeitet. *Sachsen*: Eine interministerielle Arbeitsgruppe prüft Handlungsbedarf: Vorschläge zur Umsetzung der UN-BRK werden voraussichtlich zusammen mit der Vorlage des Landesbehindertenberichts unterbreitet. *Sachsen-Anhalt*: Ein Aktionsprogramm ist in Arbeit. *Schleswig-Holstein*: Eine Initiative „Alle inklusive" existiert seit 2006. *Thüringen*: Die Erstellung eines Aktionsplans ist für Ende 2011 geplant.

11 Vgl. dazu Badura, I., Auf dem Weg zu einer inklusiven Gesellschaft, in: Bayerische Sozialnachrichten 2011, H.5, S. 10ff.
12 Vgl. die Behindertenpolitische Fachtagung zum Aktionsplan auf der sozialen Fachmesse und Fachtagung ConSozial, Nürnberg, den 3.11.2011.
13 Vgl. Bayerische Staatsregierung, Schwerpunkte der bayerischen Politik für Menschen mit Behinderung im Lichte der UN-Behindertenrechtskonvention – Entwurf eines Aktionsplans; München (Ms.) 2011.
14 So Bayerisches Staatsministerium für Arbeit und Sozialordnung, Familie und Frauen, Zweiter Bericht der Staatsregierung zur sozialen Lage in Bayern. Kurzversion, München 2011, S. 30.
15 Bayerische Staatsregierung, a.a.O., S. 4f.
16 Bayerische Staatsregierung, a.a.O., S. 5f.
17 So zurecht Badura, I., Auf dem Weg zu einer inklusiven Gesellschaft, in: Bayerische Sozialnachrichten 2011 H.5, S. 10 ff., 11. Deshalb ist auch die Übersetzung des Begriffs „inclusive", der in der arabischen, chinesischen, französischen, russischen und spanischen amtlichen englischen Sprachfassung der Konvention verwandt wird, mit „integrativ" in der nichtamtlichen deutschen Fassung der Konvention – z. B. in Art. 24 Abs. 2 Buchst. b UN-BRK – nicht nur missverständlich, sondern falsch.
18 Bayerische Staatsregierung, a.a.O., S. 11-25.
19 Vgl. zu dieser Problematik Schulte, B., a.a.O., m.w.N.
20 Vgl. dazu Schulte, B., Die UN-Behindertenkonvention – „Disability Mainstreaming", Inklusion, Teilhabe und Verbot von Diskriminierungen auch im deutschen Arbeits- und Sozialrecht –, in: Zeitschrift für Europäisches Sozial- und Arbeitsrecht (ZESAR) 2012, H. 2 u. 3.
21 Vgl. zu dieser Problematik Schulte, B., a.a.O., m.w.N.
22 Vgl. dazu und zum Folgenden Schulte, B., Die UN-Behindertenrechtskonvention und der Ausschluss des Wahlrechts von „totalbetreuten" Menschen mit Behinderungen, in: Zeitschrift für Rechtspolitik (ZRP) 2012, Heft1 m.w.N.; auch ders., Das Recht von Menschen mit Behinderungen auf Teilhabe am politischen und öffentlichen Leben. Vortrag auf einer Tagung der Akademie für Politische Bildung Tutzing in Zusammenarbeit mit der Beauftragten der Bayerischen Staatsregierung für Belange von Menschen mit Behinderung und der Landesarbeitsgemeinschaft SELBSTHILFE von Menschen mit Behinderung und chronischer Erkrankung und ihrer Angehörigen in Bayern e. V., München, unter Schirmherrschaft der Landtagspräsidentin Barbara Stamm „Teilhabe am politischen und öffentlichen Leben – (k)ein Thema für Menschen mit Behinderung?" München, Bayerischer Landtag (Maximilianeum), den 30.6.2011: www.apb-tutzing.de.

23 Bundeswahlgesetz i. d. F. d. Bek. v. 23.7.1993, BGBl. 1 S. 1288, ber. S. 1594.
24 Vgl. EGMR (= Europäischer Gerichtshof für Menschenrechte), Kiss./.Hungary, Application No. 38832/06.
25 Vgl. ausführlich European Union Agency for Fundamental Rights (FRA), The right to political participation of persons with mental health problems and persons with intellectual disabilities, Wien 2010, S. 15ff.
26 Empfehlung Nr.R99/4 des Ministerkomitees des Europarates an die Mitgliedstaaten über die Grundsätze betreffend den Rechtsschutz für nicht entscheidungsfähige Erwachsene vom 23.2.1999.
27 Vgl. in diesem Sinne die European Commission for Democracy through Law (The „Venice Commission"), Code of Good Practice in Electoral Matters – Guidelines and Explanatory Report, adopted at 52nd session (18/19 October 2002), Opinion No 190/2002, doc. CDL-AD. (2002) 23 rev. (zit. nach FRA, a.a.O., S. 10).
28 Vgl. Bundesminister der Justiz, Diskussions-Teilentwurf eines Gesetzes über die Betreuung Volljähriger (Betreuungsgesetz-BtG). Teil 2, Bonn 1988, S. 15 ff.; auch Bundesminister der Justiz (Hg.), Diskussions-Teilentwurf Gesetz über die Betreuung Volljähriger (Betreuungsgesetz-BtG), Köln 1987.
29 Vgl. dazu jüngst Palleit, L., Gleiches Wahlrecht für alle? Menschen mit Behinderungen und das Wahlrecht in Deutschland, Berlin (Deutsches Institut für Menschenrechte – deutsche Monitoring-Stelle zur UN-Behindertenrechtskonvention) 2011, der die Gesetzgeber in Bund und Ländern auffordert, die §§ 13 Nrn. 2 und 3 BWG und die entsprechenden landesrechtlichen Vorschriften ersatzlos zu streichen.
30 Bundesministerium für Arbeit und Soziales (Hg.), a.a.O., S. 61.
31 VGL. § 102 SGB IX.
32 § 34 SGB IX.
33 Vgl. § 84 Abs. 2 SGB IX.
34 Bundesministerium für Arbeit und Soziales (Hg.), a.a.O., S. 60.
35 Vgl. zu diesen und sonstigen Initiativen der Bundesregierung in diesem Zusammenhang Bundesministerium für Arbeit und Soziales, a.a.O., S. 61 f.
36 Vgl. dazu beispielhaft Breitsameter, M., Rentiert sich berufliche Rehabilitation von jungen Menschen? Erste Ergebnisse der Kosten-Nutzen-Analyse der Bundesarbeitsgemeinschaft der Berufsbildungswerke in Zusammenarbeit mit dem Institut der Deutschen Wirtschaft, in: Bayerische Sozialnachrichten 2011, H.5, S. 141.
37 Art. 27 UN-BRK: „(1) Die Vertragsstaaten anerkennen das gleiche Recht von Menschen mit Behinderungen auf Arbeit; dies beinhaltet das Recht auf die Möglichkeit, den Lebensunterhalt durch Arbeit zu verdienen, die in einem offenen, integrativen und für Menschen mit Behinderungen zugänglichen Arbeitsmarkt und Arbeitsumfeld frei gewählt oder angenommen wird. Die Vertragsstaaten sichern und fördern die Verwirklichung des Rechts auf Arbeit, einschließlich für Menschen, die während der Beschäftigung eine Behinderung erwerben, durch geeignete Schritte, einschließlich des Erlasses von Rechtsvorschriften, um unter anderem
   a) Diskriminierung aufgrund von Behinderung in allen Angelegenheiten im Zusammenhang mit einer Beschäftigung gleich welcher Art, einschließlich der Auswahl-, Einstellungs- und Beschäftigungsbedingungen, der Weiterbeschäftigung, des beruflichen Aufstiegs sowie sicherer und gesunder Arbeitsbedingungen zu verbieten; [...].
   d) Menschen mit Behinderungen wirksamen Zugang zu allgemeinen fachlichen und beruflichen Beratungsprogrammen, Stellenvermittlung sowie Berufsausbildung und Weiterbildung zu ermöglichen;

e) für Menschen mit Behinderungen Beschäftigungsmöglichkeiten und beruflichen Aufstieg auf den Arbeitsmarkt sowie die Unterstützung bei der Arbeitssuche, beim Erhalt und der Beibehaltung eines Arbeitsplatzes und beim beruflichen Wiedereinstieg zu fördern; [...]

g) Menschen mit Behinderungen im öffentlichen Sektor zu beschäftigen;

h) die Beschäftigung von Menschen mit Behinderungen im privaten Sektor durch geeignete Strategien und Maßnahmen zu fördern, wozu auch Programme für positive Maßnahmen, Anreize und andere Maßnahmen gehören können; [...]

k) Programme für die berufliche Rehabilitation, den Erhalt des Arbeitsplatzes und den beruflichen Wiedereinstieg von Menschen mit Behinderungen zu fördern [...]."

38 Vgl. dazu etwa den Beschluss des Bayerischen Landtages vom 16.12.2010, LT (=Landtags-)-Drs. 16/6771; auch Bayerische Staatsregierung, a.a.O., S. 71 f.

39 Zu einer instruktiven Analyse dieser Vorschrift im Hinblick auf ihren Inhalt und Anwendungsbereich vgl. Lachwitz, K./Trenk-Hinterberger, P., Zum Einfluss der Behindertenrechtskonvention (BRK) der Vereinten Nationen auf die deutsche Rechtsordnung. Versuch einer Darstellung am Beispiel des § 19 BRK (Unabhängige Lebensführung und Einbeziehung in die Gemeinschaft), in: Rechtsdienst der Lebenshilfe (RdL) 2010, S. 45 ff.

40 So zurecht Lachwitz, K., Reform der Eingliederungshilfe für Menschen mit Behinderungen im Licht der UN-Behindertenrechtskonvention und des Sozialgesetzbuchs – Neuntes Buch (SGB IX), in: RdL 2011, S. 51 f., 51.

41 So zurecht Lachwitz, a.a.O., S. 51.

42 www.isl-ev.de; vgl. dazu Langer, R./Leonard, B./Schumacher, M./Wendt, S., Forum behinderter Juristinnen und Juristen legt Vorschlag für ein Gesetz zur Sozialen Teilhabe vor, in: RdL 2011, S. 117 ff.

43 So Langer u. a., S. 112 f.

44 So m. E. zurecht Langer u. a., a.a.O., S. 113.

45 Deutscher Bundestag/Ausschuss für Arbeit und Soziales, BT-Drs. 17(11) 597 v. 14.10.2011: Materialien „Zusammenstellung der schriftlichen Stellungnahmen". Schriftlich haben sich auf Einladung folgende Verbände und Einzelsachverständige geäußert: Bundesvereinigung der Deutschen Arbeitgeberverbände; Deutscher Caritasverband; Deutscher Behindertenrat; Forum selbstbestimmter Assistenz behinderter Menschen e. V.; Deutsche Vereinigung für Rehabilitation e. V.; Prof. Dr. Theresia Degener; Prof. Dr. Reinhard Burtscher; Dr. Thomas Kahlisch; Prof. Franz-Josef Düwell; Karl Finke; Dr. Sigrid Arnade; Jürgen Dürrschmidt; Prof. Dr. Felix Welti; Petra Hilbert; Claudia Tietz. Darüber hinaus sind folgende Stellungnahmen nicht eingeladener Verbände eingegangen: Dr. Sabine Schickendantz (Offizielle Beauftragte der Deutschen Gesellschaft für pädiatrische Kardiologie für die Angelegenheiten von Behinderungen im Rahmen der pädiatrischen Kardiologie und angeborenen Herzfehlern); Christoffel Blindenmission; Bundesarbeitsgemeinschaft Behinderung und Studium e.V.; auch ders., Wortprotokoll 76. Sitzung, Protokoll 17/76: Öffentliche Anhörung von Sachverständigen Nationaler Aktionsplan zur Umsetzung der UN-Behindertenrechtskonvention (Ausschuss-Drs. 17 (11) 553 sowie 17 (11) 602). Am 13.5.2011 hatte auch die Bundesarbeitsgemeinschaft der Integrationsämter und Hauptfürsorgestellen (BIH) auf Bitten des BMAS zum Referentenentwurf des NAP Stellung genommen (Stellungnahme der Bundesarbeitsgemeinschaft der Integrationsämter und Hauptfürsorgestellen zum Referentenentwurf des Nationalen Aktionsplans der Bundesregierung

zur Umsetzung des Übereinkommens der Vereinten Nationen über die Rechte von Menschen mit Behinderungen). – Bereits am 24.11.2008 hatte eine Öffentliche Anhörung stattgefunden. Seinerzeit waren Stellungnahmen eingegangen vom Sozialverband VdK Deutschland e.V., dem Paritätischen Gesamtverband, der Aktion Psychisch Kranke e. V. (APK), dem Deutschen Institut für Menschenrechte e.V., der Interessenvereinigung Selbstbestimmt leben e.v. (lSL), der Bundesvereinigung der Deutschen Arbeitgeberverbände (DBA), Prof. Dr. Theresia Degener, Ottmar Milles-Paul und Dr. Stefan Heinik. Von folgenden nicht eingeladenen Verbänden waren Stellungnahmen eingegangen: Bundesarbeitsgemeinschaft Psychiatrie-Erfahrener e. V., Bundesverband Psychiatrie-Erfahrener e. V., Deutscher Verein für öffentliche und private Fürsorge e.v., Bundesinitiative „Daheim statt Heim". Über die Repräsentativität der hier Eingeladenen lässt sich wie so häufig bei derartigen Anhörungen trefflich streiten.

46 Deutscher Bundestag – Ausschuss für Arbeit und Soziales, Unterrichtung durch das Bundesministerium für Arbeit und Soziales „Nationaler Aktionsplan der Bundesregierung zur Umsetzung des Übereinkommens der Vereinten Nationen über die Rechte von Menschen mit Behinderungen", Ausschuss-Drs. 17 (11) 553 v. 26.6.2011, S. 1.
47 Das Deutsche Institut für Menschenrechte als deutsche Monitoring-Stelle für die Konvention hat diesen Mangel offensichtlich erkannt und bereitet für Anfang 2012 eine Publikation vor, die sich mit den zahlreichen Facetten der Umsetzung des Art. 12 UN-BRK. in Deutschland befasst.
48 Hier muss man dem Bund und insbesondere den dafür zuständigen Ländern bescheinigen, dass eine sehr intensive und reformorientierte Auseinandersetzung mit den Anforderungen eines inklusiven Bildungswesens stattfindet; die Aktionspläne der Länder räumen dieser Thematik hohe Priorität ein, was Anerkennung verdient.
49 BT-Drs. 17/7942 v. 20.11.2011.
50 Siehe dazu oben 5.
51 Hier wird ein Prüfungsauftrag zum Ausschluss von Wahlrecht gemäß § 13 BWG formuliert; siehe dazu oben 5.2.
52 BT-Drs. 17/7951 v. 30.11.2011.
53 Vgl. Bundesministerium für Arbeit und Soziales, a.a.O., S. 10.
54 Art. 20 UN-BRK: „Die Vertragsstaaten treffen wirksame Maßnahmen, um für Menschen mit Behinderungen persönliche Mobilität mit größtmöglicher Unabhängigkeit sicherzustellen, indem sie unter anderem
   a) die persönliche Mobilität von Menschen mit Behinderungen in der Art und Weise und zum Zeitpunkt ihrer Wahl und zu erschwinglichen Kosten erleichtern;
   b) den Zugang von Menschen mit Behinderungen zu hochwertigen Mobilitätshilfen, Geräten, unterstützenden Technologien und menschlicher und tierischer Hilfe sowie Mittelspersonen erleichtern, auch durch deren Bereitstellung zu erschwinglichen Kosten;
   c) Menschen mit Behinderungen und Fachkräften, die mit Menschen mit Behinderungen arbeiten, Schulungen in Mobilitätsfertigkeiten anbieten;
   d) Hersteller von Mobilitätshilfen, Geräten und unterstützenden Technologien ermutigen, alle Aspekte der Mobilität für Menschen mit Behinderungen zu berücksichtigen."
   Siehe dazu oben 2.2.
55 Allgemeines Gleichbehandlungsgesetz v. 14.8.2006, BGBl. 20061 S. 1897 ff.
56 Bundesministerium für Arbeit und Soziales (Hg.), a.a.O., S. 25.

57 Vgl. dazu die Richtlinien (RL) 2000/43/EG des Rates vom 29.7.2000 zur Anwendung des Gleichbehandlungsgrundsatzes ohne Unterschied der Rasse oder der ethnischen Herkunft, ABl. EG 2000 L 180 v. 19.7.2000, S. 22 sowie RL 2000/78/EG des Rates vom 27.11.2000 zur Festlegung eines allgemeinen Rahmens zur Verwirklichung der Gleichbehandlung in Beschäftigung und Beruf, ABI. EG 2000 L 303 S. 16; – vgl. dazu Schulte, B., Behindertenpolitik und Behindertenrecht in Europa – behindertenpolitische und behindertenrechtliche Grundlegung: Die Europäische Union, in: Maydell, B. von/Pitschas, R./Pörtner, P./Schulte, B. (Hg.), Politik und Recht für Menschen mit Behinderungen in Europa und Asien unter den Bedingungen des demografischen Wandels, Baden-Baden 2009, S. 305 ff.; auch ders., ZFSH SGB 2008, S. 131 ff. u. 2000 ff.
58 Vgl. Süddeutsche Zeitung 2011 Nr. 231, S. 7: „Drastische Kürzungen". Etat der Antidiskriminierungsstelle massiv beschnitten: Die ohnehin bescheidenen Mittel von 2,9 Mio. Euro für 2012 sollen um 13 v. H. gekürzt werden mit der Folge, dass für Öffentlichkeitsarbeit und damit für „Bewusstseinsbildung" i. S. d. Art. 18 UN-BRK lediglich 150 000 Euro verbleiben.

Carsten Rensinghoff

Inklusion als gesellschaftliche Herausforderung – Paradoxien und Perspektiven

Zusammenfassung: Der vorliegende Beitrag setzt sich mit kritischen Aspekten des Phänomens ‚Inklusion' auseinander. Diese Aspekte werden als Paradoxien bezeichnet. Sie bilden zugleich die Basis für jene Perspektiven, welche am Ende des Beitrags aufgezeigt werden.

Abstract: The presented article deals with critical aspects of the phenomenon Inclusion. These aspects are called paradoxes. They are the basis for the perspectives, which are shown at the end of the text.

Keywords: Inklusion als gesellschaftliche Herausforderung, Integration vs. Inklusion, Exklusion, Rehabilitation

Paradoxien

1. Paradoxon: Die Terminologie

Der Begriff Inklusion, der von dem lateinischen Verb includere abstammt, hat zwei Bedeutungen:

a) bezeichnete man ursprünglich mit dem Begriff Inklusion eine bestimmte Form der *Spiritualität*, nämlich die so genannte Einkerkerung. Hierfür schloss man sich ein und schottete sich in einem geschlossenen Raum ab, um ganz bei sich zu sein. Inklusion bezeichnet in diesem Sinne ein Eingeschlossensein, i. S. von nicht hinaus können;

b) meint Inklusion aber auch die soziale Zugehörigkeit, im Sinne von nicht ausgeschlossen sein.

2. Paradoxon: Sonder-/Förderpädagogik

Obwohl jetzt die Sonderpädagogik von der Förderpädagogik abgelöst wurde, führe ich den Begriff Sonderpädagogik an, weil er ja aus der diesbezüglichen Terminologie noch nicht ganz verschwunden ist: So reden wir immer noch von

sonderpädagogischem Förderbedarf und sonderpädagogischem Förderschwerpunkt, anstatt hier von einem förderpädagogischen Bedarf zu sprechen.
Der Blick auf die Sonderpädagogik ist wichtig, weil gerade sie – oder eben jede Pädagogik, die sich in paternalistischer Weise mit Menschen mit Behinderung befasst – es ist, die den Grundstein für die Inklusion legt. Ohne Verbesonderung einiger Menschen müssten wir uns heute nicht über die Inklusion unterhalten. Die Sonder- bzw. Förderpädagogik, die sich an einigen Fakultäten der Inklusion widmet, soll das Sonderpädagogische in ein positives Licht stellen. Ausgesondert wird in der Förderpädagogik aber nach wie vor!
Was ist nun das Paradoxe an der Sonderpädagogik?
Die Sonderpädagogik will aussondern. Sie will das Exklusive, womit Otto Speck (2000) *Desintegrationstendenzen* charakterisiert: „Die soziale Aufspaltung und Ausgrenzung immer größerer Bevölkerungsteile bekommen die wirtschaftlich Schwächsten am empfindlichsten zu spüren. Sie, Sozialhilfeempfänger, Arbeitslose, Behinderte und Jugendliche ohne Ausbildung, erleben, dass ihnen Solidarität aufgekündigt wird. Indem sie zu hören bekommen, dass jeder für seine Lebenssicherung mehr Eigenverantwortung zu übernehmen habe, dass die soziale Sicherung keine ‚soziale Hängematte' sei, und dass das ‚Sozialschmarotzertum' zu bekämpfen sei, erfahren […] eine gesellschaftliche Distanzierung, die sich u. U. auch aktiv gegen sie richtet. […] Unter dem Druck des wirtschaftlichen Wettbewerbs und der verringerten beruflichen Chancen bilden sich gesellschaftliche Diskontinuitäten und Auseinanderentwicklungen ab. Die Schere zwischen Reichen und Armen geht weiter auseinander. […] Das Soziale droht, zum Epiphänomen zu werden" (ebd., S. 245). Die Folge ist für Speck ein veränderter wissenschaftlicher und institutioneller Bezugsrahmen. Zu Ende geht „die Phase des Mitgetragenseins von einem allgemeinen sozialen Aufbruch zur Verwirklichung von Chancengleichheit für alle […]. Heilpädagogische Erfordernisse stehen verstärkt auf dem Prüfstand einer Gesellschaft, die mehr als bisher nach Nutzen und Ertrag fragt, und eines Staates, der sich genötigt sieht, seine bildungspolitischen Investitionen auf die Förderung von Spitzenqualitäten zu konzentrieren" (ebd., S. 246).
Hier hinein passen die Ausführungen von Eva Groß und Andreas Hövermann (vgl. 2014), die sich u. a. mit der *Abwertung von Menschen mit Behinderungen* als *gruppenbezogene Menschenfeindlichkeit* befassen. Eine gruppenbezogene Menschenfeindlichkeit fußt auf Vorurteilen. Vorurteile sind negative Einstellungen gegenüber Einzelpersonen und/oder Gruppen, die sich ausschließlich auf deren zugewiesene Gruppenzugehörigkeit bezieht. Der Kern der Abwertung ist die so genannte *Ideologie der Ungleichwertigkeit*. In diesem Sinne liefern Behinderte keinen Beitrag zur Effizienzsteigerung der Marktgesellschaft der Allgemeinheit. Behinderte sind vielmehr eine Mehrbelastung der Allgemeinheit und werden als

primär unprofitabel, wirtschaftlich nutzlos und finanziell belastend stigmatisiert. Es kommt so zu einer *Ökonomisierung des Sozialen.* Diese Ökonomisierung des Sozialen erfolgt unter zwei Aspekten:

1. als *unternehmerisches Selbst* wird die Abwertung Behinderter unter Berufung auf die Eigenverantwortlichkeit gesehen;
2. als *ökonomistische Werthaltung* erfolgt die Abwertung Behinderter direkt durch die Bewertung anderer Menschen aus der Perspektive der ökonomischen Nützlichkeit.

Groß und Hövermann (vgl. ebd., S. 121) erkennen in beiden Erscheinungsformen der Ökonomisierung des Sozialen die Begründung für die Ungleichbehandlung und den gesellschaftlichen Ausschluss der Behinderten. Und diese Begründung ist die *Ideologie der Unprofitabilität,* welche die Behinderten dann auf eine niedere Statusposition verweist!

Von 2002 bis 2011 haben Groß und Hövermann (vgl. ebd.) deutschlandweit in einer Querschnittsstudie Abwertungsmessungen, mit einer jährlich wechselnden Stichprobe, durchgeführt. In ihrem Beitrag geben die Autoren die Werte von drei Items an:

1. für die Aussage „für Behinderte wird zu viel Aufwand betrieben" stimmten von 2005 bis 2011 *etwa 6,7%*;
2. für die Aussage „viele Forderungen von Behinderten sind überzogen" stimmten im genannten Zeitraum *etwa 11,5%*;
3. für die Aussage „Behinderte erhalten zu viele Vergünstigungen" stimmten *ca. 6,9%.*

Groß und Hövermann (vgl. ebd., S. 127) erkennen in ihrer Untersuchung eine größere und somit beängstigende Zustimmung zu den Abwertungen der Ideologie der Unprofitabilität bei jüngeren Befragten und bei Befragten mit niedrigem Bildungsstatus. Eine Unterscheidung hinsichtlich des Geschlechts ist nicht erkennbar.

Das Exklusive, die Aussonderung wollen aber auch einige Menschen mit Behinderung, wie z. B. die 1968 geborenen Zwillinge Claudia und Ilona Brandt, die aufgrund ihrer spinalen Muskelatrophie ihre Schullaufbahn bis zum Abitur im Jahr 1989 in Schulen für körperliche und motorische Entwicklung verbracht haben, „denn früher gab es noch nicht diese Integrationsmöglichkeit bzw. -umsetzung wie heute, was wir aber auch gar nicht bedauern. Wir haben unter ähnlich betroffenen Körperbehinderten nichts an irgendwelchen wichtigen Erfahrungen oder sonst was [...] verpasst [...], ganz im Gegenteil – wir haben gefestigt und gestärkt ohne Probleme auch so einen Platz im Leben unter ‚Normalen Menschen' eingenommen. Die heutige Integration ist zwar gut gemeint und auch grundsätzlich ein Fortschritt, aber unserer Ansicht nach wäre eine andere Integrationsrichtung, und zwar von nicht behinderten Menschen zu den ‚invalid persons' im Schulsystem, ein wirklicher Fortschritt und viel gewinnbringender für alle Beteiligten" (Brandt/Brandt 2007, S. 199).

Für die Sonderpädagogik bedeutsam ist das *Rehabilitationssystem*. Hierbei handelt es sich mit Stadler (vgl. 1998, S. 22) gesprochen um ein System, welches unter ausschließenden Bedingungen behinderten Menschen Angebote macht, die der beruflichen und sozialen Eingliederung in die Gesellschaft dienen.

Sonderpädagogisch verantwortet wird die nicht aussondernde *Integration*, womit, in Anlehnung an Dannenbeck (vgl. 2007, S. 42), die Eingliederung der Behinderten in bestehende gesellschaftliche Strukturen gemeint ist. Das Ziel der Integration ist das gemeinsame Leben und Lernen. Das gilt jedoch nur für die behinderten Kinder und Jugendlichen, die dazu fähig sind, die herrschenden Normalitätsstandards zu erfüllen.

Unter den Bedingungen der Integration lassen sich die Leistungsunterschiede zwischen lernstarken und lernschwachen Auszubildenden nicht ausgleichen, was dann zu dem *Matthäus-Effekt* führt. Der Matthäus-Effekt basiert auf Mt. 13, 12: „Denn wer da hat, dem wird gegeben, daß er die Fülle habe; wer aber nicht hat, dem wird auch das genommen, was er hat."

Die Integration ist der Prozess hin zur Inklusion. Und auch die *Inklusion* wird gegenwärtig unter Federführung der aussondernden Förder- bzw. Sonderpädagogik diskutiert. Unter Inklusion ist die Umgestaltung der sozialen Umwelt zu verstehen, „als Voraussetzung für die gemeinsame Nutzung und gesellschaftliche Teilhabe durch heterogene Gruppen von Kindern und Jugendlichen" (Dannenbeck 2007, S. 42). Damit Inklusion gelingt, müssen behinderte Menschen wahrgenommen werden können und sie müssen sichtbar sein. Sie müssen sich artikulieren und sie müssen Ansprüche anmelden dürfen. Sie sollen sich auch mal einer vermeintlich fürsorglichen sonderpädagogischen Maßnahme entziehen dürfen.

Für die Inklusion muss das gesamte System auf die Menschen mit Behinderung, d. h. barrierefrei, gestaltet werden.

Für den Bereich Schule meldet sich die 1964 geborene und 2007 verstorbene spastisch gelähmte und deshalb den Rollstuhl benutzende Diplomsozialarbeiterin Birgit Nabben zu Wort. Von 1979 bis zu ihrem Abitur im Jahre 1983 wohnte sie an Schultagen im Dietrich-Bonhoeffer-Haus, einem Internat für körperbehinderte Schülerinnen und Schüler in Hürth-Hermülheim bei Köln. Sie schreibt 2004 rückblickend, dass „eine Einrichtung wie das Dietrich-Bonhoeffer-Haus […] langfristig überflüssig sein (sollte; C.R.), denn aus meiner heutigen Erfahrung und Kenntnis heraus, muss es zukünftig allen Kindern und Jugendlichen mit Behinderung möglich sein, gemeinsam mit nicht behinderten Kindern leben, lernen und spielen zu können. [...] Konkret heißt dies: die Beschulung behinderter Kinder und Jugendlicher muss ebenso wie für nicht behinderte Kinder und Jugendliche am Wohnort bzw. in Wohnortnähe möglich sein. Die Beschulung in der Sonderschule darf in diesem Sinne nicht mehr als einzige Möglichkeit des Lernens behinderter Menschen gesehen werden" (dies. 2004, S. 34).

Die schulische Inklusion im Blick habend merkt die Sonderpädagogin und Diplom-Politologin Magda von Garrel an, dass schulische Inklusion nicht mit Nachhilfe verwechselt werden darf. Angesichts der vielen überhasteten Reformversuche und der immer wieder vorzufindenden schlechten Rahmenbedingungen ist es nach Garrel nicht verwunderlich, wenn Inklusion als Nachhilfe stattfindet oder abgelehnt wird (vgl. dies. 2014).

Unter Inklusion ist mit Clemens Dannenbeck (2007) die Existenz von Repräsentationschancen all der Menschen mit Behinderung zu verstehen, „die bislang zwar möglicherweise gesondert gefördert wurden, zumeist aber um den Preis der Unsichtbarkeit und des eigenen Verstummens" (ebd., S. 46). Über die Herkunft des Terminus' Inklusion für unsere Zwecke ist bei Reiner Andreas Neuschäfer (2013, S. 15) folgendes nachzulesen: „Mit *integration* war in den Vereinigten Staaten von Amerika bereits die Gleichberechtigung von Menschen unterschiedlicher Hautfarbe bezeichnet worden. Von daher musste für die ausgeweitete Gleichberechtigung von Menschen mit handicap ein anderer Begriff gefunden werden, den man dann in der Psychologie und Soziologie auch fand: Inklusion."

Am 5. Mai 2012 sagte der Minister für Bildung, Wissenschaft und Kultur des Landes Mecklenburg-Vorpommern – Mathias Brodkorb – auf dem ersten Inklusionskongress an der Universität Rostock: „Der radikale Ansatz der Inklusion ist im Grunde nichts Neues, also nicht erst in den letzten Jahren entwickelt worden, sondern verweist auf eine große reformpädagogische Tradition. Annedore Prengel bspw. hat vor fast zwanzig Jahren mit ihrem Buch ‚Pädagogik der Vielfalt', das bis heute als Standardwerk und Vorläufer der Inklusionsliteratur gilt, im Grunde genau dasselbe gesagt: ‚Offenheit für die Heterogenität der Schülerinnen und Schüler sowie für ihre nicht vorausbestimmbaren eigenen Lernprozesse verbietet das Aufstellen von verbindlichen Leitbildern.' Und: ‚Pädagogik der Vielfalt ist unvereinbar mit traditionellen Ziffernzeugnissen.' Gewiss: An diesem radikalen Ansatz der Inklusion lässt sich vieles kritisieren. Ich möchte jedoch zunächst, bevor ich genau dazu komme, ein paar pädagogische Argumente für diesen Ansatz sammeln. Denn es ist ja nicht so, dass Autoren wie Hans Wocken oder Annedore Prengel aus irrationalen Gründen zu solchen Vorschlägen kommen, sondern ihnen liegen plausible pädagogische Überlegungen zugrunde.

Sie kennen bestimmt einen der berühmtesten Sätze aus der politischen Philosophie des 19. Jahrhunderts: ‚Jeder nach seinen Fähigkeiten, jedem nach seinen Bedürfnissen!' Dieser berühmte Satz stammt von niemand geringerem als Karl Marx, dem Begründer des wissenschaftlichen Kommunismus. Geschrieben wurde er von ihm im Jahre 1875 als Bestandteil seiner ‚Kritik des Gothaer Programms'. Nun mögen Sie sich vielleicht fragen: Was um Himmels Willen hat das mit Inklusion zu tun? Ich meine sehr viel. Denn Marx ist einer der ersten und wichtigsten Inklusionstheoretiker überhaupt. Ihm ging es dabei allerdings nicht in erster Linie um die Inklusion im pädagogischen, sondern im umfassenden gesellschaftspolitischen Sinne. In seiner ‚Kritik des Gothaer Programms' diskutierte er seinerzeit die Frage, wie im Kommunismus eine gerechte Reichtumsverteilung möglich sei. Auf einer ersten Stufe des Kommunismus, so Marx, erhalten die einzelnen Menschen in dem Umfange Anteil am gesellschaftlichen Konsumtionsfonds, wie sie selbst durch Arbeit zu ihm beigetragen haben. Für Marx ist das allerdings noch immer ein höchst unvollkommener Verteilungsmechanismus: ‚Der eine ist aber physisch oder geistig dem andern überlegen, liefert also in derselben Zeit mehr Arbeit oder kann während mehr Zeit arbeiten; [...] (Das Recht) erkennt keine Klassenunterschiede an, weil jeder nur Arbeiter ist wie der andre; aber es erkennt stillschweigend die ungleiche individuelle Begabung und daher Leistungsfähigkeit der Arbeiter als natürliche Privilegien an. [...] Ferner: Ein Arbeiter ist verheiratet, der andre nicht; einer hat mehr Kinder als der andre etc. etc. Bei gleicher Arbeitsleistung und daher gleichem Anteil an dem gesellschaftlichen Konsumtionsfonds erhält also der eine faktisch mehr als der andre, ist der eine reicher als der andre etc. Um alle diese Mißstände zu vermeiden, müßte das Recht, statt gleich, vielmehr ungleich sein.' Was Marx hier formuliert, ist im Grunde Inklusion pur, allerdings nicht für die Schule, sondern für die Frage der gesellschaftlichen Reichtumsproduktion und -verteilung. Gerechtigkeit wäre erst erreicht, wenn nicht an alle dieselben Maßstäbe angelegt würden (Standards), sondern je individuelle. Alles andere liefe nämlich darauf hinaus, ‚natürliche Privilegien' Einzelner anzuerkennen – und das wäre zutiefst ungerecht. In der zweiten Stufe des Kommunismus will Marx schließlich auch diese Unvollkommenheiten überwinden und nach dem Prinzip verfahren: ‚Jeder nach seinen Fähigkeiten, jedem nach seinen Bedürfnissen!' Mit anderen Worten: Im Kommunismus leistet jeder, was er objektiv leisten kann, aber jeder erhält dennoch, was er zum Leben tatsächlich braucht. Menschen mit Behinderungen hätten im Kommunismus also nichts zu befürchten, im Gegenteil.

Der vielleicht berühmteste Satz des theoretischen Kommunismus – ‚Jeder nach seinen Fähigkeiten, jedem nach seinen Bedürfnissen!' – entspricht somit zugleich der Grundidee der Inklusion. Wenn Sie also nach einer Definition für ‚Inklusion' in Reinform fragen, ist das im Grunde ganz einfach: ‚Totale Inklusion' ist Kommunismus für die Schule" (ebd., S. 28).

Am 26. Juni 2014 stellt Nora Sties in den kobinet-Nachrichten (Kooperation Behinderter im Internet e.V.) fest, dass der Begriff Inklusion seit der Ratifizierung der UN-Behindertenrechtskonvention durch den Bundestag der Bundesrepublik Deutschland immer mehr in den Schmutz gezogen wird. Dieser Schmutz orientiert sich argumentativ:

1. an einer nicht zu realisierenden Inklusionsutopie;
2. an einer lediglich auf das System Schule und ihrer Reform beschränkten Diskussion;
3. an einer Abstempelung von Vertretern für den Gemeinsamen Unterricht (GU) als linke, realitätsferne und idealistische Gutmenschen;
4. an einem undurchdachten GU, der als ein erzwungenes Experiment in Erscheinung tritt. Sträflich übersehen wird hierbei, dass für Behinderte schon ein Kinobesuch, der Einkauf beim Lebensmitteldiscounter oder eine Busfahrt täglich zum barrierebehafteten Experiment wird;
5. an der systematischen Ignorierung der Vorteile des gemeinsamen Unterrichts und der damit einhergehenden problematischen Situation im System Förderschule;
6. an der Repräsentanz von Behinderten, die entweder völlig verallgemeinernd oder überspitzt, als da wäre der aggressive, sich einnässende oder schwerstmehrfachbehinderte Mensch, dargestellt werden. Außer Acht gelassen wird der Gewinn, den diese Heterogenität jedem Menschen bringt;
7. an der Unterschlagung des Unterschieds von Gleichmacherei und differenzierter Gleichberechtigung;
8. an dem Benennungsverbot, um Ungleichheit sprachlich verschwinden zu lassen. So dürfen, allerdings zum Schaden der Betroffenen, Defizite nicht mehr benannt werden.
9. an der Angsterzeugung, dass nämlich die Behinderten beispielsweise den Lernerfolg der Nichtbehinderten behindern oder die Behinderten könnten den Nichtbehinderten ihrer erfolgreichen und karriereorientierten Zukunft im Wege stehen. Letztgenanntes hat negative Auswirkungen auf die deutsche Wirtschaft und die Lebensqualität der Nichtbehinderten.

Unter Bedingungen der Inklusion wird *Normalisierung* erreicht werden, die für den Menschen mit Behinderung die schrittweise Teilhabe am gesellschaftlichen Alltag bedeutet und die Aufhebung der gesonderten Existenzweise in stationären Einrichtungen bedingt.

Auf das Normale negativ wirkt sich der Slogan „Es ist normal, verschieden zu sein!" aus. Mit Reiner Andreas Neuschäfer (2013, S. 87) gehe ich konform, wenn er mit Blick auf eine theologische und religionspädagogische Akzentuierung fordert, dass es normal ist, einmalig zu sein.

3. Paradoxon: Inklusionsziel

Wenn man die Inklusion in der Sekundarstufe II und im tertiären Bildungssystem betrachtet, wird das Ziel Inklusion nicht erreicht. Integrations- und Inklusionsbefürworter und -forscher blicken in der Regel auf die Primarstufe und auf die Sekundarstufe I! Beispielsweise sei hier die Diplomarbeit von Rainer Grubich (2009) mit dem Titel „Kinder und Jugendliche mit autistischer Wahrnehmung in der integrativen Beschulung im Wiener Regelschulwesen: Schwerpunkt Sekundarstufe I – individuelle Entwicklungsmöglichkeiten, didaktische Bedingungen und strukturelle Notwendigkeiten" genannt. Die Sekundarstufe II und der tertiäre Bildungssektor werden von der Inklusionsforschung vernachlässigt. Spätestens mit dem Abschlusszeugnis der Sekundarstufe I stehen die Menschen mit Behinderung einem System der Segregation gegenüber, in dem eine Grenze zwischen normal und nicht normal gezogen wird: „In dieser Phase erfolgt eine medizinisch-therapeutisch und/oder pädagogisch orientierte Zuwendung zu den segregierten Gruppen, mit dem Ziel einer dem jeweiligen Forschungsstand entsprechenden Behandlung" (Dannenbeck 2007, S. 42f.).

In diesem Kontext ist beispielsweise die Erfahrung des behinderten Privatdozenten Clemens K. Stepina zu nennen, die er im Vorfeld der Veröffentlichung eines Herausgeberbandes, welcher sich mit der Situation der Behinderten nach dem Europäischen Jahr der Menschen mit Behinderung 2003 auseinandersetzt, gemacht hat: „Angefangen hat alles schon bei der Einreichung um Druckkostenzuschuss: Eines der Ministerien, die eigentlich für die ‚Behinderten'-Agenden zuständig ist und entsprechende Neuschöpfungen, Novellierungen und Reformen in der Rechtsmaterie vorgenommen hat, beantwortete in einem seltsamen Ton das Ansuchen mit dem eigentlich unerhörten Argument, dass man das Manuskript erst prüfen wolle. Das muss man sich erst einmal auf der Zunge zergehen lassen: Während andere Stellen großzügig und ohne den indirekten Anspruch auf Vorzensur den Druck der Arbeit förderten – und diese beiden Stellen […] sind in ihrem Förderwesen hoch reputiert und es käme ihnen nie in den Sinn, eine Arbeit vorzuprüfen –, muss man sich so ein Schreiben und so einen Ton gefallen lassen.

[…] Einige engagierte […] Autoren, die in öffentlichen Behindertenorganisationen oder in privaten Behindertenvereinen bzw. in entsprechenden Ministerien arbeiten, (mussten; C.R.) aus Angst vor interner Kritik, vor Repressalien oder sogar vor Kündigung ihre (teils euphorischen) Zusagen dann doch noch zähneknirschend in Absagen verwandeln" (ders. 2007, S. 7).

Weiter ist es ein Trugschluss, wenn mit Blick auf die Inklusion von einem gesellschaftlichen Gewinn oder einer Bereicherung für eine Gruppe gesprochen wird, eben weil ein Mensch mit Behinderung dabei ist. Es besteht hier dann der

Wert der Person (fast) ausschließlich in seiner Funktion, in seiner Nützlichkeit, nicht aber mehr in seiner Individualität

4. Paradoxon: Konkurrierende Behinderungen

Die Inklusion hat *Menschen mit einer bereits existierenden Behinderung* und Menschen, die *von einer Behinderung bedroht* sind, differenziert im Blick. Für das Feld der Werkstätten für Menschen mit Behinderung sind hier zwei *konkurrierende Gruppen* zu konstatieren. Ich erlaube mir einzuschieben, dass ich als Vertreter der generellen Inklusion den Werkstätten für behinderte Menschen sehr kritisch gegenüberstehe, aber diesen Punkt der Vollständigkeit halber zur Sprache bringen muss.

Nach §1 SGB IX erhalten „Behinderte oder von Behinderung bedrohte Menschen [...] Leistungen nach diesem Buch und den für die Rehabilitationsträger geltenden Leistungsgesetzen, um ihre Selbstbestimmung und gleichberechtigte Teilhabe am Leben in der Gesellschaft zu fördern, Benachteiligungen zu vermeiden oder ihnen entgegenzuwirken". Die von Behinderung bedrohten Menschen, die nach der Sozialgesetzgebung also mit den Menschen mit Behinderung zusammen betrachtet werden, verdrängen eben diese Arbeitnehmer mit Behinderung aus den Werkstätten für behinderte Menschen, da diese Einrichtungen profitorientierte Wirtschaftsunternehmen sind. Als Wirtschaftsunternehmen sind diese Unternehmen auf eine hohe Leistungsfähigkeit angewiesen. Menschen mit einer schweren Behinderung werden verdrängt. So dürfen z. B. Bewohner einer stationären Einrichtung der professionellen Behindertenhilfe in Remscheid nicht in einer Werkstatt für behinderte Menschen arbeiten, weil die Schwere ihrer Behinderung dem entgegensteht. Schwer- und Schwerstbehinderte erfahren so einen Ausschluss aus den vormals für sie entwickelten Einrichtungen.

Weiter ist Doris Elbers' Beitrag zur Sondererziehung in der Bundesrepublik aus dem Jahre 1983 sehr beachtenswert. Hierin führt die Autorin aus, dass „in mühsamer Kleinarbeit [...] einzelne Modellversuche durchgeführt (werden; C.R.), die zeigen, daß der gemeinsame Unterricht von behinderten und nichtbehinderten Kindern im Grundschulbereich möglich ist. Während diese Modellversuche aufwendig diskutiert werden, erfolgt für den Sekundarbereich II eine Weichenstellung, die bedeutet, daß Sonderschüler faktisch keine Chance mehr haben, aus dem Ghetto der Sondermaßnahmen herauszukommen. Schlimmstenfalls verschiebt sich die Population, wenn die leistungs- und anpassungsfähigsten Schüler der Schule für Behinderte und Jugendliche, die erst in der Sekundarstufe II zu ‚Behinderten' erklärt wurden, in die Sondermaßnahmen für ‚Behinderte' gelangen, während die ‚Behinderten' im engeren Sinne, also jene Jugendlichen, mit deren Behinderungen die Einführung dieser Maßnahmen begründet wurde, im Verdrängungswettbewerb aufgrund ‚mangelnder Ausbildungsfähigkeit' herausfallen" (ebd., S. 143).

Die Inklusion hat sich mit Blick auf die Werkstatt für behinderte Menschen – und hier beziehe ich mich auf §136 SGB IX Absatz 1, wo es u. a. heißt, dass die Werkstatt für behinderte Menschen den Übergang auf den allgemeinen Arbeitsmarkt fördert – mit allen Menschen mit Behinderung zu befassen und nicht zu sehr von der Norm abweichende Menschen auszuschließen.

Perspektiven

1. Perspektive: Disability Studies

Es ist wichtig zu eruieren, wie viele Menschen mit Behinderung über Menschen mit Behinderungen und über Behinderung – i. S. der Disability Studies – forschen. „Disability Studies verstehen sich als interdisziplinär ausgerichtete Forschungsstrategie, die davon ausgeht, dass Behinderung kein spezifisches Wesensmerkmal von Menschen mit Behinderung ist, sondern *gesellschaftlich konstruiert* wird. Demnach ist Behinderung kein individuelles Problem, sondern das Produkt gesellschaftlicher Bedingungen und Verhältnisse, die Menschen mit unterschiedlichen Beeinträchtigungen bei der sozialen Teilhabe an allen gesellschaftlichen Lebensbereichen behindern" (Hermes/Rohrmann 2006, S. 11).

Zu erfragen ist die *Meinung der Menschen mit Behinderung zur Inklusion* und zwar in der folgenden Weise:

1. Wie sind diese Meinungen aus wissenschaftlicher Sicht und mit den üblichen wissenschaftlichen Methoden zu bewerten?
2. Welche Folgen haben diese Meinungen der Menschen mit Behinderungen für die Inklusion?
3. Welche Forschungsfragen entwickeln sich aus den Meinungen der Menschen mit Behinderungen für die Inklusion?

2. Perspektive: Peer Support

Wichtig für die Forschung und Lehre auf dem Feld der Inklusion ist die Einbeziehung von Wissenschaftlerinnen und Wissenschaftlern mit Behinderung. Wissenschaftlerinnen und Wissenschaftler mit Behinderung ermöglichen für das Feld der Inklusion einen Perspektivenwechsel, von dem im Dialog die Wissenschaftlerinnen, Wissenschaftler und Studierenden ohne Behinderung profitieren, wie es im *Peer Support* zugrunde gelegt wird. Bereits 1992 hat Ottmar Miles-Paul seine Untersuchungsergebnisse zum Peer Support aus den Vereinigten Staaten von Amerika vorgelegt. Unter Peer Support ist die Hilfe zu verstehen, welche von einer Person mit Behinderung zur Verfügung gestellt wird, die über behinderungsbedingte Erfahrungen, Kenntnisse und Fähigkeiten verfügt, um mit der eigenen Behinderung umzugehen. Sie assistiert anderen Menschen mit Behinderung und entscheidenden anderen Personen im Umgang mit ihren behinderungsspezifischen Erfahrungen (vgl. ders. 1992, S. 22). Peer Support, durch die Wissenschaftlerinnen und Wissenschaftler mit Behinderung auf dem Feld der Inklusion in der Ausbildung vermittelt, kommt den Studierenden ohne Behinderung und im kollegialen Dialog dann auch den Wissenschaftlerinnen und Wissenschaftlern ohne Behinderung zugute. Für diesen Beratungsansatz waren folgende Erkenntnisse entscheidend: „Während sich beispielsweise mittlerweile weithin durchgesetzt hat, daß ratsuchende Frauen mit frauenspezifischen Fragestellungen und Erfahrungen auch bevorzugt von Frauen beraten werden, dominieren die professionellen Beratungsangebote in der bundesdeutschen Behindertenarbeit immer noch fast ausschließlich Nichtbehinderte und ihre Normen. Obwohl viele Menschen aus eigenen Erfahrungen im Umgang mit ihrer Behinderung, mit Ärzten, Eltern, Behörden, diskriminierenden Barrieren, HelferInnen mit unangemessenen und entwürdigenden Helfertrieben genaustens wissen, was es bedeutet, behindert zu sein, und Strategien des Umgangs entwickelt haben, wird dieses Expertentum viel zu selten in der bundesdeutschen Behindertenarbeit genutzt" (ebd., S. 12). Das Genannte verdeutlicht auch eine Email, die ich am 26.11.2008 von Viola Sommer vom Thüringer Institut für Lehrerfortbildung, Lehrplanentwicklung und Medien erhalten habe. Frau Sommer ist Landesfachberaterin für sonderpädagogische Förderung in Thüringen mit dem Schwerpunkt geistige Entwicklung. Sie schreibt: „Wir stehen hier in Thüringen am Anfang der integrativen Beschulung. Es gibt noch viele Bedenken und Hindernisse. Und leider auch zu wenig Unterstützung für die Leute an der Basis. Da wäre es wirklich gut, wenn ein ‚Betroffener' aus seiner Sicht die schulische Situation schildern könnte. Es wird zu oft nur aus dem Lehrer-Blickwinkel auf Gemeinsamen Unterricht geschaut – nicht aus Schülersicht. Ich würde mich freuen, wenn wir Sie einmal als Referenten für eine Veranstaltung in Thüringen gewinnen könnten". Eine eintägige Lehrerfortbildung zu medizinischen und neuropsychologischen Aspekten nach einer schweren Schädel-Hirnverletzung führte ich am 13. März 2014 in Weimar durch. Eine Folgeveranstaltung fand am 25. September 2014 zu neuropädagogischen Maßnahmen und zum Themenfeld Inklusion nach einer schweren Schädel-Hirnverletzung in Weimar statt.

Die Wissenschaftlerinnen und Wissenschaftler mit Behinderung, die sich der Inklusion widmen, verfügen über ein *natürliches* Wissen, so wie Magda von Garrel es in ihrer Denkschrift den Teilnehmerinnen und Teilnehmern des Bildungsgipfels am 22.10.2008 zum Geleit vorgelegt hat. In diesem Sinne können die von Garrel angesprochenen praxisrelevanten Fehler deutscher Bildungsförderung auch auf die Inklusion von Menschen mit Behinderung ausgelegt werden: „Da wir in Deutschland – nicht zuletzt auch aus Gründen der Selektion – so gut wie keine aus der Unterschicht stammenden Lehrer haben (und nach Cloerkes (vgl. 2001, S. 68) stammen 90% der Sonderschüler aus den unteren Sozialschichten; C.R.), verfügen wir über kein nennenswertes Personal, das den Teufelskreis aus mangelnder Liebe, Frust und Aggression aus eigener Anschauung kennt. Dementsprechend können wir nicht (wie z. B. in Frankreich mit den aus den Vorstädten stammenden Lehrern und Sozialarbeitern) auf ein natürliches Wissen um die Nöte der ausgegrenzten Kinder und Jugendlichen zurückgreifen" (von Garrel 2008, S. 22).

3. Perspektive: *Kontextsensitive Soziale Arbeit mit Menschen mit Behinderung*

In Anlehnung an Hans Weiß' (vgl. 2013) Vortrag zu den Paradoxien in einem inklusionsorientierten Bildungssystem ist eine weitere Perspektive zur Überwindung der gegenwärtigen Paradoxien eine *kontextsensitive Soziale Arbeit* mit Menschen mit Behinderung. Eine kontextsensitive Soziale Arbeit mit Menschen mit Behinderung orientiert sich an der individuellen Lebenswelt der Menschen mit Behinderung. Derartig gestaltete Soziale Arbeit erfolgt im Spiegel der Lebensgeschichten von Menschen mit Behinderung. Diese Lebensgeschichten sollen respektvoll vergegenwärtigt, die aktuellen Lebenslagen realistisch in den Blick genommen und die künftigen Lebenswege mit den dafür vorhandenen erforderlichen Potentialen aktiviert und ausgebildet werden. Für die kontextsensitive Soziale Arbeit mit Menschen mit Behinderung ist die Biographiearbeit zwingend erforderlich.

Die sich der kontextsensitiven Sozialen Arbeit mit Menschen mit Behinderung Widmenden erschließen mit den Menschen mit Behinderung die Welt in ihren sächlichen, sozialen und normativen Dimensionen.

Die Schwerpunkte der kontextsensitiven Sozialen Arbeit mit Menschen mit Behinderung sind in einem Unterstützungssystem die folgenden:

Beratungsangebote als Aussprachemöglichkeit über Probleme;

Angehörigenarbeit, die neben einem kontinuierlichen Kontakt mit den Angehörigen auch die Vermittlung von Hilfeangeboten und Außenkontakten leistet;

Betreuungsangebote, die die lebensnotwendige Versorgung der Menschen mit Behinderung sicherstellen;

Thematisierung, womit das Aufgreifen der Lebenserfahrungen der Menschen mit Behinderung gemeint ist;
externe Unterstützungssysteme, womit ein Netzwerk an Kontakten zu Einrichtungen und weiteren Angeboten für Menschen mit und ohne Behinderung im Ort gemeint ist.

4. Perspektive: Mentalisieren und Reflektieren

Bei der Literatursichtung erscheint mir das *Mentalisieren und Reflektieren* (Ramberg/Harms 2014) eine sinnvolle Methode zum Umgang mit Behinderten in einem Inklusionskontext. Im Gegensatz zu den Autoren Axel Ramberg und Katharina Harms, die das Konzept auf den Förderschwerpunkt emotionale und soziale Entwicklung beschränkt haben, halte ich das Konzept mit Bezug auf nahezu jeden Förderschwerpunkt für sinnvoll. Das Mentalisieren und Reflektieren basiert auf einer harmonisierenden Beziehung zwischen dem pädagogisch Tätigen und dem behinderten Menschen. Charakterisiert ist diese Beziehung sowohl durch eine positiv gestimmte persönliche Zuwendung als auch eine pädagogisch-psychologische Unterstützung.

Mentalisierung ist die *Basis für das Eingehen und Erhalten von Beziehungen.* Behinderte Menschen erfahren in ihrem Leben in der Regel Gewalt, Verlust und Vernachlässigung. Die Folge ist die Isolation.

Das Mentalisierungskonzept *fördert* die *Erkundung der eigenen Innenwelt –* und das ist die Grundlage jedweder Beziehungsarbeit in pädagogischen Settings –, die sensible *Erforschung der Realität des behinderten Menschen* und schließlich die *Exploration der gemeinsamen Beziehung.* In pädagogischen Situationen muss die Pädagogin oder der Pädagoge sich über die Grenzen seines Wissens über dasjenige, was in dem behinderten Menschen vorgeht, im Klaren sein. Hilfreich ist es hier zunächst, eine Haltung des Nicht-Wissens einzunehmen. Durch die Unwissenheit wird sich die oder der pädagogisch Tätige darüber bewusst, dass sie oder er ihr oder sein Wissen über den Mentalisierungsprozess erheblich ausweiten kann.

Damit der behinderte Mensch sich verstanden fühlt, muss die oder der pädagogisch Tätige ihre oder seine *Reflexionsfähigkeit zum Aufbau einer sicheren Bindungsbeziehung* zu dem behinderten Menschen nutzen. Ein sicheres Bindungsmuster liegt vor, wenn das Verhalten des Anderen vorhersagbar und angemessen ist. Der Reflexionsprozess kann als der Kernaspekt des pädagogischen Handelns überhaupt angesehen werden.

Zum effektiven Mentalisieren ist ein mittleres Erregungsniveau sinnvoll. Von einem mittleren Erregungsniveau ist die Rede, wenn beispielsweise eine

Interaktion eine unerwartete und problematische Wendung nimmt. In diesem Fall geschieht das Mentalisieren aktiver und klarer. Zur Erreichung eines mittleren Erregungsniveaus ist es wichtig, zwischen dem eine emotionale Reaktion auslösenden Verhalten und dem dadurch in Gang gesetzten Verhalten das Nachdenken oder eine Pause treten zu lassen. Die Pause dient zur sukzessiven reflexiven Auseinandersetzung mit der mentalen Situation. Dadurch wird der Prozess der Umbewertung der Affekte eröffnet.

Zur emotionalen Auseinandersetzung benötigt der behinderte Mensch ein basales emotionales Grundwissen. Dieses Basiswissen wird der oder dem Behinderten durch von der oder dem pädagogisch Tätigen initialisierten Spiegelungsprozessen ermöglicht. Die behinderte Person spiegelt sich in den Augen der oder des Pädagogen und erkundet so, ob sie oder er als Behinderte oder Behinderter willkommen ist.

„Indem das Mentalisieren die Befindlichkeit und Beweggründe der (Behinderten; C.R.) [...] für den Pädagogen nachvollziehbar macht, ermöglicht es diesem nicht nur im sozialen Handeln mit (Behinderten; C.R.) [...] besser zurechtzukommen, sondern darüber hinaus auch mit störendem Verhalten angemessener umzugehen" (Ramberg/Harms 2014, S. 171).

Fazit

Inklusion hat ihre wissenschaftliche Basis in der Sozialen Arbeit in zwei Feldern:

1. Die Inklusion aus der Perspektive der *Wissenschaftlerinnen und Wissenschaftler ohne Behinderung* betrachtet gibt ein differenziertes Bild des Faches wieder. Es können so Korrekturen oder Ergänzungen hin zur gesellschaftlichen Teilhabe der Menschen mit Behinderung auf den Weg gebracht werden. So kann es den Menschen mit Behinderung langfristig gelingen, im Sinne des Normalisierungsprinzips, die „Errungenschaften und Bedingungen des täglichen Lebens, so wie sie der Masse der übrigen Bevölkerung zur Verfügung stehen, nutzen" (Prengel 1993, S. 155) zu können.

2. Die *Wissenschaftlerinnen und Wissenschaftler mit Behinderung*, die zur Inklusion forschen und lehren, sind hier als Experten in eigener Sache tätig. Sie verfügen über behinderungsbedingte Erfahrungen und Kenntnisse, die sie der Inklusion und der weiteren wissenschaftlichen Arbeit in diesem Bereich zur Verfügung stellen. Barbara Jeltsch-Schudel (2008, S. 8) fordert: „Ein direkter Einbezug von Menschen mit Behinderungen in ein empirisches Forschungsprojekt lässt sich meines Erachtens am besten dadurch realisieren, dass Betroffene selbst zu Wort gebeten werden". Dies ist eine unverzichtbare Forderung, damit die Inklusion, die – wie jede Wissenschaft – danach strebt, wahre Aussagen vorzulegen, ihrem Ziel nahe kommt.

Literatur

Brandt, Claudia/Brandt, Ilona (2007): Schulische Aufgaben und Möglichkeiten zur Vorbereitung der nachschulischen Lebenssituation. Lebensbericht. In: Fassbender, K.-J./ Schlüter, Martina (Hg.): Pflegeabhängigkeit und Körperbehinderung. Theoretische Fundierung und praktische Erfahrungen. Bad Heilbrunn, S. 197-204.

Brodkorb, Martin (2013): Warum Inklusion unmöglich ist. Über schulische Paradoxien zwischen Liebe und Leistung. URL: http://bildung-wissen.eu/wp-content/uploads/2013/05/ brodkorb_warum_inklusion_unmoeglich-ist.pdf [Download 06.10.2013].

Cloerkes, Günther (2001²): Soziologie der Behinderten. Eine Einführung. Heidelberg.

Dannenbeck, Clemens (2007): Zwischen Integration und Inklusion. In: Gemeinsam leben 15 (Heft 1/2007), S. 41-46.

Elbers, Doris (1983): Sondererziehung in der Bundesrepublik: Die Sonderpädagogik läßt keinen Sonderschüler aus dem Ghetto heraus. In: Behindertenpädagogik 22, S. 136-145.

Feuser, Georg (2006): Was bringt uns der Inklusionsbegriff? Perspektiven einer inklusiven Pädagogik. In: Albrecht, Friedrich/Jödecke, Manfred/Störmer, Norbert (Hg.): Bildung, Lernen und Entwicklung. Dimensionen professioneller (Selbst-)Vergewisserung. Bad Heilbrunn, S. 25-43.

Garrel, Magda von (2008): „Ist mir doch egal!" Praxisrelevante Fehler deutscher Bildungsförderung. Denkschrift. Den Teilnehmern des Bildungsgipfels am 22.10.2008 zum Geleit, o. O..

dies. (2014): Zwischenruf: Inklusion ist kein anderes Wort für Nachhilfe. o. O..

Groß, Eva/Hövermann, Andreas (2014): Die Abwertung von Menschen mit Behinderung in Deutschland. Ein Element der Gruppenbezogenen Menschenfeindlichkeit im Fokus von Effizienzkalkülen. In: Behindertenpädagogik 53, S. 117-129.

Grubich, Rainer: „Autismus und Integration – Die Quadratur des Kreises?!" Kinder und Jugendliche mit autistischer Wahrnehmung in der integrativen Beschulung im Wiener Regelschulwesen: Schwerpunkt Sekundarstufe I – individuelle Entwicklungsmöglichkeiten, didaktische Bedingungen und strukturelle Notwendigkeiten. URL: http://bidok. uibk.ac.at/library/grubich-autismus-dipl.html [Download: 16.11.2010].

Hermes, Gisela/Rohrmann, Eckhard (2006): Einleitung. In: dies. (Hg.): Nichts über uns – ohne uns! Disability Studies als neuer Ansatz emanzipatorischer Forschung über Behinderung. Neu-Ulm, S. 7-11.

Huber, Christian (2008): Jenseits des Modellversuchs: Soziale Integration und Inklusion. Soziale Integration von Schülern mit sonderpädagogischem Förderbedarf im Gemeinsamen Unterricht – Eine Evaluationsstudie. In: Heilpädagogische Forschung. Band XXXIV (Heft 1/2008), S. 2-14.

Jeltsch-Schudel, Barbara (2008): Identität und Behinderung. Biographische Reflexionen erwachsener Personen mit einer Seh-, Hör- und Körperbehinderung. Oberhausen.

Miles-Paul, Ottmar (1992): „Wir sind nicht mehr aufzuhalten." Beratung von Behinderten durch Behinderte. Vergleich zwischen den USA und der Bundesrepublik. München.

Muñoz, Vernor (2007): Umsetzung der Resolution 60/251 der Generalversammlung vom 15. März 2006 „Rat für Menschenrechte." Arbeitsübersetzung. Berlin, 22.03.2007.

Nabben, Birgit (2004): Wir haben viel gequatscht, gelacht und literweise […]. In: Ischebeck, Hildegard (Hg.): Lebensskizzen. Erfahrungen von 20 Ehemaligen des Internates für Menschen mit Körperbehinderungen – Dietrich-Bonhoeffer-Haus. Zum 30-jährigen Jubiläum. Hürth, S. 35f.

!NDS – Die Zeitschrift der Bildungsgewerkschaft: Inklusion und Diversität. In: ebd., S. 32.
Neuschäfer, Reiner Andreas (2013): Inklusion in religionspädagogischer Perspektive. Annäherungen, Anfragen, Anregungen. Jena.
Preger, Anne/Schayani, Isabel (2008): Ausgesondert: Kinder in der Förderschule. Monitor Nr. 577 vom 24.04.2008.
Prengel, Annedore (1993): Pädagogik der Vielfalt. Opladen.
Ramberg, Axel/Harms, Katharine (2014): Mentalisieren und Reflektieren. Gedanken zur professionellen Haltung von Lehrkräften im Bereich der emotionalen und sozialen Entwicklung. In Behindertenpädagogik 53, S. 163-174.
Roebke, Christa (1990): Nicht-Aussonderung ist Menschenrecht! Wie sich Eltern gegen die Zwangs-Aussonderung von Kindern mit Behinderungen wehren. In: die randschau 5(Heft 4/5, 1990), S. 7-13.
Roth, Hans-Joachim (2011): cedis – Center for Diversity Studies. URL: http://www.cedis. uni-koeln.de/content/index_ger.html [Download: 22.09.2011]
Schnell, Martin W. (2008): Der bedürftige Mensch – Eine ethische Grundlegung. In: Fornefeld, Barbara (Hg.): Menschen mit Komplexer Behinderung. Selbstverständnis und Aufgaben der Behindertenpädagogik. München, S. 148-160.
Sierck, Udo (1991): Integration oder Aussonderung? Neue Perspektiven für alte Themen in der Behindertenpolitik. In: Dr. Mabuse – Zeitschrift für alle Gesundheitsberufe (Nr. 70/1991), S. 29.
Ders. (2011): Goldener Käfig a. D. – Identitätsfindung trotz Sonderschule. In: Mürner, Christian/ders. (Hg.) Behinderte Identität? Neu-Ulm, S. 8-19.
Speck, Otto (2000): Qualitätsentwicklung unter Ökonomisierungsdruck. In: Vierteljahresschrift für Heilpädagogik und ihre Nachbargebiete 69, S. 240-247.
Stadler, Hans (1998): Rehabilitation bei Körperbehinderung. Eine Einführung in schul-, sozial- und berufspädagogische Aufgaben. Stuttgart.
Stepina, Clemens K. (Hg.) (2007): Motivation Handicap? Was vom Europäischen Jahr der Menschen mit Behinderung 2003 übrig blieb. Eine Ernüchterung. Wien.
Sties, Nora (2014): Inklusion zurückerobern. In: kobinet-Nachrichten. URL: http://www.kobinet-nachrichten.org/de/1/nachrichten/29748/Inklusion-zur%C3%BCckerobern. htm [Download: 27.06.2014].
Weiß, Hans (2013): Schulische Inklusion – Gesellschaftliche Exklusion? Paradoxien in einem inklusionsorientierten Bildungssystem. Vortrag beim 4. ISER-Tag: „Forschung für die Praxis. 24.11.2011 – Uni Rostock. URL: http://www.sopaed.uni-rostock.de/ fileadmin/Isoheilp/Vortrag_Schul__Inklusion_-_gesellschaft__Exklusion__Vortrag_ Rostock_.pdf [Download: 27.10.2013].

Jahresrückblick

Wolfgang Keim

Hundert Jahre Erster Weltkrieg und die Pädagogik – Diskurse, Kontroversen und Fehlanzeigen im „Jubiläumsjahr"

Zusammenfassung: Der Beitrag stellt wichtige Publikationen und Diskurse vor, die 2014 der Erinnerung an den Ersten Weltkrieg gewidmet wurden. Aus kritischer Perspektive beleuchtet er vor allem die geschichtspolitische Tendenz einiger Publikationen, die subtiler – wie etwa Clark – oder grobschlächtiger – wie etwa Münkler – die Rolle Deutschlands bei der Auslösung des Krieges relativieren wollen. Diese Autoren lassen wesentliche und gesicherte Forschungsergebnisse (Fischer, Wehler u.a.) beiseite und modellieren ihre Fragestellungen so, dass die ausgeprägt offensiven Haltungen und Ziele der Eliten des deutschen Kaiserreichs in einem zeittypischen imperialistischen Horizont verschwimmen. Dieser geschichtspolitische Revisionismus verbindet sich, wie der Beitrag zeigen kann, recht offen mit gegenwärtigen Interessen an einer machtbewussteren internationalen Rolle Deutschlands. – Auch Bildungseinrichtungen wie die Volkshochschulen haben auf das Erinnerungsjahr mit öffentlichen Veranstaltungen reagiert. Demgegenüber hat die Erziehungswissenschaft es weithin versäumt, an die zentrale Bedeutung zu erinnern, die die Ideenpolitik von 1914 für die Herausbildung verhängnisvoller pädagogischer Ideologien im 20. Jahrhundert gehabt hat.

Abstract: The article presents important publications and discourses which were dedicated in 2014 to the memory of the First World War. From a critical perspective, he examines in particular the historical and political tendency of some publications, which subtile – such as Clark – or uncouth – such as Münkler – want to relativize Germany's role in triggering the war. These authors hide substantial and solid research results (Fischer, Wehler and others) and model their questions so that the pronounced offensive attitudes and goals of the elite of the German Empire blur in a typical contemporary imperialist horizon. This historical and political revisionism connects quite openly with current interests in a more powerful international role of Germany. – Even educational institutions such as the Volkshochschule have responded to the remembrance year with public events. By contrast, the science of education has largely failed to reflect the central importance which the ideas of 1914 have had for the development of catastrophic educational ideologies in the 20th century.

Keywords: 1914-2014, Deutschlands Rolle im Ersten Weltkrieg, Gegenwartsbedeutung, geschichtspolitische Debatten, Erster Weltkrieg und Erziehungswissenschaft

Die Erinnerung an den Ausbruch des Ersten Weltkriegs vor hundert Jahren mit entsprechendem „Jubiläumsgetöse" (Kister 2014) und „Publikationsrummel" (Wehler 2014), zahlreichen Kongressen, Ausstellungen, Vortragsreihen, aber auch dem Wiederaufleben längst erledigt geglaubter, von einer breiten Öffentlichkeit begleiteter Debatten zur Selbstvergewisserung der Deutschen und ihrer Rolle in Geschichte und Gegenwart entwickelte sich erstaunlicherweise zu einem der herausragenden bundesdeutschen Medienereignisse des vergangenen Jahres. Erstaunlicherweise, weil im Unterschied zu England und Frankreich, wo „The Great War" und „La Grande Guerre" aufgrund der hohen Opferzahlen seit jeher einen besonderen Stellenwert im nationalen Gedächtnis hatten[1], hierzulande nach 1945 die noch furchtbareren Erfahrungen von Zweitem Weltkrieg und Holocaust die des Ersten Weltkrieges deutlich überlagerten, so dass dieser – sieht man einmal von der Fischer-Kontroverse der 1960er Jahre ab – aus dem Bewusstsein der Bevölkerung weitgehend verschwand.

Wie mit einem Paukenschlag wurde er bereits im Herbst 2013 durch das Erscheinen der deutschen Übersetzung von Christopher Clarks (bis Mai 2014 schon über 200.000 Mal verkauftem) 900-Seiten-opus „Die Schlafwandler. Wie Europa in den Ersten Weltkrieg zog" in die öffentliche Aufmerksamkeit zurückgeholt. Das Buch eroberte die Bestsellerlisten, beherrschte die Talkshows und stieß nicht nur in der Historikerzunft, sondern auch in endlosen Leserbriefen der großen Tages- und Wochenzeitungen auf breite Resonanz mit zum Teil leidenschaftlichem Pro und Contra. Der Publikumserfolg des in Cambridge Neuere Europäische Geschichte lehrenden, inzwischen mit Auszeichnungen und Preisen überhäuften australischen Historikers resultierte dabei sicherlich – auch (!) – aus der Tatsache, dass seine Darstellung in guter britischer Tradition anschaulich, flüssig und elegant geschrieben ist, dass sie neue Schwerpunkte und Akzente setzt und die Situation im Sommer 1914 durch aktuelle Bezüge wie den Terroranschlag vom 11. September 2001, die Balkankriege der 1990er Jahre oder die diplomatischen Aktivitäten im Zuge der Euro-Krise zu veranschaulichen sucht. Doch hätten die „Schlafwandler", mit denen Clark ausnahmslos alle am Kriegsausbruch beteiligten Protagonisten ohne jede Hierarchisierung vergleicht, wohl kaum zum Bestseller getaugt, wenn sich daraus nicht zugleich eine politische Botschaft hätte ableiten lassen, mit der sich die „Sehnsucht (der Deutschen, W.K.) nach einer historisch unbelasteten, gleichsam ‚unschuldigen', vielleicht bloß ‚normalen', aber doch national geprägten Rolle" (Wirsching 2014) befriedigen ließ, wie sie vor über 50 Jahren mit Fritz Fischers „Griff nach der Weltmacht" (1961; vgl. ders. 1969)[2], später mit Hans-Ulrich Wehlers These vom „deutschen Sonderweg"[3] verneint worden war. Ein Fischer und Wehler revidierendes Fazit, ausgerechnet von einem in Großbritannien lehrenden Historiker, der zudem aufgrund einschlägiger Publikationen zu Preußen und Wilhelm II auch für die deutsche Geschichte als kompetent gelten durfte, war da „ein bisschen Balsam auf die deutsche Seele" (Epkenhans 2013): Zwar wollte Clark „die kriegerische und imperialistische *Paranoia* der österreichischen und deutschen *Politiker*" (sic!) keineswegs „kleinreden", doch waren die Deutschen in seinen Augen eben „nicht die einzigen Imperialisten, geschweige denn die einzigen, die unter einer Art Paranoia litten," – deshalb konnten auch sie als *„Schlafwandler"* gelten, der Kriegsausbruch folglich als eine von allen damaligen Großmächten *gemeinsam* zu verantwortende *„Tragödie"*, nicht als *„Verbrechen"*! (Clark 2913, S. 716f.)

Wie nicht anders zu erwarten, fand Clarks Sicht auf den Kriegsausbruch nicht nur Zustimmung, sondern ebenfalls entschiedenen Widerspruch. Dabei wurde etwa von dem kürzlich verstorbenen Arno Klönne Clarks „kenntnisreiche" Behandlung der „staatsmännischen und diplomatischen Aktivitäten bei der unmittelbaren Auslösung des Krieges" durchaus gewürdigt, jedoch kritisch hinterfragt, dass „bei ihm die gesellschaftlichen Bedingungen des Weges in den gewalttätigen Konflikt, also die zum Krieg treibenden Interessen von Industrie und Militärkaste, die Entwicklung einer nach Einsatz drängenden neuen Rüstungstechnologie, die staatliche und verbandliche Erziehung der Menschen zum Glauben an kriegerische Gewalt", aber auch „Militarismus als politisches Instrumentarium, als Weltanschauung und alltäglicher Habitus" „nicht in den Blick" kämen. (Klönne 2014, S. 19) Annika Mombauer erinnerte an die von Fischer zutage geförderten Kriegszielprogramme des sog. Kriegsrates vom Dezember 1912 bzw. des sog. Septemberprogramms von 1914, die bei Clark keinerlei Rolle spielten (vgl. Mombauer 2014, S. 12)[4], während der Potsdamer Militärhistoriker Michael Epkenhans darauf beharrte, „dass die wichtigsten Entscheidungen in Berlin gefallen" seien, indem die Reichsleitung „entschieden (habe), den österreichischen Ball aufzunehmen und weiterzuspielen" (Epkenhans 2013). Nach Ansicht des mit zahlreichen Veröffentlichungen zum Ersten Weltkrieg hervorgetretenen Düsseldorfer Historikers Gerd Krumeich könne man zwar inzwischen „ausschließen", „dass Deutschland die Julikrise von 1914 (wie Fischer noch annahm, W.K.) konsequent und dezidiert für die Durchsetzung seines Weltmachtanspruchs benutzen wollte", kaum zu widerlegen sei aber, dass es durch seine Inkaufnahme eines begrenzten Konfliktes das Risiko eines Krieges in fahrlässiger Weise erhöht habe; kein „zweckrationales Verhalten" also, aber ein „ebenso elaboriertes wie unverantwortliches Kalkül", womit „der deutschen Regierung der größte Anteil an der Entfesselung des Krieges" zufalle (Krumeich 2014, S. 6ff.).

Das Erscheinen der „Schlafwandler" wäre vermutlich weniger nachhaltig ausgefallen, hätte mit Herwig Münklers „Der Große Krieg. Die Welt 1914-1918" (2013) nicht fast gleichzeitig ein weiteres, bis Mai 2014 immerhin 50.000 Mal verkauftes 900-Seiten-opus zum Ersten Weltkrieg die Charts erobert. Sein Klappentext versprach „eine große Gesamtdarstellung" und „ein Zeitpanorama von besonderem Rang" und erhob seinen an der Berliner Humboldt-Universität lehrenden Autor zu „einem der renommiertesten deutschen Politikwissenschaftler". Stärker noch als für Clark gilt indessen für Münkler, dass es kaum die besondere Brillanz und Originalität seines Buches sein konnten, die zum Bestseller taugten, musste sein Autor doch neben viel Lob auch harsche Kritik einstecken wie die, dass seine Bearbeitung eklektisch, quellenfern und eher auf „Nutzanwendungen für die Politik des 21. Jahrhunderts" ausgerichtet sei, wenn er etwa die Rolle Chinas im 21. Jahrhundert mit der Deutschlands vor dem Ersten Weltkrieg vergleiche (Wahl 2014). Vielmehr dürfte die besondere Attraktivität Münklers wiederum in dessen Relativierung des deutschen Anteils am Kriegsausbruch gelegen haben, in der Grundtendenz ähnlich wie bei Clark, allerdings sehr viel grobschlächtiger als bei diesem: Clark erzählt eine Geschichte, wie der Erste Weltkrieg ohne einen *besonderen* Beitrag Deutschlands hätte entstanden sein können, bei Münkler hat man eher den Eindruck, dass er seinen Lesern die Entkräftung der These von der Hauptverantwortlichkeit des Deutschen Reiches für den Ersten Weltkrieg zu suggerieren sucht und dabei mit der Schuldfrage weit reichende politische Folgerungen bezüglich der Rolle Deutschlands in der Welt verknüpft.[5]

Unter diesem Aspekt werden für ihn der Hamburger Historiker Fritz Fischer und seine Schüler nicht nur zu Kontrahenten in einer wissenschaftlichen Debatte – ihrer Dominanz lastet er an, „dass in den letzten Jahrzehnten keine große Gesamtdarstellung des Krieges aus der Feder eines deutschen Historikers erschienen ist" (Münkler 2014b) –, vielmehr sieht er in ihnen zugleich Mitverantwortliche für die (viel zu lange) Akzeptanz eines geteilten und schwachen Deutschlands: „Wenn Fischer recht hatte, dann musste man die geographische Verkleinerung und Aufspaltung Deutschlands, eingeschlossen die politische Teilung, als gerechte Strafe für die mutwillig angezettelten Kriege akzeptieren und begreifen, dass seine Nachbarn nie wieder einen so gefährlichen Akteur in ihrer Mitte dulden würden" (Münkler 2013, S. 784), was fast schon einer Art Dolchstoßlegende gleichkommt, in jedem Falle den Versuch einer „geschichtspolitischen Weichenstellung" darstellt: „Was den Konservativen im ‚Historikerstreit' der achtziger Jahre noch missglückte – nämlich die Deutungshoheit über die deutsche Geschichte zurückzugewinnen –, das soll(te) jetzt gelingen" (Ullrich 2014). Zur Strategie Münklers gehörte nicht zuletzt, in Zeitungsartikeln und Interviews den 1999 verstorbenen Fischer herabzusetzen, ihm die wissenschaftliche Qualifikation abzusprechen, die heute nicht mal mehr fürs Proseminar reichte (vgl. Münkler 2014a)[6], was „in manchem an die Kampagne gegen ihn in den 1960er Jahren erinnert", als Gegner Fischers sogar seine Vortragsreise in die USA beim damaligen bundesdeutschen Außenminister Gerhard Schröder (CDU) zu hintertreiben versuchten, so dass amerikanische Kollegen wie Gordon A. Craig und Fritz Stern für eine Finanzierung der Reise aus amerikanischen Mitteln sorgten (Ullrich 2014 und 2011).

Im Jubiläumsjahr selbst erschien noch ein dritter Bestseller zum Krieg, Jörn Leonhards „Die Büchse der Pandora. Geschichte des Ersten Weltkriegs" (2014), von diesmal fast 1200 Seiten (5. Aufl. Nov. 2014)[7], der – ähnlich wie Clark und Münkler – von den einschlägigen Multiplikatoren wie FAZ, Süddeutsche und ZEIT aufgrund seiner „klug geordneten" Details aus „Anekdoten, Fotografien, Tagebüchern und Briefen" (Bisky 2014)), seines „Problembewusstseins, analytischen Fragens, (seiner) erklärungskräftigen Antworten" wie seiner globalen Perspektive[8] als „exzeptionell nicht nur im Umfang", als „ganz großer Wurf" (Hesse 2014), ja „als Beginn einer neuen Epoche der Weltkriegsgeschichte" (Wehler 2014)) bejubelt und gefeiert wurde, obwohl sich auch kritische Stimmen zu Wort meldeten, die von „amorphem Textmassiv", „großem historiographischem Steinbruch" und „einer letztlich nicht fassbaren gigantischen Gemengelage" sprachen, „die den Leser in ihren historiografischen Wirrsalen [...] gleichsam ins Nichts entlässt (Wahl 2014). Ungeachtet solch widersprüchlicher Urteile lässt sich auch Leonhard, zumindest in der Tendenz, als Gewährsmann für Exkulpation Deutschlands von Verantwortung für Krieg und Kriegsverbrechen lesen, was ihm nicht zuletzt dadurch gelingt, dass er die Frage nicht nur nach „moralischer Schuld", sondern auch nach Verantwortung für obsolet erklärt (vgl. Staas/Ullrich 2014) – sie spielt auf den 1200 Seiten so gut wie keine Rolle mehr – und an die Stelle einer quellengestützten Rekonstruktion historischer Abfolgen und Zusammenhänge ein Kaleidoskop-artiges Panorama von Themen und Aspekten – in postmodernem Sinne – setzt.

Dass die – mit Vehemenz vor allem von Münkler betriebene – Entlastungsstrategie verstanden wurde, zeigte bereits in den ersten Januartagen 2014 ein von bekannten Historikern wie Dominik Geppert und Sönke Neitzel sowie der Publizistin Cora Stephan gemeinsam gezeichneter Artikel in der „WELT" mit der programmatischen Überschrift: „Warum Deutschland nicht allein schuld ist. Historiker verwerfen die These, Deutschland allein habe Schuld am ‚Großen Krieg'. Das sollten auch jene wahrnehmen, die mit dem deutschen Kriegsstreben die Abschaffung des Nationalstaats begründen", womit die Autoren zugleich die Warnung an „manche unserer europäischen Nachbarn" vor einem „Europakonzept" verbinden, „demzufolge Deutschland supranational ´eingebunden` werden müsse, damit es nicht erneut Unheil stifte" (Geppert u.a. 2014; vgl. ders. 2014).

Schon wenige Wochen später bot Anfang Februar 2014 die Münchener Sicherheitskonferenz einen guten Anlass, um das vom Vorwurf der Kriegstreiberei befreite Deutschland auch international neu in Stellung bringen zu können, und zwar von höchster Stelle aus: „Gauck will neue deutsche Rolle. Präsident stößt Strategiedebatte an" (Neue Westfälische 1./2. 2. 2014) und: „Angesichts vieler Krisen in der Welt muss sich die Bundesrepublik ‚als guter Partner früher, entschiedener und substanzieller einbringen', fordert der Bundespräsident – notfalls mit Soldaten", womit er sich „an die Spitze einer Debatte (stellte), die Außenminister Frank-Walter Steinmeier (SPD) und Verteidigungsministerin Ursula von der Leyen (CDU) angestoßen" hatten. Dies waren neue Töne, nachdem noch wenige Monate zuvor der Amtsvorgänger Steinmeiers, Guido Westerwelle, „eine ‚Kultur der militärischen Zurückhaltung' propagiert hatte" (Süddeutsche Zeitung 1./2. 2. 2014). Die Nähe dieses „Paradigmenwechsels" der offiziellen deutschen Politik zur Hype um Clark und Münkler verblüfft und wurde auch in zahlreichen Kommentaren und wiederum einer Flut von Leserbriefen vermerkt, die nicht selten an die Kriegstreiber des Ersten Weltkrieges wie an dessen Tote auf den Schlachtfeldern mahnend erinnerten. Dass mit Gauck ausgerechnet ein evangelischer Pfarrer militärische Einsätze in sein Kalkül zog, rief u.a. die derzeitige Botschafterin für das Reformationsjubiläum, Margot Käßmann, auf den Plan, die angesichts von Gaucks Vorpreschen an den Berliner Hof- und Domprediger Bruno Doehring dachte, der am 2. August 1914 „von den Stufen des Reichstags zu einer großen Volksmenge in einem improvisierten Gottesdienst (predigte, W.K.): ‚Ja, wenn wir nicht das Recht und das gute Gewissen auf unserer Seite hätten, wenn wir nicht − ich möchte fast sagen handgreiflich − die Nähe Gottes empfänden, der unsere Fahnen entrollt und unserm Kaiser das Schwert zum Kreuzzug, zum heiligen Krieg in die Hand drückt, dann müssten wir zittern und zagen. Nun aber geben wir die trutzig kühne Antwort, die deutscheste von allen deutschen: Wir Deutsche fürchten Gott und sonst nichts auf der Welt!'" (Käßmann 2014).

Gauck wie die gesamte politische Elite waren dann im Sommer richtig gefordert, als es nämlich auf den diversen (westlichen!) Schlachtfeldern zum Gedenken und Erinnern an den Kriegsbeginn und seine dem menschlichen Vorstellungsvermögen kaum mehr zugängliche Zahl von Toten ging, und zwar von Siegern und Besiegten *gemeinsam*. Gedacht wurde u.a. am Hartmannsweilerkopf in den Vogesen, der zwischen Deutschen und Franzosen besonders umkämpft war und den sie im Volksmund aufgrund seiner zwischen 25.000 und 30.000 Toten den „Menschenfresserberg" nennen, ebenso in Löwen an den deutschen Überfall auf das neutrale Belgien, die Ermordung von 248 Zivilisten, die Vertreibung sämtlicher 10.000 Einwohner der Stadt, das Niederbrennen von 1081 Häusern, einschließlich der 300 Jahre alten Universitätsbibliothek mit 300.000 Büchern, 1000 mittelalterlichen Handschriften und 8oo Inkunabeln; letzteres wurde international als besonders „barbarischer Akt und Paradebeispiel des ‚Furor Teutocicus'" wahrgenommen und veranlasste den französischen Schriftsteller Romain Rolland zu einem Brief an Gerhard Hauptmann, in dem er ihm zurief: „Sind Sie der Nachkomme Goethes oder Attilas? Führen Sie Krieg gegen Armeen oder den menschlichen Geist?" (zit. n. Schmitz 2014; vgl. Schivelbusch 1993)[9] − Die Tatsache, dass die Löwener Universitätsbibliothek 1940 ein zweites Mal von den Deutschen niedergebrannt wurde, dieses Mal mit 900.000 Büchern, zeigt, wie eng Erster und Zweiter Weltkrieg miteinander verzahnt sind, nicht zuletzt im Gedächtnis der Opfer. Im Rahmen einer Gedenkstunde des Bundestages mit dem französischen Politologen und Publizisten Alfred Grosser bezeichnete der Bundestagspräsident, Norbert Lammert, den „brutalen Angriff auf das neutrale Belgien", „die Gräueltaten gegen die Zivilbevölkerung mit willkürlichen Hinrichtungen und Massenerschießungen", „die Zerstörungen von Städten und Kulturdenkmälern", nicht zuletzt „die barbarische Beschießung der Kathedrale von Reims oder das Niederbrennen der Universitätsbibliothek von Löwen" als das, was sie tatsächlich waren: „Verbrechen", „beschämend und unentschuldbar" (Lammert 2014, S. 1).

Wenn sich das Gedenken an den Ersten Weltkrieg und seine Opfer hierzulande auf Erinnerungsorte des Westens konzentrierte, dann gibt es dafür sicherlich gute Gründe: Aus den einstigen „Erbfeinden" Deutschland und Frankreich sind inzwischen engste Verbündete geworden, was man durch gemeinsame Gedenkveranstaltungen demonstrieren wollte. Die Erinnerung an die Verheerungen des Krieges verbinden sich gerade für dessen Anfangsphase mit Schlachtfeldern im Westen – allein in den ersten beiden (!) Monaten betrug die Gesamtzahl an Toten und Verletzten hier 3,5 Millionen (vgl. Berghahn 2014, S. 35). Außerdem enthalten beispielsweise die aufgeführten Erinnerungsorte in Frankreich und Belgien eine wesentlich eindeutigere Semantik als vergleichbare Orte in Polen, z. B. Tannenberg mit widersprüchlichen, zum Teil ausgesprochen problematischen Konnotationen (vgl. Schenk 2001). Gleichwohl muss als bedauerlich gelten, dass Russland (mit insgesamt vergleichbaren Opferzahlen!) aufgrund des Ukraine-Konfliktes zu keiner gemeinsamen Gedenkveranstaltung eingeladen war, sieht man einmal vom Historiker-Gespräch beim Bundespräsidenten ab. Dieser nutzte allerdings die Gelegenheit, Russland wegen seiner Annektierung der Krim einseitig auf die Anklagebank zu setzen, ohne mögliche Versäumnisse des Westens bzw. problematische Schritte im Anschluss an die Vereinigung wie die NATO-Ausdehnung nach Osten wenigstens mit zu bedenken, also einen Blickwechsel zu wagen, wie er als Konsequenz aus den Erfahrungen von 1914 immer wieder gefordert worden ist. Spätestens 1918/19, wenn sich die den Ersten Weltkrieg abschließenden Friedensschlüsse zum hundertsten Mal jähren, wird man an die Demütigung Rußlands im Frieden von Brest-Litowsk wie den sich anschließenden Rußlandkrieg mit deutschen „Siedlungsplänen und Germanisierungsprojekten einer ‚völkischen Flurbereinigung'" erinnern müssen, an die Hitler mit seiner Ostpolitik nahezu bruchlos anknüpfen konnte (Wehler 2003, S. 153ff.).

Weitgehend ausgeblendet beim Gedenken blieben außerdem unbequeme oder gar konfliktträchtige Tatsachen wie der Genozid an den Armeniern durch das Osmanische Reich, damals Verbündeter Deutschlands im Ersten Weltkrieg (vgl. Gottschlich 2015), was umso bedrückender ist, weil heute den Kurden Verfolgung durch die Türkei, Nachfolgestaat des Osmanischen Reiches und Nato-Partner, droht, während der Nato-Partner Deutschland schweigt.

Erinnert sei wenigstens noch an die Ablehnung eines Antrages der Linksfraktion im Bundestag, am Reichstag eine Gedenktafel für den ehemaligen SPD-Reichstagsabgeordneten Karl Liebknecht anzubringen, der als einziger Reichstagsabgeordneter im Sommer 1914 seine Zustimmung zu den Kriegskrediten verweigert hatte. Dabei lautete *eine* Begründung für die Ablehnung, Liebknecht, der im Januar 1919 zusammen mit Rosa Luxemburg durch Freikorpssoldaten heimtückisch ermordet wurde, habe sich nach seinem Ausscheiden aus der SPD radikalisiert; „die von ihm mitbegründete Kommunistische Partei Deutschlands sei mitverantwortlich für das Scheitern der Weimarer Republik" gewesen, eine *andere*, ganz auf der Linie Clark/Münkler, der Antrag „ignoriere [...] historische Forschungen über die Ursachen des Ersten Weltkriegs [...], wenn (im Antragstext) davon die Rede sei, dass die wirtschaftlichen Eliten des deutschen Kaiserreiches und seine politische und militärische Führung die Hauptschuld am Ausbruch des Ersten Weltkriegs vor 100 Jahren getragen hätten" – so die Begründung der SPD (!)-Abgeordneten Hiltrud Lotze (zit. n. Hausding 2014).

Zweifellos hat die Debatte der Historiker, Politologen und Politiker über die Schuldfrage das Hauptinteresse der Öffentlichkeit am Ersten Weltkrieg auf sich gezogen. Die in Publikationen, Ausstellungen oder im Rahmen von Tagungen behandelten Themen waren jedoch sehr viel breiter angelegt. Schon im Herbst 1913 eröffnete etwa das Deutsche Literaturarchiv Marbach in enger Zusammenarbeit mit der Bodleian Library in Oxford und der National- und Universitätsbibliothek Straßburg eine Ausstellung „August 1914. Literatur und Krieg" (vgl. Deininger 2013), das Max Ernst Museum Brühl im Februar 2014 zu „Max Ernst – Kunst und Kultur am Vorabend des Ersten Weltkrieges" oder das Hamburger Museum für Kunst und Gewerbe im Juli 2014 zum Thema „Krieg & Propaganda" (vgl. Winkler 2014). Das Spektrum an Kongressthemen im „Jubiläumsjahr" reichte von der „Rolle der Kirche vor und während des Ersten Weltkrieges" (Ev. Akademie Rheinland) bzw. „Kirche und Krieg. Ambivalenz in der Theologie" (Theologische Fakultät der Universität Halle-Wittenberg), über den „Ersten Weltkrieg als Katalysator politischen und juristischen Denkens" (Juristische Fakultät der Andrássy-Universität Budapest) bis hin zu der Frage: „‚Krieg der Ingenieure?' Der Erste Weltkrieg in Technik und Wissenschaft" (RWTH Aachen, Lehr und Forschungsgebiet Wirtschafts-, Sozial- und Technologiegeschichte) (alle Angaben über Internet).

Und der Beitrag von Pädagogik und Erziehungswissenschaft zum „Jubiläumsjahr"? Erwähnenswert sind eine Reihe interessanter Ausstellungen mit zumindest pädagogischer Akzentuierung: im Pädagogischen Institut München über „Kindheit und Jugend im Ersten Weltkrieg. München 1914 bis 1918", an der Pädagogischen

Hochschule Zürich über „Ersten Weltkrieg und Schule", im Museum L(ichtentaler)A(llee) 8 in Baden-Baden über „Krieg spielen. Kunst und Propaganda vor dem Ersten Weltkrieg", ebenso eine von der Universität Frankfurt/M. veranstaltete internationale Tagung „1914/2014 – Erster Weltkrieg. Kriegskindheit und Kriegsjugend, Literatur, Erinnerungskultur". Die Volkshochschulen hatten – gemäß ihrer öffentlichen Funktion – wesentlichen Anteil an der Ausweitung der skizzierten Weltkriegs-Diskurse. Die in München, Bonn, Aachen, Osnabrück, aber auch in Solingen/Wuppertal etwa boten im Gedenkjahr groß angelegte Veranstaltungsreihen zum Thema an, oft unter Beteiligung weiterer Träger, in Aachen z.B. des Geschichts-Netzwerkes Euregio Maas-Rhein. Eine Reihe von Volkshochschulen luden die eigentlichen Protagonisten der Diskurse, allen voran Clark und Münkler, zu – immer gut besuchten – Vorträgen ein; in Freiburg war der Andrang zu Clarks Vortrag so groß, dass er ins Audi Max der Universität verlegt wurde. In Bonn gab es sogar das Angebot einer Tagesexkursion: „Fahrt in die Vergangenheit – Das Rheinland im Ersten Weltkrieg", wobei sich der „Weg der Exkursion entlang der ab 1906 für den ‚Schlieffen-Plan' gebauten Kasernen und strategischen Eisenbahnlinien der Eifel" orientieren sollte, ebenso eine Wanderstudienreise „Auf den Spuren des Ersten Weltkrieges in Südtirol", die „vor Ort fühlbar machen" wollte, „wie sich der Krieg damals abgespielt hat". Erwähnenswert eine Initiative des Instituts für Internationale Zusammenarbeit des Deutschen Volkshochschul-Verbandes und des Europäischen Verbandes für Erwachsenenbildung „Remembering for the Future", die „Erwachsenenbildungseinrichtungen in ganz Europa eine Plattform für Netzwerkbildung, Dialog und gemeinsame Aktivitäten zu den Themen Erinnerung, Versöhnung und Friedenssicherung" eröffneten (DVV 2014, S. 18)[10]. Nicht zuletzt regte das Gedenkjahr, wie kaum anders zu erwarten, zu geschichtsdidaktischen Tagungen an, beispielsweise einer u.a. vom Niedersächsischen Kultusministerium, dem Niedersächsischen Geschichtslehrerverband und dem Volksbund Deutsche Kriegsgräberfürsorge in der Akademie des Sports Hannover veranstalteten Fachdidaktischen Tagung für Geschichte und Politik: „Von der Urkatastrophe des 20. Jahrhunderts zu den Herausforderungen der Gegenwart" (alle Angaben über Internet).

So gut wie gar nicht beteiligte sich die Erziehungswissenschaft selbst am „Jubiläum": Universitäre Lehrveranstaltungen zur Rolle der Pädagogik im Ersten Weltkrieg waren mit „Bologna" kaum noch kompatibel, wie Stichproben für das Sommer- und Wintersemester des vergangenen Jahres bestätigten. Dabei hätten sich gerade daran exemplarische Einsichten beispielsweise zum Verhältnis von Gesellschaft und Erziehung, zu didaktischen Vermittlungsprozessen in Schule, Museum und Erwachsenenbildung wie zu Problemen des Gedenkens und Erinnerns vermitteln lassen. Unter den „mehr als 150 Veranstaltungen" des im März 2014 an der Humboldt-Universität zu Berlin veranstalteten 24. Kongresses der Deutschen Gesellschaft für Erziehungswissenschaft war nicht eine einzige, die in irgendeiner Weise auf den Ersten Weltkrieg auch nur Bezug nahm (vgl. DGfE-Kongress 2014), obwohl der historisch prominente Ort, das Generalthema: „Traditionen und Zukünfte" wie das gleichzeitige 50-jährige Jubiläum der „Gesellschaft" eine gute Gelegenheit geboten hätten, nach den Verdrängungsleistungen der Disziplin hinsichtlich des noch immer unzureichend aufgearbeiteten Zusammenhangs von Weltkriegsdeutung und NS-Engagement ihrer führenden Repräsentanten zu fragen. Von Tagungen zur Thematik „Erster Weltkrieg und Erziehungswissenschaft" an anderer Stelle ist zumindest nichts bekannt geworden. Im Desinteresse daran spiegelt sich die – auch für historische Arbeiten zum Ersten Weltkrieg charakteristische – Abkehr vom Paradigma „Gesellschaftsgeschichte", in dem Fragen von Bildung und Erziehung ihren festen Platz hatten (vgl. Wehler 1973 u. 2003a). Nicht zuletzt unter seinem Einfluss waren seit den 1970er Jahren verstärkt Lehrstühle zur historischen Bildungs- und Sozialisationsforschung an den Universitäten eingerichtet worden und zahlreiche Arbeiten zur Sozialgeschichte der Erziehung entstanden, die sich seit Ende der 1980er Jahre im „Handbuch der deutschen Bildungsgeschichte" niederschlagen (vgl. Berg u.a. 1989ff.). In dessen Band IV: „1870-1918" fand der Erste Weltkrieg in unterschiedlichen Kontexten Beachtung: im Kapitel über „Familie, Kindheit, Jugend", insbesondere aber in zwei umfangreichen Beiträgen zu „Vormilitärischer Jugenderziehung" sowie zum „Einfluss des Militärs auf Schule und Lehrerschaft" (vgl. Berg 1991).

Über die Rolle der Erziehungswissenschaft im Ersten Weltkrieg war indessen auch dort wenig zu erfahren (vgl. Herrmann 1991), obwohl zum Zeitpunkt des Erscheinens bereits erste kritische Untersuchungen zur Kontinuität „politischer Optionen von Pädagogikhochschullehrern von 1914 bis 1933" vorlagen (Weber 1979). Es ist in der Tat erstaunlich, welchen Stellenwert der Krieg, insbesondere das sog. Augusterlebnis 1914, für späteres politisches Denken und Handeln zentraler erziehungswissenschaftlicher Repräsentanten gehabt hat, wobei diese sich allerdings dabei kaum von der Mehrheit ihrer bürgerlichen Herkunftsschicht unterschieden. Eduard Spranger etwa, namhafter erziehungswissenschaftlicher Ordinarius der Berliner Universität in Weimar und während der Nazizeit, schrieb seiner langjährigen Vertrauten Käthe Hadlich bereits wenige Tage vor Kriegsbeginn am 25.7., dass es jetzt zu zeigen gälte, „ob wir des Schicksals wert waren, das wir bisher genossen", jubelte nach dem Überfall auf das neutrale Belgien und der Einnahme Lüttichs am 8.8., „daß wir, wie es auch werde, froh und stolz sein müssen, eine solche Zeit der Würde und des heiligen Ernstes miterlebt zu haben" und bekannte wiederum drei Tage später am 11.8., „wie glücklich (er) [...] über diesen Höhepunkt (s)eines Lebens (sei), „daß ich mein Volk so sehen darf" (alle Zitate Martinsen/Sacher 2002, S. 145, 147, 149) – freilich aus der sicheren Position der Heimatfront (Sprangers „Kriegsdienste" beschränkten sich auf die Verteilung von

Getränken, belegten Brötchen und Zigaretten auf dem Leipziger Bahnhof im August 1914!). 1932, also kurz vor dem Ende Weimars, veröffentlichte Spranger den Sammelband: „Volk, Staat, Erziehung" (Spranger 1932) mit Aufsätzen aus der Zeit von 1916 bis 1932, die zeigen, wie sein Denken vom Ersten Weltkrieg bis in die Nazizeit hinein einer verhängnisvollen Kontinuität der „Ideen von 1914" folgt, die nahezu bruchlos in sein Bekenntnis zum „März 1933" (Spranger 1933) münden (vgl. Himmelstein 2013, 65-105 u.ö.). Ähnliches gilt für Herman Nohl, dessen „Pädagogische Bewegung in Deutschland" (1933) sich als Umsetzung der „Ideen von 1914" in die Pädagogik „lesen" lässt – mit der „Erfahrung vom August 1914" als Urerlebnis (ebd., S. 311) –, wie auch der Militärpädagogik Erich Wenigers „Wehrmachtserziehung und Kriegserfahrung" (1938) Wenigers eigene Fronterfahrung des Ersten Weltkrieges zugrunde liegt, die er gleichsam zum „Bildungserlebnis" stilisiert – noch 1992 glaubte Bernhard Schwenk darin Grundzüge einer Allgemeinen Pädagogik zu erkennen (vgl. Beutler 1995, S. 181ff.; Siemsen 1995).

Sollte das konfliktbehaftete Thema „Erziehungswissenschaft und Nationalsozialismus" etwa mit Rücksicht auf das im Mittelpunkt stehende „Weltkriegs-I-Jubiläum" ausgespart bleiben, hätte man auf andere – erfreulichere – Themen zurückgreifen können, z. B. die antimilitaristischen und pazifistischen Traditionen in der deutschen Pädagogik, die es ja – ungeachtet des weit verbreiteten Militarismus – gab. Daran hatte bereits die Jahrestagung des Arbeitskreises Historische Friedensforschung 2011 mit dem Thema „Erziehung zum Krieg. Erziehung zum Frieden. Friedenspädagogik im 20. Jahrhundert" erinnert, der im „Jubiläumsjahr" ein von Till Kössler und Alexander J. Schwitanski herausgegebener, wesentlich erweiterter Tagungsband gefolgt ist (Kössler/Schwitanski 2014). Darin geht etwa der Amerikaner Andrew Donson der Frage nach, wie militaristische Erziehungsziele sich während des Krieges verändert haben, und beschäftigt sich Arndt Weinrich mit der Frage einer Sinngebung des Krieges im anti-militaristischen Gedenken und Erinnern sozialdemokratischer und katholischer Jugendverbände nach dem Ersten Weltkrieg. Bezeichnenderweise fanden Tagung und Tagungsband eher bei den Historikern als den Erziehungswissenschaftlern Interesse. Dies gilt auch für die beiden pazifistischen Aushängeschilder der Pädagogik, Friedrich Wilhelm Foerster und Wilhelm Lamszus. Während Foerster seit dem Tod des Aachener Erziehungswissenschaftlers Franz Pöggeler zumindest auf Seiten der Pädagogik kaum noch Beachtung findet, setzt sich für Lamszus bereits seit DDR-Zeiten kontinuierlich der Greifswalder Pädagoge Andreas Pehnke ein. Nach seinen verdienstvollen Editionen von Antikriegs-Schriften des Hamburger Pazifisten und Schulreformers (vgl. Lamszus 2003 u. 2006) hat er im Jubiläumsjahr „Das Menschenschlachthaus. Visionen vom Krieg. Erster und Zweiter Teil" (Lamszus 2014a) neu herausgegeben, vor allem aber die Autobiographie Lamszus`: „‚Begrabt die lächerliche Zwietracht unter euch'. Erinnerungen eines Schulreformers und Antikriegsschriftstellers (1881-1965)" (Lamszus 2014b) zugänglich gemacht. Davon Notiz genommen haben wiederum allenfalls Außenseiterorgane wie das „Greifswalder Stadtblatt" (23, 2015, Nr. 3, S. 8) und „et cetera ppf. Pädagoginnen und Pädagogen für den Frieden" (Adam 2015).

Anmerkungen

1 Kommt man beispielsweise im November nach London, tragen dort viele Menschen papierne Mohnblüten an ihrer Kleidung und erinnern kleine Kreuze mit Mohnblüten vor Kirchen und öffentlichen Gebäuden an die britischen Gefallenen des Ersten Weltkrieges, besonders der extrem verlustreichen Kämpfe in Flandern im Sommer und Herbst 2014 – Mohn war die einzige Pflanze, die damals noch auf den Schlachtfeldern zu finden war. – Im Übrigen gab es im vergangenen Jahr auch in England erbittert geführte Debatten über die Verantwortlichkeit für die Kriegsentscheidung und damit für die weit über 700.000 englischen Opfer, „die unmittelbar in Kampfhandlungen umkamen" (Berghahn 2014, S. 4), wobei auch hier Fischer-Thesen und Clark eine wichtige Rolle spielten und der Streit sowohl von Konservativen wie Labour politisch zu instrumentalisieren versucht wurde (vgl. Menden 2014). – Inzwischen bietet die deutsche Übersetzung von Adam Hochschilds glänzend geschriebener Monographie „Der große Krieg. Der Untergang des alten Europa im Ersten Weltkrieg" die Möglichkeit, diesen auch aus einer englischen Perspektive wahrzunehmen. Der englische Titel: „To End all Wars. A Story of Loyalty and Rebellion, 1914-1918" trifft allerdings die Intention des amerikanischen Autors sehr viel besser, vor allem die Kämpfe innerhalb Großbritanniens zwischen „denen (darzustellen, W.K.), die der Überzeugung waren, der Krieg sei es wert geführt zu werden, und denen, die von dem leidenschaftlichen Glauben beseelt waren, er dürfe auf keinen Fall ausbrechen" (Hochschild 2013, S. 15), wobei der Pazifismus damals in England ungleich einflussreicher als in Deutschland war.
2 „Demnach war das Kaiserreich keineswegs in den Krieg ‚hineingeschlittert', sondern hatte ihn kalkuliert herbeigeführt – in der Absicht, sich über die angestrebte Hegemonie in Europa zur ersten Weltmacht aufzuschwingen. Kern des fast 900 Seiten starken Buches war eine akribische Untersuchung der sehr weitreichenden Kriegsziele, die, wie Fischer nachwies, nicht auf alldeutsche und schwerindustrielle Kreise beschränkt geblieben, sondern von der Reichsleitung geteilt und von einem breiten gesellschaftlichen Konsens getragen worden waren." Allerdings wollte Fischer nicht – wie häufig unterstellt – von einer „Alleinschuld Deutschlands" sprechen, „sondern nur davon, dass der Reichsleitung ‚ein erheblicher Teil der historischen Verantwortung' zufalle" (Ullrich 2011).
3 Die inzwischen mehrfach ausdifferenzierte These vom „deutschen Sonderweg" versucht den „Zivilisationsbruch" von 1933 wie schon die Mitverantwortung Deutschlands am Ersten Weltkrieg aus „einem Geflecht von soziostrukturellen und vor allem politischen Sonderbedingungen" der Entstehung und Entwicklung des deutschen Nationalstaates zu erklären, „die ihre dramatische Wirkung erst seit der zweiten Hälfte des 19. Jahrhunderts entfaltet haben" (Wehler 2003b, S. 114; vgl. ders. 1973, S. 199f.). Ausdruck des „deutschen Sonderweges" waren die „Ideen von 1914" (vgl. Wehler 2003a, S. 17-21), von denen in späterem Zusammenhang noch die Rede sein wird.

4   So auch der englische Historiker John C. G. Röhl, als Verfasser einer dreibändigen Monographie über Wilhelm II. als einer der besten Kenner des wilhelminischen Deutschland anerkannt: „Die These von der ‚Unschuld' der Reichsregierung an der Auslösung des Weltkriegs im Juli 1914 kann nur vertreten werden, wenn man die Ergebnisse der Archivforschung der vergangenen fünfzig Jahre bagatellisiert oder ganz außer Acht lässt." (Röhl 2014)
5   „Es lässt sich kaum eine verantwortliche Politik in Europa betreiben, wenn man die Vorstellung hat: Wir sind an allem schuld gewesen. Bezogen auf 1914 ist das eine Legende [...]." (Münkler 2014a)
6   „Das (gemeint sind Fischers Arbeiten, W.K.) war [...] gut gemeinte Psychotherapie, aber keine Wissenschaft" (Münkler 2014a); im selben Interview nutzt er selbst Fischers – längst bekannte – NS-Vergangenheit als Argument gegen seine Schriften (!): „Ausgerechnet er, ehemaliges Mitglied der SA und der NSDAP, wurde zum Wortführer einer linksliberalen Sicht auf die Zeitgeschichte" (ebd.).
7   Hilfreich ist ein umfangreiches Sachregister ab der 5. Auflage.
8   Diese globale Perspektive verdeutlicht etwa Leonhards ausgesprochen interessante und anregende Einbettung der „Ideen von 1914" (s.u.) in einen internationalen Kontext von „Kriegsdeutungen" der anderen am Krieg beteiligten Länder unter der Perspektive „Nationale Selbstvergewisserung und intellektuelle Ermächtigung" (Leonhard 2014, S. 236-250), freilich – wie im Rahmen einer solchen Überblicksdarstellung vermutlich nicht anders möglich – nur mit wenigen Schlaglichtern. Immerhin nutzt Leonhard den knappen Raum, um am Beispiel von Thomas Manns „Gedanken im Kriege" vom Herbst 1914 Spezifika des „deutschen Sonderweges" zu akzentuieren, ohne diesen Begriff selbst zu verwenden: „Die kulturelle Mobilisierung in den ersten Monaten des Krieges an sich war keine deutsche Besonderheit, wohl aber die bei deutschen Intellektuellen so programmatische, ja fast panische und im Tonfall hysterische Absetzung von den westeuropäischen Modellen und das Beharren auf einer besonderen Fortschrittsentwicklung, die sich angeblich nicht mit der Frankreichs oder Großbritanniens vergleichen ließ." (Ebd., S. 246f.)
9   Sowohl Münkler als auch Leonhard thematisieren die deutschen Verbrechen in Belgien im Kontext ihrer Beschreibung von Kriegshandlungen und von Kriegsdeutungen; beide arbeiten dabei mit multi-perspektivischen zeitgenössischen Dokumenten und Berichten, die sie kommentieren und bewerten, wobei hinsichtlich der Bewertungen vor allem bei Münkler gelegentlich der Eindruck der Beliebigkeit entsteht (vgl. Münkler 2013, S.113-125, 248-260; Leonhard 2014, S. 167-174, 241-243).
10 „Durch Erwachsenenbildungsprojekte zur Geschichts- und Erinnerungsarbeit rund um den Ersten Weltkrieg sollten Bürgerinnen und Bürger in der Europäischen Union für die Auswirkungen von Nationalismus und Fremdenfeindlichkeit sensibilisiert werden. Im Zentrum der Initiative standen die Fragen: Was und wie können wir aus der Vergangenheit lernen? Wie wollen wir das gemeinsame Europa der Zukunft gestalten? [...] Am 13. und 14. November 2014 fand die Abschlusskonferenz der Initiative im historischen Rathaus in Sarajevo statt. Die über 100 Teilnehmenden aus rund 30 Ländern diskutierten, wie Erwachsenenbildung in Europa heute und künftig zu einem positiven ‚Erinnern für die Zukunft' beitragen kann. Es wurden zahlreiche Projekte zu Friedenssicherung und Konfliktbearbeitung vorgestellt, und Referentinnen und Referenten aus ganz Europa sprachen zu grundlegenden Fragen der Erinnerungsarbeit, die in thematischen Workshops vertieft wurden. Ein Geschichtsrundgang führte durch Sarajevo, eine Stadt mit einer wechselvollen Vergangenheit." (DVV 2014, S. 18)

Literatur

Adam, Horst: Wilhelm Lamszus zum 50. Todestag, in: et cetera ppf. Pädagoginnen und Pädagogen für den Frieden H.1/2015 (April 2015), S. 31.
Berg, Christa u.a. (Hg.): Handbuch der deutschen Bildungsgeschichte, 6 Bde., München 1989ff.
Berg, Christa (Hg.): Handbuch der deutschen Bildungsgeschichte. Band IV: 1870-1918. Von der Reichsgründung bis zum Ende des Ersten Weltkrieges, München 1991.
Berghahn, Volker: Der Erste Weltkrieg (2003), 5. aktualisierte u. ergänzte Aufl., München 2014.
Beutler, Kurt: Geisteswissenschaftliche Pädagogik zwischen Politisierung und Militarisierung – Erich Weniger, Frankfurt/M. 1995.
Bisky, Jens: Triumphe der Gewalt. Nach drei, vier Jahren glichen die Gesellschaften Häusern, von denen nur noch die Wände standen: Wer die Geschichte des Ersten Weltkrieges verstehen will, sollte Jörn Leonhards Monumentalpanorama „Die Büchse der Pandora" lesen, in: Süddeutsche Zeitung v. 12.6.2014, S. 12.
Clark, Christopher: Die Schlafwandler. Wie Europa in den Ersten Weltkrieg zog, München 2013.
Deininger, Roman: Wortgeschosse. Marburg, Oxford und Straßburg haben sich zusammengetan, um den „Krieg in den Archiven" zu bewältigen. In: Süddeutsche Zeitung v. 18.10.2013.
Deutscher Volkshochschul-Verband (DVV) International (Hg.): Education for Everyone. Worldwide. Lifelong. Jahresbericht 2014, Bonn 2015.
DGfE-Kongress 2014. Traditionen und Zukünfte – 50 Jahre DGfE. Programm 24. Kongress der Deutschen Gesellschaft für Erziehungswissenschaft an der Humboldt-Universität zu Berlin vom 9. bis 12. März 2014, DGfE u. Humboldt-Universität zu Berlin [2014].
Epkenhans, Michael: „Ein sehr gefährliches Spiel". Der Potsdamer Militärhistoriker widerspricht dem Autor Christopher Clark und sagt, 1914 hätten Wien und Berlin die Weichen auf Krieg gestellt. Der Versuch, Russland nach dem Attentat von Sarajewo zu testen, ging schief. In: Das Parlament Nr.1-3 v. 30.12.2013, S. 9.
Fischer, Fritz: Griff nach der Weltmacht. Die Kriegszielpolitik des kaiserlichen Deutschland 1914/18, Düsseldorf 1961.
Fischer, Fritz: Krieg der Illusionen. Die deutsche Politik von 1911 bis 1914, Düsseldorf 1969.
Geppert, Dominik: Die Geschichte ist schon weiter. Der Erste Weltkrieg hatte viele Auslöser. Manche Historiker wollen das nicht wahrhaben. Sie übersehen die neueste Forschung. In: Süddeutsche Zeitung v. 25.8.2014.
Geppert, Dominik u.a.: Warum Deutschland nicht allein schuld ist. Historiker verwerfen die These, Deutschland allein habe Schuld am „Großen Krieg". Das sollten auch jene wahrnehmen, die mit dem deutschen Kriegsstreben die Abschaffung des Nationalstaats begründen. In: DIE WELT v. 4.1.2014.
Gottschlich, Jürgen: Beihilfe zum Völkermord. Deutschlands Rolle bei der Vernichtung der Armenier, Berlin 2015.
Hausding, Götz: (K)eine Tafel für Karl Liebknecht. Die Linke will am Reichstag an den KPD-Mitbegründer erinnern. Bei den anderen Fraktionen stößt die Initiative auf wenig Gegenliebe. In: Das Parlament Nr.28-30 v. 7.7.2014, S. 7.
Herrmann, Ulrich: Pädagogisches Denken und Anfänge der Reformpädagogik. In: Berg, Handbuch, a.a.O., S. 147-178.

Himmelstein, Klaus: Das Konzept Deutschheit. Studien über Eduard Spranger, Frankfurt/M. 2013.
Hochschild, Adam: Der große Krieg. Der Untergang des alten Europa im Ersten Weltkrieg 1914-1918, Stuttgart 2013.
Käßmann, Margot: Gott will das nicht. 1914 riefen die Kirchen zum Krieg auf, heute haben sie gelernt: Gewalt ist nie gerecht. Das sollte auch Joachim Gauck wissen. In: Süddeutsche Zeitung v. 2.7.2014.
Kister, Kurt: Funktionen der Erinnerung. Historiker aus aller Welt, vom Bundespräsidenten Gauck ins Schloss Bellevue eingeladen, lassen die unterschiedlichen Sichtweisen der Nationen auf den Ersten Weltkrieg lebendig werden. In: Süddeutsche Zeitung v. 30.6.2014.
Klönne, Arno: „Stahlgewitter". Der Erste Weltkrieg und die Erinnerungspolitik. In: Journal für politische Bildung 4(2014), H.1, S. 18-21.
Kössler, Till/Alexander J. Schwitanski (Hg.): Frieden lernen. Friedenspädagogik und Erziehung im 20. Jahrhundert, Essen 2014.
Lammert, Norbert: Der Weltkrieg läutete eine Zeitenwende ein. In: Das Parlament. Dokumentation: Gedenkstunde aus Anlass des 100. Jahrestag des Beginns des Ersten Weltkrieges/18. Deutscher Bundestag am 3.7.2014, Beilage zu Nr. 28-30 v. 7.7.2014, S. 1f.
Lamszus, Wilhelm: Antikrieg. Die literarische Stimme des Hamburger Schulreformers gegen Massenvernichtungswaffen, neu hg. v. Andreas Pehnke, Frankfurt/M. 2003.
Lamszus, Wilhelm: Das Menschenschlachthaus. Visionen vom Krieg. Erster und Zweiter Teil, neu hg. und eingeleitet v. Andreas Pehnke, Bremen 2014 (a).
Lamszus, Wilhelm: „Begrabt die lächerliche Zwietracht unter euch!" Erinnerungen eines Schulreformers und Antikriegsschriftstellers (1881-1965), hg., eingeleitet und erläutert v. Andreas Pehnke, Beucha 2014 (b).
Leonhard, Jörn: Die Büchse der Pandora. Geschichte des Ersten Weltkrieges, München 2014.
Martinsen, Sylvia/Werner Sacher (Hg.): Eduard Spranger und Käthe Hadlich. Eine Auswahl aus den Briefen der Jahre 1903-1960, Bad Heilbrunn 2002.
Menden, Alexander: Ein bisschen Remmidemmi in Sarajewo. In Großbritannien ist ein Streit darüber entbrannt, ob und wie man an den Ausbruch des Ersten Weltkrieges erinnern soll. In: Süddeutsche Zeitung v. 9.1.2014.
Mombauer, Annika: Julikrise und Kriegsschuld – Thesen und Stand der Forschung. In: Aus Politik und Zeitgeschichte 64(2014), Nr.16-17 v. 14.4.2014, S. 10-16.
Münkler, Herfried: Der Große Krieg. Die Welt 1914 bis 1918, Berlin 2013.
Münkler, Herfried: Über Schuld. Interview. In: Süddeutsche Zeitung v. 4./5./6.1.2014, Wochenende, S. 10 (Münkler 2014a).
Münkler, Herfried: Neuentdeckung des Ersten Weltkrieges. Griff nach der Weltmacht? Für eine Abkehr von den Thesen von Fritz Fischer. In: Süddeutsche Zeitung v. 20.6.2014 (Münkler 2014b).
Nohl, Herman: Die pädagogische Bewegung in Deutschland. In: Ders./Ludwig Pallat (Hg.): Handbuch der Pädagogik, Bd.1, Langensalza 1933, S. 302-374.
Pehnke, Andreas: Der Hamburger Schulreformer Wilhelm Lamszus (1881-1965) und seine Antikriegsschrift „Giftgas über uns". Erstveröffentlichung des verschollen geglaubten Manuskripts von 1932, Beucha 2006.
Reinecke, Stefan: Vom Feldherrnhügel aus gesehen. Der Historiker Jörn Leonhard betrachtet den Ersten Weltkrieg aus einer globalen Perspektive – mit beeindruckendem

Überblick und viel Sinn für Details. Sprachlich-stilistisch hat er eher wenig zu bieten. In: taz. die tageszeitung v. 14.3.2014.

Röhl, John C.G.: Der Wille zum Angriff. Hätte England sich 1914 heraushalten sollen? Wie sähe die Welt dann aus? In: Süddeutsche Zeitung v. 5.3.2014.

Schenk, Frithjof Benjamin: Tannenberg/Grunwald. In: Francois, Etienne/Hagen Schulze: Deutsche Erinnerungsorte I, München 2001, S. 438-454.

Schivelbusch, Wolfgang: Eine Ruine im Krieg der Geister. Die Bibliothek von Löwen August 1914 bis Mai 1940 (1988), Frankfurt/M. 1993 (Tb).

Siemsen, Barbara: Der andere Weniger. Eine Untersuchung zu Erich Wenigers kaum beachteten Schriften, Frankfurt/M. 1995.

Schmitz, Thorsten: In Reihe 2. Der Präsident und der Erste Weltkrieg: In Belgien und Frankreich fasst sich Joachim Gauck kurz. Er weiß, dass es hier nicht um seine Überzeugungskraft geht. Sondern um Demut. In: Süddeutsche Zeitung v. 5.8.2014.

Spranger, Eduard: Volk, Staat, Erziehung. Gesammelte Reden und Aufsätze, Leipzig 1932.

Spranger, Eduard: März 1933. In: Die Erziehung 8(1933), S. 401-408.

Ullrich, Volker: „Völlig unreife Thesen". Die Fischer-Kontroverse um die Mitschuld der Deutschen am Ersten Weltkrieg wurde vor 50 Jahren der erste große Historikerstreit der Bundesrepublik. Eine persönliche Erinnerung. In: DIE ZEIT v. 1.11.2011, online: http://www.zeit.de 2011/44/Fischer-Kontroverse/komplettansicht.

Ullrich, Volker: Nun schlittern sie wieder. Mit Clark gegen Fischer: Deutschlands Konservative sehen Kaiser und Reich in der Kriegsschuldfrage endlich rehabilitiert. In: DIE ZEIT v. 24.1.2014.

Wahl, Hans Rudolf: Sammelrezension: Neuere Gesamtdarstellungen des Ersten Weltkrieges. In: H-Soz-Kult, 05.09.2014, http://www.hsozkult.de/publication review/id/rezbuecher-22260.

Weber, Bernd: Pädagogik und Politik vom Kaiserreich zum Faschismus. Zur Analyse politischer Optionen von Pädagogikhochschullehrern von 1914-1933, Königstein/Ts. 1979.

Wehler, Hans-Ulrich: Das Deutsche Kaiserreich 1871-1918. Göttingen 1973, 1994[7].

Wehler, Hans Ulrich: Deutsche Gesellschaftsgeschichte. Band IV: Vom Beginn des Ersten Weltkriegs bis zur Gründung der beiden deutschen Staaten 1914-1949, München 2003 (a).

Wehler, Hans-Ulrich: Der deutsche „Sonderweg". In: Konflikte zu Beginn des 21. Jahrhunderts. Essays. München 2003, S. 112-116 (Wehler 2003b).

Wehler, Hans-Ulrich: „Der Erste Weltkrieg war vermeidbar". Historiker Hans-Ulrich Wehler über die Ursachen und Folgen der Jahrhundert-Katastrophe. In: Westfalen-Blatt, Paderborn v. 11./12.1.2014.

Winkler, Willi: Die Mobilmachung der Kartoffel. Eine fragwürdige Schau der Weltkriegspropaganda. In: Süddeutsche Zeitung v. 23.7.2014.

Wirsching, Andreas: Die Gegenwart eines alten Traumas. Christopher Clark, der Erste Weltkrieg und die Deutschen: Bemerkungen zu einem Missverständnis. In: Süddeutsche Zeitung v. 16.7.2014.

Nachruf

Wolfgang Keim

Nachruf auf Karl Christoph Lingelbach

Kennengelernt haben wir uns Mitte der 1970er Jahre auf verschiedenen Tagungen der Sektion Schulpädagogik der DGfE und anlässlich von Veranstaltungen der GEW zu Fragen der Schulreform, wo wir aufgrund unseres gemeinsamen Gesamtschul-Engagements, aber auch gemeinsamer historischer Interessen an Reformpädagogik und Geschichte der Schulreform rasch einen Draht zueinander fanden. Zu einer intensiveren Kooperation brachte uns aber erst der „Historikerstreit" innerhalb der Erziehungswissenschaft, ausgelöst durch die Ehrung des Nazi-Pädagogen Theodor Wilhelm auf dem Kieler Kongress der DGfE 1984. Als ich 1986 einen Gast für mein Doktoranden-Seminar zum Thema „Erziehungswissenschaft im NS", ein Jahr später Referenten für die Paderborner Vortragsreihe „Pädagogen und Pädagogik im Nationalsozialismus – ein unerledigtes Problem der Erziehungswissenschaft" suchte, fiel mir sofort mein Frankfurter Kollege Karl-Christoph Lingelbach ein, der bereits 1970 (!) die immer noch einzige kritische Darstellung zur Thematik verfasst und sich auch in den Debatten über Wilhelm-Ehrung und Versäumnisse der Disziplin an vorderer Stelle positioniert hatte. Lingelbach war dann auch einer der ersten, der Interesse am Zusammenschluss kritischer Erziehungswissenschaftler im späteren Oedelsheimer Kreis bekundete, zu den Begründern des „Jahrbuchs für Pädagogik" und von 1992 bis 2001 zu dessen Herausgebern gehörte. Seine Herzlichkeit und Solidarität haben den Zusammenhalt des Kreises gefördert und bestärkt, sein Ideenreichtum, seine stets konstruktiven Vorschläge und fundierten Beiträge zur Entwicklung des „Jahrbuches" als kritisches Organ der Disziplin maßgeblich beigetragen.

Der kritische Erziehungswissenschaftler und NS-Forscher Lingelbach wurde nicht „geboren", musste vielmehr wie fast alle Angehörigen des Jahrgangs 1930 noch einen Großteil der HJ-Sozialisation durchlaufen, so dass ihm lebenslang in Erinnerung geblieben ist, wie er als 10-jähriger „im Sommer 1941 [...] nach bestandener Pimpfenprobe in das [...] Wedau-Stadion" seiner Heimatstadt Duisburg einzog und zur Zeit des Überfalls auf die Sowjetunion Lieder wie das folgende sang: „Nun laßt die Fahnen wehen, in das schöne Morgenrot, das uns zu neuen Taten leuchtet oder führt zum Tod".[1] Entscheidende Impulse empfing er durch die Lehrerausbildung am Hessischen Institut für Lehrerbildung in Jugenheim/Bergstraße, wo damals u.a. Heinz-Joachim Heydorn Pädagogik lehrte und wo er 1955 sein Lehrerexamen ablegte, später beim Studium der Geschichte, Germanistik, Politikwissenschaft und Pädagogik an der Universität Marburg.

Hier hatte die Berufung der Emigrantin Elisabeth Blochmann auf einen Lehrstuhl für Pädagogik bereits 1952, ungeachtet ihrer Herkunft aus der Nohl-Schule, eine, wie Lingelbach berichtete, „gewisse Liberalität, Weltoffenheit und eine kritische Haltung gegenüber dem provinziellen Konservatismus deutscher Intellektueller" mit sich gebracht, in den 1960er Jahren die Berufungen Leonhard Froeses und Wolfgang Klafkis die „seminarinternen Diskurse [...] um sozialkritische Fragestellungen angereichert" und sogar die Einführung einer „drittelparitätischen Entscheidungs- und Verwaltungsstruktur" ermöglicht.² Letztlich entscheidend für sein Wissenschaftsverständnis dürfte jedoch – wie für Kurt Beutler, mit dem er befreundet war und den er später im Oedelsheimer Kreis wiedertraf – die Begegnung mit Wolfgang Abendroth gewesen sein, an dessen „legendärem Oberseminar [...] sich fast alle Assistenten unseres Instituts [...] beteiligten". „Gelernt habe ich dort", so Lingelbach, „– aus einem lediglich moralisch motivierten und ziemlich diffusen Antifaschismus herausfindend –, die politische Dimension pädagogischen Handelns über Fragen nach den gesamtgesellschaftlichen Kontexten der Erziehungsvorgänge zu erfassen."³ 1969 promovierte er in Marburg mit der bereits erwähnten Arbeit „Erziehung und Erziehungstheorien im nationalsozialistischen Deutschland", die ein Jahr später in den von Froese und Klafki herausgegebenen „Marburger Pädagogischen Studien. Neue Folge" als Buch erschien, größere Aufmerksamkeit aber erst 17 (!) Jahre später in einer überarbeiteten Zweitauflage fand, als das Thema „Erziehungswissenschaft und NS-Vergangenheit" endlich zu einem Thema der Disziplin geworden war.[169] In der Zwischenzeit hatte Lingelbach aber auch sein Zweites Staatsexamen für das gymnasiale Lehramt absolviert, Erfahrungen als Lehrer am Gymnasium Philippinum, an der Waldorfschule Marburg wie als Assistent und Hochschullehrer am erziehungswissenschaftlichen Seminar der Universität gesammelt. Seit 1971 war er Professor für Erziehungswissenschaft an der Universität Frankfurt/Main, wo er bis 1996 lehrte.[170]

Den Einfluss Abendroths zeigen bereits Lingelbachs erste Schriften, die – in Abgrenzung zu der bis in die 1960er Jahre vor allem von Theodor Wilhelm propagierten „Partnerschaftserziehung" – eine am politischen Konflikt orientierte politische Bildung begründeten. Der Titel eines seiner ersten Aufsätze lautet programmatisch: „Der ‚Konflikt' als Grundbegriff der politischen Bildung"[171]. Ganz im Sinne von Abendroths Einschätzung der Bundesrepublik als einer „antagonistischen Gesellschaft" ging auch Lingelbach davon aus, „daß der politische Prozeß sich in gesellschaftlichen Konflikten vollzieht", in deren Mittelpunkt Fragen der „Eigentums-, Abhängigkeits- und Machtverhältnisse" stehen, die er am Anfang jeder Bestimmung politischer Lernziele im Rahmen einer „Konfliktanalyse" der bestehenden Gesellschaft zu analysieren für notwendig hielt, um erst im Anschluss daran nach der Rolle zu fragen, „die der Aufwachsende in diesem System ausüben sollte". Seinem an Aufklärung und Kritischer Theorie orientierten Menschenbild entsprechend interpretierte er die „Rolle des künftigen Staatsbürgers in der politischen Auseinandersetzung nicht nur als eine rational stellungnehmende", sondern fasste sie „im Rahmen der gegebenen Verhältnisse" auf als „mitverantwortliche, d.h. politisch aktive" und sprach deshalb vom „demokratischen Aktivbürger".[172] Breitenwirksamkeit erlangte Lingelbach mit seinem Konzept Politischer Bildung damals vor allem durch seine Beteiligung am Funk-Kolleg Erziehungswissenschaft, das von einem Autoren-Team jüngerer Marburger Erziehungswissenschaftler um Wolfgang Klafki konzipiert worden war und sich als drei-bändige Taschenbuch-Ausgabe binnen weniger Jahre zum Renner unter den Einführungen in die Erziehungswissenschaft und zur „pädagogischen Publikation nach dem Zweiten Weltkrieg" mit den „höchsten Auflagenziffern" entwickelte.[173]

Politisch bedeutsam wurde Lingelbachs Mitarbeit in der Hessischen Curriculum-Kommission zwischen 1969 und 1971 unter der Ägide des hessischen Kultusministers Ludwig von Friedeburg und seiner Staatssekretärin Hildegard Hamm-Brücher. Ihre „progressive Schulpolitik" intendierte eine, am System der integrierten Gesamtschule als Schule der Zukunft orientierte „grundlegende Reform der Lernziele und Inhalte", mit der „die überkommenen schulformbezogenen Lehrpläne" abgelöst werden sollten.[174] Die von der Kommission vorgelegten Rahmenrichtlinien für Gesellschaftslehre bildeten jahrelang – weit über Hessen hinaus – das Angriffsziel konservativer Politiker; sie scheiterten letztendlich wie die gesamte Reform an diesem Widerstand.

Fragen der Schulreform bildeten auch den zentralen Gegenstand von zwei kommentierten Texteditionen „Theorie der Schule – Konzepte und Kritik" und „Theorie der Schule – Schulmodelle", die Lingelbach gemeinsam mit anderen reformorientierten Kollegen herausgab, um damit bei Lehrern wie Lehramts-Studierenden „eine kritische Reflexion des eigenen Vorverständnisses von Schule in Gang" zu setzen. Bemerkenswert vom Stand der damaligen Diskussion waren die Hinweise auf die noch ausstehende „sozialhistorische und ideologiekritische Aufarbeitung der reformpädagogischen Bewegung", ebenso wie auf die in der Gesamtschuldiskussion oft unzureichende Beachtung der von der Reformpädagogik thematisierten „Frage nach den Lernbedürfnissen und Interessen des Kindes".[175]

Seine Auseinandersetzung mit Fragen Politischer Bildung verhalfen Lingelbach bereits in seiner Dissertation von 1970 zu einer wesentlich differenzierteren Analyse nationalsozialistischer Erziehungstheorien, als sie die bis dahin verbreiteten hitlerzentrierten und/oder totalitarismustheoretischen Arbeiten leisten konnten. Bis heute wegweisend war die Abkehr Lingelbachs von der Vorstellung „einer geschlossenen politisch-pädagogischen Konzeption" nationalsozialistischer Erziehung, an deren Stelle er von „teilweise divergierenden Tendenzen" im „Erziehungsleben des ‚Dritten Reiches'" ausging, „die aus der politisch-ideologischen Zielsetzung der Parteiführung, den Forderungen der Wirtschaft und schließlich aus dem Fortwirken nationalutopischer Wünsche und Hoffnungen breiter Kreise des Bürgertums" resultierten, darüber hinaus eine „Entwicklung der erziehungstheoretischen Diskussion im nationalsozialistischen Deutschland" mit einem „Wandel ihrer Thematik" und einer „Schwerpunktverlagerung ihrer pädagogischen und politischen Tendenzen" annahm, ohne dabei freilich den inhumanen Grundzug der Erziehung und Erziehungstheorien im nationalsozialistischen Deutschland in irgend einer Weise zu verharmlosen. Von Bedeutung für die weitere Forschung war Lingelbachs besondere Berücksichtigung der Rolle geisteswissenschaftlicher Pädagogen und ihrer Anfälligkeit für den Nationalsozialismus, deren Ursache er in den „Grenzen und Unzulänglichkeiten" ihres „gesellschaftskritischen Instrumentariums" sah, über das sie „in jener historischen Situation" verfügten.[176] Dies am Beispiel von Herman Nohl exemplarisch ausgeführt zu haben, ohne dabei vorschnell die Differenzen zu einem breiten Spektrum NS-affiner Positionen, die von ihm detailliert herausgearbeitet wurden, zu verwischen, bleibt Lingelbachs Verdienst; seine Untersuchung gilt bis heute als grundlegend für die Erforschung des Verhältnisses von Erziehungswissenschaft und Nationalsozialismus.

Spätere Arbeiten Lingelbachs haben die Thematik vor allem nach zwei Seiten hin vertieft; sie behandeln methodische Probleme der Interpretation nationalsozialistischer Erziehungstheorie und -praxis, insbesondere in der Auseinandersetzung mit seinem damaligen Frankfurter Kollegen Heinz-Elmar Tenorth,[177] und widmen sich dem Leben und Werk Adolf Reichweins. Hier gehörte Lingelbach zu den Verteidigern Reichweins gegenüber den Kritikern der jüngeren Forschergeneration, die auf Schnittmengen seines Denkens zur NS-Ideologie verweisen oder sogar wie Christine Hohmann „eine aktive Mitwirkung (Reichweins, W.K.) im nationalsozialistischen Herrschaftssystem" konstatieren.[178] Seine zentralen Beiträge zu Reichweins reformpädagogischem Schulmodell Tiefensee[179] wie die Mitherausgabe der 5-bändigen Kommentierten Werkausgabe von Reichweins Pädagogischen Schriften[180] sichern Lingelbach einen bleibenden Platz in der Reichwein-Forschung.

Anmerkungen

1 Lingelbach, Karl Christoph: „Erziehung" unter der NS-Herrschaft – methodische Probleme ihrer Erfassung und Reflexion, in: Keim, Wolfgang (Hg.): Pädagogen und Pädagogik im Nationalsozialismus – Ein unerledigtes Problem der Erziehungswissenschaft, Frankfurt/M. 1988, S. 47-63, hier S. 60.

2   Die Marburger Erziehungswissenschaft im Zusammenhang mit „1968". Ein Gespräch mit Kurt Beutler, Reinhard Kühnl und Karl Christoph Lingelbach, durchgeführt von Klaus Himmelstein. In: Jahrbuch für Pädagogik 1995, S. 215-229, hier S. 221f.
3   Ebd., S. 222.
4   Vgl. Karl Christoph Lingelbach: Erziehung und Erziehungstheorien im nationalsozialistischen Deutschland. Ursprünge und Wandlungen der 1933-1945 in Deutschland vorherrschenden erziehungstheoretischen Strömungen; ihre politischen Funktionen und ihr Verhältnis zur außerschulischen Erziehungspraxis des „Dritten Reiches", Weinheim u.a. 1970; Überarbeitete Zweitausgabe mit drei neueren Studien und einem Diskussionsbericht, Frankfurt/M. 1987.
5   Vgl. zur Biographie das Verzeichnis der Autorinnen und Autoren, in: Lehmann, Monika/Schnorbach, Hermann (Hg.): Aufklärung als Lernprozeß. Festschrift für Hildegard Feidel-Mertz, Frankfurt/M. 1992, S. 355.
6   Lingelbach, Karl Christoph: Der Konflikt als Grundbegriff der politischen Bildung, in: Pädagogische Rundschau 21(1967), S. 48-55, 125-138, gekürzter Wiederabdruck in: Kuhn, Hans-Werner/Massing, Peter (Hg.): Politische Bildung in Deutschland. Entwicklung – Stand – Perspektiven, Opladen 1990, S. 253-261.
7   Lingelbach, Karl Christoph: Zum Verhältnis der „allgemeinen" zur „besonderen" Didaktik. Dargestellt am Beispiel der politischen Bildung, in: Klafki, Wolfgang u.a.: Funk-Kolleg Erziehungswissenschaft. Eine Einführung in drei Bänden, Bd. 2, Frankfurt/M. 1970, S. 93-126, Zitate S. 111, 110, 114f.
8   Vgl. Funk-Kolleg – Wikipedia, http://de.wikipedia.org/wiki/Wolfgang_Klafki, abgerufen 25.5.2015.
9   Lingelbach, Karl Christoph: Probleme und Perspektiven der Curriculumentwicklung in Hessen, in: ders. u.a.: Die politische Auseinandersetzung um die neuen hessischen Lehrpläne – „Rahmenrichtlinien", Frankfurt/M. 1973, S. 1-18, hier S .4.
10 Brinkmann, Günter u.a. (Hg.): Theorie der Schule – Konzepte und Kritik, Kronberg/Ts. 1974; dies. (Hg.): Theorie der Schule – Schulmodelle, Kronberg/Ts. 1974, Zitate in: Theorie der Schule – Schulmodelle, S. 8 u. 10.
11 Alle Zitate in: Lingelbach, Erziehung und Erziehungstheorien, 1970, a.a.O., S. 16, 18, 19, 20.
12 Vgl. etwa Lingelbach, Karl Christoph: Zur Kritik „Pädagogischen Denkens" in der zeithistorischen Erziehungsforschung und ders.: Unkritische Bildungshistorie als sozialwissenschaftlicher Fortschritt?, beide in: Keim, Wolfgang u.a.: Erziehungswissenschaft und Nationalsozialismus – Eine kritische Positionsbestimmung, Marburg 1990, S. 123-136.
13 Hohmann, Christine: Dienstbares Begleiten und später Widerstand. Der nationale Sozialist Adolf Reichwein im Nationalsozialismus, Bad Heilbrunn 2007, S. 211, dazu: Lingelbach, Karl Christoph: Wem diente und wem dient Adolf Reichweins Schulpädagogik?, in: reichwein forum, Hg. v. Adolf-Reichwein-Verein e.V., Nr. 11/12 Dezember 2007/April 2008, S. 14-31; ders.: Politische Perspektiven des Schulmodells Tiefensee, in: Weiß, Edgar (Hg.): Pädagogische Perspektiven in kritischer Tradition. Freundesgabe für Wolfgang Keim, Frankfurt/M. 2011, S. 59-79.
14 Vgl. etwa Lingelbach, Karl Christoph: Schulwohnstube oder weltoffene Schulwerkstatt? Zur Diskussion der Schulmodelle Peter Petersens und Adolf Reichweins, in: Pädagogik und Schulalltag 52(1997), S. 166-178; ders.: Adolf Reichweins politische Auffassungen und das Schulmodell Tiefensee, in: Rülcker, Tobias/Oelkers, Jürgen

(Hrsg.): Politische Reformpädagogik, Bern u.a. 1998, S. 541-562; ders., Zum Orientierungswert des Schulmodells Tiefensee für schulinterne Reformen der Gegenwart, in: Reichwein, Roland (Hrsg.): „Wir sind die lebendige Brücke von gestern zu morgen". Pädagogik und Politik im Leben und Werk Adolf Reichweins, Weinheim/München 2000, S. 49-62; ders.: Vom laufenden Band der Geschichte. Zum verborgenen Lehrplan in Reichweins Schulmodell Tiefensee, in: Jahrbuch für Pädagogik 1997, S. 219-230.

15 Reichwein, Adolf, Pädagogische Schriften. Kommentierte Werkausgabe in 5 Bänden, hrsg. v. Ullrich Amlung und Karl Christoph Lingelbach, Bad Heilbrunn 2011/2015.

Rezensionen

Wolfgang Hinrichs, Markus Porsche-Ludwig & Jürgen Bellers (Hg.): Eduard Spranger. Verstehende Kulturphilosophie der Politik – Ökonomie – Pädagogik. Originaltexte & Interpretationen. Eduard Spranger zum 50. Todesjahr. Nordhausen: Verlag Traugott Bautz 2013, 380 Seiten.

Die vorliegende Veröffentlichung über den Philosophen und Pädagogen Eduard Spranger (1882-1963) ist das Ergebnis eines Spranger-Kongresses in Siegen im Jahr 2012. Er wurde „zu Ehren Sprangers" (S. I) veranstaltet, denn Spranger sei nach seinem Tod fast ein halbes Jahrhundert lang schweres Unrecht widerfahren. Mit „pseudowissenschaftlichen Gründen" sei er grob verleumdet worden. Dies habe Verlage und Studierende abgeschreckt. Mit diesem abstrusen Verschwörungsbild stimmen die Herausgeber im Klappentext auf ihr Buch ein und behaupten, dass die „radikal ‚linke' und [...] wenig informierte Seite" Eduard Spranger beharrlich „Nazi-Affinität" (S. 11) unterstelle. Deshalb haben die Herausgeber, denen es um „das Wiederaufleben des echt geisteswissenschaftlichen Denkens" (S. I) nach dem Vorbild Sprangers geht, in ihren Beiträgen latent oder direkt auch „die Frage der ‚wahren' politischen Einstellung Sprangers im ‚Dritten Reich'" (S. 55) mit behandelt. Und damit der Leser nachvollziehen kann, wie heute am Eduard Spranger Unrecht begangen wird, gewährten die Herausgeber dem Siegener Erziehungswissenschaftler Edgar Weiß, einem „Vertreter der weiter vorbehaltlos politisch kämpfenden Extrem-Verdächtiger" das „freie Wort" (S. 41). Der habe einen „extremen Verriss" des politischen Spranger geliefert, den „man auf Schritt und Tritt mit *vollständigen* Sprangerzitaten konfrontieren" (S. 41) müsse.

Entgegen dieser diffamierenden Einstufung, erweist sich Edgar Weiß' Beitrag über „Eduard Spranger im Kontext seiner ‚dienenden Hingabe an eine einheitlich organisierte Kollektivmacht'" als quellenmäßig fundierte, konzentriert und klar geschriebene Darstellung. Weiß folgt dem politischen Gehalt in Sprangers Denken und seinem Handeln durch die vier Herrschaftsformen, vom Kaiserreich bis zur Bundesrepublik, in denen dieser sein Amt als Pädagogik- und Philosophieprofessor versah. Überzeugend arbeitet Weiß die jeweiligen historischen Varianten des von Spranger „durchgehaltenen Themas" (S. 224) seiner „dienenden Hingabe an eine einheitliche Kollektivmacht" heraus. Und die „dienende Hingabe" Sprangers galt, wie Weiß schlüssig nachweist, auch der nationalsozialistischen Diktatur.

Statt sich nun mit Weiß' Text angemessen auseinanderzusetzen, wählten die Herausgeber einen ungewöhnlichen Umweg, um Weiß' Beitrag ein weiteres Mal negativ zu klassifizieren. Dazu dient ein Aufsatz von Heinz-Elmar Tenorth über

„Paulsen als Historiker der Erziehung und seine Stellung an der Berliner Universität", der 2010 schon einmal veröffentlicht wurde. Die Herausgeber präsentieren Tenorth als eine nicht zu überbietende Autorität: er sei der „gegenwärtig zumindest in Deutschland führende erziehungswissenschaftliche Historiograph" (S. 51). Und dieser führende Historiograph zeige an Paulsen, Spranger promovierte 1905 bei Paulsen, wie man einen Professor „mit solch außergewöhnlich feinsinnigem Denk-Potential" (S. 51), das Spranger ebenso verkörpere, in rechter Weise darstelle.

Die Herausgeber, das sind der emeritierte Siegener Pädagogik-Professor Wolfgang Hinrichs sowie die beiden Politikwissenschaftler Markus Porsche-Ludwig und Jürgen Bellers, der eine Professor an der Nationalen Dong Hwa-Universität in Hualien auf Taiwan, der andere Professor an der Siegener Universität und „geläuterter 68er" (S. I). Sie verfolgen seit Längerem in ihren Schriften und ihrer öffentlichen, intellektuellen Tätigkeit das Anliegen, den konservativen, christlichen Diskurs zu beleben. Sie richten sich dabei im Kern gegen den Gleichheitsgedanken und seine Auswirkungen in der pädagogischen Theorie und Praxis. Dem entsprechend wählten die Herausgeber ihnen passende Textauszüge aus vier Sprangerschriften, die ihre Grundgedanken und zugleich die Aktualität Sprangers belegen sollen. Im Mittelpunkt steht dabei Sprangers allgemeinste „Doppelforderung" (Eduard Spranger) seines „neuen" Bildungsideals: „Durchseelung des Werkes, Werkfreudigkeit der Seele" (S. III).

Spranger richtete sich entschieden gegen den zunehmenden Einfluss liberaler, demokratischer Strömungen in Bildung und Erziehung in der Weimarer Republik. Ihm ging es demgegenüber um die Modernisierung der Elitenbildung – in seiner Sprache: um die „eigentliche Führerbildung" – und eine davon deutlich abgestufte Volksbildung. Er sah es als unerlässlich an, gesellschaftliche Hierarchien zu erhalten. Jeder solle an seinem Platz „werkfreudig" und sittlich handeln, sei es die Putzfrau, sei es der Macht und Einfluss verkörpernde Politiker. Damit werde die Forderung nach gleicher Bildung für alle, die „Gleichheitsschule" (Eduard Spranger), überflüssig. Den historischen Kontext von Sprangers konservativ-antidemokratischem Durchseelungs-Konzept erwähnen die Herausgeber nicht.

Jürgen Bellers behauptet dann auch in seinem Beitrag über „Spranger als politischer Bildner und Hintergrundpolitiker der 50er Jahre", dass dieser ein historisch herausragender Demokratiebildner und Demokratieberater in der Adenauer-Ära war (S. 254). Als Beleg zählt Bellers einige Aktivitäten Sprangers auf, die beweisen sollen, dass dieser „eine zentrale Figur des öffentlichen Lebens der 50er Jahre (war), der für Sittlichkeit gegen Nazismus, Sozialismus, Sexismus und Positivismus stand" (S. 263), Demokratie erwähnt Bellers in seiner Aufzählung nicht. Ebenso spart er in seiner Liste der Spranger-Aktivitäten aus, wie sich dieser herausragende Demokratiebildner mit der Ermordung der jüdischen

Bevölkerung durch die Deutschen im besetzten Teil Europas auseinandersetzte. Spranger wehrte diese nach 1945 für die theoretische wie praktische Pädagogik in Deutschland zentrale Aufgabenstellung entschieden ab und umging sie mit einer von antisemitischen Ressentiments durchwirkten „deutschen Opferkonzeption" (Nicolas Berg), nach der das deutsche Volk „zwölf leidvolle Jahre der Überfremdung", „zwölf Jahre schwerer infektiöser Gefährdung" erfuhr, wie Spranger 1946 an Friedrich Meinecke schreibt.

Gottfried Bräuer, Mitherausgeber der ersten beiden Bände von Sprangers „Gesammelten Schriften", wirft in seinem Beitrag einen „Blick auf das Verhältnis von Eduard Spranger und Carl Schmitt". Dieser Blick ist konzentriert auf das Zusammentreffen Sprangers und Schmitts im Juni 1945, bei dem es um einen Fragebogen zur Tätigkeit Schmitts in der Nazizeit ging. Ausgehend von den Veröffentlichungen Schmitts und Sprangers über dieses Treffen erörtert Bräuer beider „Denkräume". In weit ausholenden philosophischen und religionsphilosophischen Exkursen vergeistigt Bräuer den politischen Kern der entschiedenen, gegen die demokratische Verfasstheit der Weimarer Republik gerichteten Kritik, in der Spranger mit Schmitt vor 1933 weitgehend übereinstimmt. Darüber hinaus zieht Bräuer eine scharfe Trennlinie von Nähe (Schmitt) und Abstand (Spranger) zum Nationalsozialismus, die so nur möglich wird, wenn, wie bei Bräuer, von Sprangers wohlwollendem Interesse für den italienischen Faschismus und von seiner umfangreichen intellektuellen und politischen Tätigkeit in der Nazizeit abgesehen wird.

Wolfgang Hinrichs wiederum blickt in seinem Beitrag über „Verstehende Kulturphilosophie und Kulturpädagogik – Wege und Irrwege der ‚Hermeneutik' und Sprangers Position" dankbar auf seinen Lehrer Eduard Spranger zurück. Ausgehend von einer Interpretation des Hermeneutik-Verständnisses von Schleiermacher und Dilthey klassifiziert Hinrichs den Sprangerschen Verstehens-Begriff als „sokratisch kulturphilosophische Theorie". Sprangers herausragende Leistung sei die Entdeckung „verschiedener geschichtlich gewordener *soziokultureller Einfluss-Sphären*, Kulturgebiete: gleichsam *über uns*" (S. 158). Diesen Kulturgebieten entsprächen individuell unterschiedliche Begabungen, die es angemessen zu „wecken" gelte. Weiterhin stellt Hinrichs der Sprangerschen geisteswissenschaftlichen Hermeneutik „Irrwege" gegenüber: „bloßen Positivismus, bloßen Existenzialismus, Materialismus und Kognitivismus", die in der „neomarxistischen Version der Hermeneutik" von Jürgen Habermas gipfelten. Dessen Kritik der geisteswissenschaftlichen Hermeneutik münde in eine Diskurstheorie, die „praktisch auf eine zu Konsens und Beschluss nötigende Debatte und Diskussion" hinauslaufe, auf eine „Sitzfleischdiktatur" (S. 171 f.).

Markus Porsche-Ludwig geht es in seinem Beitrag über „Spranger und die Lebensphilosophie" um das „Verständnis des Mensch-seins", das dem

Bildungsbegriff vorauszugehen habe. Nach einer breiten Erkundung der „Seinsfrage" bei Martin Heidegger, kommt Porsche-Ludwig zum Ergebnis: „Das Dasein ist die Möglichkeit des Menschen frei zu sein für das eigene Seinkönnen." Wie „der Mensch sein Frei-sein ergreift, wie er die hier für ihn bietenden Räume nutzt, liegt bei ihm – nur bei ihm!" (S. 277) Heidegger folgend ist Porsche-Ludwig der Auffassung, dass „das Wesen des Menschen ‚aus den Fugen geraten", dass der Mensch heimatlos geworden sei. Inwieweit nun Sprangers Bildungsbegriff neue Perspektiven biete, „ob es heute noch Sinn macht, ihn zu lesen oder nicht", dazu müsse man erst wieder mit ihm „ins Gespräch ... kommen" (S. 303). Das wiederum kann nach Porsche-Ludwig nur mit dem „weiten Verständnis des Da-seins (‚Menschen)" im Sinne Heideggers gelingen, denn Sprangers Heidegger-Verständnis sei „unzureichend" (S. 303).

Der abschließende Beitrag des Buches über „Individuum und Gemeinschaft im Spannungsfeld von kirchlicher Jugendarbeit, Jugendbewegung und pädagogischem Diskurs. Parallele, beeinflussende und befruchtende Faktoren 1880-1930" stammt von dem Gießener Doktoranden Johannes Bottländer. Er befasst sich mit dem „ambivalenten Verhältnis von Individuum und Gemeinschaft" in der katholischen, kirchlichen Jugendarbeit ausgehend von den Erziehungsvorstellungen der Marianischen Kongregation. Im Bezug auf den nichtkirchlichen, pädagogischen Diskurs über das Verhältnis von Individuum und Gemeinschaft wird neben anderen auch auf die Kritik Sprangers an der Jugendbewegung und sein Konzept der „Lebensschule" hingewiesen. Offen bleibt jedoch, welchen Einfluss die politische Orientierung der katholischen Kirche im Untersuchungszeitraum auf die kirchliche Jugendarbeit hatte. Immerhin stand die Katholische Kirche in den entscheidenden Jahren vor dem Nationalsozialismus, folgt man der zeitgenössischen Katholizismusforschung, deutlich auf der Seite der Gegner der Weimarer Republik.

Die vorliegende Veröffentlichung zu „Ehren" Sprangers und zur Wiederbelebung von dessen geisteswissenschaftlichem Denken wird mit der Diffamierung der historisch orientierten Sprangerforschung eingeleitet. Die Abwehrhaltung gilt dabei vor allem den Untersuchungen, die sich mit der Einpassung Sprangers in die Nazi-Herrschaft befassen. Das Buch erweist sich als hilfloser Versuch, Spranger in eine politikferne Aura zu hüllen und sein Denken und Handeln in der Nazi-Zeit zu verhüllen. Eigentlich müssten die Herausgeber durch ähnliche, fehlgeschlagene Versuche (z.B. bei Martin Heidegger und Theodor Eschenburg) gewarnt sein.

Klaus Himmelstein

Wolfgang Keim/Ulrich Schwerdt (Hg.): Handbuch der Reformpädagogik in Deutschland (1890-1933), Frankfurt a. M.: Peter Lang 2013, 2 Bde., 1256 S.

Das Handbuch, an dessen Erstellung neben den Herausgebern 23 weitere Autorinnen und Autoren beteiligt waren (R. Bast, U. Binder, M. Brenk, D. Gaus, W.-D. Greinert, A. Hamann, H. Heckelmann, W. Herzog, Chr. Kersting, D. Kirchhöfer, F.-M. Konrad, W. Mogge, F. Osterwalder, B.I. Reimers, J. Reyer, T. Rülcker, H.-E. Tenorth, R. Uhle, Chr. Uhlig, H. Ullrich, B. Wedemeyer-Kolwe, E. Weiß, St. Wolf), bearbeitet seinen Gegenstand unter dem Aspekt zweier orientierender Fragenkomplexe, denen jeweils ein Band gewidmet ist: Während sich der erste Teil mit den „gesellschaftlichen Kontexten, Leitideen und Diskursen" der deutschen Reformpädagogik im Zeitraum von 1890-1933 befasst, gilt der zweite Teil den entsprechenden „Praxisfeldern und pädagogischen Handlungssituationen".

Schon daran zeigt sich, dass hier ein Zugang zur historischen Reformpädagogik gewählt wird, der trotz der Fülle inzwischen vorliegender Arbeiten zum Thema innovativ ist. Im Fokus stehen nicht einzelne Repräsentantinnen und Repräsentanten der „Reformpädagogischen Bewegung", anders als etwa die Arbeiten von Nohl, Scheibe und Röhrs folgt das Handbuch nicht der Einteilung in Teilbewegungen, aber auch der Weg der Auflösung des Reformpädagogik-Begriffs als Epochenkategorie, wie etwa Oelkers ihn vertritt, wird nicht beschritten. Vielmehr wird die Flut der reformpädagogischen Ansätze und Innovationen im behandelten Zeitraum durchaus als ein epochenspezifisches Phänomen begriffen, dessen Eigentümlichkeit sich aus konkreten sozialen Gegebenheiten erschließen lässt.

Dementsprechend wird die „klassische" Reformpädagogik durchgängig im Hinblick auf ihre gesellschaftlichen Kontexte und die mit ihnen verbundenen pädagogischen Diskurse reflektiert, wobei die jeweiligen politischen Verhältnisse, die unterschiedlichen, teilweise miteinander verbundenen, teilweise einander widerstreitenden zeitgenössischen Strömungen (Arbeiter-, Frauen-, Friedens-, Jugendbewegung, Konservative Revolution usw.) sowie Einflüsse der Erziehungswissenschaft und benachbarter Disziplinen (Psychologie, Soziologie) und seinerzeit diskursbestimmende Leitideen und zentrale Topoi (Kindorientierung, Ganzheitlichkeit, Natur, Selbsttätigkeit, Individualität, Gemeinschaft usw.) jeweils gesondert in den Blick geraten.

Der zweite Band konkretisiert, wie sich diese Impulse in den einzelnen reformpädagogischen Praxisfeldern (Vorschul-, Schul-, Heil-, Sozialpädagogik, Erwachsenenbildung usw.) sowie in den konkreten pädagogischen

Handlungssituationen (Unterricht, Arbeit, Spiel, Kunst, Leibesübungen, Feste, Fahrten usw.) sedimentierten. Dadurch entsteht ein facettenreiches Bild, das sich deutlich von dem in älteren Darstellungen häufig gebotenen abhebt, das also die Reformpädagogik keineswegs als eine mehr oder weniger einheitliche „Bewegung" suggeriert. Vielmehr wird deutlich, in welchem Maße die Innovationsanliegen der Reformpädagogik von jeweils überaus unterschiedlichen, nicht selten auch miteinander unversöhnlichen politischen und sozialen Interessen bestimmt waren. Diese Differenzen sollen keineswegs nur deskriptiv notiert, sondern, wie die Herausgeber (Bd. I, S. 10) explizit vermerken, einer „sozialgeschichtlich vertiefte(n)" und „ideologiekritisch geschärfte(n)" Reflexion zugänglich gemacht werden.

Das gelingt dem Handbuch auf bemerkenswerte Weise, in der sich dessen lange Entstehungszeit (vgl. das Vorwort, Bd. I, S. 7) spiegelt. Die Beiträge, allesamt sehr informationsdicht abgefasst und neben den Einzelverweisen noch einmal mit einer sinnvoll gegliederten Auswahlbibliographie versehen, zeugen von einer auffälligen Gründlichkeit; sie repräsentieren jeweils umfassend den gegenwärtigen Forschungsstand und bieten somit eine hervorragende Hilfe und eine Fülle von Anregungen für weitere themenbezogene Forschungen.

Dass solche desiderabel bleiben, haben die Herausgeber deutlich gemacht, indem sie die Eingrenzung ihres Gegenstandes als gebotene Konsequenz der aktuellen Forschungslage kenntlich machen: Wenngleich die Beiträge des Handbuches immer wieder auch Bezüge zur internationalen Reformpädagogik aufweisen, wird eine systematisch vergleichende Darstellung der internationalen reformpädagogischen Parallelerscheinungen weder offeriert noch angestrebt, weil dies infolge des diesbezüglich „noch sehr lückenhaften Forschungsstandes" (Bd. I, S. 17) nicht mit der Gründlichkeit hätte gelingen können, die für das Handbuch kennzeichnend sein sollte und die es faktisch auch präsentiert.

Die beiden Bände, schlüssig gegliedert und aufschlussreich eingeleitet, durchgängig höchst informativ, solide gearbeitet und gut lesbar, erfüllen alles, was von einem Handbuch erwartet werden kann; nach Auffassung des Rezensenten gehören sie als Standardwerk in jede pädagogische Fachbibliothek. Ein umfassendes Personen- und Sachregister sowie diverse Querverweise in den einzelnen Beiträgen machen die Orientierung leicht.

Patrick Pahner

Dave Eggers: Der Circle. Roman. Köln: Kiepenheuer&Witsch 2014, 560 Seiten.

Dass erzählende Literatur große zeitdiagnostische Potenziale hat, ist bekannt, doch auch ein wenig verpönt. Denn es scheint den autonomen und fiktionalen Charakter von Literatur als Kunst in Frage zu stellen, wenn ein Roman als Auskunft über Zeitverhältnisse gelesen wird. Doch hätte erzählende Literatur ihre auch heute nicht nachlassende Anziehungskraft, wenn sie nicht als eine plausible Möglichkeitsversion gegebener Lebenswirklichkeiten gelesen werden könnte? Scheinen nicht ihr Reiz und ihre Überzeugungskraft in hohem Maß davon abzuhängen, dass sie die Horizonte ihrer Leser zugleich berührt und aufbricht? Wenn der Möglichkeitsspiegel heutiger Wirklichkeiten in der Zukunft aufgestellt wird, öffnet sich ein literarisches Spektrum von fantastischer Science Fiction bis zur gegenwartskritischen Utopie oder – wie sich heute zu sagen eingebürgert hat – Dystopie. Zum Genre der gegenwartskritischen Utopie gehört auch der Roman von Eggers, doch liegt seine Welt – im Unterschied etwa zu Orwells *1984* oder Huxleys *Schöne Neue Welt* so dicht an der Kante der Gegenwart, dass sie als Projektionsfläche einer scharf ausgeleuchteten Diagnose heutiger Verständigungsverhältnisse wirkt.

Protagonistin und Perspektivfigur des Romans ist eine junge, ehrgeizige Absolventin einer Elite-Uni, Mae Holland, die darauf brennt, ihre perfekte Fähigkeit der Anpassung an Erwartungen und Ansprüche mächtiger Unternehmen erfolgreich anzuwenden. Als es ihr mit Hilfe einer Freundin gelingt, im mächtigsten IT-Unternehmen der Welt Fuß zu fassen, beginnt ein unaufhaltsamer Aufstieg, der sie selbst schließlich zum perfekten öffentlichen Ausdruck, zur transparenten Repräsentantin eines Unternehmens macht, das sich anschickt, eben unter der Parole der Transparenz die reale Weltherrschaft zu übernehmen. Der Circle, wie sich das Unternehmen nennt, ist ersichtlich den derzeitigen IT-Giganten nachgebildet. Eggers fügt deren öffentliche Ikonographie, ihre alle Poren der Gesellschaft durchdringende Kommunikations-Macht, ihre als Projekt der jungen Generation und als Lifestyle-Angebot verkleidete ökonomische Potenz sowie die in die Zukunft greifenden Strategien zur Umformung des Lebens und der Gesellschaft (wie sie insbesondere Google praktiziert) zum Bild eines Unternehmens zusammen, welches seine Reichweite und Durchsetzungskraft permanent und unaufhaltsam erweitert.

Zwar weiß der Leser sich in einem Zukunftsraum, doch erkennt er zugleich alles als reale Möglichkeiten der Gegenwart. Dieser kleine zeitliche Hiatus, dieser Spalt zwischen „jetzt" und „noch nicht", aktiviert die kritischen Potenziale des

Textes, weil er als beiläufiges Moment der Verfremdung Distanz schafft und den Blick für Fragen öffnet, die dem sonst scheinbar Selbstverständlichen und deshalb Unbefragten gelten. Solche verhaltenen Signale der Distanz braucht der Leser, um sich von der Wucht der Zustimmung zu lösen, die durch die Sichtweise der Protagonistin vermittelt wird. Denn ebendies, das fraglose und begeisterte Für Richtig Halten, der unbeirrbare Glaube, auf der richtigen Seite der Geschichte zu stehen, ist es, der die zahlreichen jungen Mitarbeiter des „Circles" ebenso wie ihre Millionen Kunden und Followers in der ganzen Welt zu einer Gemeinschaft zusammenschweißt, die jeden Zweifel an den menschheitsbeglückenden Zielen des Unternehmens, insbesondere am großen Projekt der Transparenz, für eine Ausgeburt des Irrsinns hält. Glaube und Gemeinschaft bilden den außerökonomischen Antrieb, dessen – wie wir spätestens seit Max Weber wissen – der Kapitalismus bedarf, um Produktivität und Wachstum aufrecht zu erhalten. Die Grenzen zwischen „System" und „Lebenswelt" sind völlig aufgehoben, das System *ist* die Lebenswelt, und die Angestellten des „Circle", die sich lieber als Mitglieder denn als Mitarbeiter betrachten, bewegen sich Tag und Nacht im Bannkreis ihrer Arbeit, immer präsent, immer für alle anderen elektronisch zu orten, immer arbeitsbereit. Ein Abtauchen in Privatheit – die Anklänge an Orwells *1984* sind unüberhörbar – gilt als eine Art sozialen Verbrechens. Als Mae, die Hauptfigur, auf dem Rückweg von einem Wochenendbesuch bei ihren Eltern – auch dies schon ein unerwünschtes Ausbüchsen – ihrer spontanen Lust auf eine nächtliche Kajakfahrt in einer kalifornischen Bucht folgt und sich dazu bei einem ihr bekannten, aber schon geschlossenen Bootsverleih ein Kajak beschafft, wird dies zum Anlass eines Erziehungsgesprächs, einer veritablen Gehirnwäsche, bei einem der „Drei Weisen", vulgo der Besitzer und Chefs des „Circle". Natürlich hatte die vom „Circle" ausgelöste Kampagne der Sichtbarmachung von Allem und Jedem durch Minikameras auch das Gelände der Bucht erfasst und Maes nächtlichen Ausflug dokumentiert. Nun hält ihr „der Weise" nicht nur die illegale Entleihung des Kajaks vor, sondern auch, dass sie ihrerseits aus „Selbstsucht" (S. 321) die Eindrücke ihres nächtlichen Ausflugs nicht mit allen anderen Menschen „geteilt" habe, und er exerziert daran, wie Transparenz im Sinne des „Circle" zur moralischen Grundlage des Zusammenlebens überhaupt werden soll. Wie in totalitären Gehirnwäschen immer die Grundlage ihres Funktionierens, setzt „der Weise" auch in diesem Gespräch darauf, dass Mae die Zugehörigkeit zum Circle über alles geht und sie sich deshalb einer Sicht der Dinge aus dessen Perspektive vollständig unterwerfen wird. Angelpunkt dieser sozialen Konstruktion ist deshalb eine in dieser Unterwerfung akzeptierte Law-and-Order-Moral, also eine konventionelle Moral in der Terminologie Kohlbergs und Habermas', für deren Einhaltung die permanente Sichtbarkeit aller Handlungen, also vollkommene Transparenz, sorgen soll. Denn Menschen können – nach dem Menschen- und Ordnungsbild des

„Circle" – nicht etwa deshalb, weil sie als freie, autonome Subjekte ihre Handlungen an den Regeln einer postkonventionellen Vernunftmoral zu prüfen imstande wären, richtig handeln, sondern nur, weil sie die durch vollkommene Transparenz hergestellte Gewissheit der – sozialen oder juristischen – Sanktionierung fürchten. Der Reduktion der Moral auf Folgebereitschaft entspricht eine Reduktion des Wahrheitsbegriffs auf eine extrem trivialisierte Abbildtheorie: wenn alles klar wie in einem Spiegel zu Tage liegt, ist es wahr. „Ein Spiegel ist wahrhaftig, richtig?", fragt „der Weise", und Mae antwortet: „Natürlich. Es ist ein Spiegel. Es ist Realität." (S. 329)

Der Welt der Transparenz, die auf hoch elaborierter Technologie beruht, entspricht ein völlig unterkomplexes Denken in allen Belangen gesellschaftlicher und menschlicher Selbstverständigung. Die permanente und kurz getaktete Kommunikation übers Netz ist ganz auf Ja-Nein-Strukturen, Smiles und Frowns, angelegt, durch die auf diese Weise trivialisierbare Bedürfnisse und Zufriedenheiten von Kunden ermittelt und untereinander ausgetauscht werden, was durch ein „Partizipations-Ranking" (S. 119) überprüft wird. Nachdenken oder Erörterung kommen als Form geistiger und kommunikativer Tätigkeit nicht vor. Das gilt auch und vor allem für Politik und Demokratie, wie der Circle sie sich vorstellt. Sehr rasch gelingt es, nahezu alle Politiker „transparent" zu machen, d.h. mit einer um den Hals getragenen Streaming-Kamera auszustatten, damit jeder jederzeit die Tätigkeit des Politikers aus dessen Blickwinkel wahrnehmen und ihn so „kontrollieren" kann. Doch das ist nur eine Zwischenstufe auf dem Weg zur völligen Ausschaltung einer erwägenden und debattierenden Öffentlichkeit im Namen der totalen Transparenz: Mit einem Zwangsaccount eines jeden Wahlberechtigten beim Circle könnte der Circle nicht nur Wahlen anstelle des Staates durchführen, sondern auch Abstimmungen über Gesetze mit 100 % Beteiligung durchführen; Unwilligen oder Stimmfaulen würden einfach die Netzzugänge so lange gesperrt, bis sie abgestimmt hätten! „Keine Lobbyisten mehr. Keine Stimmauszählung mehr. Vielleicht gäbe es sogar keinen Kongress mehr. Wenn wir den Willen des Volkes jederzeit feststellen können, ungefiltert, ohne Fehlinterpretationen und Verfälschungen, wäre dann nicht sogar Washington größtenteils überflüssig?", fragt einer der „Weisen" (S. 444).

In der Gedankenwelt des „Circle" spielt die Autonomie eines vernünftigen Selbst keine Rolle mehr, Aufklärung, oft pathetisch beschworen, ist wirklich halbiert, auf die instrumentelle Dimension der Vernunft radikal zurückgeschnitten. Spuren eines autonomen Selbst, wo sie noch auftreten, irritieren. Deshalb wischt der „Weise", als er nach dem Erziehungsgespräch Mae Circle-öffentlich als „Erwachte" und nun unbeirrbare Propagandistin der Transparenz vorführt, jedes reflexive Zögern Maes beiseite, weil es noch einen inneren Selbstverständigungsprozess anzeigen könnte. „Ich gehöre ganz Euch", hat Mae früher schon einmal gesagt und damit ihr Einverständnis in die Auflösung ihres Selbst in die Gemeinschaft des Circle signalisiert. „*Einzeln* wisst ihr nicht, was ihr *kollektiv* tut" (S. 297), hält Mercer, ein früherer Freund, Mae vor. Mercer ist eine Gegenfigur, die nicht mehr zum Gegenspieler werden kann, weil er weiß, dass das Spiel gegen den Circle und seine lawinenartig anwachsende Gefolgschaft schon verloren ist. Deshalb zieht sich Mercer in eine – wie er glaubt – unzugängliche Waldregion zurück, wird dort aber in einer durch Mae dirigierten öffentlichen Verfolgungsjagd aufgespürt, die die Effizienz des Transparenz-Projektes beweisen und zeigen soll, dass die Welt mit der Circle-Technologie und der Folgebereitschaft seiner Anhänger so durchsichtig und für jeden Zugriff offen geworden ist, dass soziale Abweichler und Verbrecher selbst in entlegenen Verstecken in kürzester Zeit aufgespürt werden können. Mercer, der es vorzieht, dieser Jagd durch einen Sturz in den Tod zu entkommen, ist einer der wenigen, die noch von außen in die *Schöne Neue Welt* blicken können, aus einer Perspektive noch, aus der die enorme Erweiterung der technischen Kommunikationsmittel als eine radikale Verarmung menschlicher Kommunikation erkennbar ist. Sie werde „bereitwillig sozial völlig autistisch", hält er Mae vor. „Du kriegst die einfachsten menschlichen Kommunikationssignale nicht mehr mit. Du sitzt mit drei Leuten an einem Tisch, die dich alle anschauen und versuchen, mit dir zu reden, und du starrst auf ein Display" (S. 298).Doch Mercers Kritik ist ebenso auf verlorenem Posten wie der Versuch des geheimnisvollen Kalden, Mae davon zu überzeugen, dass sie ihre Rolle als Frontfrau der Transparenz dazu nutzen müsse, eine Erklärung über „Die Rechte des Menschen im digitalen Zeitalter" zu verlesen, um damit ein Zeichen für einen Aufstand zu geben.

Der Roman von Eggers zeigt – und darin liegt m.E. seine zeitdiagnostische Anregungskraft –, wie auch Transparenz, wird sie wie ein tool, ein Instrument zur Konstruktion der digitalen Welt benutzt, aus einem Mittel der Kritik in eines der Selbstunterwerfung und der Herrschaft verwandelt werden kann. Insofern führt Eggers eine neue Gestalt, eine zeitgemäße Variante der Selbstzerstörung vor, zu der Aufklärung fähig sein kann, wie wir spätestens seit Horkheimer/Adornos Dialektik der Aufklärung und Horkheimers Kritik der instrumentellen Vernunft wissen. Die Instrumentalisierung von Rationalität und ihrer modernsten technologischen Ausprägungen zu Herrschaftszwecken kann ihre volle, umfassende Wirkungskraft aber nur dann entfalten, wenn die Menschen ihr auf den Leim des Lebensverbesserungs- und Freiheitsversprechens gehen und die soziale Konstruktion totaler Kontrolle für ein selbstgewähltes Paradies ihrer Möglichkeiten halten. Gegenüber der allgegenwärtigen Kontrolle durch grenzenlose Transparenz, wie sie der Roman von Eggers dicht an der heutigen Wirklichkeit (man denke nur an NSA-Affäre und Vorratsdatenspeicherung) zeichnet, wirken das Blockwart-System der Nazis oder der Stasi-Apparat geradezu vorsintflutlich. Die totale

Transparenz einer digital beherrschten Welt verspricht nicht nur eine vollendete Kontrolleffizienz (deshalb ist die Vollendung, die Schließung des Kreises das emblematische Handlungsziel der „drei Weisen"), sondern sie erscheint den im vollendeten Kreis Eingeschlossenen als das ultimative Reich der Freiheit selbst, welches sie durch permanente Aktivität reproduzieren. Durch ein damit stetig erneuertes Einverständnis in den Verzicht auf die andere Hälfte der Aufklärung bekräftigen sie damit immer auch den Verzicht auf die Autonomie des Selbst und den Gebrauch einer Vernunft, die selbstreflexiv und selbstkritisch ist und deshalb eine gesellschaftliche Ebene des Denkens hervorbringen kann, auf der über Geltungsgründe, Ziele und Zwecke „transparent" diskutiert werden kann. Doch bringen die *einleuchtenden* Gründe oder Gegengründe, Argumente oder Gegenargumente eine ganz andere Art der Transparenz hervor als der immer erhobene Zeigefinger des „Hier bin ich" in der digitalen Präsenz von allem und jedem.

Gerd Steffens

Michael Brie (Hg.): Futuring. Perspektiven der Transformation im Kapitalismus über ihn hinaus. Münster: Westfälisches Dampfboot 2014, 437 Seiten.

Unter dem konstruktivistisch anmutenden Titel *Futuring* versammelt der Band Beiträge, die aus linker, kapitalismuskritischer Perspektive der Frage nachgehen, ob sich aus dem gegenwärtigen Kapitalismus etwas Besseres machen ließe. So verhalten muss in der Tat ausgedrückt werden, was die Beiträge verbindet: durch die Analyse gegenwärtiger Verhältnisse Wege aufzuspüren, die schließlich über den Kapitalismus hinaus führen. Nichts von Revolution oder Revolutionstheorie also, und statt Utopie ein Titel-Begriff, der sein Design auf der Stirn trägt. „Futuring" meint, so erklärt das Vorwort, den „Zugriff auf Zukünfte als zentrales Element von Macht", ist daher Technik der Herrschaftssicherung; doch eine „Linke, die nach Gegenhegemonie strebt,", könne „dabei auf ein Gegen-Futuring nicht verzichten" (S. 8). Nicht mehr um Utopien einer zu sich selbst kommenden Menschheit als fernes, aber leuchtendes Leitbild des Handelns soll es hier also gehen, viel mehr um näher, in der Reichweite heutigen Gegenwartshandelns liegende, umkämpfte Dimensionen von Zukunft. Deshalb rückt der einleitende Aufsatz von Rainer Rilling (*Transformation als Futuring*) in einer Tour d'horizont durch soziale Zeit-und Zukunftskonzepte auch den Begriff der Transformation, gegenwärtiges Schlüsselwort linker Krisendiskurse und Strategieentwürfe, ausdrücklich in jenen Nahzukunftsbereich, für den es gilt, die eigenen Vorstellungen derart zu verdichten, dass sie als einleuchtendes, attraktives oder gar zwingendes Angebot politischer Zukunftsgestaltung erscheinen. „Futuring" sei ein „Dreischritt", dessen Resultate „unser Handeln orientieren und ungeheuer folgenreich sein" können: „Zukünfte werden [...] erstens durch Benennung und Deutung gefasst, zweitens damit insoweit vergegenwärtigt, und diese Präsenz von etwas, was nicht geschehen ist oder womöglich niemals geschehen wird, wird drittens zum Objekt von Entscheidungen, Handlungen oder Handlungsunterlassungen." (S. 25) Wie mit der Behauptung ihres sicheren Eintretens mit Fiktionen Fakten geschaffen, ja ganze Lawinen von Ereignissen ausgelöst werden können, ist – darauf weist Rilling hin – etwa seit den angeblichen Massenvernichtungswaffen 2003 im Irak nicht nur als wirkungsvolles Mittel strategischer Manipulation bekannt, sondern – als permanent selbsterteilte Lizenz zur Prävention, also zum militärischen Handeln im Namen angenommener zukünftiger Ereignisse, – politisch geradezu stilprägend geworden.

Solch manipulative Besetzung der nahen Zukunft ist als Herrschaftsmittel freilich nicht neu und muss – eine aufmerksame Öffentlichkeit vorausgesetzt – Gegenstand aufdeckender Kritik sein. Doch hat „Futuring" darüber hinaus einen produktiven, gar emanzipatorischen Sinn, und kann es mehr sein als ein Laufstall für linke Realos? Interessanterweise (und aus meiner Sicht zum Glück) spielt diese merkwürdig künstliche Begriffsbildung, die den Umgang mit der Zukunft aus linken Theorietraditionen herauslöst, in allen weiteren Beiträgen des Bandes überhaupt keine Rolle mehr. Sie zeigen vielmehr, wie ein nicht-utopischer Zukunftsraum mit der Sonde des Transformationsbegriffs erschlossen werden kann. Während die von Rilling vorgestellten Praktiken des „Futuring" vergangenheitsentlastete Perspektiven anbieten, lenkt der Transformationsbegriff den Blick unvermeidlich auf Geschichte und Gegebenheiten und deren Analyse.

Wichtigste theoretische Referenz (S. 64ff., 107f., 150, 203f., 250f.) ist Karl Polanyis „The Great Transformation" von 1944, eine brillante historische und gesellschaftstheoretische Analyse des Aufstiegs und Zusammenbruchs selbstregulierender Marktwirtschaften seit dem 18. Jahrhundert. Warum kann ein Text von 1944, der die Katastrophen von Faschismus und Weltkrieg durch eine Analyse der ökonomischen Gesellschaftsgeschichte der vorangegangenen 150 Jahre erklären will, heute blicköffnend sein? Erstens, so scheint mir, weil Polanyis Studie die Erschließungskraft des Transformationsbegriffs, sein zeitdiagnostisches Potenzial, empirisch und theoretisch stark begründet. Zweitens, weil der „selbstregulierende Markt", das Wirkungszentrum des umstürzenden Wandels, heute, nach einigen Jahrzehnten einer erneuten marktradikalen Revolution, als zentrale reale und analytische Kategorie eine vergleichbar hohe Plausibilität hat. Drittens, weil Polanyi als dessen Antagonisten einen Begriff von Gesellschaft entwickelt, der als Eigensphäre und Handlungsraum der Menschen eine unverlierbare Legitimität hat. Schließlich, weil Polanyi, gleichsam im Vorgriff auf die Sozialstaaten der Jahrzehnte nach dem zweiten Weltkrieg, Lösungen aufzeigt, wie die Marktwirtschaft unter Kontrolle der Gesellschaft gebracht werden kann, indem Arbeit, Natur und Geld ihren Warencharakter verlieren oder darin eingeschränkt werden.

Diese analytischen Blickrichtungen – Epochendiagnose, Kritik des Markt-Imperialismus, Selbstermächtigung der Gesellschaft und Wege der De-Kommodifizierung – bilden – mit unterschiedlichen Schwerpunkten – die innere Struktur der Beiträge. Die Beiträge des ersten Teils (Rolf Reißig, Dieter Klein, Bob Jessop, Horst Müller) erörtern Bewegungsformen von Epochenübergängen und diskutieren, mit welchen begrifflichen Instrumenten der spezifische Übergangscharakter unserer Gegenwart gefasst und wie aussichtsreiche Konzepte und Schritte der Veränderung konturiert werden können. Im zweiten Teil (Frigga Haug, Michael Brie, Ulrich Brand, Michael Thomas, Mario Candeias) wenden sich die Autorinnen und Autoren einigen schon heute umkämpften Feldern zu, auf denen sich in absehbarer Zukunft entscheidende Weichenstellungen zwischen Markt oder Gesellschaft ergeben können und entwickeln dabei aufschließende und strukturierende Konzepte wie die „Vier-in-einem-Perspektiven" von Frigga Haug oder Michael Brie oder den kritischen Begriff einer „imperialen Lebensweise" (Uli Brand). Der dritte Teil (Judith Dellheim, Lutz Brangsch, Erhard Crome, Alex Demirović) misst Spielräume und Formen widerständiger oder vorantreibender Strategien und Aktionen aus, von der Analyse oligarchischer Machtstrukturen (Dellheim) über Einstiegsprojekte in andere Vergesellschaftungsformen (Brangsch) bis hin zu einem theoretischen Resumee (Demirović), welches hervorhebt, dass nur ein Denken auf Zusammenhänge hin mit der unvermeidlichen Kontingenz einschlagender Ereignisse produktiv wird umgehen können.

Gerd Steffens

Armin Bernhard (unter Mitwirkung von Sandra Schillings): Bewusstseinsbildung. Einführung in die kritische Bildungstheorie und Befreiungspädagogik Heinz-Joachim Heydorns, Baltmannsweiler: Schneider Verlag Hohengehren 2014, 274 S.

Wenngleich inzwischen auf eine Reihe interessanter Arbeiten über Heinz-Joachim Heydorn (1916-1974) zurückgegriffen werden kann, bleibt die Beachtung dieses Mentors kritischer Pädagogik – natürlich nicht zufällig – bis heute weit hinter dessen Bedeutung zurück. Vor allem fehlte bislang eine umfassende Einführung in Heydorns facettenreiches und allgemein als sperrig geltendes Gesamt-Œuvre. Diese Lücke weiß der Band, der die häufige Reduktion der Rezeption auf bildungstheoretische Gehalte überwindet und Heydorn auch als Schöpfer eines systematisch angelegten „Modells von Pädagogik" und einer komplexen „Sozialanthropologie" (S. 17f., 23) in den Blick nimmt, auf beeindruckende Weise zu schließen.

Der Gang der Untersuchung führt von der Rekonstruktion der Lebensgeschichte (Kap. 1) über die Vergegenwärtigung der Heydornschen Bildungstheorie und deren anthropologischer und gesellschaftsdiagnostischer Implikationen (Kap. 2 und 3) sowie die Thematisierung der befreiungspädagogischen Ambitionen Heydorns im Zusammenhang mit dessen Konzepten von Mündigkeit und Widerstand (Kap. 4-6) zum Nachweis der Aktualität Heydorns angesichts der zeitgenössischen Dominanz degenerierter Bildungsverständnisse (Kap. 7), Sandra Schillings Exkurs zum Verständnis von „Erziehung" und „Bildung" bei Heydorn (Kap. 8) und einem abschließenden Blick auf verbliebene Forschungsdesiderata (Kap. 9).

In diesem Rahmen wird ein Gesamtbild von Heydorns Person, Engagement und Werk entfaltet, das geeignet sein dürfte, auch bei Studienanfängerinnen und -anfängern Neugierde auf Heydorns Originaltexte zu wecken. Heydorns politische Positionen als kritisch-marxistischer, dem seinerzeit real existierenden Sozialismus entschieden opponierender Sozialist, sein Widerstand gegen den NS-Faschismus, sein unermüdliches pazifistisches Engagement, seine Aktivitäten im SDS und in der SDS-Fördergemeinschaft, sein Einsatz für Demokratie und ökologische Vernunft werden ebenso anschaulich dargestellt wie seine Entwicklung von einem zunächst noch stark idealistisch geprägten Denker zum Vertreter einer gesellschaftstheoretisch reflektierten Konzeption zur Analyse und Kritik der Erziehungs- und Bildungswirklichkeit. Heydorns Theorie wird in all ihren Facetten detailliert rekonstruiert. Ausführlich gewürdigt werden dabei Heydorns kritische

Abgrenzungen sowie seine Bezüge zu für ihn wichtigen historischen Referenztheorien und zu geistesverwandten zeitgenössischen Ansätzen: etwa seine Rezeption und Überwindung neuhumanistischer Bildungsideen, sein Verhältnis zu Marx, zu anarchistischen Strömungen, zu Nelsons neukantianischem Sozialismus und zu religiösen Traditionen, seine intensive Auseinandersetzung mit reformpädagogischen Konzepten, seine Nähe, aber auch seine Differenz zur älteren Kritischen Theorie, sein Verhältnis zu Gramsci und zum Austromarxismus oder seine Kontakte zu anderen kritischen Pädagoginnen und Pädagogen wie Anna Siemsen, Minna Specht, Ernest Jouhy, Fritz Helling, Herwig Blankertz, Gernot Koneffke, Hans-Jochen Gamm u.a.

Dass es durchaus problematische Aspekte bei Heydorn gibt, dass bei ihm z.B. tiefenpsychologische Einsichten unterbelichtet bleiben oder seine Erziehungs-Metapher vom „fensterlosen Gang" die Dialektik von Erziehung und Bildung unangemessen verkürzt, verschweigt der Band nicht (S. 255, 243f.). Nichtsdestoweniger lässt er keinen Zweifel an der Aktualität einer Erziehungs- und Bildungstheorie, die die „mäeutische Grundaufgabe" der Pädagogik (S. 198), den „Widerspruch von Bildung und Herrschaft" und die Notwendigkeit der Widerständigkeit gegen jede Art von Fremdverfügung in eindringlicher und überzeugender Weise deutlich gemacht hat. Sie zu beerben bleibt unerlässlich für jede Pädagogik, die dem Anspruch einer kritischen genügen will. Das lässt der Band, dem die gebührende Aufmerksamkeit zu wünschen ist, überzeugend deutlich werden.

Edgar Weiß

*Klaus Hurrelmann/Erik Albrecht: Die heimlichen Revolutionäre.
Wie die Generation Y unsere Welt verändert, Weinheim/Basel:
Beltz 2014, 255 S.*

Die Revolutionsrhetorik dürfte angesichts der Verhältnisse überraschen und überhaupt ist es wohl ein erstaunliches Bild, das die Autoren von den heute 15-30 Jährigen, der sogenannten „Generation Y", zeichnen. Diese – aufgewachsen mit den Phänomenen der Globalisierung, mit Internet und sozialen Netzwerken à la Facebook, aber auch mit Sicherheitsgefühle unterlaufenden Ereignissen wie den Anschlägen vom 11. September 2001, dem „Krieg gegen den Terrorismus", dem GAU von Fukushima, der Finanzkrise und den Hartz-Reformen – unterscheide sich maßgeblich von der vorangegangenen, im wesentlichen als hedonistisch wahrgenommenen „Generation X" (Coupland), die man auch als „Null-Bock-Generation" oder „Generation Golf" (Illies) charakterisiert hat. Ihr gegenüber sei die an existentielle Ungewissheiten, prekäre Arbeitsplätze, Teilzeitjobs und Kettenverträge gewöhnte „Generation Y" vor die Aufgabe fortlaufender Suchbewegungen und vor den Zwang gestellt, sich ständig neu zu erfinden und einen „eigenen Wertecocktail" (S. 38) zu kreieren.

Dies gelinge dieser Generation, wenngleich sie durchaus in eine selbstbewusste „Leistungselite", sozial aufgeschlossene „pragmatistische Idealistinnen und Idealisten", weitgehend erfolglose und resignierte Jugendliche und machtbezogene, gewaltbereite und für rechtsextremistische Positionen empfängliche „robuste Materialisten" zerfalle (S. 39f.), insgesamt in überaus hohem Maße. Infolge ihres gewohnten Umgangs mit Unsicherheiten seien die „Ypsiloner" effiziente, Fleiß und Lebensgenuss verbindende „Egotaktiker" mit der „Kompetenz der hyperflexiblen Problemverarbeitung", irgendwie fielen sie immer wieder „auf die Füße", was sie zu dem „pragmatischen Optimismus" führe, „dass es schon irgendwie weitergeht" (S. 41f.). Charakteristisch seien für sie eine lange Förderung durch die Eltern und eine hohe Wertschätzung der Familie, die zumeist über die eigene Karriere gestellt werde, zugleich aber seien sie stark leistungsorientiert und überaus bildungsbeflissen (S. 42, 52f., 65 u.ö.). Im landläufigen Sinne eher „unpolitisch", seien sie – aus Eigennutz – durchaus bereit, sich in einzelnen Projekten zu engagieren und „politisch zu handeln" (S. 126). Mit all dem seien sie „heimliche Revolutionäre" (S. 7, 43), die nur scheinbar angepasst und unauffällig das gesamte gesellschaftliche Leben veränderten.

Man wird dieser Gesamtdiagnose gegenüber skeptisch sein, vor allem aber auch das zur Interpretation verwendete Vokabular bedenklich finden dürfen. Die beschriebenen Eigenschaften muten wohl, wie zutreffend sie an sich auch immer sein mögen, weniger „heimlich-revolutionär", als vielmehr unheimlich und antirevolutionär an, zumal dann, wenn man erfährt, dass die „Ypsiloner" „den Kapitalismus" befürworten, angeblich allerdings „einen solchen, in dem der Mensch im Mittelpunkt steht" (S. 227f.).

Wie ein „Kapitalismus" zu denken sein soll, in dem nicht mehr die Profitmaximierung, sondern „der Mensch" zentral wäre, das lassen die Autoren freilich im Dunkeln und eine kritische Thematisierung des gegenwärtig vorherrschenden Bildungsverständnisses und der betreffenden Bildungsbedingungen, die angesichts der angeblich so überragenden Bedeutung der „Bildung" für die „Generation Y" doch immerhin nahe gelegen hätte, wird von ihnen durchgängig ausgespart.

Allem Anschein nach möchte das Buch vornehmlich beruhigen und immense individuelle Freiheitsspielräume und Aussichten auf eine rosige Zukunft suggerieren: die „Generation Y", so werden die Leserinnen und Leser belehrt, sei „ihres eigenen Glückes Schmied" (S. 231). Und die ihr nachfolgende „Generation Z" – deren Bezeichnung mithin die Frage aufwirft, ob sie das „Ende der Geschichte" repräsentieren oder ob nach ihr das Alphabet von vorn bemüht werden soll – werde eine selbstbewusste, aufgeschlossene und vergleichsweise entspannte Generation sein, weil sie die Ernte der „heimlichen Revolution" ihrer Vorgängerin einfahren dürfe (S. 26), – sie werde in einer Welt leben, „die deutlich besser auf die Herausforderungen der Zukunft vorbereitet ist" (S. 239). Spätestens das klingt wohl eher nach Märchenstunde als nach umsichtiger Diagnose und Prognose.

Edgar Weiß

Autorenspiegel

Bernhard, Armin, Prof. Dr., lehrt Allgemeine Pädagogik an der Fakultät für Bildungswissenschaften der Universität Duisburg-Essen.
Dammer, Karl-Heinz, Prof. Dr., lehrt Allgemeine Pädagogik am Institut für Erziehungswissenschaft der Pädagogischen Hochschule Heidelberg.
Dederich, Markus, Prof. Dr., lehrt „Allgemeine Heilpädagogik – Theorie der Heilpädagogik und Rehabilitation" an der Humanwissenschaftlichen Fakultät der Universität zu Köln. Seine Arbeitsschwerpunkte sind u.a.: Theorien der Behindertenpädagogik, Inklusion und Exklusion, ethische Fragen im Kontext von Behinderung, Disability Studies.
Feuser, Georg, Prof. em. Dr., lehrte Behindertenpädagogik an der Universität Bremen (bis 2005) und der Universität Zürich (bis 2010). Er vertritt u.a. die Bereiche Didaktik, Therapie sowie Integration/Inklusion und entwickelte eine umfassende Konzeption einer „Allgemeinen Pädagogik und entwicklungslogischen Didaktik".
Groß, Eva, Dipl. Soz. & MA Kriminologie, ist Wissenschaftliche Mitarbeiterin am Institut für interdisziplinäre Konflikt- und Gewaltforschung an der Universität Bielefeld im „Mitte-Studien"-Projekt.
Herz, Birgit, Prof. Dr., ist Professorin für Pädagogik bei Verhaltensstörungen am Institut für Sonderpädagogik der Leibniz Universität Hannover.
Himmelstein, Klaus, Dr., ist Erziehungswissenschaftler und Publizist, lebt in Regensburg. Er ist Mitbegründer und war langjährig einer der Herausgeber des Jahrbuchs für Pädagogik.
Hövermann, Andreas, Dipl. Soz., ist Wissenschaftlicher Mitarbeiter am Institut für inter-disziplinäre Konflikt- und Gewaltforschung an der Universität Bielefeld.
Jantzen, Wolfgang, Prof. em. Dr. phil., von 1974 bis zur Pensionierung 2006 Professor für „Allgemeine Behindertenpädagogik" an der Universität Bremen.
Keim, Wolfgang, Prof. em. Dr., lehrte bis zu seiner Emeritierung 2008 Allgemeine und Historische Pädagogik an der Universität Paderborn. Er ist Mitbegründer und war langjährig einer der Herausgeber des Jahrbuchs für Pädagogik.
Kluge, Sven, Dr. phil., ist z.Z. als Förderlehrkraft im Bereich der Flüchtlingsarbeit sowie als Lehrbeauftragter an der Universität Duisburg-Essen tätig und gehört seit 2009 zum Herausgeberinnenkreis des Jahrbuchs für Pädagogik.

Kronauer, Martin, Dr. phil. habil., Prof. i. R., Hochschule für Wirtschaft und Recht Berlin. Seine Arbeitsschwerpunkte liegen in den Bereichen Inklusion und Exklusion im internationalen Vergleich, Stadt und soziale Ungleichheit sowie neue soziale Frage.

Lanwer, Willehad, Prof. Dr. phil., lehrt im Studiengang Inclusive Education an der Evangelischen Hochschule Darmstadt. Schriftleiter der Behindertenpädagogik und Mitherausgeber des Jahrbuchs der Luria-Gesellschaft.

Liesner, Andrea, Prof. Dr. phil., ist seit 2007 Professorin für Erziehungswissenschaft mit dem Arbeitsschwerpunkt „Bildungsprozesse im Kontext ökonomischer Transformationen" an der Universität Hamburg. Dem Herausgeberkreis des Jahrbuchs für Pädagogik gehört sie seit 2012 an.

Marten, Eike, M.A., ist Doktorandin am Institut für Soziologie der Universität Hamburg und hat ihre Dissertationsschrift „Diversity Stories: Contested Genealogies – Re-Writing Diversity's Present at the Crossroads of German Gender Studies and Diversity Studies" im Herbst 2014 eingereicht. Sie ist derzeit Lehrbeauftragte an der Universität Hamburg.

Pahner, Patrick, BA, Studium der Pädagogik, Musikwissenschaft, Soziologie und Philosophie an der Universität Gießen.

Quiring, Sven, ist Lehrer in Hamburg und 1. Vorsitzender der Fachgruppe Sonderpädagogik/ Inklusion der GEW Hamburg. Er ist Mitglied des Beirats Inklusion der Behörde für Schule und Berufsbildung und der Hamburger Lehrerkammer.

Rensinghoff, Carsten, Dr. phil., leitet das Dr. Carsten Rensinghoff Institut für Praxisforschung, Beratung und Training bei Hirnschädigung, ist Botschafter für Schädel-Hirntrauma und Rehabilitation bei der Stiftung MyHandicap Deutschland und Vorstandsmitglied in der Bundesarbeitsgemeinschaft Behinderung und Studium e. V.

Romey, Stefan, ist Lehrer und Schulleiter in Hamburg und begleitet seit Jahren den Prozess der Inklusion in Hamburg u.a. für die Fachgruppe Sonderpädagogik/Inklusion der GEW Hamburg. Er ist Mitglied des Beirats Inklusion der Behörde für Schule und Berufsbildung und der Hamburger Lehrerkammer.

Rychner, Marianne, Dr. rer. soc. und lic. phil. hist., arbeitet als Dozentin für Methodenlehre an der Hochschule Luzern Wirtschaft und für Soziologie an der Pädagogischen Hochschule Nordwestschweiz in Basel (Professur Bildungssoziologie mit Schwerpunkt Lehre am Institut für Spezielle Pädagogik und Psychologie).

Schäper, Sabine, Prof. Dr. theol., ist Theologin und Sozialpädagogin und lehrt seit 2006 an der Katholischen Hochschule NRW, Abteilung Münster, im Lehrgebiet Heilpädagogische Methodik und Intervention. Vorher war sie 12 Jahre in

Einrichtungen der Behindertenhilfe und als Fachreferentin für Behindertenhilfe und Psychiatrie bei einem Spitzenverband der Freien Wohlfahrtspflege tätig.

Schulte, Bernd, Dr., war bis zum Mai 2012 als wissenschaftlicher Referent am Max-Planck-Institut für ausländisches und internationales Sozialrecht in München tätig und gilt als Pionier des Europäischen Sozialrechts im nationalen und internationalen Kontext. Dr. Bernd Schulte ist am 18. Januar 2015 unerwartet verstorben.

Steffens, Gerd, Prof. Dr. phil., Universität Kassel, lehrte bis 2007 Politische Bildung und ihre Didaktik am Fachbereich Gesellschaftswissenschaften der Universität Kassel.

von Rymon Lipinski, Pamela, Studentin der Diplom-Erziehungswissenschaft an der Universität Hamburg. Bis 2009 Tätigkeit einer Erzieherin in Wohneinrichtungen der Behindertenhilfe in Hamburg.

Weiß, Edgar, PD Dr. phil., vertritt die Professur für Allgemeine Pädagogik am Institut für Berufs- und Weiterbildung der Universität Duisburg-Essen. Er ist Mitglied im Herausgeberkreis des Jahrbuchs für Pädagogik.

Wischmann, Anke, Dr., ist Wissenschaftliche Mitarbeiterin am Institut für Bildungswissenschaft der Leuphana Universität Lüneburg im Arbeitsbereich Allgemeine Erziehungswissenschaft.

Jahrbuch für Pädagogik

Bisher in dieser Reihe erschienen:

Erziehungswissenschaft im deutsch-deutschen Vereinigungsprozeß. 1992.
Redaktion: Klaus Himmelstein und Wolfgang Keim

Öffentliche Pädagogik vor der Jahrhundertwende: Herausforderungen, Widersprüche, Perspektiven. 1993.
Redaktion: Karl-Christoph Lingelbach und Hasko Zimmer

Geschlechterverhältnisse und die Pädagogik. 1994.
Redaktion: Ulla Bracht und Dieter Keiner

Auschwitz und die Pädagogik. 1995.
Redaktion: Kurt Beutler und Ulrich Wiegmann

Pädagogik in multikulturellen Gesellschaften. 1996.
Redaktion: Georg Auernheimer und Peter Gstettner

Mündigkeit. Zur Neufassung materialistischer Pädagogik. 1997.
Redaktion: Hans-Jochen Gamm und Gernot Koneffke

Bildung nach dem Zeitalter der großen Industrie. 1998.
Redaktion: Josef Rützel und Werner Sesink

Das Jahrhundert des Kindes? 1999.
Redaktion: Karl-Christoph Lingelbach und Hasko Zimmer

Gleichheit und Ungleichheit in der Pädagogik. 2000.
Redaktion: Klaus Himmelstein und Wolfgang Keim

Zukunft. 2001.
Redaktion: Ulla Bracht und Dieter Keiner

Kritik der Transformation – Erziehungswissenschaft im vereinigten Deutschland. 2002.
Redaktion: Wolfgang Keim, Dieter Kirchhöfer und Christa Uhlig

Erinnern – Bildung – Identität. 2003.
Redaktion: Hans-Jochen Gamm und Wolfgang Keim

Globalisierung und Bildung. 2004.
Redaktion: Gerd Steffens und Edgar Weiß

Religion – Staat – Bildung. 2005.
Redaktion: Herausgeberkreis

Infantilisierung des Lernens? Neue Lernkulturen – ein Streitfall. 2006.
Redaktion: Dieter Kirchhöfer und Gerd Steffens

Arbeitslosigkeit. 2007.
Redaktion: Dieter Kirchhöfer und Edgar Weiß

1968 und die neue Restauration. 2008.
Redaktion: Armin Bernhard und Wolfgang Keim

Entdemokratisierung und Gegenaufklärung. 2009.
Redaktion: Sven Kluge, Gerd Steffens, Edgar Weiß

„Der vermessene Mensch". Ein kritischer Blick auf Messbarkeit, Normierung und Standardisierung. 2010.
Redaktion: Martin Dust und Johanna Mierendorff

Menschenrechte und Bildung. 2011.
Redaktion: Gerd Steffens und Edgar Weiß

Schöne Neue Leitbilder. 2012.
Redaktion: Sven Kluge und Ingrid Lohmann

Krisendiskurse. 2013.
Redaktion: David Salomon und Edgar Weiß

Menschenverbesserung – Transhumanismus. 2014.
Redaktion: Sven Kluge, Ingrid Lohmann und Gerd Steffens

Inklusion als Ideologie. 2015.
Redaktion: Sven Kluge, Andrea Liesner und Edgar Weiß

www.peterlang.com